Die Gefährdung von Tatbeteiligten im Anwendungsbereich der §§ 315 b, 315 c StGB

Schriften zum Verkehrsstrafrecht

Herausgegeben von Jan Zopfs

Band 2

Zur Qualitätssicherung und Peer Review der vorliegenden Publikation

Die Qualität der in dieser Reihe erscheinenden Arbeiten wird vor der Publikation durch den Herausgeber der Reihe geprüft.

Notes on the quality assurance and peer review of this publication

Prior to publication, the quality of the work published in this series is reviewed by the editors of the series.

Martin Hörtz

Die Gefährdung von Tatbeteiligten im Anwendungsbereich der §§ 315 b, 315 c StGB

PL ACADEMIC RESEARCH

Bibliografische Information der Deutschen Nationalbibliothek
Die Deutsche Nationalbibliothek verzeichnet diese Publikation in der Deutschen Nationalbibliografie; detaillierte bibliografische Daten sind im Internet über http://dnb.d-nb.de abrufbar.

Zugl.: Mainz, Univ., Diss., 2015

D 77
ISSN 1861-2229
ISBN 978-3-631-66995-2 (Print)
E-ISBN 978-3-653-06142-0 (E-Book)
DOI 10.3726/978-3-653-06142-0

PL Academic Research ist ein Imprint der Peter Lang GmbH.

Peter Lang – Frankfurt am Main · Bern · Bruxelles · New York · Oxford · Warszawa · Wien

Diese Publikation wurde begutachtet.

www.peterlang.com

Martin Hörtz

Die Gefährdung von Tatbeteiligten im Anwendungsbereich der §§ 315 b, 315 c StGB

PL ACADEMIC RESEARCH

Bibliografische Information der Deutschen Nationalbibliothek
Die Deutsche Nationalbibliothek verzeichnet diese Publikation in der Deutschen Nationalbibliografie; detaillierte bibliografische Daten sind im Internet über http://dnb.d-nb.de abrufbar.

Zugl.: Mainz, Univ., Diss., 2015

D 77
ISSN 1861-2229
ISBN 978-3-631-66995-2 (Print)
E-ISBN 978-3-653-06142-0 (E-Book)
DOI 10.3726/978-3-653-06142-0

PL Academic Research ist ein Imprint der Peter Lang GmbH.

Peter Lang – Frankfurt am Main · Bern · Bruxelles · New York · Oxford · Warszawa · Wien

Diese Publikation wurde begutachtet.

www.peterlang.com

Für Greta & Lotte

Vorwort

Die vorliegende Arbeit wurde im Sommersemester 2014 vom Fachbereich Rechts- und Wirtschaftswissenschaften der Johannes Gutenberg-Universität Mainz als Dissertation angenommen. Für die Drucklegung konnte – soweit möglich – Rechtsprechung und Literatur bis zum 1. März 2016 berücksichtigt werden.

Die Frage nach der Tauglichkeit von Tatbeteiligten als Gefährdungsopfer ist nicht nur rechtsdogmatisch spannend und komplex, sondern ruft auch einen von der juristischen Ebene losgelösten Diskussionsbedarf hervor. Vereinfacht stellt sich die Frage, ob Tatbeteiligte schutzwürdig bzw. schutzbedürftig und daher in den Kreis der tauglichen Gefährdungsopfer aufzunehmen sind. Dass der BGH in ständiger sowie – so scheint es – unumstößlicher und zuletzt wieder bestätigter Rechtsprechung vertritt, dass Tatbeteiligte nicht als taugliche Gefährdungsopfer der §§ 315 b, 315 c StGB angesehen werden können, macht die Herausarbeitung einer überzeugenden Lösung besonders herausfordernd.

Die Arbeit wurde durch Herrn Prof. Dr. Jan Zopfs angeregt. Der Verfasser dankt zudem der Prof. Dr. Dietrich Lang-Hinrichsen-Stiftung in Mainz für die Unterstützung bei der Veröffentlichung der Arbeit.

Ich möchte meinem Doktorvater, Herrn Prof. Dr. Jan Zopfs, herzlich danken. Er hat mit großem Interesse die Entstehung der Arbeit begleitet und nach Kräften gefördert. Herrn Prof. Dr. Hettinger danke ich sehr für die Übernahme des Zweitgutachtens.

Zu danken habe ich auch meinen Eltern, die mich stets in jeder Hinsicht unterstützt haben. Vor allem aber möchte ich meiner Frau Inga danken, die mich mit großen Verständnis, viel Geduld sowie Nachsicht begleitet und so durch Ihre Unterstützung einen großen Anteil am Gelingen dieser Arbeit hat. Meinen Eltern und insbesondere Inga ist dieses Buch gewidmet.

Darmstadt, im April 2016 *Martin Hörtz*

Inhaltsverzeichnis

Schriftumsverzeichnis

Anmerkung: Soweit nicht anders angegeben, sind die Werke nach den Nachnamen ihrer Autoren ohne weitere Zusätze zitiert. Stand: 1. März 2016.

Amelung, Knut, Irrtum und Zweifel des Getäuschten beim Betrug, GA 1977, S. 1.

Arzt, Gunther / *Weber*, Ulrich / *Heinrich*, Bernd / *Hilgendorf*, Eric, Strafrecht – Besonderer Teil – Lehrbuch, 3. Auflage, Bielefeld 2015.

Baumann, Jürgen / *Weber*, Ulrich, Strafrecht Allgemeiner Teil, 9. Auflage, Bielefeld 1985 (zitiert *Baumann/Weber* (1985)).

Baumann, Jürgen / *Weber*, Ulrich / *Mitsch*, Wolfgang, Strafrecht Allgemeiner Teil, 11. Auflage, Bielefeld 2003 (zitiert *Baumann/Weber/Mitsch*).

Bender, Walter, Die Unterscheidung zwischen Gemeingefahr und Sonder- oder Individualgefahr und ihre Folgen, NJW 1959, S. 326.

Berz, Ulrich / *Saal*, Matthias, Anmerkung zu BGH NZV 2003, 196, NZV 2003, S. 198.

Bickelhaupt, Werner, Einwilligung in die Trunkenheitsfahrt, NJW 1967, S. 713.

Binding, Karl, Systematisches Handbuch der Deutschen Rechtswissenschaft – Siebte Abteilung, Teil 1, erster Band: Handbuch des Strafrechts, Leipzig 1885, (zitiert *Binding*, Handbuch).

Binding, Karl, Lehrbuch des gemeinen deutschen Strafrechts, Besonderer Teil in 2 Bänden (Band 2 in 2 Abteilungen) – Band 2 Abteilung 1, Neudruck der 2. Auflage, Leipzig 1904, Aalen 1969 (zitiert *Binding*, Band 2–1).

Birk (o.V.), Zur Gemeingefahr in § 315a StGB, NJW 1954, S. 1146.

Blei, Hermann, Anmerkung zu OLG Stuttgart NJW 1976, 1904, JA 1976, S. 205.

Blei, Hermann, Strafrecht I, Allgemeiner Teil, Ein Studienbuch, 18. Auflage, München 1983.

Böhmer, Emil, Anmerkung zu OLG Karlsruhe NJW 1959, 2321, NJW 1959, S. 2321.

Booß, Helmuth, Das Gesetz zur Sicherung des Straßenverkehrs, DAR 1953, S. 5.

Born, Winfried, 49. Deutscher Verkehrsgerichtstag in Goslar vom 26.–28.1.2001, NZV 2011, S. 120.

Brandt, Christian, Die Entstehung des Code pénal von 1810 und sein Einfluß auf die Strafgesetzgebung der deutschen Partikularstaaten des 19. Jahrhunderts am Beispiel Bayerns und Preußens, Frankfurt am Main, 1999.

Bruns, Hans-Jürgen, Gilt die Strafrechtsordnung auch für und gegen Verbrecher untereinander in: Festschrift für Edmund Mezger zum 70. Geburtstag München und Berlin 1954, S. 335 (zitiert: *Bruns*, in FS für Mezger).

Burgemeister, Heinz, Der Gütertransport mit Eisenbahn und Kraftwagen in Deutschland – Ein Beitrag zur gesetzlichen Neuregelung im Hinblick auf die Reichsautobahn, Stuttgart 1935.

Burmann, Michael / *Heß*, Rainer / *Hühnermann*, Katrin / *Jahnke*, Jürgen / *Janker*, Helmut, Kommentar zum Straßenverkehrsrecht, 24. Auflage, München 2016.

Buschmann, Arno, Textbuch zur Strafrechtsgeschichte der Neuzeit – Die klassischen Gesetze, München 1998.

Cramer, Peter, Die Neuregelung der Sprengstoffdelikte durch das 7. Strafrechtsänderungsgesetz, NJW 1964, S. 1835.

Cramer, Peter, Straßenverkehrsrecht StVO - StGB Kommentar, 2. Auflage, München 1977.

Cramer, Peter, Gedanken zur Abgrenzung von Täterschaft und Teilnahme in: Festschrift für Paul Bockelmann zum 70. Geburtstag, München 1979, S. 389 (zitiert: *Cramer*, in FS für Bockelmann).

Dalcke, Albert, Strafrecht und Strafprozeß – eine Sammlung der wichtigsten Gesetze des Strafrechts und des Strafverfahrens mit Erläuterungen, 27. Auflage, Berlin 1936.

Dedes, Christos, Gemeingefahr und gemeingefährliche Straftaten, MDR 1984, S. 100 ff.

Dedes, Christos, Die Einteilung der Straftaten im Besonderen Teil in: Festschrift für Dietrich Oehler zum 70. Geburtstag, Köln u. a. 1985, S. 265 (zitiert: *Dedes*, in FS für Oehler).

Deichmann, Marco, Grenzfälle der Sonderstraftat – Zum Problem der Subjektsqualifikation durch besondere persönliche Merkmale bei den Aussage- und Verkehrsdelikten, Berlin 1994.

Dölling, Dieter / *Duttge*, Gunnar / *Rössner*, Dieter, Gesamtes Strafrecht - StGB, StPO, Nebengesetze – Handkommentar, 3. Auflage, Baden-Baden 2013 (zitiert: HK-GS-*Bearbeiter*).

Dreher, Eduard, Kommentar – Strafgesetzbuch mit Nebengesetzen und Verordnungen, 33. Auflage, München 1973 (zitiert: Dreher (1973)).

Eisele, Jörg, Der Tatbestand der Gefährdung des Straßenverkehrs (§ 315 c StGB), JA 2007, 168.

Ellbogen, Klaus / *Richter*, Romy, Der praktische Fall – Strafrecht: Der Zechpreller, JuS 2002, S. 1192.

Engelhardt, Hanns, Zur Gefährdung mehrerer Personen im Straßenverkehr, DRiZ 1982, S. 106.

Engisch, Karl, Einführung in das juristische Denken (herausgegeben und bearbeitet von *Würtenberger*, Thomas und *Otto*, Dirk), 11 Auflage, Stuttgart 2010.

Exner, Thomas, Strafbares „Schwarzfahren“ als Lehrstück juristischer Methodik, JuS 2009, S. 990.

Fahrenhorst, Irene, Grenzen strafloser Selbstbegünstigung, JuS 1987, S. 707.

Finger, August, Begriff der Gefahr und Gemeingefahr im Strafrecht in: Festgabe für Reinhard Frank zum 70. Geburtstag, Band I, Neudruck der Ausgabe Tübingen 1930, Aalen 1969 (zitiert: *Finger*, in FG für Frank), S. 230.

Fischer, Thomas, Strafgesetzbuch und Nebengesetze – Kommentar, 63. Auflage, München 2016.

Fleischer, Wolfgang, Die strafrechtliche Beurteilung provozierter Autounfälle, NJW 1976, S. 878.

Floegel, Johannes / *Hartung*, Fritz, Straßenverkehrsrecht, 15. Auflage, München und Berlin 1965 (zitiert: *Floegel/Hartung* (1965)).

Frank, Reinhard, Das Strafgesetzbuch für das Deutsche Reich, 18. Auflage, Tübingen 1931.

Franke, Dietmar, Zur Unberechtigten Ingebrauchnahme eines Fahrzeugs (§ 248b StGB), NJW 1974, S. 1803.

Fränkel, Wolfgang, Anmerkung zu BGH, Urteil vom 23.02.1954 in LM (Lindenmaier, Fritz/Möhring, Philipp, Nachschlagewerk des Bundesgerichtshofs) Nr. 3 zu § 315a Abs. 1 Ziff. 1 StGB.

Freund, Georg, Äußerlich verkehrsgerechtes Verhalten als Straftat? – BGH, NJW 1999, 3132, JuS 2000, S. 754.

Frey, Bruno, Herbeiführung einer Gemeingefahr nach § 315a StGB für den Beifahrer, DAR 1956, S. 145.

Geerds, Friedrich, Konkurrenzprobleme der neuen Strafvorschriften zum Schutze des Verkehrs unter besonderer Berücksichtigung der Trunkenheit am Steuer, BA 3, S. 124.

Geerds, Friedrich, Zur Problematik der strafrechtlichen Deliktstypen, Friedrich in: Festschrift für Karl Engisch zum 70. Geburtstag, Frankfurt am Main 1969, S. 406.

Gehrmann, Ludwig, Drogendelikte im Straßenverkehr – Strafrechtliche und medizinische Beurteilung der Fahrlässigkeit, rechtliche Konsequenzen –, NZV 2011, 6.

Geilen, Gerd, Examensklausur Strafrecht, Jura 1979, S. 201.

Geilen, Gerd, Raub und Erpressung, Jura 1979, S. 53, S. 557.

Geppert, Klaus, Rechtfertigende „Einwilligung“ des verletzten Mitfahrers bei Fahrlässigkeitsdelikten im Straßenverkehr, ZStW 83, S. 985.

Geppert, Klaus, Anmerkung zu BGH NStZ 1989, 73, NStZ 1989, S. 320.

Geppert, Klaus, Zum Verhältnis von Täterschaft/Teilnahme an der Vortat und sich anschließender Hehlerei (§ 259 StGB), Jura 1994, S. 100.

Geppert, Klaus, Zu examensrelevanten Fragen im Rahmen alkoholbedingter Straßenverkehrsgefährdung (§ 315 c Abs. 1 Nr. 1 a StGB) durch die Gefährdung von Mitfahrern, Jura 1996, S. 47.

Geppert, Klaus, Der gefährliche Eingriff in den Straßenverkehr, Jura 1996, S. 639.

Geppert, Klaus, Die Brandstiftungsdelikte (§§ 306 bis 306 f StGB) nach dem Sechsten Strafrechtsreformgesetz, Jura 1998, S. 597.

Geppert, Klaus, Die Beihilfe (§ 27 StGB), Jura 1999, S. 266.

Geppert, Klaus, Gefährdung des Straßenverkehrs (§ 315c StGB) und Trunkenheit im Verkehr (§ 316 StGB), Jura 2001, S. 559.

Goldschmidt, James, Das Verwaltungsstrafrecht – Eine Untersuchung der Grenzgebiete zwischen Strafrecht und Verwaltungsrecht auf rechtsgeschichtlicher und rechtsvergleichender Grundlage, Berlin 1902.

Goltdammer, Theodor, Die Materialien zum Straf-Gesetzbuche für die Preußischen Staaten, Theil II den besonderen Teil enthaltend, Berlin 1852.

Gössel, Karl Heinz / *Dölling*, Dieter, Strafrecht Besonderer Teil 1 – Straftaten gegen Persönlichkeits- und Gemeinschaftswerte, 2. Auflage, Heidelberg, 2004.

Graul, Eva, Der praktische Fall – Strafrecht: Alkohol am Steuer, JuS 1992, S. 321.

Gropp, Walter, Strafrecht Allgemeiner Teil, 4. Auflage, Berlin, Heidelberg 2015.

Günther, Hans-Ludwig, Der räuberische Angriff auf Fußgänger – ein Fall des § 316 a StGB ?, JZ 1987, S. 369.

Gürtner, Franz, Das kommende deutsche Strafrecht – Besonderer Teil – Bericht über die Arbeit der amtlichen Strafrechtskommission, 2. Auflage, Berlin 1936 (zitiert: *Verfasser* in Gürtner).

Hammer, Michael, „Auto-Surfen" – Selbstgefährdung oder Fremdgefährdung ? – OLG Düsseldorf, NStZ-RR 1997, 325, JuS 1998, S. 785.

Hartung, Fritz, Gemeingefahr!, NJW 1960, 1417.

Hartung, Fritz, Anmerkung zu BGH NJW 1960, 2302, NJW 1961, S. 131.

Hartung, Fritz, Das zweite Gesetz zur Sicherung des Straßenverkehrs, NJW 1965, S. 86.

Hassemer, Winfried, Theorie und Soziologie des Verbrechens, Frankfurt am Main, 1973 (zitiert: *Hassemer*, 1973).

Hecker, Bernd / *Witteck* Lars, Fahrlässige Tötung oder straflose Mitwirkung am Selbstmord bei Vornahme einer von Suizidenten gesteuerten Tötungshandlung? – Zugleich Besprechung von OLG Nürnberg, NJW 2003, 454, JuS 2005, S. 39.7.

Hefendehl, Roland, Die Materialisierung von Rechtsgut und Deliktsstruktur, GA 2002, S. 21.

Hefendehl, Roland, Kollektive Rechtsgüter im Strafrecht, Köln 2002 (zitiert: *Hefendehl*, 2002).

Heghmanns, Michael, Überlegungen zum Unrecht von Beihilfe und Anstiftung, GA 2000, S. 473.

Hentschel, Peter, Trunkenheit, Fahrerlaubnisentziehung, Fahrverbot im Straf- und Ordnungswidrigkeitengesetz, 10. Auflage, 2006, Köln (zitiert: *Hentschel*, Trunkenheit).

Hentschel, Peter / *König*, Peter / *Dauer*, Peter, Kommentar zum Straßenverkehrsrecht, 43. Auflage, München 2015 (zitiert: Hentschel-*Bearbeiter*).

Hillenkamp, Thomas, Verkehrsgefährdung durch Gefährdung des Tatbeteiligten – OLG Stuttgart, NJW 1976, 1904, JuS 1977, S. 166.

Hillenkamp, Thomas, Vorsatztat und Opferverhalten, Göttingen, 1981 (zitiert: *Hillenkamp*, Opferverhalten).

Hillenkamp, Thomas, 40 Probleme aus dem Strafrecht – Besonderer Teil, 12. Auflage, Köln 2013, (zitiert: *Hillenkamp*, Probleme BT).

Hirsch, Martin / *Majer*, Diemut / *Meinck*, Jürgen, Recht, Verwaltung und Justiz im Nationalsozialismus – Ausgewählte Schriften, Gesetze und Gerichtsentscheidungen von 1933 bis 1945, Köln 1984.

Hoffmann, Heinz, Der Verzicht des gefährdeten Fahrgasts und die Gemeingefahr aus § 315 a StGB, NJW 1954, S. 1676.

Hoffmann, Heinz, Die Gefährdung des Insassen im Falle des § 315a StGB, NJW 1957, S. 211.

Hohmann, Olaf / *Sander*, Günther, Strafrecht Besonderer Teil II – Delikte gegen die Person und gegen die Allgemeinheit, 2. Auflage München, 2011.

Horn, Eckhard, Der „einzelne" in Gemeingefahr?, JZ 1964, S. 646.

Horn, Eckard / *Hoyer*, Andreas, Rechtsprechungsübersicht zum 27. Abschnitt des StGB – „Gemeingefährliche Straftaten" –, JZ 1987, S. 965.

Horn, Norbert, Einführung in die Rechtswissenschaft und Rechtsphilosophie, 5. Auflage, Heidelberg 2011.

Hucko, Elmar, Zum 200. Geburtstag des Allgemeinen Landrechts für die Preußischen Staaten, NJW 1994, S. 1449.

Hürxthal, Gerhard / *Krumme*, Elisabeth (u. a.), Straßenverkehrsgesetz – Kommentar, 1. Auflage, Köln, Berlin u. a. 1976 (zitiert: *Krumme*).

Jakobs, Günter, Beteiligung in: Festschrift für Ernst-Joachim Lampe zum 70. Geburtstag, Jus humanum – Grundlagen des Rechts und Strafrecht, Berlin 2003, S. 561 (*Jakobs*, in FS für Lampe).

Jakobs, Günther, Strafrecht Allgemeiner Teil – Die Grundlagen und die Zurechnungslehre, 2. Auflage, Berlin New York 1991 (zitiert: *Jakobs*, AT).

Janiszewski, Horst, Überblick über neue Entscheidungen in Verkehrsstraf – und Bußgeldsachen – Überblick I/1987, NStZ 1987, 112.

Janiszewski, Horst; Verkehrsstrafrecht, 5. Auflage, München 2004.

Jescheck Hans-Heinrich / *Weigend* Thomas, Lehrbuch des Strafrechts – Allgemeiner Teil, 5. Auflage Berlin 1996.

Joecks, Wolfgang, Strafgesetzbuch – Studienkommentar –, 11. Auflage, München 2014.

Karlsruher Kommentar zum Gesetz über Ordnungswidrigkeiten, herausgegeben von Lothar Senge, 4. Auflage, München 2014 (zitiert: KK-OWiG-*Bearbeiter*).

Kindhäuser, Urs, Gefährdung als Straftat – Rechtstheoretische Untersuchungen zur Dogmatik der abstrakten und konkreten Gefährdungsdelikte, Frankfurt am Main, 1989 (zitiert: *Kindhäuser*, 1989).

Kindhäuser, Urs, Strafrecht – Besonderer Teil I, Straftaten gegen Persönlichkeitsrechte, Staat und Gesellschaft, 6. Auflage, Baden-Baden 2014 (zitiert: *Kindhäuser*, BT I).

Kindhäuser, Urs, Strafgesetzbuch – Lehr- und Praxiskommentar, 6. Auflage, Baden-Baden 2015 (zitiert: *Kindhäuser*, LPK-StGB).

Kindhäuser, Urs / *Neumann* Ulfried / *Paeffgen*, Hans-Ullrich (Hrsg.) – Kommentar zum Strafgesetzbuch in zwei Bänden, 3. Auflage, Baden-Baden 2010 (zitiert: NK-*Bearbeiter* (2010)).

Kindhäuser, Urs / *Neumann* Ulfried / *Paeffgen*, Hans-Ullrich (Hrsg.) – Kommentar zum Strafgesetzbuch in zwei Bänden, 4. Auflage, Baden-Baden 2013 (zitiert: NK-*Bearbeiter*).

Köhler, Michael, Strafrecht Allgemeiner Teil, Berlin, 1997.

König, Peter, Zum Einsatz des Strafrechts gegen Verkehrsrowdys, NZV 2005, S. 27.

Kopp, Thomas, Gefährlicher Eingriff in den Straßenverkehr bei verkehrsgerechten Verhalten – Anmerkung zu BGH NJW 1999, 3132, JA 2000, S. 365.

Kratzsch, Dietrich, Zum Erfolgsunrecht der schweren Brandstiftung – Zugleich Besprechung der Urteile des BGH vom 18.6.1986 und 20.6.1986 (BGHSt. 34, 115) –, JR 1987, S. 360.

Kreß, Claus, Die Brandstiftung nach § 306 StGB als gemeingefährliche Sachbeschädigung – Betrachtungen aus Anlaß des BGH-Beschlusses vom 21. November 2000 – 1 StR 438/00, JR 2001, S. 315.

Krey, Volker / *Hellmann*, Uwe / Heinrich, Manfred, Strafrecht Besonderer Teil, Band 1 ohne Vermögensdelikte, 16. Auflage, Stuttgart 2015 (zitiert: *Krey*, BT I).

Krüger, Matthias, Die Entmaterialisierungstendenz beim Rechtsgutsbegriff, Berlin 2000.

Krumme, Elisabeth, Anmerkung zu BGH, Urteil vom 24.06.1954 in LM (Lindenmaier, Fritz/Möhring, Philipp, Nachschlagewerk des Bundesgerichtshofs) Nr. 2 zu § 315a Abs. 1 Ziff. 4 StGB.

Krumme, Elisabeth, Anmerkung zu BGH, Beschluss vom 18.12.1957 in LM (Lindenmaier, Fritz/Möhring, Philipp, Nachschlagewerk des Bundesgerichtshofs) Nr. 4 zu § 315a Abs. 1 Ziff. 2 StGB.

Kudlich, Hans / *Pragal*, Oliver, Übungsklausur – Strafrecht: Der Anstifter als Opfer des Angestifteten, JuS 2004, S. 791.

Kühl, Kristian, Strafrecht Allgemeiner Teil, 7. Auflage, München 2012 (zitiert: *Kühl*, AT).

Kühl, Kristian, Anmerkung zu BGH NJW 2009, 1155, NJW 2009, S. 1158.

Kuhlen, Lothar, Der Handlungserfolg der strafbaren Gewässerverunreinigung (§ 324 StGB), GA 1986, 389.

Kuhlen, Lothar, Zum Strafrecht der Risikogesellschaft, GA 1994, 347.

Kunath, Klaus, Zur Einführung eines einheitlichen Straftatbestandes gegen „Luftpiraterie" durch das Elfte Strafrechtänderungsgesetz vom 16. Dezember 1971, JZ 1972, S. 199.

Küper, Wilfried, Probleme der Hehlerei bei ungewisser Vortatbeteiligung, Heidelberg 1989 (zitiert: *Küper*, Hehlerei).

Lackner, Karl, Der Strafrechtsteil des Gesetzes zur Sicherung des Straßenverkehrs, MDR 1953, S. 73.

Lackner, Karl, Das Zweite Gesetz zur Sicherung des Straßenverkehrs (Schluß), JZ 1965, S. 120.

Lackner, Karl, Das konkrete Gefährdungsdelikt im Verkehrsstrafrecht, Berlin 1967.

Lackner, Karl / *Kühl*, Kristian / *Heger*, Martin, Strafgesetzbuch – Kommentar, 28. Auflage, München 2014 (zitiert: *Lackner/Kühl*).

Lampe, Ernst-Joachim, Systemunrecht und Unrechtssysteme, ZStW 104, S. 683.

Lampe, Ernst-Joachim, Tätersysteme: Spuren und Strukturen, ZStW 119, S. 471.

Langer, Winrich, Die falsche Verdächtigung – Ein Beitrag zur Strafrechtsreform, Berlin 1973.

Langrock, Günter, Zur Einwilligung in die Verkehrsgefährdung – BGH, MDR 1970, 689, MDR 1970, S. 982.

Leipziger Kommentar, Strafgesetzbuch, herausgegeben von Nagler/Ebermayer. – Zweiter Band (§§ 153–370 und Einführungsgesetz), 6. und 7. Auflage, Berlin 1951 (zitiert: LK-*Bearbeiter* (1951)).

Leipziger Kommentar, Strafgesetzbuch, herausgegeben von Jaguasch/Mezger/Schaefer/Werner – Zweiter Band (§§ 153–370 und Einführungsgesetz), 8. Auflage, Berlin 1958 (zitiert: LK-*Bearbeiter* (1958)).

Leipziger Kommentar, Strafgesetzbuch Großkommentar, herausgegeben von Laufhütte/Rissing-van Saan/Tiedemann, (zitiert: LK-*Bearbeiter*).

Band 1 (Einleitung; §§ 1–31), 12. Auflage, Berlin 2007.

Band 5 (§§ 110–145d), 12.Auflage, Berlin 2009.

Band 8 (§§ 242–263), 12. Auflage, Berlin 2010.

Band 10 (§§ 284–305a), 12. Auflage, Berlin 2008.

Band 11 (§§ 306–323), 12. Auflage, Berlin 2008.

Loock, Walter, Der strafrechtliche Schutz der Eisenbahnen im Deutschen Reiche, Berlin 1893.

Maassen, Die strafrechtlichen Bestimmungen des Gesetzes zur Sicherung des Straßenverkehrs, NJW 1953, S. 201.

Marx, Michael, Zur Definition des Begriffs „Rechtsgut“, Köln, Berlin u. a., 1972.

Maurach, Reinhart / *Zipf*, Heinz, Strafrecht Allgemeiner Teil Teilband 1 – Grundlehren des Strafrechts und Aufbau der Straftat, 8 Auflage, Heidelberg 1992 (zitiert: *Maurach/Zipf*, AT 1).

Maurach, Reinhart / *Gössel*, Karl Heinz / *Zipf*, Heinz / *Dölling*, Dieter / *Laue*, Christian / *Renzikowski*, Joachim, Strafrecht Allgemeiner Teil – Teilband 2: Erscheinungsformen des Verbrechens und Rechtsfolgen der Tat, 8. Auflage, Heidelberg 2014 (zitiert: *Maurach/Gössel/Zipf*, AT 2).

Maurach, Reinhart / *Schroeder*, Friedrich Christian / *Maiwald*, Manfred, Strafrecht Besonderer Teil – Teilband 1: Straftaten gegen Persönlichkeits – und Vermögenswerte, 10 Auflage, Heidelberg 2009 (zitiert: *Maurach/Schroeder/Maiwald*, BT 1).

Maurach, Reinhart / *Schroeder*, Friedrich Christian / *Maiwald*, Manfred, Strafrecht Besonderer Teil – Teilband 2: Straftaten gegen Gemeinschaftswerte, 10 Auflage Heidelberg 2012 (zitiert: *Maurach/Schroeder/Maiwald*, BT 2).

Mayr, Christian, Die Tatbestände der Straßenverkehrsgefährdung in der Rechtsentwicklung in: 25 Jahre Bundesgerichtshof, München 1975, S. 273 (zitiert: *Mayr* in: 25 Jahre BGH).

Mezger, Edmund, Strafrecht, 3. Auflage, Berlin und München 1949.

Möhl, Wolfgang, Anmerkung zu Urteil des OLG Stuttgart I. StS v. 07.09.1966 – 1 Ss 303/66, JR 1967, S. 107.

Möhl, Wolfgang / *Rüth*, Karl, Kommentar zur Straßenverkehrsordnung und verkehrsrechtlichen Bestimmungen des Strafgesetzbuchs, Berlin, New York, 1973 (zitiert: Mühl/Rüth-*Bearbeiter*).

Molketin, Rüdiger, Anmerkung zu BGH NZV 1990, 35, NZV 1990, S. 35.

Müller, Friedrich / *Christensen*, Ralph, Juristische Methodik – Band I: Grundlegung für die Arbeitsmethoden der Rechtspraxis, 11. Auflage, Berlin 2013.

Müller, Kai / *Hönig*, Sandra, Examensrelevante Probleme der Brandstiftungsdelikte, JA 2001, S. 517.

Müller, Henning Ernst / *Kraus*, Florian, Unfallflucht nach vorsätzlichem Rammen durch ein Polizeifahrzeug, anm. zu BGH, Urt. v. 20.2.2003 – 4 StR 229, NZV 2003, 488, NZV 2003, S. 559.

Müller-Dürholt, Michael, Die Gefährdung des Straßenverkehrs – § 315 c StGB –, Bonn 1982.

Münchner Kommentar zum Strafgesetzbuch, herausgegeben von Wolfgang Joecks und Klaus Miebach (zitiert: MüKo-*Bearbeiter*).

Band 1 (§§ 1–37 StGB), 2. Auflage, München 2011.

Band 3 (§§ 80–184g StGB), 2. Auflage, München 2012.

Band 4 (§§185–262 StGB), 2. Auflage, München 2012.

Band 5 (§§ 263–358 StGB, §§ 1–8, 105, 106 JGG):
1. Auflage, München 2006 (zitiert: MüKo-*Bearbeiter* (2006)).
2. Auflage, München 2014.

Murmann, Uwe, Eine Brandstiftungsklausur, JA 2001, S. 258.

Naucke, Wolfgang, Der Nutzen der subjektiven Auslegung im Strafrecht in: Festschrift für Karl Engisch zum 70. Geburtstag, Frankfurt am Main 1969, S. 274 (zitiert: *Naucke*, in FS für Engisch).

Nepomuck, Lutz, Anstiftung und Tatinteresse, Berlin 2008.

Niethammer, Emil, Lehrbuch des Besonderen Teils des Strafrechts, Tübingen 1950.

Noack, Torsten, Teilfahrlässige Teilnahme an Vorsatz-Fahrlässigkeits-Kombinationen JuS 2005, S. 312.

Nüse, Karl-Heinz, Zu den neuen Vorschriften zur Sicherung des Straßenverkehrs, JR 1965, S. 41.

Obermann, Torsten, Wildwest auf der Autobahn – Zur Strafbarkeit von Schüssen im bzw. auf den Straßenverkehr nach § 315 b StGB – zgl. Anm. zu BGH, Beschl. v. 4. 11. 2008 – 4 StR 411/08, NStZ 2009, S. 539.

Oehler, Dietrich, Wurzel, Wandel und Wert der strafrechtlichen Legalordnung – Münsterische Beiträge zur Rechts- und Staatswissenschaft, Berlin 1950.

Oellers, Bernd, Anmerkung zu BGH NJW 1970, 1380, NJW 1970, S. 2121.

Ostendorf, Heribert, Grundzüge des konkreten Gefährdungsdelikts, JuS 1982, S. 426.

Otto, Dirk, Zur Möglichkeit der Teilnahme eines ausschließlich gefährdeten Beifahrers bei § 315 c I Nr. 1a StGB, NZV 1992, S. 309.

Otto, Harro, Straflose Teilnahme? In: Festschrift für Richard Lange zum 70. Geburtstag, Berlin, New York 1976, S. 197 (*Otto*, in FS für Lange).

Otto, Harro, Die Bedeutung der eigenverantwortlichen Selbstgefährdung im Rahmen der Delikte gegen überindividuelle Rechtsgüter, Jura 1991, S. 443.

Otto, Harro, Grundkurs Strafrecht – Allgemeine Strafrechtslehre, 7. Auflage, Berlin 2004 (zitiert: *Otto*, AT).

Otto, Harro, Grundkurs Strafrecht – Die einzelnen Delikte, 7. Auflage, Berlin 2005 (zitiert: *Otto*, BT).

Paul, Hermann, Deutsches Wörterbuch – Bedeutungsgeschichte und Aufbau unseres Wortschatzes, 10 Auflage, Tübingen 2002.

Preisendanz, Holger, Strafgesetzbuch – Lehrkommentar mit Erläuterungen und Beispielen, 30. Auflage, Berlin, 1978.

Puhm, Günther, Strafbarkeit gemäß § 315 c StGB bei Gefährdung des Mitfahrers, Passau 1990.

Puppe, Ingeborg, Anmerkung zu BayObLG NStZ 1997, 388, NStZ 1997, S. 389.

Puppe, Ingeborg, Was ist Anstiftung? Zugleich eine Besprechung von BGH, Urteil vom 11.10. 2005 – 1 StR 250/05, NStZ 2006, S. 424.

Radtke, Henning, Die Dogmatik der Brandstiftungsdelikte; zugleich ein Beitrag zur Lehre von den gemeingefährlichen Delikten, Berlin 1998 (zitiert: *Radtke*, 1998).

Ranft, Otfried, Delikte im Straßenverkehr, Jura 1987, 608.

Rengier, Rudolf, Zur Bestimmung und Bedeutung der Rechtsgüter im Umweltstrafrecht, NJW 1990, S. 2506.

Rengier, Rudolf, Strafrecht Besonderer Teil II – Delikte gegen die Person und die Allgemeinheit, 17. Auflage, München 2016 (zitiert: *Rengier*, BT II).

Rönnau, Thomas, Grundwissen – Strafrecht: Der strafrechtliche Rechtsgutsbegriff, JuS 2009, A. 209.

Roth, Gerald, Grundfragen der Hehlereitatbestände (Teil I), JA 1988, S. 193.

Roxin, Claus, Zum Strafgrund der Teilnahme in: Festschrift für Walter Stree und Johannes Wessels zum 70. Geburtstag, Heidelberg 1993, S. 365 (zitiert *Roxin*, in FS für Stree/Wessels).

Roxin, Claus, Strafrecht Allgemeiner Teil Band I, Grundlagen und der Aufbau der Verbrechenslehre, 4. Auflage, München 2006 (zitiert: *Roxin*, AT I).

Rudolphi, Hans-Joachim, Primat des Strafrechts im Umweltschutz – Teil 2 –, NStZ 1984, S. 248.

Saal, Martin, Zur strafrechtlichen Bewertung des „Auto-Surfen", NZV 1998, S. 49.

Satzger, Helmut / *Schluckebier*, Wilhelm / *Widmaier*, Gunter, StGB Strafgesetzbuch Kommentar, 2. Auflage, München 2014 (zitiert: SSW-StGB-*Bearbeiter*).

Schäfer, Ernst / *von Dohnanyi*, Hans, Die Strafgesetzgebung der Jahre 1931 bis 1935 – Nachtrag zur 18. Auflage von Reinhard Frank, Das Strafgesetzbuch für das Deutsche Reich, Tübingen 1936.

Schäfer, Ernst, Die leitenden Gedanken der beiden Gesetze zur Änderung des Strafgesetzbuches sowie zur Änderung des Strafverfahrens und des Gerichtsverfassungsgesetzes vom 28.Juni 1935, DJ 1935, S. 991.

Schäfer, Karl, Das Gesetz zur Änderung des Strafgesetzbuches vom 28. Juni 1935 (Teil 2), JW 1935, S. 2478.

Schäfer, Leopold, Die Einzelheiten der Strafgesetznovelle vom 28.Juni 1935, DJ 1935, S. 994.

Schaffstein, Friedrich, Handlungsunwert, Erfolgsunwert und Rechtfertigung bei den Fahrlässigkeitsdelikten: in Festschrift für Hans Welzel zum 70. Geburtstag, Berlin, New York 1974, S. 557 (zitiert: *Schaffstein*, in FS für Welzel).

Scheffler, Uwe, Der Verfolger-Fall (BGHSt 11, 268) und die Strafbarkeit der „versuchten fahrlässigen Selbsttötung“, JuS 1992, S. 920.

Scheffler, Uwe, Strafbare Verkehrsunfallprovokation durch rechtmäßiges Verhalten?, NZV 1993, S. 463.

Schleicher, Rüdiger / *Reymann*, Friedrich, Recht der Luftfahrt, Berlin/Köln 1954 – Unveränderter Nachdruck der im Jahr 1937 erschienen zweiten Auflage.

Schlüchter, Ellen (Hrsg.), Bochumer Erläuterungen zum 6. Strafrechtsreformgesetz, Thüngersheim, Frankfurt/Main 1998 (zitiert: BE-*Bearbeiter*).

Schmädicke, Axel, Konkrete Gefährdung des Tatbeteiligten, Frankfurt 1997.

Schmid, Werner (Hrsg.), Entwurf des Strafgesetzbuchs 1822 (von Nikolaus Gönner), München 1822, Nachdruck 1988, Frankfurt am Main (zitiert: Entwurf des Strafgesetzbuchs 1822 (Gönner)).

Schmidt, Rolf, Strafrecht – Allgemeiner Teil – Grundlagen der Strafbarkeit, Aufbau des strafrechtlichen Gutachtens, 14. Auflage, Grasberg 2015 (zitiert: *Schmidt*, AT).

Schmidt, Rolf / *Priebe*, Klaus, Strafrecht – Besonderer Teil I – Straftaten gegen die Person und die Allgemeinheit, 14. Auflage, Grasberg 2015 (zitiert: *Schmidt/Priebe*, BT I).

Schmidt, Rolf / *Priebe*, Klaus, Strafrecht – Besonderer Teil II – Straftaten gegen das Vermögen, 14. Auflage, Grasberg 2015 (zitiert: *Schmidt/Priebe*, BT II).

Schmidt, Eberhard, Einführung in die Geschichte der deutschen Strafrechtspflege, Zweiter unveränderter Nachdruck der 3. Auflage von 1964, Göttingen 1995.

Schmidt, Eberhard, Strafrechtsreform und Kulturkrise, Tübingen 1931 (zitiert *Schmidt*, Strafrechtsreform).

Schmidhäuser, Eberhard, Strafrecht – Besonderer Teil, 2. Auflage, Tübingen 1983 (zitiert: *Schmidthäuser*, BT).

Schneider, Wolfgang, Kriminelle Straßenverkehrsgefährdungen (§ 315c Abs. 1 Ziff. 2, Abs. 3 StGB) – Eine kriminologische und strafrechtliche Untersuchung zur Problematik dieser Verkehrsstraftaten unter Berücksichtigung ausländischer Rechte, Frankfurt am Main, 1978.

Schönke, Adolf / *Schröder*, Horst, Kommentar zum Strafgesetzbuch,

11. Auflage, München 1963 (zitiert: *Sch/Sch* (1963)).
13. Auflage, München 1967 (zitiert: *Sch/Sch* (1967)).
25. Auflage, München 1997 (zitiert: Sch/Sch-*Bearbeiter* (1997)).
28. Auflage, München 2010 (zitiert: Sch/Sch-*Bearbeiter* (2010)).
29. Auflage, München 2014 (zitiert: Sch/Sch-*Bearbeiter*).

Schroeder, Friedrich-Christian, Die Teilnahme des Beifahrers an der gefährlichen Trunkenheitsfahrt, JuS 1994, S. 846.

Schubert, Georg, Feuerbachs Entwurf zu einem Strafgesetzbuch für das Königreich Bayern aus dem Jahre 1824, Berlin 1978.

Schubert, Werner (Hrsg.), Entwürfe der Strafrechtskommission zu einem Deutschen Strafgesetzbuch und zu einem Einführungsgesetz (1911–1914), Frankfurt am Main (Reprint von) 1990.

Schulz, Lorenz, Nächtliche Heimfahrt mit Folgen, JA 1994, S. 217.

Schumann, Anja, Referendarexamensklausur – Strafrecht: Aussagedelikte und Anschlussdelikte, JuS 2010, S. 529.

Schünemann, Bernd, Raub und Erpressung (2. Teil), JA 1980, S. 393.

Schünemann, Bernd, Einige vorläufige Bemerkungen zur Bedeutung des viktimologischen Ansatzes in der Strafrechtsdogmatik in: Hans Joachim Schneider, Das Verbrechensopfer in der Strafrechtspflege, S. 407, Münster, Berlin, New York, 1982 (zitiert: *Schünemann*, 1982).

Schünemann, Bernd, Die Zukunft der Viktimo-Dogmatik: die viktimologische Maxime als umfassendes regulatives Prinzip zur Tatbestandseingrenzung im Strafrecht in: Festschrift für Hans Joachim Faller, München 1984, S. 357 (zitiert: *Schünemann*, in FS für Faller).

Schünemann, Bernd, Zur Stellung des Opfers im System der Strafrechtspflege, NStZ 1986, S. 193, S. 439.

Schwalm, Georg, Der objektivierte Wille des Gesetzgebers in: Festschrift für Ernst Heinitz zum 70. Geburtstag, Berlin 1972, S. 47 (zitiert: *Schwalm*, in FS für Heinitz).

Seibert, Klaus, Zur Frage des unbefugten Gebrauchs von Fahrzeugen, DAR 1955, S. 298.

Siebenhaar, Hugo, Der Begriff der Gemeingefährlichkeit und die gemeingefährlichen Delikte nach dem Reichsstrafgesetzbuche, ZStW 4, S. 245.

Simon, Eric, Gesetzesauslegung im Strafrecht: eine Analyse der höchstrichterlichen Rechtsprechung, Berlin 2005.

Sowada, Christoph, Die „notwendige Teilnahme" als funktionales Privilegierungsmodell im Strafrecht, Berlin, 1992.

Spendel, Günter, Zur Kritik der subjektiven Versuchs- und Teilnahmetheorie – BGHSt 11, 268, NJW 1969, S. 314.

Steindorf, Joachim, Umwelt-Strafrecht, Sonderausgabe der Kommentierung der §§ 311 c, d, 324 – 330d in der 11. Auflage des Leipziger Kommentars zum Strafgesetzbuch, 2. Auflage, New York, Berlin 1997.

Sternberg-Lieben, Irene Der praktische Fall – Strafrecht: Alkohol im Blut, JuS 1998, 428.

Supper, Otto, Das deutsche Eisenbahnstrafrecht, Stuttgart 1893.

Systematischer Kommentar zum Strafgesetzbuch, begründet von Rudolphi und Horn, München, Band I und Band IV: 8. Auflage – Stand: 148. Lieferung (Dezember 2014); Band VI: 9. Auflage, 2016 (zitiert: SK-*Bearbeiter*).

Tepperwien, Ingeborg, Der Beifahrer im Verkehrsstrafrecht in: Festschrift für Kay Nehm zum 65. Geburtstag, Berlin 2006, S. 427 (zitiert: *Tepperwien*, in FS für Nehm).

Trüg, Gerson, „Ungewöhnliche Verwendung des PKW", JA 2002, S. 214.

Volk, Klaus, Napoleon und das deutsche Strafrecht, JuS 1991, S. 281.

Von Bar, Carl Ludwig, Handbuch des Deutschen Strafrechts, Erster Band: Geschichte des Deutschen Strafrechts und der Strafrechtstheorien, Berlin 1882.

Von Danwitz, Klaus-Stephan, Zur Begriffsbestimmung des Mitfahrers als taugliches Tatobjekt i.S.d. § 316a StGB, NZV 2002, S. 551.

Von Heintschel-Heinegg, Bernd, Strafgesetzbuch – Kommentar (Beck'scher Online-Kommentar), München, Edition 29, Stand: 1. Dezember 2015 (zitiert OK-StGB-*Bearbeiter*).

Von Hippel, Reinhard, Die „Individualgefahr" in §§ 315 bis 315d StGB – exemplum eines elementaren Problems der Gesetzgebungskunst, ZStW 80, S. 378.

Von Hippel, Robert, Deutsches Strafrecht in 2 Bänden – Band 1 Allgemeine Grundlagen, Neudruck der Ausgabe Berlin 1925, Aalen, 1971 (zitiert: *von Hippel*, I).

Von Liszt, Franz, nach dem Tod des Verfassers besorgt von Schmidt, Eberhard, Lehrbuch des Deutschen Strafrechts, 24. Auflage, Berlin und Leipzig 1922.

Von Olshausen, Julius, Kommentar zum Strafgesetzbuch für das Deutsche Reich, Zweiter Band, 11. Auflage, Berlin 1927.

Vormbaum, Moritz, Schutz der Rechtsgüter von EU-Staaten durch das deutsche Strafrecht – Zur europarechtskonformen Gestaltung und Auslegung von deutschen Straftatbeständen, Münster 2005.

Warda, Günter, Das Zweite Gesetz zur Sicherung des Straßenverkehrs, MDR 1965, S. 1.

Wasserman, Rudolf (Hrsg.), Reihe Alternativkommentare – Kommentar zum Strafgesetzbuch in Lieferungen, Band 1 §§ 1–21, Neuwied, 1990 (zitiert: AK-*Bearbeiter*).

Weigend, Thomas, Bewältigung von Beweisschwierigkeiten durch Ausdehnung des materiellen Strafrechts in: Festschrift für Otto Triffterer zum 65. Geburtstag, Wien, New York 1996, S. 695 (zitiert *Weigend*, in FS für Triffterer).

Welzel, Hans, Grundfragen der gesamten Strafrechtswissenschaft, Das Recht als Gemeinschaftsordnung in: Festschrift für Heinrich Henkel zum 70. Geburtstag, Berlin, New York 1974, S. 11 (zitiert: *Welzel*, in FS für Henkel).

Wessels, Johannes / *Beulke*, Werner / *Satzger*, Helmut, Strafrecht Allgemeiner Teil – Die Straftat und ihr Aufbau, 45. Auflage, Heidelberg 2015.

Wessels, Johannes / *Hettinger*, Michael, Strafrecht Besonderer Teil 1- Straftaten gegen Persönlichkeits- und Gemeinschaftswerte, 39. Auflage, Heidelberg 2015.

Wessels, Johannes / *Hillenkamp*, Thomas, Strafrecht Besonderer Teil 2 – Straftaten gegen Vermögenswerte, 38. Auflage, Heidelberg 2015.

Wirsch, Stefan, Tatbeteiligte als Tatopfer, JuS 2006, S. 400.

Wolff, Hagen, Zur Gemeingefährlichkeit der Brandstiftung nach § 306 StGB, JR 2002, S. 94.

Würtenberger, Thomas, Das System der Rechtsgüterordnung in der deutschen Strafgesetzgebung seit 1532, Breslau-Neukirch, 1933.

Wrage, Nikolaus, Typische Probleme einer Brandstiftungsklausur, JuS 2003, 985.

Zimmermann, Frank, Die Straßenverkehrsgefährdung, JuS 2010, 22 ff.

Zippelius, Reinhold, Rechtsnorm und richterliche Entscheidungsfreiheit, JZ 1970, S. 241.

Zippelius, Reinhold, Juristische Methodenlehre, 11. Auflage, München 2012.

Abkürzungen

a.A.	andere Auffassung / andere Ansicht
a.a.O.	am angegebenen Ort
Abs.	Absatz
a.E.	am Ende
a. F.	alte Fassung
AG	Aktiengesellschaft
AK	Alternativkommentar
Alt.	Alternative
ALR	Preußisches Allgemeines Landrecht
Anm.	Anmerkung
Art.	Artikel
AT	Allgemeiner Teil
Aufl.	Auflage
BA	Blutalkohol
BAK	Blutalkoholkonzentration
BayObLG	Bayerisches Oberstes Landesgericht
BayObLGSt	Entscheidungen des Bayerischen Obersten Landesgerichts in Strafsachen
BE	Bochumer Erläuterungen
BGB	Bürgerliches Gesetzbuch
BGBl.	Bundesgesetzblatt
BGH	Bundesgerichtshof
BGHSt	Entscheidungen des Bundesgerichtshofes in Strafsachen
BT	Besonderer Teil/Bundestag
BVerfG	Bundesverfassungsgericht
BVerGE	Entscheidungen des Bundesverfassungsgerichts
bzw.	beziehungsweise
CCC	Constitutio Criminalis Carolina
DAR	Deutsches Autorecht
ders.	derselbe/dieselbe
DJ	Deutsche Justiz
DRiZ	Deutsche Richterzeitung
E	Entwurf
EGOWiG	Einführungsgesetz zum Ordnungswidrigkeitengesetz
EGStGB	Einführungsgesetz zum Strafgesetzbuch
Einl.	Einleitung
EUR	Euro
f.	folgende / folgendes
ff.	fortfolgende
FG	Festgabe

Fn.	Fußnote
FS	Festschrift
GA	Goltdammer's Archiv für Strafrecht
GG	Grundgesetz
HK-GS	Handkommentar Gesamtes Strafrecht
h.M.	herrschende Meinung
i.d.F.	in der Fassung
i.S.d.	im Sinn(e) des
i.w.S.	im weitesten Sinn
i.V.m.	in Verbindung mit
JA	Juristische Ausbildung
JMBlNRW	Justizministerialblatt für das Land Nordrhein-Westfalen
JR	Juristische Rundschau
JuS	Juristische Schulung
JW	Juristische Wochenschrift
JZ	Juristen Zeitung
KFG	Gesetz über den Verkehr mit Kraftfahrzeugen
KFZ	Kraftfahrzeug(e)
KG	Kammergericht
KK	Karlsruher Kommentar
km/h	Kilometer pro Stunde
LG	Landgericht
LK	Leipziger Kommentar
LKW	Lastkraftwagen
LM	Lindenmaier-Möhring
LPK	Lehr- und Praxiskommentar
MDR	Monatsschrift des Deutschen Rechts
m.E.	meines Erachtens
MüKo	Münchner Kommentar zum Strafgesetzbuch
m.w.N.	mit weiteren Nachweisen
n.F.	neue Fassung
NJW	Neue Juristische Wochenschrift
NK	Nomos-Kommentar
Nr.	Nummer
NS	Nationalsozialismus/nationalsozialistisch
NStZ	Neue Zeitschrift für Strafrecht
NStZ-RR	Neue Zeitschrift für Strafrecht Rechtsprechungs-Report
NZV	Neue Zeitschrift für Verkehrsrecht
OK-StGB	Beck'scher Online-Kommentar zum Strafgesetzbuch
o.V.	ohne Vorname
OLG	Oberlandesgericht
OWiG	Ordnungswidrigkeitengesetz
OWiG-StVGÄndG	Änderungsgesetz zum Ordnungswidrigkeitengesetz und Straßenverkehrsgesetz

PKW	Personenkraftwagen
RegE	Regierungsentwurf
RGBl.	Reichsgesetzblatt
RGSt	Entscheidungen des Reichsgerichts in Strafsachen
(R)StGB/RStGB	Reichsstrafgesetzbuch
Rn.	Randnummer / Randnote
RT	Reichstag
S.	Seite
Sch/Sch	Schönke/Schröder
SK	Systematischer Kommentar zum Strafgesetzbuch
sog.	sogenannte(r)/(s)
SSW	Satzger/Schluckebier/Widmaier
StGB	Strafgesetzbuch
StPO	Strafprozessordnung
StrÄndG	Strafrechtsänderungsgestz
StV	Strafverteidiger
StVG	Straßenverkehrsgesetz
StVO	Straßenverkehrsordnung
StVZO	Straßenverkehrs-Zulassungs-Ordnung
u. a.	und andere
umstr.	umstritten
Vgl.	vergleiche
VRS	Verkehrsrechtssammlung
z. B.	zum Beispiel
Ziff.	Ziffer
ZPO	Zivilprozessordnung
ZStW	Zeitschrift für die gesamte Strafrechtswissenschaft

A. Einleitung und Problemdarstellung

I. Vorbemerkungen

Das Verkehrsrecht und insbesondere das Verkehrsstrafrecht erfreuen sich in unserer Zeit zweifelhafter „Beliebtheit“. Kaum vergeht ein Tag, an dem nichts über Verhaltensweisen mit verkehrsrechtlichem Bezug bekannt wird. Aber nicht nur medial, sondern auch im persönlichen und privaten Bereich sind derartige Geschichten und Erlebnisse beinahe an der Tagesordnung. Und es sind nicht die positiven Erlebnisse, über die berichtet wird. Vielmehr wird über Alkoholfahrten, „Rasen“, „Auto-Surfen“ oder „Beschleunigungsrennen“ erzählt. Die Fortbewegung mittels eines Automobils wird als Ausdruck der individuellen Freiheit verstanden und macht die Themen Straßenverkehr und Straßenverkehrsstrafrecht (seit jeher) aktuell. Im Allgemeinen wird für die Institution Straßenverkehr ein Schutzbedürfnis reklamiert. Denn das, was – wie die individuelle Mobilität – wichtig ist, muss nach der landläufigen, nicht zu Unrecht vorgebrachten Ansicht auch geschützt werden. Zur Sicherstellung dieses Schutzes muss konsequenterweise auch in diesem Bereich das Strafrecht walten und sich – soweit erforderlich – im Hinblick auf den strafrechtlichen Schutzbereich gegebenenfalls weiterentwickeln. Dies gilt insbesondere deshalb, weil die Anzahl der Delikte von sogenannten Verkehrsrowdys – sei es durch „Rasen“ oder durch „Nötigung im Straßenverkehr“ – in der Vergangenheit gefühlt zugenommen haben. Auch das Wissen darum, dass Fehlverhalten im Straßenverkehr immensen Sach- und Personenschaden herbeiführen kann, tut sein Übriges. Die geführte Diskussion um einen eventuell notwendigen Gesetzgebungsbedarf im Hinblick auf das Verkehrsstrafrecht und das Verkehrsrecht im Allgemeinen trägt ihren Teil zu jener „Beliebtheit“ bei.[1]

Da auch jedermann die individuelle Freiheit (noch häufiger) auskosten möchte, erhöht sich zunehmend die Verkehrsdichte auf deutschen Straßen.[2] Unter anderem dadurch bedingt, werden Polizeikontrollen öfter und strenger durchgeführt und die eingesetzten Beamten decken nicht selten Normverstöße auf. Was in der Regel folgt, ist der „Kampf“ des Verkehrssünders um seine Fahrerlaubnis, immer mehr, denn – wie bereits gesagt – ist das „Auto fahren“ von (fast) unverzichtbarer Wichtigkeit. Ordnungswidrigkeitenverfahren, an deren Ende ein Fahrverbot stehen kann, werden oft bis zur letzten Instanz ausgefochten. Auch die Anwaltschaft hat

---

1 Zum Einsatz des Strafrechts gegen Verkehrsrowdys und der Diskussion, ob dahingehend ein Gesetzgebungsbedarf besteht, siehe exemplarisch: *König*, NZV 2005, 27.

2 Vgl. dazu die Ausführungen von *Ramsauer* im Rahmen seines Plenarvortrages beim 49. Deutschen Verkehrsgerichtstag in Goslar, wonach bis zum Jahr 2025 im Bereich des Güterverkehrs mit einer Steigerung um 80%, im Bereich des Transitverkehrs mit einer Steigerung um 150% und im Bereich des Personenverkehrs mit einer Zunahme um 20% zu rechnen ist (vgl. *Born*, NZV 2011, 120).

reagiert, gibt es mit dem Fachanwalt für Verkehrsrecht einen Spezialisten auch für den Bereich des Verkehrsstrafrechts. Der Umstand, dass nahezu jede Person, die ein Kraftfahrzeug fahren darf (oder meint, dies trotz fehlender Fahrerlaubnis tun zu müssen) und deshalb mit den Regelungen betreffend den Straßenverkehr in Berührung kommt, leistet jener „Beliebtheit“ gerade in Bezug auf strafrechtlich relevante Fragestellungen weiter Vorschub.

Im Strafgesetzbuch finden sich im 28. Abschnitt die gemeingefährlichen Straftaten. Zu ihnen gehören auch die §§ 315 b, 315 c StGB, die sich inhaltlich mit Verstößen gegen die Sicherheit im Straßenverkehr befassen. Danach ist es grundsätzlich (und stark vereinfacht ausgedrückt) nicht erlaubt, bestimmte Verhaltensweisen im Zusammenhang mit dem Straßenverkehr an den Tag zu legen, die die Sicherheit im Straßenverkehr in Gefahr bringen. § 315 b StGB erfasst dabei grundsätzlich nur verkehrsfremde Eingriffe, also solche, die „von außen“ wirken.[3] Demgegenüber bezieht sich § 315 c StGB auf alle fehlerhaften Verkehrsvorgänge des fließenden oder ruhenden Verkehrs,[4] so dass die Gefährdung des Straßenverkehrs also „von innen“ kommen muss, um eine strafrechtliche Virulenz besitzen zu können. Zwar kommt dem § 315 b StGB in der Praxis der Strafverfolgung quantitativ betrachtet keine allzu große Bedeutung zu, weil zunehmend von den in den Verfahrensvorschriften vorgesehenen Opportunitätsvorschriften (§§ 153, 153 a StPO) Gebrauch gemacht wird.[5] Die von § 315 b StGB erfassten Verstöße stellen aber dennoch – unabhängig von ihrer Praxisrelevanz – solche der gewichtigen Kriminalität dar.[6] § 315 c StGB hat dagegen eine erhöhte Praxisrelevanz, wobei zu konstatieren ist, dass die Zahl der Alkoholfahrten – jedoch unter gleichzeitiger Zunahme von Drogenfahrten – real abgenommen hat.[7] Dennoch machen die Alkoholfahrten immer noch den größten Teil der Ab- und Verurteilungen im Rahmen des § 315 c StGB aus,[8] obwohl auch hier ein verändertes Anklageverhalten der Staatsanwaltschaft zu beobachten ist.

Gerade die erwähnte Bedeutung des Verkehrsstrafrechts rechtfertigt es, auf ein spezielles Problem der §§ 315 b und 315 c StGB einen genaueren Blick zu werfen. Ein schon fast „klassisches“ Problem der materiellen Strafrechtslehre und der Praxis ist Gegenstand der vorliegenden Untersuchung: Die Frage, ob der Tatbeteiligte ein taugliches Gefährdungsopfer im Rahmen der §§ 315 b, 315 c StGB darstellt. Zur ersten Veranschaulichung soll folgender Beispielsfall 1 dienen:

> Der Angeklagte trat als Fahrzeugführer nach dem Besuch einer Gaststätte die Heimreise an, obwohl er mit einer BAK von 2 Promille absolut fahruntüchtig war. Dabei wollte er zunächst sein Fahrzeug stehen lassen und zu Fuß den Heimweg antreten. Seine

---

3 Vgl. statt aller: *Fischer*, § 315 b Rn. 2 und zu § 315 b StGB im Detail: A.II.2.
4 Vgl. nur: Sch/Sch-*Sternberg-Lieben/Hecker*, § 315 b Rn. 7.
5 Vgl. dazu: LK-*König*, § 315 b Rn. 1.
6 *Janiszewski*, Rn. 239a spricht von einem Delikt mit hohem Gefährlichkeitsgrad.
7 Vgl. zur Abnahme von Alkoholfahrten LK-*König*, § 315 c Rn. 1, zur Zunahme von Drogenfahrten *Born*, NZV 2011, 120 sowie *Gehrmann*, NZV, 2011, 6.
8 Vgl. die Statistik bei LK-*König*, § 315 c Rn. 1.

> Ehefrau überredete ihn jedoch, trotz seiner Alkoholisierung das Fahrzeug zu nutzen und beide heimzubringen. Infolge seiner Fahruntüchtigkeit kam der Angeklagte mit seinem Fahrzeug von der von ihm befahrenen Landstraße ab, fing an zu schleudern und rutschte einen Abhang hinunter. Durch den Aufprall des Fahrzeugs wurde die mitfahrende Ehefrau an Leib und Leben gefährdet. Andere Verkehrsteilnehmer oder Sachen wurden hingegen nicht gefährdet.

Es fragt sich vorliegend, ob die anstiftende[9] Ehefrau als taugliches Gefährdungsopfer des § 315 c StGB anzusehen ist, so dass ihr Ehemann und sie aus dieser Norm (die Ehefrau freilich als Anstifterin) bestraft werden können.[10] Als denkbarer erster Anknüpfungspunkt zur Beantwortung mag die Überlegung in Betracht kommen, dass sie sich durch ihre strafrechtlich relevante Beteiligung als „rechtsuntreue Bürgerin" aus dem Schutzbereich der Vorschriften „entfernt" hat. Folge wäre, dass weder ihr Ehemann noch sie mangels fehlender Haupttat aus § 315 c StGB bestraft werden könnten. Der BGH vertritt in ständiger sowie – so scheint es – unumstößlicher, zuletzt wieder bestätigter[11] Rechtsprechung, dass Tatbeteiligte nicht als taugliche Gefährdungsopfer der §§ 315 b, 315 c StGB angesehen werden können, während sich vor allem früher das OLG Stuttgart und gegenwärtig nicht wenige Stimmen aus dem Schrifttum dieser Sicht entgegenstellen. Ob die Rechtsprechung des BGH einerseits und die des OLG Stuttgart andererseits von ihrer Argumentation und von ihrem Ergebnis überzeugend sind, ist genauso zu überprüfen, wie es gilt, die Ansätze der Literatur kritisch zu würdigen.

---

9 Solche oder so ähnliche Fallkonstellationen sind in der Praxis eher häufiger anzutreffen, als solche, die den Bereich der § 315 b StGB betreffen (im Rahmen des § 315 b StGB von Bedeutung sind – in der Regel – die praxisrelevanten Konstellationen des „Auto-Surfens" und der provozierten Auffahrunfälle). Bei § 315 c StGB ist die Frage, ob ein Mittäter oder Teilnehmer ein taugliches Gefährdungsopfer im Sinne eines „anderen" sein kann, demnach von zentraler Bedeutung, wenn sogenannte „Mitfahrer-Fälle" vorliegen, da in solchen Konstellationen eine Tatbeteiligung des Mitfahrers in Betracht regelmäßig in Betracht zu ziehen sein wird.

10 Zu beachten ist die Existenz eines (rein) dogmatischen Problems: Die Prüfung der Tatbeteiligung muss inzident bei der Frage geklärt werden, ob der potentiell Gefährdete ein „anderer" im Sinne der Vorschrift ist. Damit muss aber der prüfungstechnische Grundsatz durchbrochen werden, wonach erst im Anschluss an die Täterschaft Teilnehmerfragen untersucht werden. Eine solche Durchbrechung ist aber gerechtfertigt (vgl. *Schroeder*, JuS 1994, 846, 847), weil unvermeidbar. Es sei zum anderen noch darauf hingewiesen, dass im Rahmen dieser Arbeit (fortlaufend) vom „Teilnehmer" oder „Tatbeteiligten" gesprochen wird, obwohl dies aus den oben genannten Gründen an mancher Stelle strafrechtsdogmatisch inkorrekt sein kann (vgl. zu diesem Problem auch: *Sternberg-Lieben*, JuS 1998, 428, 431 in Fn. 36).

11 BGH NZV 2012, 448: „Nach gefestigter Rechtsprechung des BGH ist dies [=die Einbeziehung in den Kreis der tauglichen Gefährdungsopfer des § 315 c StGB] für an einer solchen Straftat [nach § 315 c StGB] beteiligte Insassen des Fahrzeugs zu verneinen."

Die Frage nach der Tauglichkeit von Tatbeteiligten als Gefährdungsopfer ist nicht nur rechtsdogmatisch spannend und komplex, sondern ruft auch einen von der juristischen Ebene losgelösten Diskussionsbedarf hervor. Vereinfacht stellt sich die Frage, ob das Gefährdungsopfer schutzwürdig und/oder schutzbedürftig ist und daher in den Kreis der tauglichen Gefährdungsopfer aufzunehmen ist. Zur Feststellung, ob sich eine Tauglichkeit[12] a) aus dem Aspekt der Schutzwürdigkeit oder (sogar) dem Aspekt der Schutzbedürftigkeit oder b) aus anderen – rechtsdogmatischen – Gesichtspunkten herleiten lässt[13], bedarf es mithin der Berücksichtigung einer Vielzahl von Fragestellungen: Mit Blick auf den Beispielsfall 1 ist hinsichtlich der Ehefrau aus rechtsdogmatischer Sicht schon fraglich, ob sie Anstifterin zu einem Delikt gegen sich selbst sein kann? Oder: Ist es richtig, eine Strafbarkeit des Fahrzeugführers und des Gefährdungsopfer zu verneinen, obwohl im Straßenverkehr eine Vielzahl von Interessen zusammenlaufen? Abseits der juristischen – mithin auf der emotionalen – Ebene spielt das „Gerechtigkeitsdenken" eine Rolle: Bürger, die gegen „Recht und Ordnung" verstoßen – seien es die Teilnehmer eines Beschleunigungsrennens oder die Teilnehmer eines verabredeten Unfalls –, dürfen nach der Vorstellung der Allermeisten nicht geschützt werden! Und dass derjenige, der sich „rechtsuntreu" verhält, zu bestrafen ist, entspricht der gegenwärtigen Vorstellung von Sitte und Moral. Dass dies jedoch vorliegend zwingend voraussetzt, dass der „rechtsuntreue Bürger" vom Schutz der Straßenverkehrsdelikte erfasst ist, wird kaum verstanden.

Die Aufgabe besteht darin, eine rechtsdogmatisch korrekte und überzeugende Lösung zu finden, die die hier skizzierte Frage beantworten kann und – im besten Fall – gleichzeitig nicht das Gerechtigkeitsempfinden stört. Ziel dieser Arbeit ist es, dies unter kritischer Würdigung der BGH-Rechtsprechung zu bewältigen, um eine praxisnahe und überzeugende Lösung für dieses Problem herauszuarbeiten, die letztlich der Rechtsklarheit und Rechtssicherheit förderlich sein kann. Es wird sich der Herausforderung zu stellen sein, die *Hartung* bereits frühzeitig skizzierte: Die Frage, ob Tatbeteiligte taugliche (Schutz-) Objekte sind, ist eine echte Zweifelsfrage, die der Gesetzgeber – ob bewusst oder unbewusst – der Wissenschaft und der Rechtsprechung stellt und deren Beantwortung er diesen Institutionen überlassen wollte.[14]

Im Rahmen der §§ 315 b, 315 c StGB kommen bei den hier interessierenden Fallkonstellationen im Kern grundsätzlich mehrere Anknüpfungspunkte in Betracht,

12 Der Begriff der Tauglichkeit ist nach hiesigem Verständnis als Oberbegriff zu begreifen.

13 Zu beachten ist, dass die Begriffe Tauglichkeit, Schutzwürdigkeit und Schutzbedürftigkeit häufig synonym verwendet werden, obwohl – wie unter D.IV.1 und F.III.1 aufgezeigt – eine differenzierte Betrachtungsweise geboten ist. Bei der Wiedergabe von Drittansichten und Rechtsprechungsinhalten werden – wenn notwendig – nachfolgend im (Haupt-) Text gleichwohl die von den Verfassern der entsprechenden Quellen gewählten Begrifflichkeiten verwendet.

14 In NJW 1965, 86, 90.

bei denen die Behandlung der Frage nach der Tauglichkeit von Tatbeteiligten als Gefährdungsopfer eine Rolle spielen und (dogmatisch) verortet werden kann. Das aus dem vorgenannten Umstand resultierende Entfallen einer Strafbarkeit des Haupttäters könnte sich a) zum einen als entsprechendes Ergebnis der Prüfung des objektiven Tatbestands, hier entweder bei der Auslegung des Tatbestandsmerkmal „anderer" oder aber bei der objektiven Zurechnung und/oder b) zum anderen als Resultat der unter dem Stichwort „Einwilligung" zu prüfenden Rechtfertigungsebene darstellen. Innerhalb dieses (dogmatischen) (Grob-) Rahmens ist nachfolgend die Frage nach der Tauglichkeit von Tatbeteiligten als Gefährdungsopfer zu untersuchen, freilich jedoch unter Verzicht darauf, die maßgeblichen Diskussionspunkte und relevanten Fragestellungen schablonenartig in das vorgenannte dogmatische Korsett pressen zu wollen.

Die vorliegende Arbeit hat in den kommenden Kapiteln unter B. einen Rechtsprechungsüberblick hinsichtlich des zu untersuchenden Themas zum Inhalt. Danach folgt unter C. die Darstellung der rechtshistorischen Entwicklung der gemeingefährlichen Delikte und der Straßenverkehrsdelikte. In Kapitel D. wird versucht, – unter Berücksichtigung der unter C. gewonnenen Erkenntnisse – die Tauglichkeit von Tatbeteiligten als Gefährdungsopfer nach den klassischen Auslegungsregeln zu bestimmen. Gleichzeitig werden die von der Rechtsprechung entwickelten Leitlinien und Grundsätze bzw. herangezogenen Argumente – wenn auch in diesem Kapitel nicht abschließend – kritisch gewürdigt. Im Rahmen des Kapitels D. wird auch das für die Auslegung maßgebliche Schutzgut der §§ 315 b, 315 c StGB bestimmt. Schließlich wird, nachdem in Kapitel E. der Repräsentationsgedanke in der neueren Literatur und in der Rechtsprechung dargestellt wurde, unter F. ein eigener Lösungsvorschlag entwickelt.

II. § 315 b und § 315 c StGB im Überblick

1. Systematik der Straßenverkehrsdelikte

Das heutige System der Straßenverkehrsdelikte beinhaltet eine Zweiteilung[15]: auf der einen Seite die Ordnungswidrigkeiten, die in der Straßenverkehrsordnung (StVO) näher bestimmt sind, auf der anderen Seite die Vergehen des Straßenverkehrsgesetzes (StVG) und die Vergehen und Verbrechen des Strafgesetzbuches (StGB), die die gefährlicheren und unfallträchtigeren Verhaltensweisen im Verkehr unter Strafe stellen.

Die für das Verkehrsstrafrecht relevanten Normen sind an verschiedenen Stellen des StGB verankert: Der Allgemeine Teil des StGB enthält in den §§ 69 ff. Regelungen zum Entzug der Fahrerlaubnis als Maßregel der Besserung und Sicherung, während § 44 StGB das Fahrverbot als Nebenstrafe regelt. Im Fokus der strafrechtlichen Betrachtung stehen auch die Vorschriften über die fehlende oder verminderte

15 *Müller-Dürholt*, S. 5.

Schuldfähigkeit (§§ 20, 21 StGB). Im Besonderen Teil des StGB stellt § 142 StGB das unerlaubte Entfernen vom Unfallort unter Strafe.[16] § 323 a StGB bestraft den Vollrausch, während § 248 b StGB[17] den unbefugten Gebrauch eines Fahrzeugs pönalisiert. Auch der (allgemeine) Tatbestand der Nötigung gemäß § 240 StGB spielt im Verkehrsstrafrecht eine erhebliche Rolle.[18] Die Kernregelungen hinsichtlich der Verkehrsstraftaten befinden sich jedoch in den §§ 315–316 c StGB. Die auf den ersten Blick verwirrende Fülle der zuletzt genannten Tatbestände[19] lässt bei genauerer Betrachtung ein einfache Systematik erkennen: Die §§ 315, 315 a StGB befassen sich mit dem Bahn-, Schiffs- und Luftverkehr, während die §§ 315 b, 315 c StGB einen Bezug zum Straßenverkehr aufweisen. Innerhalb dieser beiden Tatbestandsgruppen stehen jeweils an der Spitze die Eingriffe in den Verkehr von außen (jeweils §§ 315, 315 b StGB), während die §§ 315 a, 315 c einerseits sowie § 316 StGB andererseits Gefährdungen durch die Teilnahme am Verkehr unter Strafe stellen.[20] Eine gewisse Sonderstellung nimmt dabei § 316 StGB ein, der das Fahren im fahruntüchtigen Zustand ohne konkrete Gefährdung pönalisiert: Die Vorschrift gilt für den Bahn-, Schiffs- und Luftverkehr gleichermaßen wie für den Straßenverkehr. Eingekleidet werden die strafrechtlichen Vorschriften durch Regelungen in der Strafprozessordnung (StPO), wie z. B. die des § 111 a StPO, der die vorläufige Entziehung der Fahrerlaubnis zulässt.

2. § 315 b StGB im Überblick

An diesem Punkt der Arbeit soll § 315 b StGB – und ihm folgend § 315 c StGB – kurz dargestellt und erläutert werden, wobei nicht alle Probleme und Streitstände aufgezeigt werden können, die sich bei der Rechtsanwendung der Normen stellen. § 315 b StGB hat in seiner aktuellen Fassung folgenden Wortlaut:

(1) Wer die Sicherheit des Straßenverkehrs dadurch beeinträchtigt, daß er

1. Anlagen oder Fahrzeuge zerstört, beschädigt oder beseitigt,
2. Hindernisse bereitet oder
3. einen ähnlichen, ebenso gefährlichen Eingriff vornimmt,

---

16 Wobei § 142 StGB kein Straßenverkehrsdelikt im engeren Sinne als vielmehr ein Vermögensdelikt ist: Es geht um die Klarstellung der zivilrechtlichen Verantwortlichkeit nach einem Unfall.
17 Auch diese Vorschrift ist kein Straßenverkehrsdelikt im engeren Sinne, sondern als Eigentumsdelikt zu qualifizieren.
18 *Maurach/Schroeder/Maiwald*, BT 2, § 53 Rn. 14.
19 So *Maurach/Schroeder/Maiwald*, BT 2, § 53 Rn. 2.
20 Zwischen beiden Gruppen bestehen aber Übergangsformen. Näher dazu in diesem Kapitel unter II.2.a.

und dadurch Leib oder Leben eines anderen Menschen oder fremde Sachen von bedeutendem Wert gefährdet, wird mit Freiheitsstrafe bis zu fünf Jahren oder mit Geldstrafe bestraft.

(2) Der Versuch ist strafbar.

(3) Handelt der Täter unter den Voraussetzungen des § 315 Abs. 3, so ist die Strafe Freiheitsstrafe von einem Jahr bis zu zehn Jahren, in minder schweren Fällen Freiheitsstrafe von sechs Monaten bis zu fünf Jahren.

(4) Wer in den Fällen des Absatzes 1 die Gefahr fahrlässig verursacht, wird mit Freiheitsstrafe bis zu drei Jahren oder mit Geldstrafe bestraft.

(5) Wer in den Fällen des Absatzes 1 fahrlässig handelt und die Gefahr fahrlässig verursacht, wird mit Freiheitsstrafe bis zu zwei Jahren oder mit Geldstrafe bestraft.

a. Allgemeines und Deliktsstruktur des § 315 b StGB

§ 315 b StGB findet sich im 28. Abschnitt des StGB und ist damit systematisch bei den gemeingefährlichen Straftaten eingeordnet worden. Trotz und gerade wegen dieser Einordnung ist umstritten, welches Rechtsgut bzw. welche Rechtsgüter von § 315 b StGB geschützt werden. Während eine Ansicht[21] davon ausgeht, dass § 315 b StGB das Universalinteresse des Straßenverkehrs, mithin also die Sicherheit des Straßenverkehrs schützt, sehen andere[22] vornehmlich Individualrechtsgüter als geschützt an. Eine dritte Auffassung[23] geht davon aus, dass § 315 b StGB neben der Sicherheit des Straßenverkehrs auch Leben, Leib und Eigentum des Einzelnen schützt. Dem Tatbestand wird insoweit eine doppelte Schutzrichtung zuerkannt. Die Frage nach dem von § 315 b StGB erfassten Schutzgut braucht an dieser Stelle der Arbeit jedoch nicht entschieden werden.[24]

§ 315 b StGB kennt, anders als § 315 c StGB, keine Begrenzung des Täterkreises. Mithin kann auch derjenige Täter sein, der kein Fahrzeug führt. § 315 b StGB ist

---

21 Vgl. exemplarisch *Otto*, BT, § 80 Rn. 1, 16, 21 und aus der Rechtsprechung z.B. BGH NJW 1989, 2550; OLG Düsseldorf NJW 1982, 2391. So auch LK-*König*, § 315 b Rn. 3, der aber davon ausgeht, dass Individualrechtsgüter nachrangig geschützt sind.

22 Vgl. exemplarisch: *Kindhäuser*, LPK-StGB, § 315 b Rn. 1; *Maurach/Schroeder/Maiwald*, BT 2, § 53 Rn. 22; MüKo-*Pegel*, § 315 b Rn. 1; SK-*Wolters*, § 315 b Rn. 2, in Rn. 3 deutlich gegen ein Rechtsgut der Sicherheit des Straßenverkehrs. Für einen Individualschutz trotz nicht ganz eindeutiger Ausführungen wohl auch *Fischer*, § 315 b Rn. 2.

23 Z.B. Sch/Sch-*Sternberg-Lieben/Hecker*, § 315 b Rn. 1.

24 Dies folgt in Kapitel D unter Punkt IV.5.

ein konkretes Gefährdungs-[25] und Erfolgsdelikt sowie ein zweiteilig[26] zusammengesetztes Delikt. Es besteht aus einem Handlungs-[27] und einem Gefährdungsteil. Die Tatbestände des § 315 b StGB sind dreistufig aufgebaut. Durch eine der genannten gefährlichen Handlungen muss eine Beeinträchtigung der Verkehrssicherheit bewirkt werden, in deren Folge eine konkrete Gefahr eintritt. Des Weiteren ist eine Verbindung zwischen Handlung und Erfolg bzw. Gefährdung im Sinne einer Kausalität sowie eine Erfolgs- bzw. Gefahrenzurechnung erforderlich. Da durch den Wortlaut der Norm („dadurch") bereits vorgegeben ist, dass zwischen der gefährlichen Tathandlung und dem Eintritt der konkreten Gefahr ein gefahrspezifischer Zusammenhang bestehen muss, genügt eine Verursachung nach der Bedingungstheorie nicht. Vielmehr muss der Eintritt der Gefahr gerade auf ein Fehlverhalten im Sinne eines regelwidrig ablaufenden Verkehrsvorganges des Täters zurückzuführen sein.

Rechtstheoretisch umstritten ist die Bedeutung der Wendung „die Sicherheit des Straßenverkehrs dadurch beeinträchtigt, dass…". Einer Ansicht zufolge stellt die mit dieser Wendung geforderte Beeinträchtigung der Verkehrssicherheit ein vollwertiges, echtes Tatbestandsmerkmal dar.[28] Konsequenz dieser Ansicht ist, dass sich der Vorsatz des Täters auch auf die Beeinträchtigung des Straßenverkehrs erstrecken muss. Dieser muss dann von den Tatgerichten gesondert festgestellt werden.[29] Andere sehen gerade deshalb, weil bei der Einordnung der Wendung als Tatbestandsmerkmal eine Vorsatzerstreckung von Nöten wäre, diese (Wendung) als eine Anweisung des Gesetzes zur einschränkenden Auslegung an.[30] § 315 b StGB sehe nämlich in seinen Absätzen 4 und 5 lediglich vor, dass eine Feststellung des Vorsatzes oder der Fahrlässigkeit in Bezug auf die gefährliche Handlung und den Gefährdungserfolg erforderlich ist. Nicht erwähnt sei gerade das Merkmal der Beeinträchtigung der Sicherheit des Straßenverkehrs, so dass das Merkmal kein Tatbestandsmerkmal sein könne.[31]

---

25 Wobei nach der Ansicht von *König* die Norm Züge eines abstrakten Gefährdungsdelikts hat. Strafgrund sei nämlich die Vornahme einer abstrakt riskanten Handlung, die sich in einem konkreten Gefahrenerfolg ausprägt, LK-*König*, § 315 b Rn. 2; ebenso: *Geppert*, Jura 1996, 639, 641.

26 *Rengier*, BT II, § 45 Rn. 1.

27 Ob die Tathandlungen nach § 315 b Abs. 1 Nr. 1 bis Nr. 3 StGB auch durch ein Unterlassen begangen werden können, ist umstritten, wird aber von der wohl herrschenden Meinung bejaht: vgl. exemplarisch BGH NJW 1954, 729; NJW 1955, 1038; LK-*König*, § 315 b Rn. 36 ff. und Rn. 56; *Fischer*, § 315 b Rn. 15 jeweils m.w.N. Einschränkend im Rahmen des § 315 b Abs. 1 Nr. 2 StGB *Geppert* in Jura 1996, 639, 643 für das Hinterlassen einer Ölspur, die ein solches Maß angenommen hat, dass sie eine erhebliche Gefahr für anderen Verkehrsteilnehmer darstellt.

28 Sch/Sch-*Sternberg-Lieben/Hecker*, § 315 b Rn. 3; LK-*König*, § 315 b Rn. 58.

29 LK-*König*, § 315 b Rn. 58.

30 SK-*Wolters*, § 315 b Rn. 3; *Maurach/Schroeder/Maiwald*, BT 2, § 53 Rn. 22; *Geppert*, Jura 1996, 639, 641: teleologische Tatbestandsreduzierung.

31 *Maurach/Schroeder/Maiwald*, BT 2, § 53 Rn. 22.

Im Rahmen des § 315 b StGB ist die Strafandrohung nach subjektiven Voraussetzungen gestuft. Gemäß Abs. 1 wird bestraft, wer die Tathandlung vorsätzlich begeht und die konkrete Gefahr vorsätzlich verwirklicht. Bei vorsätzlicher Tathandlung und fahrlässiger Gefährdung greift Abs. 4, bei fahrlässiger Tathandlung und fahrlässiger Gefährdung Abs. 5 ein. Handelt der Täter in der Absicht, einen Unglücksfall herbeizuführen oder eine andere Straftat zu ermöglichen oder zu verdecken, liegt ein qualifizierter Fall nach § 315 Abs. 3 Nr. 1 i.V.m. § 315 b Abs. 3 StGB vor. Absicht im Sinne der Vorschrift meint, dass es dem Täter gerade auf den Erfolgseintritt ankommen muss. Die Tat ist dann ein Verbrechen mit einer nicht unerheblichen Strafverschärfung. § 315 b Abs. 3 i.V.m. § 315 Abs. 3 Nr. 2 StGB enthält demgegenüber eine Erfolgsqualifikation, für welche der Täter zumindest fahrlässig – es gilt § 18 StGB – eine schwere Gesundheitsschädigung eines anderen Menschen oder eine Gesundheitsschädigung einer großen Anzahl von Menschen verursachen muss. § 320 Abs. 2 Nr. 2 und Abs. 3 Nr. 1 b StGB sehen die Möglichkeit einer tätigen Reue vor. Nach Abs. 2 Nr. 2 der Vorschrift kann das Gericht in den Fällen des § 315 b Abs. 1, 3 und Abs. 4 die Strafe mildern oder von Strafe absehen, wenn der Täter freiwillig die Gefahr abwendet, bevor ein erheblicher Schaden entsteht. Nach Abs. 3 Nr. 1 b der Vorschrift wird im Fall einer Fahrlässigkeits-Fahrlässigkeitskombination nach § 315 b Abs. 5 StGB der Täter nicht bestraft, wenn er freiwillig die Gefahr abwendet, bevor ein erheblicher Schaden entsteht.

Im Gegensatz zu § 315 c StGB soll § 315 b StGB grundsätzlich nur verkehrsfremde Eingriffe von außen in den Straßenverkehr erfassen.[32] § 315 b Abs. 1 Nr. 1 bis Nr. 3 StGB bestraft demnach solche Eingriffe, die von Personen herrühren, die außerhalb[33] des normalen Verkehrsablaufs stehen. Ausnahmsweise soll § 315 b StGB – vornehmlich Abs. 1 Nr. 2 und Nr. 3 – jedoch solche Handlungen erfassen, die aus dem fließenden Verkehr begangen werden, wenn sie nicht nur Ausdruck einer fehlerhaften Verkehrsteilnahme sind, sondern ein Verkehrsvorgang zu einem Eingriff in den Straßenverkehr pervertiert wird: Das Fahrzeug muss bewusst zweckentfremdet als Waffe oder Schadenswerkzeug missbraucht werden.[34] Um aber eine unbillige Extension des Anwendungsbereichs zu vermeiden, ist zum einen eine grobe Einwirkung von einigem Gewicht von Nöten. Nur derjenige Verkehrsteilnehmer, der sein Fahrzeug in verkehrsfremder[35] und verkehrsfeindlicher Einstellung zweckwidrig

32 Allgemeine Meinung: vgl. nur LK-*König*, § 315 b Rn. 11 m.w.N.

33 Dies gilt aber nicht uneingeschränkt: § 315 b StGB soll auch Handlungen von Fußgängern erfassen. Fußgänger sind zwar Verkehrsteilnehmer, stehen aber im Sinne des § 315 b StGB außerhalb des Verkehrsablaufes.

34 Z.B.: BGH NStZ-RR 1998; 187; NJW 2003, 1613.

35 Nach teilweise vertretener Ansicht kann ein Eingriff auch bei einem äußerlich verkehrsgerechten Verhalten vorliegen, wenn der Täter die Absicht hat, die Unaufmerksamkeit oder das Fehlverhalten anderer zur Herbeiführung eines Unfalls auszunutzen, BGH NJW 1999, 3132 = NZV 1999, 430 mit kritischer Anmerkung von *Kopp*, JA 2000, 365; *Fischer*, § 315 b Rn. 10; LK-*König*, § 315 b Rn. 33. Ablehnend: *Scheffler*, NZV 1993, 463. Vgl. dazu auch die Ausführungen unter F.III.3.

missbraucht, soll nach § 315 b StGB bestraft werden können.[36] Um darüber hinaus eine scharfe Abgrenzung zu § 315 c StGB gewährleisten zu können, muss der Täter zum anderen mit bedingtem Schädigungsvorsatz[37] handeln. Dieser (mindestens) bedingte Vorsatz muss dabei alle Tatbestandsmerkmale umfassen, was voraussetzt, dass sich der Vorsatz auch auf den Eintritt des Schadens erstrecken muss. Der Täter muss die Umstände kennen, die eine Schädigung der in § 315 b StGB genannten Rechtsgüter als nahe liegende Möglichkeit erscheinen lässt. Der Eintritt der Schädigung ist insoweit also billigend in Kauf zu nehmen[38], um die Voraussetzungen an einen bedingten Vorsatz zu erfüllen. Hinsichtlich der Strafbarkeit nach § 315 c StGB gilt bei einem solchen Inneneingriff Folgendes: Setzt ein alkoholbedingt fahruntüchtiger Täter sein Fahrzeug als Mittel eines gefährlichen Eingriffs ein, so wird in der Regel § 315 c StGB nicht anwendbar sein, weil die alkoholbedingte Fahruntüchtigkeit nicht ursächlich für den Eintritt der konkreten Gefahr war.[39] Es muss dann aber überlegt werden, Tateinheit mit § 316 StGB anzunehmen, um durch den Urteilstenor ausdrücken bzw. klarstellen zu können, dass der Täter fahruntauglich gewesen ist.

b. Erläuterungen

aa. Die Eingriffe im Einzelnen

§ 315 b Abs. 1 Nr. 1 StGB stellt das Zerstören, Beschädigen oder Beseitigen von Anlagen oder Fahrzeugen unter Strafe. Anlagen sind alle dem Verkehr und seiner Sicherung dienenden Vorrichtungen, Fahrzeuge sind Beförderungsmittel aller Art ohne Rücksicht auf ihre Antriebsart. Eine Beschädigung der unter Nr. 1 genannten Gegenstände setzt eine körperliche Einwirkung (auf diese) voraus, die entweder eine Substanzverletzung bzw. Substanzeinbuße zur Folge hat oder zumindest eine nachhaltige Minderung der bestimmungsgemäßen Brauchbarkeit bewirkt.[40] Eine Beseitigung setzt ein räumliches Entfernen voraus. Ein Fall des Hindernisbereitens nach Nr. 2 liegt dagegen vor, wenn auf den öffentlichen Verkehrsraum derart eingewirkt wird, dass der reibungslose Verkehrsablauf gehemmt oder verzögert wird.[41] Neben solchen verkehrsfremden Außenangriffen[42] werden – wie oben bereits

---

36 Allgemeine Meinung: BGH NZV 1990, 35; *Maurach/Schroeder/Maiwald*, BT 2, § 53 Rn. 18; *Fischer*, § 315 b Rn. 9 f.; ausführlich dazu: LK-*König*, § 315 b Rn. 11 ff.

37 Gefährdungsvorsatz ist nach der neuen Rechtsprechung des BGH (z.B. BGH NJW 2003, 1613) nicht mehr ausreichend.

38 Dazu: BGH NJW 2003, 1613 für den Fall eines Inneneingriffs.

39 BGH NStZ-RR 2005, 340. Zur alten Rechtsprechung siehe *Geppert*, Jura 1996, 639, 647 m.w.N.

40 Vgl. nur MüKo-*Pegel*, § 315 Rn. 38. Umstritten ist, ob der Tatbestand auch durch fehlerhaft vorgenommene oder unterlassene Reparaturarbeiten verwirklicht werden kann, dazu *Fischer*, § 315 b Rn. 6 m.w.N. und *Geppert*, Jura 1996, 639, 642 f.

41 *Janiszewski*, Rn. 245.

42 Zum Beispiel Spannen eines Drahtes über die Fahrbahn oder Errichten einer Straßensperre. Diese und weitere Beispiele finden sich bei *Geppert*, Jura 1996, 639, 643 m.w.N.

dargestellt – auch durch Verkehrsteilnehmer gesetzte Hindernisse erfasst, wenn das Fahrzeug in verkehrsfeindlicher Weise benutzt wird.[43] Auch die Tathandlung der Nr. 3, die Vornahme eines ähnlichen, ebenso gefährlichen Eingriffs, erfasst neben verkehrsfremden Außeneingriffen[44] Inneneingriffe aus dem fließenden Verkehr.[45] Aufgrund der weiten Fassung der vorgenannten Handlungsalternative muss das Merkmal jedoch eng und stets mit Blick auf die Nr. 1 und Nr. 2 ausgelegt werden. Erforderlich ist demnach ein Eingriff, der eine gewichtige und grobe Einwirkung auf den Verkehrsablauf hat.[46] Diese Art der Einwirkung ist konkret festzustellen und darf nicht durch allgemeine Begriffe ersetzt werden.[47]

bb. Gefährdungserfolge

(1) Beeinträchtigung der Sicherheit des Straßenverkehrs

(a) Beeinträchtigung der Sicherheit des Straßenverkehrs als eigenständiges Erfolgsmerkmal

Der in A.II.2.a. angesprochene dreistufige Aufbau des § 315 b StGB hatte den BGH seit jeher bewogen, das Kriterium der Beeinträchtigung der Sicherheit des Straßenverkehrs mit dem Eingriff zu verknüpfen und der konkreten Gefahr einen damit kausal verknüpften eigenständigen Taterfolg zuzuweisen.[48] Daraus leitete der BGH ursprünglich das Erfordernis eines zeitlich gestreckten Ablaufs dahin ab, dass der Tatbestand einen der konkreten Gefahr zeitlich vorgelagerten regelwidrig ablaufenden Verkehrsvorgang voraussetzt.[49] Diese Auffassung hat der BGH im Jahr 2003 in einer Grundsatzentscheidung ausdrücklich aufgegeben:[50] Eine bestimmte

---

43 Absichtliches Abschneiden des Weges, um dem anderen Fahrzeug die Weiterfahrt unmöglich zu machen. Dieses und weitere Beispiele finden sich bei *Geppert*, Jura 1996, 639, 643 m.w.N. und *Janiszewski*, Rn. 245 m.w.N.

44 Zum Beispiel das Anbringen eines Einbahnstraßenschilds in entgegen gesetzter Richtung (*Fischer*, § 315 b Rn. 8 a) oder das plötzliche Greifen eines Fahrzeuginsassen in das Lenkrad, wobei es bei letzterem Beispiel auf den Einzelfall ankommen wird, ob Nr. 3 einschlägig ist: Verneint wurde § 315 b Abs. 1 Nr. 3 StGB, wenn der Beifahrer (bloß) einen bestimmten Verkehrsablauf erzwingen wollte, weil es dann am verkehrsfremden Zweck fehlt, BGH NZV 1990, 35 mit zustimmender Anmerkung von *Molketin*. Kritisch zu einer solchen Differenzierung *Geppert*, Jura 1996, 639, 644 f.

45 Zum Beispiel Zufahren auf einen anderen Verkehrsteilnehmer, um ihn zu töten oder zu verletzen. Dies und weitere Beispiele, insbesondere zur Polizeiflucht bei *Rengier*, BT II, § 45 Rn. 14 ff.

46 BGH NJW 1969, 1218, 1219; NJW 1996, 203, 204.

47 *Janiszewski*, Rn. 248.

48 Vgl. exemplarisch: BGH NZV 1995, 115 = NStZ 1995, 31.

49 Vgl. z.B. BGH NStZ-RR 1998, 7; NJW 2002, 626.

50 BGH NJW 2003, 836, 837. Vgl. auch *Fischer*, § 315 b Rn. 17 a; *Lackner/Kühl*, § 315 b Rn. 5. Nach a.A. muss die konkrete Gefährdung der Sicherheitsbeeinträchtigung

zeitliche Abfolge sowie das Erfordernis einer zeitlichen Differenz zwischen Eingriff und konkreter Gefahr ist nach Ansicht des BGH nicht mehr Voraussetzung, so dass die Sicherheitsbeeinträchtigung und die konkrete Gefahr zeitlich (auch) zusammentreffen können. Erforderlich – jedoch auch ausreichend – sei, dass die Tathandlung eine abstrakte Gefahr für die Sicherheit des Straßenverkehrs *bewirkt*, welche sich dann zu einer konkreten Gefahr (als Steigerung der abstrakten Gefahr) für eines der Schutzobjekte verdichtet.[51] Das Erfordernis des Bewirkens (hinsichtlich der abstrakten Gefahr für die Sicherheit des Straßenverkehrs) einerseits und das der Verdichtung (hinsichtlich der konkreten Gefahr) andererseits zeigen auf, dass der BGH – trotz der Aufgabe des zeitlichen Zusammenhangs – weiter davon ausgeht, dass zwei gedanklich voneinander zu trennende Erfolge, namentlich die Beeinträchtigung der Sicherheit des Straßenverkehrs auf der einen und eine konkrete Gefahr auf der anderen Seite verursacht werden müssen.[52] Dass eine Beeinträchtigung der Sicherheit des Straßenverkehrs im Rahmen des § 315 b StGB im Gegensatz zu § 315 c StGB notwendig ist, versteht sich von selbst: Ohne dieses Erfordernis wäre auch derjenige nach § 315 b StGB zu bestrafen, der bei einem Spaziergang im Vorbeigehen mit einem Schlüssel einen parkenden PKW verkratzt.

(b) Begriff des öffentlichen Straßenverkehrs

Mit der Wendung „Straßenverkehr" meint der Gesetzgeber den öffentlichen Verkehrsraum. Öffentlich ist der Verkehrsraum dann, wenn er entweder ausdrücklich oder mit stillschweigender Duldung des Verfügungsberechtigten für jedermann oder für bestimmte (größere) Personengruppen zur Benutzung zugelassen ist und auch so benutzt wird.[53] Entscheidend soll daher die faktische Öffentlichkeit sein.[54] Unerheblich ist dabei, ob diese Zulassung nur vorübergehend oder gegen eine Gebühr erfolgt. Damit unterfallen dem Begriff des öffentlichen Straßenverkehrs Parkhäuser, Parkplätze einer Gastwirtschaft[55], der Kundenparkplatz eines Einkaufsmarktes oder ein Tankstellengelände.[56] Eine Verkehrsfläche ist dann nicht öffentlich, wenn diese erkennbar nur für bestimmte oder bestimmbare Benutzer zugelassen ist. Beispielhaft seien an dieser Stelle ein Parkhaus außerhalb der Öffnungszeiten, ein vom öffentlichen Verkehrsraum durch Metallpoller abgegrenzte nichtöffentliche

---

nachfolgen, *Rengier*, BT II, § 45 Rn. 5. Zumindest für § 315 b Abs. 1 Nr. 1 StGB einschränkend Sch/Sch-*Sternberg-Lieben/Hecker*, § 315 b Rn. 3, 14: Eine zeitliche Zäsur ist nicht erforderlich. Zu letzterem siehe auch die Rechtsprechung des BGH in BGH NJW 2002, 626.

51 Vgl. BGH NJW 2003, 836; NZV 2006, 403; NStZ 2009, 100.

52 So schon BGH NStZ-RR 1998, 7; NJW 2002, 626. Vgl. auch BGH NStZ 2009, 100. Kritisch: *Obermann*, NStZ 2009, 539, 540.

53 Vgl.: BGH NJW 1961, 1124; BGH NStZ 2004, 625, sowie m.w.N. *Fischer*, § 315 b Rn. 3 f.

54 OLG Düsseldorf NJW 1982, 2391.

55 Auch außerhalb der Öffnungszeiten bleibt der Parkplatz öffentlicher Straßenverkehr, OLG Düsseldorf NZV 1992, 120.

56 Beispiele bei *Fischer*, § 315 b Rn. 4 m.w.N.

Parkfläche, ein Werksgelände mit einer Einlasskontrolle oder eine Rasenfläche, die als Abkürzung genutzt wird, genannt.[57]

(c) Voraussetzungen für die Erfüllung des Erfolgsmerkmals „Beeinträchtigung der Sicherheit des Straßenverkehrs"

Das Merkmal der Beeinträchtigung der Verkehrssicherheit ist dann erfüllt, wenn eine abstrakte Gefahr dergestalt hervorgerufen wird, dass andere Verkehrsteilnehmer infolge der Tathandlung nicht ohne Gefahr für Leib, Leben oder Eigentum am Verkehr teilnehmen können. Aufgrund der ausreichenden abstrakten Gefährdung genügt es, dass der Eingriff generell geeignet ist, eine Beeinträchtigung der Verkehrssicherheit herbeizuführen. Einer tatsächlichen Beeinträchtigung bedarf es genauso wenig wie eines konkreten Nachweises einer effektiven Beeinträchtigung.[58] Im Ergebnis liegt eine Beeinträchtigung dann vor, wenn für (andere) Dritte eine gefahrlose Teilnahme am Straßenverkehr typischerweise nicht mehr möglich ist, da der Eingriff eine Steigerung der normalen Betriebsgefahr hervorgerufen hat und der Verkehr folglich in seinem ungestörten Ablauf gefährdet wird.[59] Die Beeinträchtigung der Sicherheit des Straßenverkehrs kann bei Vorliegen einer pönalisierten Tathandlung und dem Eintritt einer nachfolgenden konkreten Gefährdung des Einzelnen (soweit er als taugliches Gefährdungsopfer anzusehen ist) grundsätzlich bejaht werden, wenn die (konkrete) Gefahr für ein konkretes Individualrechtsgut gleichzeitig auch für die Verkehrssicherheit relevant ist.[60]

(d) Abstrakte Gefährdung des Geschädigten innerhalb des öffentlichen Verkehrsraumes als Tatbestandsmerkmal

Basierend auf dem Schutzzweckverständnis des § 315 b StGB – Schutz der Sicherheit des Straßenverkehrs – geht der BGH davon aus, dass sich der verkehrsfremde Eingriff als solcher im öffentlichen Verkehrsraum ereignen muss. In Konsequenz daraus fordert der BGH, dass zum Zeitpunkt des unmittelbaren Ansetzens zum Tatbestand des § 315 b StGB zwischen der konkret gefährdeten Person und dem öffentlichen Verkehrsraum ein Bezug bestehen muss. Diese nach dem BGH notwendige Verknüpfung zwischen dem konkret Gefährdeten und dem öffentlichen Verkehrsraum meint de facto nichts anderes, als dass der konkret Gefährdete eine Person im öffentlichen Verkehrsraum repräsentieren muss. Insoweit sind – nach

---

57 Zum Parkhaus: OLG Stuttgart NJW 1980, 68; zur Parkfläche: OLG Düsseldorf NJW 1982, 2391; zum Werksgelände BGHSt 49, 128 und zur Rasenfläche BGH NStZ 2004, 625.

58 Vgl. Sch/Sch-*Sternberg-Lieben/Hecker*, § 315 b Rn. 3 m.w.N.

59 Vgl. nur BGH NJW 1968, 456; OLG Düsseldorf NJW 1982, 2391; OK-StGB-*Kudlich*, § 315 b Rn. 22.

60 Vgl. OK-StGB-*Kudlich*, § 315 b Rn. 23 und *Burmann*/Heß/Hühnermann/Jahnke/Janker, § 315 b Rn. 8, der die Gefährdung (bloß) als wesentliches Indiz für die Beeinträchtigung der Verkehrssicherheit wertet.

dem BGH – zwei Sachverhaltsvarianten zu unterscheiden, die jeweils eine unterschiedliche (straf-) rechtliche Bewertung nach sich ziehen:

Eine Anwendung des § 315 b StGB soll stets dann ausscheiden, wenn sich das Opfer von vornherein außerhalb des öffentlichen Verkehrsraums befindet, selbst wenn das Opfer (bereits) aus dem öffentlichen Verkehrsraum heraus anvisiert wurde.[61] In diesen Fällen fehle es – mangels Bezug des Opfers zum öffentlichen Verkehrsraum – an einer Beeinträchtigung der Sicherheit des Straßenverkehrs, da der *Taterfolg* (mithin die Gefährdung des Opfers) gänzlich außerhalb des öffentlichen Verkehrsraums stattfindet. Dass in diesen Fällen die *Tathandlung* im unmittelbaren Zusammenhang mit dem Straßenverkehr steht, wird zwar auch vom BGH erkannt, jedoch als unerheblich qualifiziert.[62]

Dagegen soll es ausreichend sein, wenn zwar die Ursache des schädigenden Ereignisses im öffentlichen Straßenverkehr gesetzt wird, die konkrete Gefahr (oder gar der Schaden) jedoch letztlich außerhalb des öffentlichen Verkehrsraums eintritt.[63] Voraussetzung ist jedoch, dass sich das (Gefährdungs-) Opfer in dem Zeitpunkt, in dem der Täter zur Verwirklichung des Tatbestandes der Straßenverkehrsgefährdung unmittelbar ansetzt, im öffentlichen Verkehrsraum befindet. Denn nur dann liegt der Ursprung der durch den zweckwidrigen Einsatz des Fahrzeugs als Waffe oder Schadenswerkzeug hervorgerufenen abstrakten Gefahr (für das konkrete Opfer) im öffentlichen Verkehrsraum. Ist danach also die abstrakte Gefahr im öffentlichen Verkehrsraum entstanden, liegt der nach dem BGH erforderliche – oben angesprochene – Bezug (noch) vor.

Ein derartiges vom BGH vorgenommenes räumliches bzw. örtliches Abgrenzungsverständnis zur Einschränkung des Anwendungsbereichs des § 315 b StGB ist jedoch abzulehnen: Abstellend auf den verfolgten Schutzzweck der Sicherung des Straßenverkehrs liegt eine Betroffenheit gerade dann vor, wenn ein Fahrzeug so eingesetzt wird, dass die räumlichen Grenzen durchbrochen werden. Insoweit ist *Barnickel* zuzustimmen, wenn er ausführt, dass § 315 b StGB auch dann anzuwenden ist, wenn das verkehrsspezifische Gefahrenpotential, mithin die Bewegungsenergie des missbrauchten Fahrzeugs, innerhalb des öffentlichen Verkehrsraums aufgebaut und auf außenstehende Angriffsobjekte gerichtet wird.[64] Entscheidend – und so ist der Gedanke weiterzuführen – ist nämlich nicht die letztliche Sicherheitsbeeinträchtigung (mithin also die konkrete Gefährdung) als „letzter Akt", sondern das Faktum, dass eine abstrakte Gefährdung der Sicherheit des Straßenverkehrs allein schon durch die im öffentlichen Verkehrsraum vorgenommene bzw. begonnene Tathandlung hervorgerufen wird, unabhängig davon, ob sich das Gefährdungsopfer jemals im öffentlichen Verkehrsraum befunden hat. Denn schon dann ist für (andere) Dritte

---

61 Vgl. BGH VRS 61, 122: Überfahren eines Menschen auf einem Getreidefeld.

62 Vgl. BGH NStZ 2004, 625.

63 Vgl. BGH NStZ 2004, 625; NStZ-RR 2012, 185; LK-*König*, § 315 b Rn. 61; Sch/Sch-*Sternberg-Lieben/Hecker*, § 315 b Rn. 2; *Geppert*, Jura 1996, 639, 646.

64 Siehe MüKo-*Barnickel* (2006), § 315 b Rn. 12.

eine gefahrlose Teilnahme am Straßenverkehr nicht mehr möglich. Darüber hinaus hinge die Anwendung des § 315 b StGB bei Beachtung der Grundsätze des BGH von reinen Zufälligkeiten ab. Denn es kann keinen Unterschied machen, ob das Gefährdungsopfer zum Zeitpunkt des Eintritts der Gefahr im privaten Vorgarten oder einen Meter davor auf dem Bürgersteig steht.

Die Bestrebung des BGH, aus kriminalpolitischen Bedürfnissen[65] den Anwendungsbereich des § 315 b StGB nicht uferlos auszudehnen, ist zwar durchaus anerkennenswert. Jedoch ist aus den soeben genannten Gründen der vom BGH gewählte Ansatz einer formalen Tatbestandserweiterung durch die Implementierung des Merkmals „Beeinträchtigung der Sicherheit des Straßenverkehrs" und einer daraus resultierenden restriktiven Anwendung des § 315 b StGB durchaus zu hinterfragen. Geeigneter als der vom BGH gewählte Ansatz erscheint es daher – soweit man der Rechtsprechung des BGH folgt – den Erhalt des § 315 b StGB als originäres Verkehrsdelikt dadurch sicherzustellen, dass eine verkehrsspezifische (konkrete) Gefährdung gefordert wird. Im Übrigen mögen auch andere Parameter und (Auslegungs-) Methoden existieren, die eine sachgerechte Anwendung des § 315 b StGB gewährleisten können.[66] Jedenfalls bleibt festzuhalten, dass die vom BGH vorgenommene räumliche bzw. örtliche Differenzierung kein geeignetes Kriterium für die restriktive Anwendung des § 315 b StGB darstellt; daher ist dieser Ansatz – auch soweit es um die Frage der konkreten Gefährdung von Tatbeteiligten geht – nicht weiterzuverfolgen.

(2) Herbeiführung einer konkreten Gefahr

(a) Grundlagen

Durch eine der in § 315 b Abs. Nr. 1–3 StGB beschriebenen Tathandlungen müssen Leib oder Leben eines anderen Menschen oder fremde Sachen[67] von bedeutendem Wert gefährdet werden. Notwendig ist eine konkrete Gefahr für die dort genannten

---

65 Vgl. BGH VRS 61, 122.

66 Siehe dazu die Ausführungen unter F.III.

67 Zum Problemkreis des Tatfahrzeugs als taugliches Gefährdungsobjekt siehe die Ausführungen unter A.II.3.b.cc. Der dort aufgezeigte Streitstand wird zwar vornehmlich im Anwendungsbereich des § 315 c StGB virulent, jedoch wird die Ansicht, dass das Täterfahrzeug nicht geschützt sei, auch auf § 315 b StGB übertragen, wenn der Täter das von ihm geführte Fahrzeug als Tatwaffe benutzt (vgl. BGH NStZ 1992, 233 f.). Anders: *Geppert*, Jura 1996, 639, 646 f., der bei § 315 c StGB der Rechtsprechung folgt, jedoch bei § 315 b StGB eine Einbeziehung bejaht, weil der Schutz des § 315 b StGB gerade auch Tatbeteiligte erfassen soll. In den sonstigen Fällen des § 315 b StGB – mithin dann, wenn das Fahrzeug nicht als Tatwaffe benutzt wird – soll das (fremde) Täterfahrzeug nach der ratio legis taugliches Gefährdungsobjekt sein, *Maurach/Schroeder/Maiwald*, BT 2, § 53 Rn. 25; MüKo-*Pegel*, § 315 b Rn. 55 m.w.N. auch zur Gegenansicht. Dies soll nach der herrschenden Lehre nicht gelten, wenn es sich um das für den Täter fremde Fahrzeug eines Tatteilnehmers handelt, LK-*König*, § 315 b Rn. 81.

Rechtsgüter. Eine konkrete Gefahr ist dann gegeben, wenn die Sicherheit einer Person oder Sache so stark beeinträchtigt wird, dass es aufgrund einer objektiven nachträglichen Prognose nur noch vom Zufall abhängt, ob das Rechtsgut verletzt wird.[68] Es bedarf also eines „Beinahe-Unfalls“[69] dergestalt, dass ein externer Beobachter zu der Einschätzung gelangt, „dass das alles noch mal gut gegangen sei“.[70] Die früher umstrittene Frage, ob eine konkrete Gefährdung von Fahrzeuginsassen schon durch die bloße Mitfahrt (bei einem alkoholisierten Fahrzeugführer) gegeben war, ist zumindest von der Rechtsprechung letztlich verneint worden.[71] Die konkrete Gefahr muss sich darüber hinaus am Leib oder Leben eines anderen Menschen oder einer fremden Sache von bedeutendem Wert verwirklichen. Während sich die Fremdheit der Sache nach zivilrechtlichen Vorschriften beurteilt, dürfte die Grenze, ab wann ein bedeutender Wert angenommen werden kann, zwischen 750 EUR und 1300 EUR liegen.[72] Nicht ausreichend ist dabei, wenn einer Sache von bedeutendem Wert nur ein unbedeutender Schaden droht.[73]

(b) Verkehrsspezifische Gefahr

Weiterhin ist es nach der Rechtsprechung des BGH und der (wohl) herrschenden Ansicht in der Literatur notwendig, dass die abstrakte Gefährdung der Verkehrssicherheit und die konkrete Gefährdung eines der genannten Rechtsgüter derart miteinander verknüpft sind, dass die konkrete Gefahr in einer inneren Verbindung mit der Dynamik des Straßenverkehrs[74] steht[75] und sich in der konkreten Gefahr insoweit ein Risikoelement – welches durch die im Verkehr herrschenden Geschwindigkeiten und den damit verbundenen möglichen destruktiven Wirkungen gekennzeichnet ist – realisiert. Nach dieser einschränkenden Auslegung der

68 BGH NJW 1985, 1036; vgl. dazu auch: BGH NJW 1969, 939; *Janiszewski*, Rn. 252. Nach a.A. liegt dann eine konkrete Gefährdung vor, wenn der Schadenseintritt wahrscheinlicher ist als sein Ausbleiben, so in der Vergangenheit der BGH in NJW 1955, 1329 und NJW 1958, 556.

69 BGH NJW 1995, 3131.

70 *Fischer*, § 315 c Rn. 15 a.

71 Zur alten Rechtsprechung: BGH NJW 1989, 1227 einerseits, zur neuen Rechtsprechung BGH NJW 1995, 3131 andererseits. Zustimmend: *Schroeder*, JuS 1994, 846, 847; *Fischer*, § 315 c Rn. 15 b. Zusammenfassend: *Janiszewski*, Rn. 288 b.

72 Dazu MüKo-*Pegel*, § 315 b Rn. 75.

73 *Geppert*, Jura 1996, 639, 646.

74 Vgl. BGH NJW 2003, 836, 838 und BGH NStZ 2009, 100: Eine derartige Verbindung mit der Dynamik des Straßenverkehrs kann durch Ausnutzung der Eigendynamik des vom Täter benutzten Fahrzeugs oder durch die Fremddynamik eines von einem anderen Verkehrsteilnehmer genutzten Fahrzeugs erfolgen.

75 Vgl. BGH NJW 2003, 836, 838; BGH NStZ 2009, 100. Für die Literatur vgl. exemplarisch: *Obermann*, NStZ 2009, 539, 540; *Lackner/Kühl*, § 315 b Rn. 5; *Berz/Saal*, NZV 2003, 198. Ablehnend: Sch/Sch-*Sternberg-Lieben/Hecker*, § 315 b Rn. 14; LK-*König*, § 315 Rn. 97 c.

Reichweite des § 315 b StGB ist es erforderlich, dass die konkrete Gefährdung der in § 315 b StGB geschützten Objekte eine verkehrsspezifische (konkrete) Gefährdung darstellt. Bei Inneneinwirkungen bzw. Inneneingriffen soll eine derartige verkehrsspezifische, konkrete Gefahr gegeben sein, wenn die „konkrete Gefahr – jedenfalls auch – auf die Wirkungsweise der für Verkehrsvorgänge typischen Fortbewegungskräfte zurückzuführen ist".[76] Bei Außeneinwirkungen soll dagegen eine solche verkehrsspezifische konkrete Gefahr zu bejahen sein, „wenn durch den Eingriff die sichere Beherrschbarkeit eines im fließenden Verkehrs befindlichen Fahrzeugs beeinträchtigt und dadurch unmittelbar auf den Fahrvorgang eingewirkt wird".[77] Demnach soll es an einer derartigen verkehrsspezifischen Gefährdung fehlen, soweit der für den Straßenverkehr abstrakt gefährliche Eingriff zwar zu einer konkreten Gefährdung führt, dieser jedoch in keinerlei Zusammenhang oder inneren Verbindung zum Straßenverkehr steht. Dies kann etwa dann der Fall sein, wenn die auf ein sich bewegendes Fahrzeug abgegebenen Schüsse die Karosserie durchschlagen, ohne jedoch die technische Sicherheit des Fahrzeugs zu beeinträchtigen und ohne dieses spürbar zu erschüttern. Auf den Aspekt der verkehrsspezifischen Gefährdung wird noch zurückzukommen sein.[78]

(c) Gefährdung von Leib und Leben eines anderen Menschen

Hinsichtlich der Gefährdung von Leib und Leben eines anderen Menschen sei an dieser Stelle nur folgendes ausgeführt: Eine tatbestandsrelevante Gefahr für einen anderen Menschen[79] ist dann nicht gegeben, wenn nur relativ unerhebliche (Bagatell-) Verletzungen als wahrscheinlich zu erwarten sind.[80] Maßgeblich soll die Grenze des § 223 StGB sein.[81] Neben der in dieser Arbeit zu behandelnden Frage, ob auch Tatbeteiligte taugliche Gefährdungsobjekte darstellen können, war vor dem Zweiten Gesetz zur Sicherung des Straßenverkehrs streitig, ob nicht tatbeteiligte Mitfahrer aus dem Schutzbereich herauszunehmen sind. Dies wird mittlerweile von der Rechtsprechung und der Literatur einheitlich verneint.[82]

---

76 Vgl. BGH NJW 2003, 836, 838.

77 Vgl. BGH NJW 2003, 836, 838.

78 Vgl. dazu die Ausführungen unter F.III.2.

79 Nach – soweit ersichtlich – unbestrittener Ansicht ist eine Leibesfrucht erst ab Beginn der Geburt taugliches Gefährdungssubjekt im Rahmen der §§ 315 b, 315 c StGB. Vgl. *Hillenkamp*, JuS 1977, 166, 167 und *Ranft*, Jura 1987, 608, 613 f. Nach *Hillenkamp* ergibt sich dies aus der „materiellen Seite der Sperrwirkung, die von der Straflosigkeit fahrlässiger Abtötung der Leibesfrucht ausgeht".

80 Sch/Sch-*Sternberg-Lieben/Hecker*, § 315 b Rn. 14 m.w.N.

81 *Geppert*, Jura 1996, 639, 645 f.

82 Siehe zur Ansicht des BGH dazu Kapitel B. unter Punkt I.1.d einerseits und Punkt I. 2.b andererseits. Für die Literatur: *Fischer*, § 315 c Rn. 15 b; *Krey*, BT I, Rn. 1122 f.; LK-*König*, § 315 c Rn. 160; *Geppert*, Jura 1996, 47; *Lackner/Kühl*, § 315 c Rn. 23.

c. *Täterschaft und Teilnahme*

Da § 315 b StGB ein Allgemeindelikt normiert, kann jedermann Täter sein.[83] Insoweit gelten die allgemeinen Regeln, so dass auch Mittäterschaft und mittelbare Täterschaft zweifelsohne möglich sind. Umstritten ist, ob dies auch dann gilt, wenn es sich um einen verkehrsfremden Inneneingriff handelt, weil man aufgrund der Nähe zu § 315 c StGB der Auffassung sein könnte, § 315 b StGB verwandele sich in diesem Fall zu einem Sonder- bzw. eigenhändigen Delikt. Eine derartige Sicht lehnt die herrschende Meinung[84] jedoch ab, weil die Strafbarkeit bei § 315 b StGB nicht an das Führen des Fahrzeugs, sondern an dessen verkehrsfeindlichen Einsatz anknüpft.[85] Teilnahme ist grundsätzlich nach den allgemeinen Regeln möglich. Eine strafbewehrte Teilnahme liegt vor, wenn entweder beim Täter der Tatentschluss hervorgerufen wird – dann Anstiftung gemäß § 26 StGB – und/oder diesem mit „Rat und Tat", sei es auch nur psychischer Art, zur Seite gestanden wird – dann Beihilfe gemäß § 27 StGB. Neben der Teilnahmemöglichkeit an der Vorsatz-Vorsatz-Kombination des § 315 b Abs. 1 StGB besteht eine solche – wegen § 11 Abs. 2 StGB – auch für die Vorsatz-Fahrlässigkeitskombination des § 315 b Abs. 4 StGB.[86] Zu beachten ist, dass dem Teilnehmer hinsichtlich der konkreten Gefährdung gemäß § 18 StGB zumindest Fahrlässigkeit zur Last fallen muss. Des Weiteren findet § 29 StGB Anwendung, wonach – dem Grundsatz der limitierten Akzessorietät folgend – jeder Tatbeteiligte ohne Rücksicht auf die Schuld des anderen nach seiner Schuld bestraft wird. Im Rahmen der Teilnahme bei § 315 b Abs. 3 i.V.m. § 315 Abs. 3 Nr. 1 StGB stellt die notwendige Absicht ein besonderes persönliches Merkmal im Sinne des § 28 Abs. 2 StGB dar,[87] während bei § 315 Abs. 3 Nr. 2 StGB wiederum § 18 StGB hinsichtlich des Teilnehmers gilt.

3. § 315 c StGB im Überblick

§ 315 c StGB hat in seiner aktuellen Fassung folgenden Wortlaut:

> *(1) Wer im Straßenverkehr*
>
> *1. ein Fahrzeug führt, obwohl er*
> *a) infolge des Genusses alkoholischer Getränke oder andere berauschender Mittel oder*
> *b) infolge geistiger oder körperlicher Mängel nicht in der Lage ist, das Fahrzeug sicher zu führen, oder*
> *2. grob verkehrswidrig oder rücksichtslos*

---

83 LK-*König*, § 315 b Rn. 92.

84 Vgl. nur MüKo-*Pegel*, § 315 b Rn. 60 mit § 315 Rn. 97; LK-*König*, § 315 b Rn. 92.

85 LK-*König*, § 315 b Rn. 92.

86 BGH NStZ 1992,.233, 234; *Fischer*, § 315 b Rn. 21. A.A. *Noack*, JuS 2005, 312 ff., der Vorsatz hinsichtlich des Gefährdungsteils fordert.

87 BGH NJW 2000, 3581, 3582 zu § 306 b Abs. 2 Nr. 2 StGB.

a) die Vorfahrt nicht beachtet,
b) falsch überholt oder sonst bei Überholvorgängen falsch fährt,
c) an Fußgängerüberwegen falsch fährt,
d) an unübersichtlichen Stellen, an Straßenkreuzungen, Straßeneinmündungen oder Bahnübergängen zu schnell fährt,
e) an unübersichtlichen Stellen nicht die rechte Seite der Fahrbahn einhält,
f) auf Autobahnen oder Kraftfahrstraßen wendet, rückwärts oder entgegen der Fahrtrichtung fährt oder dies versucht oder
g) haltende oder liegen gebliebene Fahrzeuge nicht auf ausreichende Entfernung kenntlich macht, obwohl das zur Sicherung des Verkehrs erforderlich ist,

und dadurch Leib und Leben eines anderen Menschen oder fremde Sachen von bedeutendem Wert gefährdet, wird mit Freiheitsstrafe bis zu fünf Jahren oder mit Geldstrafe bestraft.

(2) In den Fällen des Absatzes 1 Nr. 1 ist der Versuch strafbar.

(3) Wer in den Fällen des Absatzes 1

1. die Gefahr fahrlässig verursacht oder
2. fahrlässig handelt und die Gefahr fahrlässig verursacht,

wird mit Freiheitsstrafe bis zu zwei Jahren oder mit Geldstrafe bestraft.

a. Allgemeines und Deliktsstruktur des § 315 c StGB

§ 315 c StGB findet sich (ebenfalls) im 28. Abschnitt des StGB unter der amtlichen Überschrift „Gefährdung des Straßenverkehrs". Damit ordnet sich die Norm systematisch bei den gemeingefährlichen Straftaten ein. Ob diese Einordnung auch unmittelbare Auswirkungen auf das von § 315 c StGB geschützte Rechtsgut hat, ist – wie bei § 315 b StGB – wiederum streitig. Eine Ansicht[88] meint, das geschützte Rechtsgut sei nur das Universalinteresse an der Sicherheit des öffentlichen Straßenverkehrs. Andere[89] gehen davon aus, dass ausschließlich oder vorrangig Individualinteressen geschützt seien. Vermittelnd wird vertreten, dass § 315 c StGB die Sicherheit des Straßenverkehrs genauso schützt wie Individualrechtsgüter, mithin es sich um einen „janusköpfigen" Rechtsgüterschutz handelt.[90]

---

88 Vergleiche zum Beispiel LK-*König*, § 315 c Rn. 3; *Otto*, BT, § 80 Rn. 1 und 16; *Eisele*, JA 2007, 168, 172. So auch der BGH z.B. in BGHSt 23, 261 ff und NJW 1989, 1227, 1228, wobei der BGH in der zweiten Entscheidung jedoch ausführt, dass „daneben auch die konkret gefährdeten Rechtsgüter geschützt werden."

89 Siehe nur: *Kindhäuser*, LPK-StGB, § 315 c Rn. 1, 12 und aus der Rechtsprechung OLG Hamburg NJW 1969, 336, 337.

90 Vergleiche nur: *Rengier*, BT II, § 44 Rn. 1; Sch/Sch-*Sternberg-Lieben/Hecker*, § 315 c Rn. 2; *Graul*, JuS 1992, 321, 326. Die Frage nach dem Schutzgut braucht aber an dieser Stelle der Arbeit nicht entschieden werden, sondern folgt in Kapitel D unter Punkt IV.5.

Die Norm erfasst grundsätzlich[91] – in Abgrenzung zu § 315 b StGB – nur vorschriftswidriges Verkehrsverhalten im fließenden und ruhenden Verkehr[92] und bezieht sich ausschließlich auf verkehrswidriges Verhalten von Fahrzeugführern bei der Teilnahme am Straßenverkehr. § 315 c Abs. 1 Nr. 2 g StGB stellt insoweit eine Ausnahme dar. Daher ist § 315 c StGB im vorgenannten Umfang ein eigenhändiges Delikt. Seiner Deliktsnatur nach ist § 315 c StGB – in Abgrenzung zu § 316 StGB – zugleich konkretes Gefährdungs- und Erfolgsdelikt,[93] weil der Eintritt der konkreten Gefahr als Tatbestandsmerkmal ausgestaltet ist. Eine konkrete Gefahr[94] ist dann eingetreten, wenn es tatsächlich zu einer kritischen Situation in Form eines „Beinahe-Unfalls" gekommen ist.[95] Die in § 315 c StGB geregelten Tatbestände sind mittlerweile[96] zweistufig aufgebaut. Somit ist der Tatbestand dann verwirklicht, wenn eine der in § 315 c Abs. 1 Nr. 1 a bis 2 g StGB genannten Verhaltensweisen zu einer konkreten Gefahr[97] für eines der genannten Rechtsgüter führt. Die konkrete Gefahr muss sich als Folge der Tathandlung darstellen.[98]

Hinsichtlich der subjektiven Tatseite kennt § 315 c StGB drei Konstellationen: Eine Bestrafung aus § 315 c Abs. 1 StGB setzt zumindest bedingten[99] Vorsatz hinsichtlich einer der Tathandlungen[100] sowie einen solchen hinsichtlich des Eintritts einer konkreten Gefahr[101] (Vorsatz-Vorsatz-Kombination) voraus. Wenn die Tathandlung

---

91 Zum Anwendungsbereich des § 315 b StGB im fließenden oder ruhenden Verkehr siehe oben unter 2.a.

92 *Rengier*, BT II, § 44 Rn. 2.

93 *Rengier*, BT II, § 44 Rn. 1.

94 Zum Eintritt des Gefahrenerfolges siehe oben unter A.II.2.b.bb.(2).

95 Allgemeine Meinung: siehe nur *Eisele*, JA 2001, 168, 171. *Fischer*, § 315 c Rn. 15 a führt aus, dass rückblickend eine Situation bestanden haben müsse, in der es „gerade noch einmal gut gegangen ist".

96 Der Verzicht auf das Merkmal „Beeinträchtigung des Straßenverkehrs" resultiert aus den Änderungen durch das Zweite Gesetz zur Sicherung des Straßenverkehrs. Siehe dazu die Ausführungen unter C.III.3.

97 Im Rahmen des § 315 c StGB reicht es nach h.M. aus, wenn sich die gefährdeten Menschen oder Sachen nicht im Bereich des Straßenverkehrs befinden, vgl. nur *Fischer*, § 315 c Rn. 15; *Lackner/Kühl*, § 315 c Rn. 26. Für die Rechtsprechung z. B.: BGH VRS 11, 61, 62.

98 Und nicht erst eines verursachten Unfalls, *Fischer*, § 315 c Rn. 16 m.w.N.

99 *Wessels/Hettinger*, Rn. 995.

100 Gerade die Feststellung des Vorsatzes bei einer Trunkenheitsfahrt bereitet in der Praxis Schwierigkeiten, da der Täter seine Alkoholisierung häufig selbst falsch einschätzt. Bei den Verstößen nach § 315 c Abs. 1 Nr. 2 a) bis g) muss sich der Vorsatz auch auf die grobe Verkehrswidrigkeit beziehen, wobei die Kenntnis der Umstände ausreichend ist. Der Täter muss zudem rücksichtslos handeln.

101 Der Vorsatz bezüglich der konkreten Gefahr ist dann gegeben, wenn der Täter die Umstände kennt, die den Gefahrenerfolg in Form eines Beinahe-Unfalls als naheliegende Möglichkeit erscheinen lässt, und er diese Gefahrenlage zumindest billigend in Kauf nimmt.

vorsätzlich begangen, die Gefahr aber lediglich fahrlässig verursacht wird (Vorsatz-Fahrlässigkeitskombination), normiert § 315 c Abs. 3 Nr. 1 StGB die Strafbarkeit. Dieses verwirklichte Delikt gilt gemäß § 11 Abs. 2 StGB als Vorsatzdelikt. Legt der Täter schließlich hinsichtlich des Handelns und der Gefährdung (lediglich) Fahrlässigkeit an den Tag, so greift § 315 c Abs. 3 Nr. 2 StGB ein (Fahrlässigkeits-Fahrlässigkeits-Kombination). Der Versuch ist nach Absatz 2 der Vorschrift strafbar. Dies gilt aber nur bezüglich der Vorsatztat nach Abs. 1 Nr. 1.[102]

b. Erläuterungen

aa. Eigenschaft als Fahrzeugführer im Straßenverkehr

Als Führer eines Fahrzeugs[103] wird derjenige angesehen, der selbst alle oder wenigstens einen Teil der wesentlichen technischen Einrichtungen des Fahrzeugs bedient, die für die Fortbewegung bestimmt sind, mithin also das Fahrzeug unter Verwendung von Antriebskräften unter eigener Verantwortlichkeit in Bewegung setzt und steuert.[104] Insoweit ist auch derjenige, der ein per Seil abgeschlepptes und defektes Fahrzeug lenkt oder derjenige, der ein Fahrzeug ohne Motorenkraft eine abschüssige Straße herunterrollen lässt, als Fahrzeugführer anzusehen.[105] Ein Fahrzeug kann gleichzeitig mehrere Führer haben,[106] wenn eine Aufgabenteilung[107] vorliegt und jeder der Führer solch eine Tätigkeit vornimmt, ohne die eine Fortbewegung des Fahrzeugs unmöglich wäre. Das Führen eines Fahrzeugs im Straßenverkehr[108] setzt demnach voraus, dass dieses in Bewegung ist bzw. dass jemand das Fahrzeug in Bewegung setzt. Auf eine Fortbewegung mit Motorkraft kommt es nicht an.[109] Insoweit reicht es, wenn das Fahrzeug von Menschenhand in Bewegung gesetzt wird. Entscheidend ist, dass der Bewegungsvorgang mit dem Anrollen der Räder

---

102 *Kindhäuser*, BT I, § 68 Rn. 1; *Eisele*, JA 2007, 168: Eine Strafbarkeit des Versuchs der Vorsatz-Fahrlässigkeitskombination nach § 315 c Abs. 1 Nr. 1 i.V.m. Abs. 3 Nr. 1 StGB wäre aufgrund der Regelung des § 11 Abs. 2 StGB möglich. Eine solche ist aber aufgrund der gesetzessystematischen Anordnung des Abs. 2 nicht unter Strafe gestellt.

103 Fahrzeuge sind alle technischen Vorrichtungen zum ortsverändernden Fahren. Gemeint sind damit unter anderem Kraftfahrzeuge, motorisierte Krankenfahrstühle, Fahrräder und Pferdefuhrwerke (MüKo-*Pegel*, § 315 c Rn. 9 ff.). Nicht darunter fallen diejenigen, die in § 24 StVO als sogenannte besondere Fortbewegungsmittel aufgeführt sind. Für den Verkehr mit den dort genannten Fortbewegungsmitteln gelten die Vorschriften für den Fußgängerverkehr entsprechend.

104 *Fischer*, § 315 c Rn. 3 a.

105 Vgl. dazu MüKo-*Pegel*, § 315 c Rn. 17 ff.; *Schmidt/Priebe*, BT I, Rn. 600.

106 BGH NJW 1959, 1883.

107 Eine solche Aufgabenteilung ist z. B. dann gegeben, wenn einer der Insassen lenkt und der andere Kupplung, Gas und Bremse bedient, vgl. *Eisele*, JA 2007, 168.

108 Zum Begriff des Straßenverkehrs siehe oben unter A.II.2.b.bb.(1) in diesem Kapitel.

109 Dies ergibt sich schon daraus, dass auch Pferdefuhrwerke und Fahrräder dem Tatbestand unterfallen.

nach außen in Erscheinung tritt, so dass ein Fortkommen möglich sein muss.[110] Dementsprechend reicht es bei Kraftfahrzeugen nicht aus, wenn bloße Vorbereitungshandlungen, wie das Anlassen des Motors, das Lösen der Handbremse oder das Einschalten des Abblendlichts vorgenommen werden.[111] Dies gilt auch dann, wenn der Fahrzeugführer in der Absicht handelt, alsbald loszufahren.[112] Demgegenüber stellt das Unterlassen von Sicherungsmaßnahmen – z.B. mangelnde Sicherung gegen das Wegrollen – nach Fahrtende kein „Führen" dar, weil dies keine auf eine Fortbewegung gerichtete Handlung darstellt.[113]

bb. Fehlverhalten im Straßenverkehr

Die in § 315 c StGB strafbewehrten Verhaltensweisen lassen sich in drei Kategorien aufteilen: Absatz 1 Nr. 1 a bestraft die Fahruntüchtigkeit infolge berauschender Mittel, Absatz 1 Nr. 1 b die Fahruntüchtigkeit infolge geistiger oder körperlicher Mängel[114] und Absatz 1 Nr. 2 a bis g stellt bestimmtes, abschließend[115] aufgezähltes grob verkehrswidriges und rücksichtsloses Verhalten unter Strafe. Diese Verhaltensweisen werden gemeinhin als die „sieben Todsünden des Straßenverkehrs" bezeichnet. Die Fälle des § 315 c Abs. 1 Nr. 1 a StGB sind Spezialfälle der körperlichen Beeinträchtigungen des Abs. 1 Nr. 1 b. Sie wurden nur deshalb gesondert an der ersten Stelle aufgeführt, weil sie unter anderem eine außergewöhnliche hohe praktische Bedeutung haben.[116]

Tathandlung bei Nr. 1 ist das Führen eines Fahrzeugs im öffentlichen Straßenverkehr im Zustand der Fahruntüchtigkeit. Eine Fahruntüchtigkeit ist immer dann gegeben, wenn der Fahrzeugführer nicht in der Lage ist, sein Fahrzeug eine längere Strecke so zu steuern, dass er den Anforderungen des Straßenverkehrs, und zwar auch bei einer plötzlich auftretenden schwierigen Verkehrslage, gewachsen ist.[117] Die rauschmittelbedingte Fahruntüchtigkeit nach Nr. 1 a der Vorschrift erfasst zum einen die alkoholbedingte Fahruntüchtigkeit und zum anderen die

---

110 BGH NZV 1996, 500 zu einem Fall der actio libera in causa.

111 Der Wortlaut, der ein Führen voraussetzt, ist insoweit eindeutig. Unterstützend spricht auch der Sinn und Zweck des Gesetzes für diese Auslegung. Ein nur stehendes Fahrzeug kann eine vergleichbare Gefährdung des Straßenverkehrs nicht bewirken, vgl. *Eisele*, JA 2007, 168, 169.

112 BGH NZV 1989, 32, 33.

113 *Fischer*, § 315 c Rn. 3 c.

114 Solche Mängel können dauernder (z.B. Amputation, Schwerhörigkeit oder Farbblindheit) oder vorübergehender (z.B. Fieber oder Ermüdung als geistiger Mangel) Natur sein. Zudem fällt in den Anwendungsbereich das Fahren ohne die erforderliche Sehhilfe (körperlicher Mangel).

115 Soweit eine der „sieben Todsünden" nicht vorliegt, kann ein anderes Fehlverhalten nur als Ordnungswidrigkeit geahndet werden, *Rengier*, BT II, § 44 Rn. 2. Der Katalog des § 315 c StGB ist abschließend, MüKo-*Pegel*, § 315 c Rn. 44.

116 *Janiszewski*, Rn. 266.

117 Allgemeine Definition, vgl. nur *Fischer*, § 315 c Rn. 4.

Fahruntüchtigkeit aufgrund anderer berauschender Mittel.[118] Hinsichtlich der alkoholbedingten Fahruntüchtigkeit unterscheidet man zwischen der absoluten und der relativen Fahruntüchtigkeit.[119]

Eine absolute Fahruntüchtigkeit liegt bei Kraftfahrern (PKW, LKW oder Motorrad) ab einer Blutalkoholkonzentration (BAK) von 1,1 Promille[120] (zum Zeitpunkt der Tat) vor.[121] Der Gesetzgeber hat im Rahmen des Zweiten Gesetzes zur Sicherung des Straßenverkehrs darauf verzichtet, feste Promillegrenzen in den Tatbestand mit aufzunehmen. Daher hat die Rechtsprechung unter Verwertung von wissenschaftlichen Erkenntnissen[122] Grenzwerte festgelegt, deren Überschreiten als unwiderleglicher[123] Erfahrungssatz für das Vorliegen einer Fahruntüchtigkeit angesehen werden. Die Grenzwerte haben die Bedeutung einer prozessualen Beweislastregel.[124] Diese gilt für alle Personen gleichermaßen, gleichgültig, ob es sich dabei um trinkfeste oder alkoholgewöhnte Personen handelt. Damit gibt es keinen konkreten oder individuellen Grenzwert. Ist der Grenzwert erreicht, gilt der Fahrzeugführer als fahruntüchtig, ohne dass es eines weiteren Beweises oder weiterer Feststellungen – wie etwa über die Konstitution und die Fahrweise im konkreten Fall – bedarf.[125] Darauf, ob der Fahrzeugführer konkret nicht fähig ist, ein Fahrzeug über eine längere Strecke so zu steuern, dass er den Anforderungen des Straßenverkehrs, und zwar auch beim plötzlichen Auftreten schwieriger Verkehrslagen, gewachsen ist, kommt es nicht an.

---

118 Andere berauschende Mittel im Sinne der Vorschrift sind vor allem Drogen und Medikamente, auch wenn sie verordnet sind. Zu beachten ist jedoch, dass aussagekräftige Beweisanzeichen – wie im Rahmen der relativen Fahruntüchtigkeit – festgestellt werden müssen. Der alleinige Nachweis des Konsums anhand einer Blutprobe ist nicht ausreichend.

119 Die prozessuale Beweislastregel der absoluten Fahruntüchtigkeit gilt nicht für die „anderen berauschenden Mittel". Hier bedarf es zusätzlicher Beweisanzeichen.

120 Sollte die durch die Rechtsprechung normierte Grenze geändert werden, gilt für diese das Rückwirkungsverbot des Art. 103 Abs. 2 GG weder direkt, da es sich nicht um ein gesetzliches Merkmal handelt, noch analog; vgl. dazu BVerfG NJW 1990, 3140.

121 Zur Berechnung der BAK vergleiche *Janiszewski*, Rn. 333 ff.

122 Es wurde erkannt, dass ab circa 1,0 Promille BAK Leistungsminderungen (Verlängerung der Reaktionszeit und Wahrnehmungsdefizite) und Persönlichkeitsveränderungen (Enthemmung, Risikofreude und Selbstüberschätzung) auftreten, vgl. *Eisele*, JA 2007, 168, 169.

123 Ist der Grenzwert erreicht, ist ein Gegenbeweis durch Trink- und/oder Fahrproben für eine behauptete Fahrsicherheit ausgeschlossen, weil selbst Alkoholgewöhnung oder eine hohe Alkoholverträglichkeit die Fahruntüchtigkeit nicht ausschließen, BGH NJW 1957, 1038.

124 *Fischer*, § 316 Rn. 13.

125 Die Verwendung eines solchen Beweisgrenzwertes stellt keinen Verstoß gegen das verfassungsrechtliche Gebot der Gesetzlichkeit des Straftatbestandes dar, BVerfG NJW 1995, 125, 126.

Demgegenüber spricht man von einer relativen[126] Fahruntüchtigkeit, wenn der Fahrzeugführer eine BAK von mindestens 0,3 Promille aufweist und dazu weitere Umstände bzw. Ausfallerscheinungen hinzutreten. Diese müssen den Schluss zulassen, dass der Fahrzeugführer aufgrund des Alkoholgenusses nicht mehr in der Lage ist, sein Fahrzeug sicher zu führen. Es ist stets notwendig, die Fahruntüchtigkeit konkret zu bestimmen, d.h. die Fahrunsicherheit muss unter kritischer Würdigung aller Umstände durch zusätzliche Beweisanzeichen zur Überzeugung des Gerichts feststehen. Diese Beurteilung obliegt alleine dem Tatrichter.[127] Nach der Würdigung der Gesamtumstände hat für eine strafrechtliche Relevanz letztendlich festzustehen, dass gerade dieser Angeklagte sich im nüchternen Zustand anders verhalten hätte.[128] Im Ergebnis muss der Alkoholeinfluss kausal für das Fehlverhalten gewesen sein. Das Schlangenlinienfahren, das Geradeausfahren in Kurven oder das Abkommen von der Fahrbahn[129] stellen typisches Fehlverhalten im Sinne einer Ausfallerscheinung dar. Eine Ausfallerscheinung soll aber nicht gegeben sein, wenn es sich um solche Fehlverhaltensweisen handelt, die auch bei nüchternem Zustand häufig sind, wie z.B. Rotlichtverstöße oder überhöhte Geschwindigkeit.[130]

Die in § 315 c Abs. 1 Nr. 2 a bis Nr. 2 g StGB aufgeführten Verkehrsverstöße sollen vorliegend nicht detailliert dargestellt werden.[131] Es soll lediglich darauf hingewiesen werden, dass der Verstoß objektiv grob verkehrswidrig sein muss. Dies ist dann der Fall, wenn ein besonders schwerer Verstoß gegen eine Verkehrsvorschrift vorliegt. Des Weiteren muss der Täter rücksichtslos handeln.[132] Dieser unbestimmte Rechtsbegriff wird allgemein dahingehend ausgelegt, dass derjenige rücksichtslos handelt, der sich aus eigensüchtigen Gründen über seine Pflichten gegenüber anderen Verkehrsteilnehmern hinwegsetzt oder aus Gleichgültigkeit Bedenken gegen sein Verhalten von vornherein gar nicht erst aufkommen lässt.[133] Beruht dagegen der Verkehrsverstoß auf bloßer Unachtsamkeit oder einem Augenblicksversagen, ist das Merkmal nicht gegeben.[134]

---

126 Der Begriff „relativ" rührt daher, dass es zur Annahme einer Fahruntüchtigkeit weiterer Feststellungen bedarf.

127 *Janiszewski*, Rn. 358.

128 BGH VRS 36, 176 und BGH VRS 22, 137, 138. Siehe dazu auch die Ausführungen unter Punkt cc.

129 Beispiele von *Eisele*, JA 2007, 168, 169.

130 *Fischer*, § 316 Rn. 36 f. m.w.N.

131 Ausführlich dazu: *Janiszewski*, Rn. 269 ff.

132 Ob das Merkmal ein strafbarkeitsbegründendes persönliches Merkmal im Sinne des § 28 Abs. 1 StGB (so *Fischer*, § 28 Rn. 6 a) oder ein besonderes Schuldmerkmal im Sinne des § 29 StGB ist (so BGH VRS 23, 289, 292 f.: schuldsteigerndes Gesinnungsmerkmal; vgl. auch *Wessels/Beulke/Satzger*, Rn. 642), kann dahingestellt bleiben.

133 Allgemeine Meinung: vgl. nur *Fischer*, § 315 c Rn. 14 dort m.w.N.; BGH NJW 1954, 729.

134 BGH NJW 1954, 729, 730; *Eisele*, JA 2007, 168, 170.

cc. Tatfahrzeug als Gefährdungsobjekt

Die Frage, ob und inwieweit im Rahmen des Anwendungsbereichs des § 315 c StGB ein Tatfahrzeug ein taugliches Gefährdungsobjekt darstellen kann, ist umstritten. Der BGH[135] und der größte Teil der Literatur[136] stehen einer Einbeziehung des (fremden) Tatfahrzeugs als Gefährdungsobjekts ablehnend gegenüber. Eine Erheblichkeit dieser Rechtsansicht für den Untersuchungsgegenstand dieser Arbeit ergibt sich nicht zuletzt daraus, dass der BGH in BGHSt 11, 148[137] seine Sicht zum Ausschluss das Tatfahrzeugs (als taugliches Gefährdungsobjekt) heranzieht, um den Tatbeteiligten die Eignung als taugliche Gefährdungsopfers abzusprechen. Die vom BGH herangezogenen Argumente werden demnach an entsprechender Stelle dargestellt.[138] Eine kritische Auseinandersetzung mit dem vom BGH verfolgten Ansinnen einer vergleichenden Betrachtung wird ebenfalls im weiteren Verlauf der Arbeit (an anderer Stelle) geführt werden.[139]

Entgegen der Ansicht des BGH sehen andere Stimmen das Tatfahrzeug als taugliches Gefährdungsobjekt an[140] und verweisen zur Begründung maßgeblich darauf, dass dem Ansatz der Rechtsprechung eine Art „Lagertheorie" anhaftet. Darüber hinaus sei es die gesetzgeberische Konzeption gewesen, dass sich in der Gefährdung fremder Rechtsgüter die Gefährlichkeit der Tat auspräge.[141] Aber gerade auch in den Fällen, in denen das fremde Täterfahrzeug gefährdet wird, würde eben diese Gesetzesintention eine entsprechende Einbeziehung rechtfertigen. Zudem wird darauf verwiesen, dass die Aussage, Tatobjekt und Tatmittel könnten nicht identisch sein, keine Stütze im Gesetz finde. Außerdem sei dieser Schluss nicht zwingend und überzeuge auch der Sache nach nicht, weil es Beispiele gebe, die den Schluss der Rechtsprechung widerlegt. So würden im Rahmen des § 306 Abs. 1 Nr. 3 i.V.m. Nr. 1 StGB die Strohvorräte als Brandbeschleuniger zur Zerstörung der Scheune benutzt.[142] Auch die These, dass ein Strafrechtsschutz für das fremde Fahrzeug erst dann entstehe, wenn es der Dritte selbst in den Verkehrsbereich eingebracht

---

135 Vgl. BGHSt 11, 148; BGHSt 27, 40 und die Ausführungen in Kapitel B unter I.1.c und unter I.2.b.

136 *Fischer*, § 315 c Rn. 15 c auch mit weiteren Nachweisen aus der Rechtsprechung; *Lackner*, JZ 1965, 120, 124; *Lackner/Kühl*, § 315 b Rn. 5. Ausführlich dazu *Ranft*, Jura 1987, 608, 615 f.

137 Vgl. die Ausführungen in Kapitel B unter I.1.c.

138 Vgl. BGHSt 11, 148; BGHSt 27, 40 und die Ausführungen in Kapitel B unter I.1.c und unter I.2.b.

139 Vgl. die Ausführungen unter D.I.2.b.bb.(2).

140 LK-*König*, § 315 b Rn. 80, der aber darauf verweist, dass der Gedanke der Rechtsprechung bei § 315 b StGB „strukturell" besser passen würde; SK-*Wolters*, Vor § 306, Rn. 11; *Saal*, NZV 1998, 49, 50; Sch/Sch-*Sternberg-Lieben/Hecker*, § 315 b Rn. 14.

141 LK-*König*, § 315 b Rn. 80.

142 MüKo-*Barnickel* (2006), § 315 Rn. 68.

hat, gehe fehl.[143] Dies, weil dann auch der auf dem Feld pflügende Bauer – der im Rahmen des § 315 c StGB nach einhelliger Ansicht geschützt sei – aus dem Schutzbereich mangels Verkehrsbeteiligung herausfallen würde.[144]

dd. Weitere Voraussetzungen

Der erforderliche Eintritt einer konkreten Gefahr[145] muss durch die gefährliche Handlung unmittelbar verursacht worden sein. Erforderlich ist ein Pflichtwidrigkeits- und Zurechnungszusammenhang. Ein solcher gefahrspezifischer Zusammenhang ist deshalb notwendig, weil § 315 c StGB gerade das Fehlverhalten sanktionieren will, welches eigentümliche Gefahren für den Straßenverkehr hervorruft.[146] Dieser Pflichtwidrigkeits- und Zurechnungszusammenhang setzt sich aus zwei Komponenten zusammen: Es muss zum einen eine Kausalität zwischen der Fahruntüchtigkeit bzw. dem Verkehrsverstoß und der eingetretenen Gefährdung vorliegen. Zum anderen muss sich in der konkreten Gefährdung gerade die typische Gefährlichkeit des in den einzelnen Nummern des § 315 c StGB pönalisierten Verhaltens realisiert haben.[147]

Besondere Anforderungen an den soeben dargestellten Pflichtwidrigkeits- und Zurechnungszusammenhang sind im Rahmen des § 315 c Abs. 1 Nr. 1 StGB zu stellen. Das Erfordernis eines doppelten Kausalzusammenhangs (Fahrunsicherheit gerade „infolge" des Genusses alkoholischer Getränke etc. oder geistiger bzw. körperlicher Gebrechen und eine daraus resultierende Gefährdung) verlangt einen erhöhten Feststellungs- und Begründungsaufwand. Hinsichtlich der Feststellung der Ursächlichkeit zwischen der Fahruntüchtigkeit und der eingetretenen Gefährdung reicht es nicht aus, wenn ein für den Eintritt der Gefahr ursächlicher Fahrfehler, der auch nüchternen Fahrzeugführern häufig unterläuft, lediglich damit begründet wird, dass der Fahrfehler offenbar auf den Alkohol zurückzuführen ist.[148] Wenn jedoch feststeht, dass der Fahrfehler auf die Alkoholisierung zurückzuführen ist, wird es, zumindest bei einer erheblichen Alkoholisierung, im Einzelfall ausreichen, dass die Alkoholisierung mitursächlich für den Eintritt der Gefahr war.[149]

Auf der anderen Seite ist das Kausalitätserfordernis dann nicht erfüllt, wenn der Täter auch im nüchternen Zustand die Gefahr mit an Sicherheit grenzender Wahrscheinlichkeit nicht vermieden hätte, weil der Unfall bzw. die konkrete Gefährdung infolge anderer Umstände, also unabhängig von der Fahruntüchtigkeit,

143 Zur verkehrsbezogenen Beteiligung siehe Kapitel E.II.
144 SK-*Wolters*, Vor § 306 Rn. 11.
145 Hinsichtlich des Begriffs der konkreten Gefahr wird – soweit dort keine Besonderheiten aufgrund der Normstruktur des § 315 b StGB dargestellt werden – auf die Ausführungen unter II.2.b.bb.(2) dieses Kapitels verwiesen.
146 *Eisele* JA 2007, 168, 171.
147 Sch/Sch-*Sternberg-Lieben/Hecker*, § 315 c Rn. 35.
148 BGH VRS 22, 137, 138.
149 *Eisele*, JA 2007, 168, 171.

eingetreten wäre.[150] Ein solches rechtmäßiges Alternativverhalten[151] schließt den gefahrspezifischen Zusammenhang aus, weil es dann an einem Pflichtwidrigkeitszusammenhang fehlt. Im Rahmen des § 315 c StGB soll die Zurechnung nach der herrschenden Meinung[152] auch dann entfallen, wenn ein (beliebiger) nüchterner Fahrer den Unfall nicht hätte vermeiden können.[153] Vermeidbar ist der Unfall, wenn er für den nüchternen Fahrer bei Einhaltung der Geschwindigkeit, die der alkoholisierte Täter tatsächlich gefahren ist, vermieden werden konnte.[154] Hätte der nüchterne Fahrer hingegen den gleichen Fehler gemacht, wie der alkoholisierte, scheidet der Pflichtwidrigkeitszusammenhang aus.[155]

Im Rahmen des § 315 c StGB ist allein ausreichend, dass durch das Fahren im fahrunsicheren Zustand die Gefährdung herbeigeführt wird.[156] An dieser Feststellung ändert auch der im Rahmen des § 222 StGB herangezogene § 3 StVO nichts. Eine Anknüpfung an das Fahren mit einer nicht an die Alkoholisierung angepassten Geschwindigkeit (wie es § 3 StVO vorsieht), genügt für eine Bejahung der erforderlichen Kausalität nach dem Schutzzweck des § 315 c StGB gerade nicht, da § 315 c Abs. 1 StGB das zu schnelle Fahren (im Zustand der Fahruntüchtigkeit) nicht als Tathandlung nennt.[157] Bezüglich der Verhaltensweisen von § 315 c Abs. 1 Nr. 2 a) bis g) StGB muss die konkrete Gefahr ihren Grund gerade in der im Gesetz typisierten Verhaltensweise haben. Es reicht nicht aus, wenn die Gefahr nur „gelegentlich“ eines solchen Verhaltens eintritt.[158]

---

150 Sch/Sch-*Sternberg-Lieben/Hecker*, § 315 c Rn. 35.

151 *Wessels/Beulke/Satzger*, Rn. 952 ff.

152 BayObLG NStZ 1997, 388 mit kritischer Anmerkung von *Puppe*, NStZ 1997, 389; Sch/Sch-*Sternberg-Lieben/Hecker*, § 315 c Rn. 35; *Eisele* JA 2007, 168, 172. A.A: OLG Koblenz VRS 71, 281: Es kommt auch im Rahmen des § 315 c Abs. 1 Nr. 1 a StGB auf die (hypothetische) angepasste Geschwindigkeit an.

153 Anders wird dies von der herrschenden Meinung (z. B. BGH NJW 1971, 388; NStZ 2013, 231) im Rahmen des § 222 StGB gesehen. Dort wird auf eine geringere, dem Alkoholgenuss „angepasste“ (hypothetische) Geschwindigkeit abgestellt. Diese Geschwindigkeit soll dem herabgesetzten Wahrnehmungs- und Reaktionsvermögen geschuldet sein. Demnach ist dort zu fragen, ob der Unfall bei angepasster Geschwindigkeit hätte vermieden werden können. Anknüpfungspunkt im Rahmen des § 222 StGB ist § 3 StVO. Dieser bestimmt, dass ein Fahrer nur so schnell fahren darf, wie er sein Fahrzeug beherrscht. Zu der gesamten Problematik im Rahmen des § 222 StGB siehe zusammenfassend *Kühl*, AT, § 17 Rn. 63.

154 *Janiszewski*, Rn. 295.

155 *Wessels/Beulke/Satzger*, Rn. 960 (zu § 222 StGB).

156 BayObLG NZV 1989, 359; BayObLG NZV 1994, 283; *Eisele* JA 2007, 168, 172.

157 *Eisele* JA 2007, 168, 172.

158 *Fischer*, § 315 c Rn. 16 m.w.N.; *Janiszewski*, Rn. 294. Eine Gelegentlichkeit wurde z. B. im folgenden Fall bejaht: Zu schnelles Fahren an einer Einmündung, deren Vorhandensein für den Eintritt der Gefahr ohne Bedeutung war, BayObLG VRS 64, 371, 372.

c. Täterschaft und Teilnahme

Nach herrschender Meinung[159] handelt sich bei § 315 c Abs. 1 Nr. 1 und Nr. 2 a bis f StGB[160] jeweils um Delikte, die mittels eigenhändiger Begehungsweise verwirklicht werden müssen. Dies ergibt sich aus der Struktur und Ausrichtung der einschlägigen Tatbestände, denn hinsichtlich § 315 c Abs. 1 Nr. 1 StGB fordern der Wortlaut und der Wortsinn des „Führens" geradezu eine Eigenhändigkeit.[161] Täter kann damit nur derjenige sein, der das Fahrzeug selbst als Fahrzeugführer steuert oder essentielle, für die Fortbewegung unabdingbare Teilfunktionen wahrnimmt.[162] Das gleiche gilt für die Nummern 2 a bis f des § 315 c Abs. 1 StGB, die durch ihre Ausgestaltung und verwendeten Termini Eigenhändigkeit implizieren.[163] Aufgrund der Charakterisierung als eigenhändige Delikte sind uneigenhändige Mittäterschaft und mittelbare Täterschaft ausgeschlossen.[164] Ausnahmsweise ist eine Mittäterschaft – aber nur in Form einer eigenhändigen Mittäterschaft sui generis – dergestalt möglich, dass beide Fahrzeuginsassen im gegenseitigen Einvernehmen sich die Bedienung der Verrichtung teilen, die die Fortbewegung des Fahrzeugs maßgeblich beeinflussen.[165] Auch eine fahrlässige Begehung durch eine Person, die nicht selbst fährt, ist – egal ob als Täter oder Nebentäter –ausgeschlossen.[166] Danach können sich Personen, die das Fahrzeug nicht führen, nur als Teilnehmer oder nach anderen Vorschriften strafbar machen. Eine strafbewehrte Teilnahme liegt in Abgrenzung zu einer straflosen Mitfahrt dann vor, wenn der Insasse entweder beim Täter den Tatentschluss hervorgerufen hat – dann Anstiftung gemäß § 26 StGB – und/oder diesem mit „Rat und Tat", sei es auch nur psychischer Art zur Seite gestanden hat – dann Beihilfe gemäß § 27 StGB.[167]

---

159 BGH NJW 1962, 2069 (Grundsatzentscheidung noch zu § 315 a Abs. 1 Nr. 1 StGB a.F.); BGH NJW 1996, 208; *Lackner/Kühl*, § 315 c Rn. 4; *Fischer*, § 315 c Rn. 2; *Eisele*, JA 2007, 168.

160 Anders in den Fällen des § 315 c Abs. 1 Nr. 2 g StGB. Dort kann auch derjenige Täter sein, der die Sicherungspflichten vom Fahrzeugführer übernommen hat.

161 MüKo-*Pegel*, § 315 c Rn. 117 m.w.N.

162 Somit ist es möglich, dass ein Fahrzeug mehrere Fahrzeugführer haben kann. Siehe dazu unter II.3.b.aa. in diesem Kapitel mit den dortigen Nachweisen.

163 MüKo-*Groeschke* (2006), § 315 c Rn. 73.

164 So zumindest die ganz h.M.: Sch/Sch-*Sternberg-Lieben/Hecker*, § 315 c Rn. 43; NK-*Zieschang*, § 315 c Rn. 7; BGH NJW 1962, 2069 für die mittelbare Täterschaft nach § 315 c I Nr. 1 StGB. Auch eine Zurechnung der Tathandlung über §§ 25 Abs. 1 Alt. 2 und 25 Abs. 2 StGB ist ausgeschlossen, soweit nicht eine eigenhändige Mittäterschaft vorliegt (vgl. *Eisele*, JA 2007, 168). Die Möglichkeit einer mittelbaren Täterschaft im Rahmen des § 315 c Abs. 1 Nr. 2 StGB bejahen dagegen *Maurach/Schroeder/Maiwald*, BT 2, § 53 Rn. 44, dort mit einem Beispiel.

165 MüKo-*Pegel*, § 315 c Rn. 118.

166 Sch/Sch-*Sternberg-Lieben/Hecker*, § 315 c Rn. 43; *Fischer*, § 315 a Rn. 4 a.E.

167 Zu beachten ist aber insbesondere, dass eine Zechgemeinschaft nach h.M. keine Garantenpflicht auslösen soll (BGH NJW 1954, 1047; NJW 1973, 1706, 1707; Sch/

Eine vorgelagerte Frage ist, ob im Rahmen des § 315 c StGB (und auch bei § 315 b StGB) eine Anstiftung überhaupt möglich ist, wenn nur der Anstifter selbst gefährdet wird.[168] Insoweit erscheint problematisch, ob der Gefährdete Anstifter zu einem Delikt gegen seine eigene Person sein kann. Die Beantwortung dieser Frage hängt davon ab, welcher Strafgrund der Teilnahme zu Grunde gelegt wird.[169] Die im Ergebnis vorzugswürdige akzessorietätsorientierte Verursachungstheorie sieht den Strafgrund der Teilnahme in einer tatbestandlichen Rechtsgüterverletzung. Das Unrecht der Teilnahme wird dabei nicht maßgeblich aus dem Unrecht der Haupttat abgeleitet. Vielmehr wird der Unrechtsgehalt der Teilnahme in der Verursachung einer Rechtsgutsverletzung (über eine fremde Haupttat) gesehen. Danach muss der Teilnehmer auch ein solches Rechtsgut verletzen, welches ihm gegenüber geschützt ist.[170] Dies setzt notwendigerweise die Verletzung eines Rechtsguts eines anderen und nicht die Verletzung eines eigenen voraus.[171] Letztlich kommt es darauf an, welches Rechtsgut oder welche Rechtsgüter von den §§ 315 b und 315 c StGB geschützt werden, um eine Strafbarkeit des Teilnehmers zu bejahen. Diese Frage kann aber an dieser Stelle der Arbeit noch dahingestellt bleiben.

Eine Teilnahme an der Vorsatz-Vorsatz-Kombination des § 315 c Abs. 1 StGB ist nach allgemeinen Regeln möglich. Gleiches gilt für die Vorsatz-Fahrlässigkeits-Kombination des § 315 c Abs. 3 Nr. 1 StGB, weil diese Tat gemäß § 11 Abs. 2 StGB insgesamt als Vorsatztat gilt. Auch hier sind dann die allgemeinen Regeln anwendbar.[172] Voraussetzung für eine Teilnahme ist, dass der Teilnehmer den Tatentschluss zu der vom Täter (dann gemäß § 11 Abs. 2 StGB) vorsätzlich verwirklichten Tathandlung vorsätzlich hervorruft oder dazu Hilfe leistet und ihm, dem Teilnehmer, hinsichtlich des Eintritts der konkreten Gefahr zumindest Fahrlässigkeit gemäß § 18 StGB zur Last fällt.[173]

Sch-*Stree/Bosch*, § 13 Rn. 40/41), so dass insoweit eine Beihilfe (durch Unterlassen) ausscheidet.

168 Vgl. zum Ganzen: *Otto*, NZV 1992, 309 ff.

169 Zum Strafgrund der Teilnahme siehe die Ausführungen unter D.2.b.cc.

170 Kritisch *Otto*, FS für Lange, S. 197, 211 hinsichtlich der notwendigen Teilnahme: keine Begründung mit dem Wesen und Strafgrund der Teilnahme.

171 *Jakobs*, AT, Abschnitt 22 Rn. 8.

172 OLG Stuttgart NJW 1976, 1904.

173 *Rengier*, BT II, § 44 Rn. 28 f.; a.A. *Noack*, JuS 2005, 312 ff., der in der Anwendung des § 18 StGB auf § 315 Abs. 3 Nr. 1 StGB einen Analogieverstoß sieht.

B. Die Entwicklung der Rechtsprechung zur Gefährdung von Tatbeteiligten[174]

I. Rechtsprechung des BGH zu § 315 c StGB bzw. § 315 a Abs. 1 Nr. 2 i.V.m. § 315 Abs. 3 StGB a.F.

1. Rechtsprechung bis 1964 zu § 315 a Abs. 1 Nr. 2 i.V.m. § 315 Abs. 3 StGB a.F.

a. Entscheidung des BGH vom 23.2.1954

aa. Darstellung des Urteils

Das in BGHSt 6, 100 ff.[175] veröffentlichte Urteil des 1. Strafsenats erging noch zu § 315 a Abs. 1 Nr. 2 i.V.m. § 315 Abs. 3 StGB a.F.[176] Dieser entsprach vom Regelungsinhalt grundsätzlich dem heutigen § 315 c StGB. Einer der grundlegenden Unterschiede zum heutigen Recht war, dass nach der alten Fassung des Gesetzes die Herbeiführung einer Gemeingefahr (als konkrete Gefährdung) von Nöten war.[177] Dem Urteil lag, vereinfacht dargestellt, folgender Sachverhalt zu Grunde:

Der Angeklagte konsumierte in einer Gastwirtschaft diverse alkoholische Getränke. Danach befuhr er mit seinem Lastkraftwagen eine Straße. In dem Wagen fuhren noch mehrere Personen mit, die ebenso wie der Angeklagte unter Alkoholeinfluss standen. Während eine Person neben dem Angeklagten im Führerhaus Platz nahm, setzten sich die anderen auf die Ladefläche. Im weiteren Verlauf der Fahrt kam der Angeklagte mit den rechten Rädern seines Lastkraftwagens in den Straßengraben. Als der Angeklagte versuchte, den Lastkraftwagen aus diesem Graben herauszumanövrieren, überfuhr er einen Straßenstein. Aufgrund der Erschütterung wurde die Person, die neben dem Angeklagten saß, aus dem Fahrzeug herausgeschleudert. Diese Person erlitt so schwere Verletzungen, dass sie verstarb.

---

174 Im folgenden Kapitel werden die Rechtsprechung des BGH sowie ausgewählte Entscheidungen einiger Oberlandesgerichte dargestellt, die sich mit der Frage nach der Tauglichkeit von Tatbeteiligten als Gefährdungsopfer auseinandersetzen. Ob und inwieweit dieser Rechtsprechung gefolgt werden kann, wird in diesem Kapitel noch nicht geklärt. Kritik an der Rechtsprechung findet daher in diesem Kapitel ebenso wenig Berücksichtigung wie Ansichten und Auffassungen, die versuchen, die Rechtsprechung des BGH zu stützen. Das Kapitel beschränkt sich auf eine reine Darstellung.

175 Zugleich abgedruckt in NJW 1954, 1098.

176 Vgl. zum früheren Normtext die Darstellung unter C.III.2.b.aa.

177 Zur Legaldefinition der Gemeingefahr siehe unter C.III.2.b.bb.

Die anderen Personen auf der Ladefläche fielen in hohem Bogen in den Graben. Der Angeklagte hatte zum Tatzeitpunkt einen Blutalkoholgehalt von 1,48 Promille. Das Landgericht Trier hatte den Angeklagten unter anderem wegen § 316 Abs. 2 i.V.m. § 315 a Abs. 1 Nr. 2 StGB a.F. verurteilt.

Der BGH stellte in seinem Revisionsurteil fest, dass es für die Anwendung des § 315 a StGB a.F. (in der konkreten Entscheidung in Verbindung mit 316 Abs. 2 StGB a.F., der die fahrlässige Verwirklichung des § 315 a StGB a.F. unter Strafe stellte) ohne Bedeutung ist, ob die gefährdeten Personen fremde Verkehrsteilnehmer oder Insassen des Fahrzeugs sind. Dies gelte aber nicht für den Täter und etwaige Tatteilnehmer im Sinne der §§ 47-49 StGB a.F. Der BGH begründete seine Auffassung, dass die Gefährdung von nicht tatbeteiligten und mitfahrenden Insassen für die Verwirklichung des Tatbestandsmerkmals der Gemeingefahr ausreicht, mit der geschichtlichen Entwicklung der Strafvorschrift. Die ursprüngliche Fassung des § 315 StGB vor Inkrafttreten des Gesetzes vom 28.6.1935[178] sei von der Rechtsprechung[179] einhellig dahingehend ausgelegt worden, dass der Strafrechtsschutz auch den Fahrgästen gedient habe. Dies sollte – so der BGH weiter – auch nach dem Gesetz vom 28.6.1935 (mit welchem das Merkmal „Gemeingefahr" in den Tatbestand aufgenommen wurde) weitergelten, was sich durch eine Bezugnahme des Reichsgerichts in RGSt 74, 273 auf die frühere Rechtsprechung zeige.[180] Auch das Straßenverkehrssicherungsgesetz vom 19.12.1952 habe daran nichts geändert. Gelte dieser Grundsatz für Insassen von Schienenbahnen bzw. Straßenbahnen, sei nicht einzusehen, weshalb der Grundsatz nicht auch zum Schutz der Fahrgäste anderer Fahrzeuge anzuwenden sei.

bb. Unklarheiten und Ergebnis

Da der BGH seine Auffassung, dass eine Gefährdung des Täter und etwaiger Tatteilnehmer im Sinne der §§ 47-49 StGB für eine Tatbestandserfüllung nicht ausreichend ist, nicht näher begründet, bleibt unklar, woher der BGH diesen Ausschluss hergeleitet hat. Die Frage, ob sich diese Auslegung aus dem Verständnis des Begriffs der Gemeingefahr[181] oder vielmehr aus allgemeinen Grundsätzen[182] ergibt, wird nicht beantwortet.

---

178 Zur historischen Entwicklung der Straftatbestände siehe unter Kapitel C.

179 Vgl.: RGSt 14, 135; 42, 301. Siehe dazu Kapitel C.III.2.b.bb.(1).

180 Siehe zu RGSt 74, 273 die Ausführungen unter C.III.2.b.bb.(1).

181 So wohl BGHSt 11,199 (siehe unter d.), wo zumindest nicht auf den Wortlaut abgestellt wird. Vgl. dazu auch: *Hillenkamp*, JuS 1977, 166 Fn. 10.

182 So – ohne nähere Begründung – *Fränkel* zu dieser Entscheidung in: BGH LM Nr. 3 zu § 315a I Ziffer 1.

b. Entscheidung des BGH vom 24.6.1954

Im Rahmen dieses Urteils des BGH[183] trat der Senat einem Urteil des OLG Köln[184] entgegen. Der Entscheidung des BGH lag folgender Sachverhalt zu Grunde:

> Der Angeklagte fuhr bei Dunkelheit nach dem Genuss alkoholischer Getränke (Blutalkoholgehalt von 1,52 Promille) mit seinem LKW auf einer Landstraße. Während der Fahrt erfasste sein Fahrzeug zunächst ein vor einer Wirtschaft abgestelltes Kraftrad und stieß es zur Seite. Im weiteren Verlauf der Fahrt steuerte der Angeklagte seinen Wagen in Schlangenlinien und veranlasste dadurch einen aus der entgegengesetzten Richtung kommenden Lastkraftwagen nach links auszuweichen. Da der Angeklagte sein Fahrzeug im letzten Moment nach rechts lenkte, stießen beide Lastkraftwagen in der Mitte der Fahrbahn zusammen. Der Angeklagte sowie seine beiden Mitfahrer erlitten schwere Verletzungen, der Führer des anderen Lastkraftwagens wurde leicht verletzt.

Das OLG Köln seinerseits war der Auffassung gewesen, dass ein Mitfahrer, der die Fahrunsicherheit des Fahrzeugführers kennt, sich diesem aber dennoch bewusst anvertraut und dadurch sein Leben gefährde, dem sich selbst gefährdendem Fahrer gleichgesetzt werden müsse, so dass im Ergebnis das Tatbestandsmerkmal der Gemeingefahr in solchen Konstellationen nicht verwirklicht wird. Das OLG Köln sprach damit den Gedanken aus, dass derjenige, der als bloßer Mitfahrer im Lager des Täters stünde, an einem strafrechtlichen Schutz nicht teilhaben könne.[185]

Dieser Ansicht vermochte sich der Senat des BGH deshalb nicht anschließen, weil dadurch in den Begriff der Gemeingefahr etwas hineingelesen wird, was sich mit dem Sinn des Gesetzes nicht vereinbaren lässt. Für die Herbeiführung einer Gemeingefahr spiele es keine Rolle, ob der gefährdete einzelne Mensch die Fahruntüchtigkeit des Fahrzeugführers und die daraus resultierende potentielle Gefahr erkannt hat und sich deshalb an der Fährt nicht hätte beteiligen sollen. Zudem stellte der Senat fest, dass die Sachlage anders zu beurteilen wäre, wenn die Mitfahrenden als Teilnehmer an der Straftat anzusehen wären. Damit wurde die Entscheidung des BGH in BGHSt 6, 100 ff. zwar bestätigt, begründet wurde sie aber gleichwohl immer noch nicht. Daher bleibt auch hier unklar, woher sich der Ausschluss der Tatteilnehmer herleiten lässt. Der Senat kritisiert jedoch an der Entscheidung des OLG Köln, dass dort der Begriff der Gemeingefahr zumindest teleologisch falsch ausgelegt wurde.

---

183 BGHSt 6, 232 = NJW 1954, 1255.

184 OLG Köln VRS 6, 306, Urteil vom 12.2.1954.

185 Zu beachten ist aber, dass das Urteil des OLG Köln zeitlich vor der Entscheidung des BGH in BGHSt 6, 100 ff. lag.

c. *Entscheidung des BGH vom 18.12.1957*

aa. Darstellung des Urteils

Dem Urteil des BGH in BGHSt 11, 148 ff.[186] lag folgender Sachverhalt zu Grunde:

> Der Angeklagte fuhr im angetrunkenen Zustand mit dem seiner Arbeitskollegin gehörenden PKW von A. nach K. Im Verlauf der Fahrt geriet der Angeklagte infolge seiner Fahruntüchtigkeit auf die linke Fahrbahnseite, so dass der Wagen zwei Straßenbegrenzungssteine streifte und er schließlich umkippte. Andere Verkehrsteilnehmer oder Sachen von bedeutendem Wert gefährdete der Angeklagte, der sich alleine im Wagen befand, nicht.

Der BGH hatte hier zu entscheiden, ob die Gefährdung eines vom Täter geführten, ihm aber nicht gehörenden Fahrzeuges ausreicht, um eine Gemeingefahr im Sinne von § 315 a Abs. 1 Nr. 2 i.V.m. § 315 Abs. 3 StGB a.F. herbeizuführen.[187] Im Ergebnis wurde dies vom BGH verneint. Der BGH führt aus, dass der Angeklagte im vorliegenden Fall nur sich selbst und das von ihm benutzte Fahrzeug gefährdet habe. Der gefährdete Gegenstand sei hier aber zugleich notwendiges Mittel zur Durchführung der Tat, weil eben die Benutzung eines Fahrzeuges durch den Tatbestand vorausgesetzt wird. Der BGH griff somit den Instrumentalgedanken wieder auf, welcher früher schon vereinzelt herangezogen wurde.[188] Nehme, so der BGH weiter, das Fahrzeug also auf Seiten des Täters an dessen vorschriftswidrigem Verhalten teil, könne es demnach, gerade weil es ein notwendiges Tatwerkzeug sei, nicht vom Strafrechtsschutz mit umfasst sein, obwohl das Fahrzeug grundsätzlich hier ein bedeutender Sachwert sei, der in fremdem Eigentum im Sinne von § 315 a Abs. 1 i.V.m. § 315 Abs. 3 StGB a.F. steht. Wird lediglich das vom Täter geführte Fahrzeug gefährdet, sei der Tatbestand nicht erfüllt. Dieser der Entscheidung innewohnende Grundsatz wurde in nachfolgenden Urteilen bestätigt.[189]

Weiter führt der BGH aus, dass Tatteilnehmer im Sinne der §§ 47 bis 49 StGB a.F. in den Entscheidungen BGHSt 6, 100 und BGH 6, 232 aus gleichartigen (im Sinne der im vorherigen Absatz dargestellten) Erwägungen aus dem Kreis der durch § 315 a StGB a.F. geschützten Personen herausgenommen wurden, ohne dass dies durch den Wortlaut des § 315 a Abs. 1 i.V.m. § 315 Abs. 3 StGB a.F. geboten gewesen

---

186 Auch veröffentlicht in NJW 1958, 469.

187 Das nach § 121 Abs. 2 GVG vorlegende OLG Koblenz wollte von einer Entscheidung des OLG Celle vom 7.4.1954 (veröffentlicht in VRS 6, 381) abweichen, in welcher die Herbeiführung einer Gemeingefahr durch Gefährdung eines vom Täter geführten, ihm aber nicht gehörenden Fahrzeuges bejaht wurde.

188 Vgl.: *Krumme* in BGH LM Nr. 4 zu § 315a Abs. 1 Ziffer 2 StGB mit Verweis auf eine Entscheidung des OLG Neustadt in NJW 1953, 1885.

189 BGHSt 12, 282 = NJW 1959, 637 f. zu § 1 StVO; BGH, NJW 1959, 1047, 1050 und unter ausdrücklichem Festhalten an dieser Rechtsprechung auch unter Geltung des § 315 c StGB: BGH, NJW 1977, 1109 ff. sowie BGH, NZV 1992, 148 f. im Rahmen einer Entscheidung des 3. Zivilsenats.

wäre. Deshalb, so der BGH weiter, kann für den vorliegenden Fall nichts anderes gelten, wenn es um das vom Täter benutzte, aber in fremden Eigentum stehende Tatfahrzeug geht. Es sei daher gerechtfertigt, dieses Fahrzeug aus dem Kreis der geschützten Sachwerte herauszunehmen. Zum anderen führt der BGH zur weiteren[190] Begründung aus, dass es auch der Schutzzweck des § 315 a Abs. 1 i.V.m. § 315 Abs. 3 StGB a. F. gebieten würde, das Täterfahrzeug aus dem Kreis der (mit-) geschützten Sachwerte zu nehmen. Der Schutzzweck des § 315 a Abs. 1 i.V.m. § 315 Abs. 3 StGB a. F. gehe dahin, die allgemeine Sicherheit auf öffentlichen Straßen und gerade nicht den Betrieb der sich auf diesen Straßen (tatsächlich) bewegenden Fahrzeuge als Verkehrsmittel zu schützen. Die Sicherheit werde jedoch nicht dadurch beeinträchtigt, dass der Täter das von ihm geführte Fahrzeug gefährdet oder beschädigt. Mit dieser Feststellung versagt der BGH der Norm im Ergebnis damit den Individualrechtsgüterschutz (hier des Eigentums). Anders, so der BGH weiter, ist dies bei § 315 Abs. 1, Abs. 3 StGB a. F.: Hier werde der Betrieb der Eisenbahn und die Nutzungsmöglichkeit durch die Allgemeinheit als Betrieb- bzw. Beförderungsmittel geschützt. Daher sei mit der Gefährdung des Betriebsmittels (als ein sich bewegendes Fahrzeug) gleichzeitig die Herbeiführung einer Allgemeingefahr verbunden, weil der reibungslose Bahnverkehr als geschütztes Gut bei einer Beschädigung oder Zerstörung der einzelnen Eisenbahn als Betriebsmittel nicht mehr gewährleistet sei.

bb. Unklarheiten

Der BGH verweist zur Begründung seiner in dieser Entscheidung aufgestellten Rechtsprechung auf die gleichartigen Erwägungen, wie sie in BGHSt 6, 100 und BGHSt 6, 232 herangezogen wurden. Dass es BGHSt 6, 100 und 232 an einer argumentativen Begründung mangelt, scheint für den BGH keine Rolle zu spielen. Soweit der BGH darüber hinaus einen eigenen Ansatz versucht, ist dieser zu hinterfragen: Schon die Aussage, dass eine Herausnahme der Tatteilnehmer durch den Wortlaut der Bestimmung nicht geboten sei, ist unklar. Bedeutet dies, dass sich diese Auslegung nicht allein aus dem Wortlaut, sondern erst aus teleologischen Gesichtspunkten ergibt? Oder wollte der BGH nur klarstellen, dass auch eine andere Auslegung zulässig ist, so dass diese Frage der „richtigen" Auslegung noch nicht abschließend durch die in dieser Entscheidung zitierten Vorentscheidungen geklärt ist. Darüber

190 Zudem stellte der BGH klar, dass es sonst zu zufälligen Ergebnissen käme, wenn der Täter das Fahrzeug unter Eigentumsvorbehalt gekauft hätte. Ein strafrechtlicher Schutz hinge nämlich dann davon ab, ob der Täter bei einem Kauf des Fahrzeuges unter Eigentumsvorbehalt bereits die letzte Rate gezahlt habe (dann keine Einbeziehung, da es schon am Merkmal der Fremdheit fehlt) oder nicht (so dass – soweit man eine Einbeziehung bejaht – eine derartige zu erfolgen hat, da das Tatfahrzeug (weiterhin) fremd ist). Es sei jedoch nicht Sinn der Straßenverkehrsdelikte, den Eigentumsschutz zu erhöhen. Dazu auch nachfolgend im (Haupt-) Text.

hinaus trifft der BGH keine Aussage darüber, ob die vorgenommene Bestimmung des Schutzzweckes im Rahmen des § 315 a Abs. 1 i.V.m. § 315 Abs. 3 StGB a.F. nur für den Fall der Qualifizierung des Täterfahrzeuges als taugliches Gefährdungsobjekt Beachtung finden soll oder ob dies auch für die Auslegung der Gemeingefahr bei Tatteilnehmern als Schutzzweck gilt.

cc. Ergebnis

An der Rechtsprechung, dass die Gefährdung von Tatteilnehmern nicht ausreichend ist, wird auch in dieser Entscheidung festgehalten. Mit diesem Urteil liefert der BGH erstmals eine Begründung für seine Ansicht. Es komme darauf an, ob das Fahrzeug – und nichts anderes kann aufgrund der vom BGH geführten Begründung für den Tatteilnehmer gelten – auf Seiten des Täters an dessen vorschriftswidrigem Verhalten teilnimmt. Es wird also eine Art „Lagertheorie" angedacht,[191] welche für das Täterwerkzeug in Form des Fahrzeugs wie für den Tatteilnehmer gleichsam Geltung beanspruchen soll. Darüber hinaus wird der Schutzzweck des § 315 a Abs. 1 i.V.m. § 315 Abs. 3 StGB a.F. dahin bestimmt, dass die allgemeine Sicherheit des öffentlichen Straßenverkehrs als solche geschützt ist.

d. Entscheidung des BGH vom 16.1.1958

aa. Darstellung des Urteils

Dem in BGHSt 11, 199[192] abgedruckten Urteil des BGH lag, vereinfacht dargestellt, folgender Sachverhalt zu Grunde:

> Der Angeklagte kam infolge seiner für die Straßenverkehrsverhältnisse zu hohen Geschwindigkeit mit seinem Kleinlastwagen von der Fahrbahn ab, so dass der Kleinlastwagen, nachdem der Versuch, auf die Straße zurückzulenken, misslang, gegen einen Betonlichtmast prallte. Eine neben dem Angeklagten sitzende Person verstarb aufgrund einer schweren Schädelzertrümmerung, während die übrigen Insassen erheblich verletzt wurden. Der Angeklagte hatte zum Unfallzeitpunkt einen Blutalkoholgehalt von 1,15 Promille. Andere Verkehrsteilnehmer waren zum Unfallzeitpunkt nicht in der Nähe.

Der BGH hatte vorliegend darüber zu entscheiden, ob eine Verurteilung wegen fahrlässiger Straßenverkehrsgefährdung, dessen Tatbestand die zur Entscheidung berufene Strafkammer des Landgerichts Traunstein verneint hatte, deshalb in Betracht kommt, weil die Insassen des vom Angeklagten geführten Fahrzeuges auch

---

191 Bestätigung dieser Rechtsprechung in BGHSt 12, 282 = NJW 1959, 637 f. im Rahmen einer Entscheidung zu § 1 StVO: Kein Schutz des Insassen, der sich an der Tatausführung durch Beeinflussung der Fahrweise beteiligt, wenn er an der unerlaubten Gefahrenerhöhung mitwirke.

192 Zugleich abgedruckt in NJW 1958, 507.

zu den Personen zählen, die von §§ 315 Abs. 3, 315 a Abs. 1 Nr. 2 StGB a.F. geschützt werden sollen.

(1) Leitlinien des BGH

Der 4. Strafsenat bestätigte in dieser Entscheidung die in BGHSt 6, 100 begründete und im weiteren Verlauf fortgeführte Rechtsprechung: Die Gefährdung von Insassen eines Fahrzeuges, die Teilnehmer an der Tat des Fahrzeugführers gemäß der §§ 47 ff. StGB a.F. sind, ist zur Tatbestandserfüllung nicht ausreichend, weil durch das Verhalten des Täters keine Gemeingefahr im Sinne des § 315 Abs. 3 StGB a.F. hervorgerufen wird. Hinsichtlich der nicht tatbeteiligten Insassen wurde die in BGHSt 6, 232 begründete Rechtsauffassung – die Teilnahme an einer Trunkenheitsfahrt unter Kenntnis der Fahruntüchtigkeit des Fahrzeugführers schlösse nicht stets die Verwirklichung einer Gemeingefahr aus – dahingehend revidiert, dass diese dort aufgestellte Rechtsauffassung nicht (mehr) absolut gelten soll. Vielmehr muss nach (neuer) Ansicht des Senats in jedem Einzelfall geprüft werden, ob die Gefährdung von Fahrzeuginsassen eine Gemeingefahr darstelle. Dies sei nur dann zu bejahen, wenn an Stelle des betroffenen Fahrzeuginsassen auch ein beliebiger Dritter der Gefahr hätte ausgesetzt sein können. Nur wenn dies der Fall sei, sei die Allgemeinheit gefährdet.

(2) Begründung des BGH

(a) Auslegung des Begriffs der Gemeingefahr

In den Entscheidungsgründen wird vom BGH zuvörderst festgestellt, dass die in § 315 Abs. 3 StGB a.F. enthaltene Definition des Begriffs „Gemeingefahr" geeignet ist, rechtliche Missdeutungen hervorzurufen. Deshalb versucht der BGH dem Begriff eine allgemeine Definition zu geben: Der Begriff sei so zu verstehen, dass es sich um Gefahren handeln muss, die der Allgemeinheit drohen, wobei es aber ausreichend ist, dass diese Allgemeinheit durch eine Einzelperson vertreten wird. Insoweit wird vom BGH eine Repräsentanz gefordert, die notwendig, aber nicht stets ausreichend ist. Nicht ausreichend sei nämlich diejenige Gefahr, die der Täter einem bestimmten Menschen bereite, den er aus einer unbestimmten Vielzahl von Personen ausgesondert habe. Regelmäßig wird – so der BGH weiter – diese ausgesonderte Person als Opfer eines gerade (und speziell) gegen ihn gerichteten Angriffs anzusehen sein, wobei es für die Herbeiführung einer Gemeingefahr insoweit aber auch ausreichend sei, wenn der Täter dem repräsentativen Einzelnen gegenüber ohne einen derartigen Vorsatz handelt.[193] Für solch ausgesonderte Personen besteht nach Ansicht des BGH nur eine Sonder- bzw. Individualgefahr und gerade keine Gemeingefahr. Denn für eine Gemeingefahr sei wesentlich, a) dass ihre Wirkung

193 Der BGH verwendet in den Entscheidungsgründen das Beispiel, dass eine Person einem in Fahrt befindlichen Radfahrer gezielt einen Knüppel zwischen die Speichen wirft, um ihn zu gefährden.

der Herrschaft desjenigen entzogen sei, der sie in Gang gesetzt hat und b) dass sich eine solche gegen jeden richte, der, egal wer es ist, in den Gefahrenbereich gerät. Gerade diese Wirkungen entfalte die Gefahr aber dann nicht, wenn sich der Täter gezielt eine Person aussuche, da es sich in diesen Fällen nicht um die Realisierung einer „gemeinen Gefahr" handle. Somit – und so sind die Ausführungen des BGH zu vervollständigen – ist nicht jede Art von Repräsentanz ausreichend: Es bedarf vielmehr einer Repräsentanz in einer nicht vom Täter beherrschten Gefahrensituation („qualifizierte Repräsentanz"[194]). Hinsichtlich potentieller Tatbeteiligter unterlässt es der Senat jedoch, eine Qualifizierung nach den vorgenannten Parametern durchzuführen: Vielmehr sollen Tatbeteiligte ohne vorangegangene Differenzierung als taugliche Gefährdungsopfer stets ausscheiden.

(b) Bestätigung durch historische Erwägungen

Jenes Ergebnis sah der BGH (auch) durch eine historische Auslegung bestätigt: Vor der Einführung des § 315 StGB a.F. durch Art. 4 des Gesetzes zur Änderung des Strafgesetzbuches vom 28.6.1935 sei von einer Gemeingefahr bei der Gefährdung einzelner, bestimmter Personen oder Sachen nie die Rede gewesen. Der zur (damaligen) Tatbestandserfüllung notwendigerweise zu gefährdende Mensch sei vielmehr als Teil eines nicht einzeln bestimmten Kreises angesehen worden, wobei lediglich streitig gewesen war, ob diese Repräsentanz auch dann gewährleistet war, wenn nur eine einzige Person betroffen war, die so gut wie jede andere in die Gefahr hätte hinein geraten können. Lediglich diese Streitfrage wollte der Reformgesetzgeber im Jahre 1935 dahin entschieden haben, dass (künftig) die Gefährdung eines Einzelnen ausreicht. Dagegen sollte die hergebrachte Auslegung des Begriffs der Gemeingefahr (welche eine Repräsentantenstellung voraussetzte, in der der Einzelne ein unbestimmter Einzelner sein müsse) jedoch (uneingeschränkt) weitergelten. Es sei lediglich eine Ausdehnung des strafrechtlichen Schutzes ohne Bruch der herkömmlichen Auslegung des Begriffes der Gemeingefahr beabsichtigt gewesen. Hätte der Gesetzgeber ein Abgehen vom überkommenen Begriff der Gemeingefahr gewollt, hätte er darauf hingewiesen.

(c) Begründung für den Ausschluss von Tatteilnehmern

Da die durch die unter Heranziehung der unter (a) und (b) dargestellten Argumente gefundene Begriffsbestimmung jedoch keine Wertung hinsichtlich der Frage nach der Einbeziehung von Tatteilnehmen abgibt, musste sich der Senat insoweit anderer Erwägungen bemühen: Der BGH begründete deshalb seine Auffassung, Tatteilnehmer im Sinne der §§ 47 bis 49 StGB a. F. aus dem geschützten Personenkreis herauszunehmen, damit, dass diese für die rechtliche Beurteilung auf Seiten des Täters und (damit) nicht stellvertretend für die Gemeinschaft stünden. Diese Ausnahmestellung sei zwar dem Wortlaut des § 315 Abs. 3 StGB a.F. nicht zu entnehmen, folge aber

194 Begriff vom Verfasser.

aus rechtslogischen Erwägungen. Der Täter und etwaige Tatteilnehmer könnten des strafrechtlichen Schutzes nicht teilhaftig werden, so der BGH weiter, weil das Gesetz gerade diesen strafrechtlichen Schutz den anderen, durch den Täter und etwaige Tatteilnehmern gefährdeten Verkehrsteilnehmern zugedacht hat.

(d) Die „straflosen" Mitfahrer

Bezüglich der Gefährdung von straflosen Fahrzeuginsassen vertrat der BGH die Ansicht, dass es für die Frage, ob eine Gefährdung von diesen Personen eine Gemeingefahr darstellt, auf den Einzelfall ankommt. Eine Gemeingefahr sei demnach zu bejahen, wenn an Stelle des Gefährdeten auch ein beliebig anderer hätte gefährdet werden können. Der BGH führt im Urteil zur näheren Bestimmung im Zusammenhang mit der von ihm geforderten hypothetischen Betrachtung Fallgruppen an. Diese Fallgruppen legen im Sinne einer Regelvermutung fest, wann welche Personen zum geschützten Personenkreis gehören sollen: Als geschützte Personen sollen insbesondere diejenigen angesehen werden, die aufgrund einer gewerbsmäßigen Beförderung bei einem alkoholisierten Kraftfahrer mitfahren, weil dieses Zusammentreffen zwischen Beförderer und Gast lediglich zufällig sei. Anders sei es, wenn der Fahrzeuglenker ihm bekannte Personen mitnehme, weil hier die persönlichen Beziehungen und die innere Einstellung[195] zwischen den Personen im Vordergrund stünden. Solche Personen seien nicht vom Zufall bestimmte Verkehrsteilnehmer, die durch andere ersetzt werden könnten, sondern vom Fahrer zur Erreichung des *Zwecks* besonders ausgewählte Personen. Dass in diese Konstellationen, in denen die persönliche Beziehung im Vordergrund steht, ein strafrechtlich relevantes Verhalten ausscheiden müsse, sei auch rechtspolitisch nicht bedenklich: Denn, so der BGH, durch die persönliche Beziehung zum Fahrzeuglenker liegt ein gewisses Anvertrautsein vor, welches einen Strafrechtsschutz hier entbehrlich macht.

Der vom BGH verwendete Begriff „Zweck" wirkt in diesem Zusammenhang missverständlich. Ausgeschlossen ist, dass der BGH den Begriff zur Umschreibung einer Gefährdungsabsicht einsetzen wollte. Bei einem solchen Verständnis wäre nach dem BGH schon gar keine Gemeingefahr nach dem oben Ausgeführten gegeben, denn das Hervorrufen einer Gemeingefahr wird durch ein Handeln mit Gefährdungsabsicht ausgeschlossen, da mit einem Handeln mit Gefährdungsabsicht stets die Aussonderung einer bestimmten Person einhergeht. Die Begriffe „Zweck" und „zielgerichteter Wille" sind hier nicht gleichzusetzen. Der Begriff ist auch nicht so zu verstehen, dass mit „Erreichung des Zwecks" der Zweck der Tatbegehung gemeint ist. Denn da diese Tatbegehung, insbesondere die Gefährdung, auch fahrlässig geschehen kann, ist ein Gefährdungsvorsatz nicht notwendig, so dass diese Deutung ausscheiden dürfte, weil

195 Diese innere Einstellung zwischen den betreffenden Personen kann sich nach dem BGH aus Zuneigung, gleichen Interessen, Wunsch nach gemeinsamen Reiseerlebnis oder der Verabredung eines Ausfluges ergeben.

im Rahmen einer Fahrlässigkeit kaum von einem Zweck der Tatbegehung gesprochen werden kann. Wahrscheinlich ist, dass damit der Beförderungszweck gemeint ist.

bb. Unklarheiten

Zu Beginn muss schon die Frage aufgeworfen werden, ob die rechtslogischen Erwägungen für die Begründung des Tatteilnehmerausschlusses überhaupt notwendig waren. Grundsätzlich hätte die vom Senat unter (a) gegebene allgemeine Definition ausgereicht, um eine Gemeingefahr zu verneinen: Denn auch der Fahrzeuglenker hat die mitfahrenden Tatteilnehmer aus einer unbestimmten Vielzahl von Personen ausgesondert. Diese Aussonderung erfolgte zwar ohne Angriffsvorsatz.[196] Auf diesen soll es aber ja gerade nicht ankommen, so dass die Definition für viele Einzelfälle im Zusammenhang mit der Gefährdung von Tatbeteiligten gepasst hätte. Dem BGH muss aber wohl daran gelegen gewesen sein, eine generelle, von diesen Einzelfällen losgelöste Ausnahmestellung für die Tatteilnehmer zu postulieren, da – wie sogleich aufgezeigt wird – die allgemeine Definition nicht alle (denkbaren) Fälle adäquat im Sinne des Grundsatzes des BGH (Ausschluss der Tatbeteiligten als taugliche Gefährdungsopfer) zu erfassen im Stande ist. Darüber hinaus legt diese Vorgehensweise den – im Ergebnis richtigen – Schluss nahe, dass es zumindest nicht allein der Begriff der Gemeingefahr war, aus dem der BGH die Untauglichkeit von Tatbeteiligten als Gefährdungsopfer ableiten wollte.[197] Dass die allgemeine Definition – wie bereits ausgeführt – auch zur Bejahung des Eintritts einer Gemeingefahr führen kann, zeigt folgender

> Beispielsfall 2: A stiftet den B an, eine Trunkenheitsfahrt zu begehen. A fährt jedoch nicht mit, sondern begibt sich zu Fuß auf den Weg nach Hause. Als A gerade an seiner Haustür angekommen ist, sieht er, wie der B mit seinem Fahrzeug auf ihn zufährt, weil er aufgrund seines alkoholisierten Zustandes von der Fahrbahn abgekommen ist. Nur durch einen beherzten Sprung zur Seite kann sich der A vor einem Aufprall retten.

Nach den obigen Ausführungen des BGH ist für eine Gemeingefahr wesentlich, dass sie sich ungezielt gegen jeden richten kann, der, wer es auch sei, in ihren (Wirkungs-) Bereich gerät. Im Fallbeispiel muss – dem Verständnis des BGH folgend – das Vorliegen einer Gemeingefahr bejaht werden, weil es nur Zufall war, dass B ausgerechnet den A gefährdete. Die Wirkung der Gefahr war der Herrschaft des B gerade entzogen, so dass von einer Aussonderung nicht mehr gesprochen werden kann. In allen Fällen also, in denen der Tatbeteiligte nicht als Insasse im Fahrzeug mitfährt, stößt die Definition hinsichtlich ihrer Brauchbarkeit an ihre Grenzen, die Fälle der Gefährdung von Tatbeteiligten im Sinne des Grundsatzes des BGH adäquat lösen zu können.

---

196 Die Wendung in der Entscheidung „ohne einen derartigen Vorsatz“ bedeutet, dass die bewusste Fahrlässigkeit als ausreichend angesehen wird. Fahrlässigkeit in Form der Gleichgültigkeit kommt dagegen nicht in Betracht, da der Gleichgültige sich mit seiner Fahrweise nicht gegen einen bestimmten Menschen richtet. Vgl. dazu *Bender*, NJW 1959, 326.

197 Siehe zum Begriff der Gemeingefahr als ausschlaggebendes Argument D.II.2.a.

Deshalb hat es weiterer Erwägungen bedurft, um die Herausnahme von Tatbeteiligten aus dem geschützten Personenkreis argumentativ zu begründen. Aufbauend auf der erneuten[198] Feststellung, dass die Auslegung des Begriffes der Gemeingefahr und der damit einhergehenden Verneinung einer solchen bei Gefährdung von Tatteilnehmern durch den Wortlaut nicht zwingend geboten sei, wurden sodann die rechtslogischen Erwägungen angeführt. Es bleibt nach dieser Entscheidung gleichwohl unklar, woher der BGH die rechtslogischen Erwägungen für seine angestellte „Lagertheorie" nimmt. Es wird nicht geklärt, ob solche Erwägungen im strafrechtlichen Kontext überhaupt zulässig sind und, wenn ja, ob diese Erwägungen in allgemeinen strafrechtlichen Grundsätzen wurzeln. Nicht abschließend geklärt werden kann zudem, woraus sich die Aussage ergibt, der Täter und etwaige Tatteilnehmer könnten des strafrechtlichen Schutzes nicht teilhaftig werden, weil das Gesetz gerade diesen strafrechtlichen Schutz den anderen, durch den Täter und etwaige Tatteilnehmern, gefährdeten Verkehrsteilnehmer zugedacht hätte. Anknüpfungspunkte könnte der „Lagergedanke" oder der „Repräsentantengedanke" sein.[199]

Mit Blick auf dieses Urteils wird jedoch eines deutlich: Die oben[200] in Ansehung von BGHSt 11, 148 ff. aufgeworfene Frage, ob der BGH eine andere Auslegung als die seinige als zulässig erachtet, muss verneint werden. Nach dem BGH ist eine Herausnahme der Tatteilnehmer aus dem Kreis tauglicher Gefährdungsopfer zwingend. Dies ergibt sich aus Folgendem: Das Verständnis des BGH vom Begriff der Gemeingefahr in Zusammenhang mit gefährdeten Tatteilnehmern ist nicht einem insoweit offenen und einem anderen Verständnis zugänglichen Wortlaut geschuldet. Vielmehr lässt sich aus der Entscheidung herauslesen, dass teleologische bzw. rechtslogische Gesichtspunkte zwingend einen Ausschluss von gefährdeten Tatteilnehmern erfordern sollen.

cc. Ergebnis

Danach bleibt festzuhalten, dass es dem BGH auf eine Repräsentanz der Allgemeinheit durch den Gefährdeten ankommt, um den Eintritt einer Gemeingefahr zu bejahen. Je nach Fallgestaltung sind nach dem BGH insoweit jeweils unterschiedliche Anforderungen an den Begriff zu stellen:

- Falls der Täter eine bestimmte Person aussondert, um allein sie zu gefährden, stellt dies schon nach dem Wortlaut keine Gemeingefahr dar, weil die Wirkung des Verhaltens des Täters dessen Herrschaft nicht entzogen ist. Diese Art der Gefahr sei vielmehr eine Sonder- bzw. Individualgefahr, so dass derjenige kein Repräsentant der Allgemeinheit sein könne.[201]

---

198 So schon in BGHSt 11, 148. Vergleiche auch oben unter B.I.1.c.aa.

199 Dazu nachfolgend unter cc.

200 Vgl. dazu die Ausführungen unter B.I.1.c.bb.

201 Die Rechtsprechung, wonach zwischen Sonder- und Gemeingefahr unterschieden werden soll, wenn es dem Fahrzeuglenker darauf ankommt, eine Person zu gefährden, wurde in BGHSt 14, 395= NJW 1960, 1822 ff. und BGH NJW 1960, 2302 f.

- Anders ist die Begründung, wenn Tatteilnehmer gefährdet werden. Hier werden rechtslogische Erwägungen herangezogen, um einen Ausschluss zu rechtfertigen. Aufgrund dieser rechtslogischen Erwägungen des BGH sind folgende Schlussfolgerungen denkbar:
  - Weil ein Tatteilnehmer auf Seiten des Täters steht, ergibt sich daraus eine Art „Lagerverbindung", die das Vorliegen einer Gemeingefahr von vornherein ausschließt. Insoweit wird vom BGH mit dieser Lagertheorie (unausgesprochen[202]) der Gedanke der „Verwirkung" herangezogen, der in letzter Konsequenz in einer *Friedlosigkeit des Rechtsbrechers*[203] mündet.
  - Weil ein Tatteilnehmer gerade auf der Seite des Täters steht, soll daraus folgen, dass er nicht die Gemeinschaft repräsentiert. Daraus *könnte* wiederum zu schließen sein, dass er nicht dem Anwendungsbereich unterfällt, den die Straßenverkehrsgefährdungsdelikte zum Gegenstand haben. Hier steht die These der *„Verneinung der Tauglichkeit aufgrund der fehlenden Repräsentanz"* im Vordergrund.
- Wieder anders ist es bei bloßen straflosen Insassen. Falls sie mit dem Fahrzeuglenker persönlich verbunden sind, stellen sie keine tauglichen Gefährdungsopfer dar.

Die Entscheidung zeigt, dass der BGH einigen Begründungsaufwand darauf verwendet, um die verschiedenen, in Betracht kommenden Gefährdeten als taugliche Gefährdungsopfer einzuordnen. Insbesondere versucht er, die Begriffe „Gemeingefahr"

(mit ablehnender Anmerkung von *Hartung* in NJW 1961, 131) bestätigt. Sie betrifft Fälle, in denen der Fahrzeuglenker auf einen Polizisten zufährt. Anders jedoch das OLG Karlsruhe in NJW 1959, 2321 f., das bei einem Zufahren auf einen Polizisten eine Gemeingefahr annimmt. Das OLG Karlsruhe verstand unter Sondergefahren nur solche Gefahren, die der Täter fremden, nicht seinem eigenen Einflussbereich unterstehenden Personen bereitet. Diese Personen mussten dem Täter fremd oder „nicht bekannt" (mithin: unbekannt) sein. Auf die heutige Rechtslage übertragen wäre dieses durchaus interessante Abgrenzungsmerkmal zur Bestimmung der Tauglichkeit jedoch nicht geeignet. Zum einen muss beachtet werden, dass nach hiesigem Verständnis diese Erwägungen damals nur in Betracht gezogen wurden, um den Angeklagten bestrafen zu können. Dazu war entsprechend eine weite Auslegung des Begriffs der Gemeingefahr notwendig. Zum anderen – und das ist entscheidend – widerstrebt solch eine Sicht dem Grundgedanken des Zweiten Gesetzes zur Sicherung des Straßenverkehrs, vgl. dazu unter C.III.3.c. Darüber hinaus kann der strafrechtliche Schutz nicht davon abhängen, ob das Opfer mit dem Täter – unter Umständen sogar zufällig – bekannt ist oder nicht. Vgl. zum OLG Karlsruhe auch die ablehnende Anmerkung von *Böhmer* in NJW 1959, 2321, der zu Recht darauf hinweist, dass es für die Strafbarkeit eines Angeklagten nicht darauf ankommen kann, ob eine Verurteilung wünschenswert wäre.

202 *Geppert*, Jura 1996, 47, 48.

203 *Geppert*, Jura 1996, 47, 48.

und „einzelner Mensch“ so aufzufassen und in Einklang zu bringen, dass sie nicht im Widerspruch zueinander stehen.

2. Rechtsprechung ab 1964 zu § 315 c StGB

a. *Entscheidung des OLG Stuttgart*

Die Entscheidung des OLG Stuttgart aus dem Jahre 1976[204] ist deshalb erwähnenswert, weil der erkennende Senat im Gegensatz zur hergebrachten Rechtsprechung des BGH mitfahrende Tatteilnehmer als taugliche Gefährdungsopfer des § 315 c StGB ansieht[205] und insoweit von Urteilen anderer Oberlandesgerichte abweicht, die zum neuen Recht[206] ergangen sind.[207] Zu einer abschließenden Entscheidung des BGH in dieser Sache kam es allerdings nicht, weil das OLG Stuttgart das Bestehen einer Vorlagepflicht gemäß § 121 Abs. 2 GVG verneinte.[208] Dem Urteil lag folgender Sachverhalt zu Grunde:

> Der Angeklagte trat als Fahrzeugführer nach dem Besuch einer Gaststätte die Heimreise an, obwohl er mit einer BAK von 2 Promille absolut fahruntüchtig war. Seine Ehefrau, bei welcher nicht klar geworden ist, ob sie in Kenntnis der Fahruntüchtigkeit ihres Ehemanns ihn nicht von der Fahrt abhielt oder ob sie ihn sogar in seiner Fahrabsicht bestärkte, saß mit in dem Fahrzeug. Infolge seiner Fahruntüchtigkeit kam der Angeklagte von der Fahrbahn ab und prallte gegen ein geparktes Fahrzeug, welches allerdings nur einen Wert von 500 DM hatte. Das geparkte Fahrzeug erlitt ein Totalschaden. Durch diesen Aufprall wurde die mitfahrende Ehefrau an Leib und Leben gefährdet.

Da das geparkte Fahrzeug aufgrund seines geringen Wertes als taugliches Gefährdungsobjekt nicht in Betracht kam, hatte das OLG Stuttgart darüber zu befinden, ob die möglicherweise der Beihilfe schuldige Ehefrau als taugliches Gefährdungsopfer anzusehen ist. Dies wurde bejaht. Nach der Ansicht des OLG Stuttgart fallen auch Tatteilnehmer unter den Begriff des „anderen“ und sind mithin generell als taugliche Gefährdungsopfer anzusehen, so dass es auf die Frage, ob die gefährdete Ehefrau tatsächlich Beihilfe geleistet hatte, gar nicht mehr ankam. Das OLG Stuttgart begründete seine Auffassung damit, dass die hergebrachte Rechtsprechung, welche zum Tatbestand in der vor dem Zweiten Gesetz zur Sicherung des Straßenverkehrs geltenden Fassung erging, jetzt nicht mehr einschlägig ist, weil der Begriff der

---

204 OLG Stuttgart NJW 1976, 1904 f. mit Besprechung von *Hillenkamp* in JuS 1977, 166 ff.

205 Darüber hinaus verneinte das OLG Stuttgart die Möglichkeit einer Einwilligung.

206 Zur Darstellung der Rechtsänderung vgl. unten unter C.III.3.

207 Vgl. z. B., jedoch ohne Begründung: OLG Karlsruhe NJW 1967, 2321 ff.

208 Die Vorlagepflicht wurde deshalb verneint, weil die divergierenden Rechtsansichten der anderen Oberlandesgerichte dort nicht Grundlage der Entscheidungen waren.

Gemeingefahr gestrichen wurde. Somit käme es nunmehr nicht mehr darauf an, ob die gefährdete Person die Allgemeinheit repräsentiere oder nicht. Vielmehr sei entscheidend, dass ein „anderer" gefährdet würde, wobei ein „anderer" auch derjenige Mitfahrer sei, welcher physische oder psychische Beihilfe leistet. Diese Auslegung stünde auch im Einklang mit der amtlichen Begründung zum Zweiten Gesetz zur Sicherung des Straßenverkehrs, welche ausdrücklich nur den Täter selbst aus dem geschützten Personenkreis herausnimmt.[209] Die Einbeziehung des Tatgehilfen sei auch nicht dadurch ausgeschlossen, dass § 315 c StGB die Sicherheit des Straßenverkehrs schützt. Vielmehr erfordere der Schutz der Sicherheit des Straßenverkehrs gerade eine Einbeziehung des Tatgehilfen, weil andernfalls eine Anwendung des § 315 c StGB in den Fallen ausgeschlossen wäre, wenn Zweifel darüber bestünden, ob jemand Tatgehilfe ist oder nicht. Bei solch einem limitierten Anwendungsbereich würde aber die Schutzfunktion des § 315 c StGB zu Lasten der Sicherheit des Straßenverkehrs beeinträchtigt. Denn bei einem dauernden Ausschluss der Anwendung des § 315 c StGB könne dieser die ihm zugedachte Funktion einer Garantie der Sicherheit des Straßenverkehrs gar nicht mehr wahrnehmen. Zudem – so das OLG Stuttgart unter Bezugnahme auf BGHSt 11, 268 weiter – existiert (auch) kein allgemeiner Grundsatz, wonach der Teilnehmer nicht Opfer einer Straftat sein kann.

b. Entscheidung des BGH vom 28.10.1976

aa. Darstellung des Urteils

In diesem Urteil[210] hatte der BGH darüber zu entscheiden, ob eine Gefährdung des Straßenverkehrs gemäß § 315 c Abs. 1 Nr. 1 a StGB auch nach dem Zweiten Gesetz zur Sicherung des Straßenverkehrs gegeben ist, wenn der Täter das von ihm geführte, aber in fremden Eigentum stehende Fahrzeug gefährde. Im Anschluss an BGHSt 11, 148 wurde auch unter Geltung des neuen Rechts daran festgehalten, dass in einer solchen Konstellation eine Strafbarkeit zu verneinen sei,[211] weil das Fahrzeug nicht zugleich notwendiges Mittel und Schutzobjekt sein könne. Dies könne damit begründet werden, dass mit der vorgenannten Strafvorschrift die Sicherung des Straßenverkehrs bezweckt sei. Danach hätten die Tatbestände der Straßenverkehrsgefährdung Handlungen zum Gegenstand, die ihrem Wesen nach gegen die Allgemeinheit gerichtet seien und die das Funktionieren des Verkehrs und damit die Sicherheit aller Verkehrsteilnehmer beeinträchtigen.[212] Es reiche demnach nicht aus, wenn der Täter nur sich selbst und sein Fahrzeug gefährde und es (daher) gerade an einer verkehrsmäßigen Beteiligung Dritter fehle. Dies, weil ein zusätzlicher

---

209 Vgl. dazu die Ausführungen zur Gesetzesbegründung in Rahmen der historischen Darstellung unter C.III.3.

210 BGHSt 27, 40.

211 So schon zum neuen Recht BGHSt 23, 261, 263.

212 Hierzu verweist der BGH auf eine Entscheidung in BGHSt 23, 261, 264 = BGH LM Nr. 1 zu § 315 c I.

Eigentumsschutz nicht gewollt sei.[213] Ist der Täter mit seinem Fahrzeug alleine, fehle das zu schützende Gut.

Weiter führt der BGH aus, dass sich der Schutz der Straßenverkehrsdelikte (auch) auf an der Tat nicht beteiligte Insassen erstreckt.[214] Für den vom BGH zu beurteilenden Fall war dies zwar nicht entscheidungserheblich, gleichwohl wird diese Feststellung begründet: Im Ausgangspunkt des Begründungsansatzes des BGH setzt die Bejahung einer Tauglichkeit als Gefährdungsopfer voraus, dass eine verkehrsbezogene Beteiligung des (letztlich gefährdeten) Dritten am Verkehr gegeben ist. Voraussetzung dafür sei, dass sich der Dritte selbst in den Verkehrsbereich eingebracht hat. Nur durch eine verkehrsbezogene bzw. verkehrstypische Beteiligung des Dritten werde dieser vom Schutzbereich der Strafvorschrift angesprochen. Der verkehrsrechtliche Schutz, den der Gesetzgeber vorgesehen habe – nämlich, dass durch eine Teilnahme am Straßenverkehr nicht in den durch Verkehrsvorschriften geschützten Rechtskreis eines anderen eingegriffen werden darf –, zwinge die Strafordnung dazu, diese vom Täter gegenüber dem Dritten ausgehende Gefahr zu sanktionieren. Die nach der Intention des Gesetzgebers dem Schutzbereich unterfallenden verkehrsbezogenen Verhaltensweisen, sieht der BGH (lediglich) bei einem nicht tatbeteiligten Insassen realisiert. Weil aber nach der Ansicht des BGH die Straßenverkehrsdelikte nur die Allgemeinheit der Straßenverkehrsteilnehmer schützen, ist – und so ist der BGH zu verstehen – gerade der tatbeteiligte Insasse vom Tatbestand nicht erfasst, weil es an einer verkehrsbezogenen bzw. verkehrstypischen Beteiligung fehlen soll.

bb. Unklarheiten

In seinem Urteil geht der erkennende Senat nicht auf die zum alten Recht ergangene Rechtsprechung bezüglich der straflosen Insassen und der tatbeteiligten Mitfahrer ein. Insbesondere werden die in BGHSt 11, 199 angestellten Überlegungen (Auslegung des Begriffs der Gemeingefahr als Gegensatz zur Sondergefahr sowie die den tatbeteiligten Mitfahrer betreffenden rechtslogischen Erwägungen) nicht aufgegriffen. Ob dies bedeutet, dass – gerade wegen des Wegfalls des Tatbestandsmerkmals der Gemeingefahr – a) die früheren Ausführungen überholt sein sollen und es somit einer neuen Begründung bedurft hat oder b) ob diese neuen Ausführungen als Ergänzungen zu den früheren anzusehen sind, bleibt unklar. Vielmehr wählt der BGH den Begriff der verkehrsbezogenen Beteiligung eines Dritten als neuen und maßgeblichen Ansatzpunkt zur Bestimmung der Tauglichkeit von Gefährdungsopfern. Eine solche Beteiligung soll – wohl per se – dann zu verneinen sein, wenn es letztendlich um die Gefährdung eines an der Tat beteiligten Insassen geht, ohne dass vom BGH weiter ausgeführt wird, was eine verkehrsbezogene Teilnahme im Straßenverkehr ausmachen soll.

---

213 So der BGH unter Berufung auf: *Lackner*, S. 11–13.

214 Das heißt im Umkehrschluss, dass tatbeteiligte Insassen dem strafrechtlichen Schutz nicht unterstehen.

cc. *Ergebnis*

Es bleibt festzuhalten, dass der BGH in diesem Urteil davon ausgeht, dass der an der Tat beteiligte Insasse kein „anderer" im Sinne des § 315 c Abs. 1 Nr. 1 a StGB ist, weil es bei diesem an einer für eine Einbeziehung in den verkehrsrechtlichen Rechtsgutsbereich notwendigen verkehrsbezogenen Beteiligung fehlt. Bedauernswerterweise wird der Begriff der verkehrsbezogenen Beteiligung durch den BGH nicht genauer definiert und ihm somit keine Kontur verliehen.

c. *Entscheidung des BGH vom 20.10.1988*

Die soeben aufgeworfene Frage, ob die vom BGH vor 1964 aufgeführten Argumente für den Ausschluss des Tatbeteiligten mit der Streichung des Begriffs der Gemeingefahr obsolet geworden sind, wird in der Entscheidung vom 20.10.1988[215] teilweise beantwortet. Der Entscheidung lag verkürzt folgender Sachverhalt zu Grunde:

> Der Angeklagte zwang die D, die er kurz vorher in einer Diskothek kennen gelernt hatte, unter Drohungen ihn mit ihrem PKW durch die Stadt zu fahren. Nachdem der Angeklagte ihr befohlen hatte, anzuhalten, vergewaltigte er sie. Anschließend setzte sich der Angeklagte an das Steuer und fuhr mit dem PKW im Straßenverkehr, obwohl er absolut fahruntüchtig war. Dabei verlor er die Kontrolle über das Fahrzeug und stieß an eine Leitplanke. Außerdem überholte er trotz Gegenverkehrs.

Im Rahmen dieser Entscheidung bestätigte der BGH die Verurteilung der erkennenden Strafkammer wegen § 315 c Abs. 1 Nr. 1 a StGB, weil eine konkrete Gefährdung der D zumindest beim Streifen der Leitplanke eingetreten sei. Darüber hinaus weist der BGH darauf hin, dass die zur Frage der Gemeingefahr ergangene Rechtsprechung mit dem Zweiten Gesetz zur Sicherung des Straßenverkehrs überholt ist, weil der Begriff der Gemeingefahr gestrichen wurde. Hintergrund des Hinweises war eine Entscheidung des BayObLG[216], welches dort eine Bemerkung des Senats in einem Urteil vom 25.10.1984[217] kritisiert hatte. Weiter führt der BGH aus, dass auf die in BGHSt 6, 100, 103 angestellten Erwägungen (trotzdem) zurückgegriffen werden kann.

Diese Ausführungen wirken missverständlich, weil auf der einen Seite die alte Rechtsprechung als überholt angesehen, auf der anderen Seite gerade auf diese

---

215 BGH NJW 1989, 1227 f.

216 BayObLG NZV 1988, 70 = VRS 75, 205.

217 BGH NStZ 1985, 262, 263 zu § 315 b StGB: Eine konkrete Gefährdung liege in der Regel bereits dann vor, wenn ein defektes Fahrzeug starte, um am Straßenverkehr teilzunehmen. In gleicher Weise sei bereits durch bloßes Mitfahren bei einem fahruntüchtigen Fahrer der Mitfahrer schon konkret gefährdet im Sinne des § 315 c StGB. Daraufhin hat das BayObLG a.a.O. gefolgert, dass in Abweichung von BGHSt 8, 28 = NJW 1955, 1329 nunmehr die Insassen eines Fahrzeuges schon deshalb gefährdet seien, weil der Fahrzeuglenker infolge des Genusses von alkoholischen Getränken nicht in der Lage sei, das Fahrzeug sicher zu führen.

vermeintlich überholte Rechtsprechung zurückgegriffen wird. Diese auf den ersten Blick widersprüchlichen Ergebnisse lösen sich aber auf, wenn man richtigerweise davon ausgeht, dass sich die Ausführungen des BGH zur überholten Rechtsprechung in dieser Entscheidung nur auf die Rechtsprechung zu den straflosen Insassen beziehen sollen. Der BGH führt nämlich aus, dass nach der Streichung des Begriffs der Gemeingefahr die Insassen eines Fahrzeuges stets zu den von § 315 c StGB geschützten Personen zählen sollen. Die vom BGH in BGHSt 11,199 getroffene Unterscheidung nach mitfahrenden Personengruppen ist insoweit dann konsequenterweise nicht mehr notwendig. Nur die diesbezügliche Rechtsprechung soll nach dieser Entscheidung als überholt gelten. Der Rückgriff auf die in BGHSt 6, 100,103 ausgeführten Erwägungen erklärt sich dagegen damit, dass der BGH dort – für die jetzige Rechtslage zu Recht, nach Ansicht des BGH in BGHSt 11,199 für die damalige Rechtslage hingegen zu Unrecht[218] – einen generellen Insassenschutz nicht tatbeteiligter Mitfahrer bejaht hatte.

Dass der BGH in seiner Entscheidung vom 20.10.1988 mit „Insassen" nur die nicht tatbeteiligen Insassen gemeint hat, ergibt sich daraus, dass in den Entscheidungsgründen explizit auf einen Aufsatz von *Hillenkamp*[219] verwiesen wird, wo zwischen Insasse auf der einen Seite und Tatbeteiligung auf der anderen Seite unterschieden wird. Die in diesem Aufsatz aufgestellte und vom BGH in dieser Entscheidung übernommene Erwägung, dass sich die Einbeziehung von Insassen eines Fahrzeuges in den Schutzkreis nunmehr wieder von selbst verstehe, bezieht sich nach der Lesart der genannten Publikation von *Hillenkamp* nur auf die straflosen Mitfahrer. Mithin werden beide Begriffe nicht synonym verwendet. Darüber hinaus ergibt sich dieses Verständnis vom Begriff des „Insassen" auch durch eine Bezugnahme des BGH auf ein Urteil des OLG Karlsruhe.[220] In diesem Urteil wird – unter der dort aufgestellten Prämisse, dass die zu § 315 a StGB a.F. ergangene Rechtsprechung überholt sei – einerseits der Terminus „Mitfahrer", andererseits der Terminus „Mitfahrer als Teilnehmer" verwendet. Dieses Nebeneinander beider Begriffe macht deutlich, dass beide Begriffe eigenständige Geltung beanspruchen und damit Unterschiedliches gemeint ist.

d. Entscheidung des BGH vom 12.04.1994

Am 12.4.1994[221] hatte der BGH unter anderem darüber zu befinden, ob sich der Angeklagte nach § 315 c Abs. 1 Nr. 2 c StGB strafbar gemacht hat, weil die im Fahrzeug des Angeklagten mitfahrende Ehefrau durch das Schleudern des Fahrzeugs (als Resultat aus dem Versuch, nach rechts abzubiegen) konkret an Leib und Leben gefährdet wurde. Unter Hinweis darauf, dass die Insassen des Fahrzeugs des Täters

218 Diese Einschätzung teilt auch das OLG Karlsruhe in NJW 1967, 2321, 2322: „Anders noch und jetzt wieder zutreffend BGHSt 6, 100".
219 *Hillenkamp* JuS 1977, 166 ff., hier insbesondere S. 167.
220 OLG Karlsruhe NJW 1967, 2321, 2322.
221 BGH NZV 1995, 80f.= StV 1994, 543.

zu dem von § 315 c StGB geschützten Personenkreis gehören, wurde vorliegend eine Strafbarkeit bejaht. Zwar enthält die Entscheidung – aufgrund fehlender Sachverhaltsvirulenz – zu der Frage nach der Tauglichkeit von Tatbeteiligten als Gefährdungsopfer keine Ausführungen. Aus dem Verständnis des BGH dahingehend, dass mit der Umschreibung einer Person als „Insasse" immer nur der nicht tatbeteiligte Insasse gemeint ist, lässt sich jedoch folgern, dass an der Rechtsprechung im Zusammenhang mit der Gefährdung von tatbeteiligten Insassen festgehalten werden sollte.

e. Entscheidung des BGH vom 18.11.1997

In dieser Entscheidung[222] bestätigte der BGH zum einen die bereits in BGHSt 27, 40 vertretene Ansicht, dass das vom Angeklagten geführte, ihm aber nicht gehörende Fahrzeug nicht in den Schutzbereich des § 315 c Abs. 1 StGB fällt. Zum anderen wurde der Schuldspruch des LG Berlin wegen Gefährdung des Straßenverkehrs zu Lasten der Beifahrerin des Angeklagten, die bei einem infolge der Fahruntüchtigkeit erlittenen Unfall Kopfverletzungen davon getragen hatte, rechtlich nicht beanstandet, da es sich bei der Beifahrerin um eine nichtbeteiligte Beifahrerin gehandelt hat. Weitere Ausführungen und Verweise sind dem Beschluss nicht zu entnehmen. Insoweit bleibt festzuhalten, dass der BGH auch hier davon ausgeht, dass ein tatbeteiligter Mitfahrer anders zu behandeln ist, als ein strafloser Insasse.

f. Entscheidung des BGH vom 20.11.2008

Im Rahmen dieser Entscheidung[223] hatte sich der BGH mit der fahrlässigen Tötung eines Teilnehmers eines sog. „Beschleunigungsrennens" zu befassen. Der 4. Strafsenat bescheinigte den Revisionen der Staatsanwaltschaft und der Nebenkläger insoweit Erfolg, als die Angeklagten nicht auch wegen fahrlässiger Tötung gemäß § 222 StGB schuldig gesprochen wurden (wobei der BGH im Rahmen dieser Entscheidung die Ansicht vertritt, dass für eine konkrete Lebensgefährdung eine Einwilligungssperre – resultierend aus dem Normzweck des § 228 StGB und der gesetzgeberischen Wertung des § 216 StGB – besteht). Darüber hinaus beanstandet der Senat nicht die Verurteilung der Angeklagten wegen § 315 c Abs. 1 StGB, weil die Strafkammer – nach dem Verständnis des BGH richtigerweise – nicht auf die Gefährdung der Tatbeteiligten und der von diesen geführten Fahrzeugen abgestellt hat, sondern auf die Gefährdung eines anderen (unbeteiligten) PKW und dessen Insassen.[224]

---

222 BGH NStZ-RR 1998, 150.

223 BGH NJW 2009, 1155 mit Anmerkung von *Kühl*.

224 BGH NJW 2009, 1155, 1157.

g. *Entscheidung des BGH vom 16.04.2012*

Im Beschluss des BGH vom 16.04.2012 wird vom zur Entscheidung berufenen Senat erneut klargestellt, dass an der Straftat des Fahrers beteiligte Insassen des Tatfahrzeugs nicht in den Schutzbereich des § 315 c StGB fallen.[225] Ohne sich mit dem Problem der Tauglichkeit von Tatbeteiligten als Gefährdungsopfer im Rahmen des § 315 c StGB näher auseinanderzusetzen, stellt der Senat auf die gefestigte Rechtsprechung des BGH ab (und verweist dementsprechend auf vorausgegangene Entscheidungen) und führt – insoweit nur konsequent – aus, dass der Beifahrerin des Angeklagten der Schutzbereich des § 315 c StGB dann zu versagen ist, wenn sie sich mit der an den Angeklagten gerichteten Aufforderung, „auch einmal zu fahren", der Anstiftung gemäß § 26 StGB schuldig gemacht hat (was der Senat aufgrund der fehlenden Feststellungen des angefochtenen Urteils hinsichtlich des doppelten Anstiftervorsatzes nicht beurteilen konnte).

II. Rechtsprechung des BGH zu § 315 b StGB

1. Rechtsprechung bis 1964

Die im heutigen § 315 b StGB pönalisierten Verhaltensweisen waren vor dem Zweiten Gesetz zur Sicherung des Straßenverkehrs von 1964 in § 315 a Abs. 1 Nr. 1 StGB a. F. enthalten.[226] Nach dem Leitsatz der oben[227] bereits behandelten Entscheidung in BGHSt 6, 100 bezieht sich der Ausschluss der Tatteilnehmer im Sinne der §§ 47–49 StGB a. F. als taugliche Gefährdungsobjekte auf den gesamten § 315 a StGB a. F., mithin auch auf den § 315 a Abs. 1 Nr. 1. StGB a. F., obwohl sich die Entscheidung auf eine Trunkenheitsfahrt gemäß § 315 a Abs. 1 Nr. 2 StGB a. F. bezog. Somit ist anzunehmen, dass die Ausführungen für alle in § 315 a StGB a. F. normierten Verhaltensweisen gelten sollten, weil alle Tathandlungen – um eben eine strafrechtlich relevante Verhaltensweise darstellen zu können – die Herbeiführung einer Gemeingefahr voraussetzen. Eine Unterscheidung wurde demnach nicht getroffen. Auch in den Entscheidungsgründen von BGHSt 11, 148, 150 und BGHSt 11, 199, 203 wurde pauschal von § 315 a StGB a. F. gesprochen, so dass auch insoweit das eben Gesagte gilt.

225 BGH NZV 2012, 448.
226 Zur rechtshistorischen Entwicklung siehe unter C.III.
227 Siehe oben unter: B.I.1.a.

2. Rechtsprechung ab 1964

a. Entscheidung des BGH vom 12.12.1990

aa. Darstellung des Urteils

Im Rahmen dieser Entscheidung[228] hatte der BGH über die straßenverkehrsrechtliche Strafbarkeit bei einem verabredeten Zusammenstoß zweier Fahrzeuge zu entscheiden. Dazu folgender Sachverhalt:

> Der Angeklagte führte unter anderem im Zusammenwirken mit einem anderen vorsätzlich Autozusammenstöße herbei, um anschließend unberechtigt die Versicherungsleistungen zu empfangen. Mit seiner Revision rügt der Angeklagte unter anderem die Verletzung materiellen Rechts mit der Begründung, dass eine Verurteilung wegen gefährlichen Eingriffs in den Straßenverkehr zu Unrecht ergangen sei.

Der Schuldspruch hinsichtlich einer Verurteilung wegen gefährlichen Eingriffs in den Straßenverkehr war nach Ansicht des BGH unzutreffend. Insoweit hatte die Revision Erfolg. Die Erfüllung des Tatbestandes des § 315 b Abs. 1 Nr. 1 StGB wurde vorliegend verneint,[229] weil auf der einen Seite die Sicherheit des Straßenverkehrs nicht beeinträchtigt gewesen sei und auf der anderen Seite keine Gefahr im Sinne des § 315 b Abs. 1 StGB begründet wurde. Der BGH führte aus, dass der Angeklagte und der andere Fahrzeugführer einverständlich handelten, weil sie den Unfall selbst herbeigeführt haben. Deshalb sei keiner von ihnen durch den Unfall überrascht worden, so dass die Verkehrsgefahr nicht vom Zufall bestimmt wurde. Durch diese fingierten Zusammenstöße könne die Sicherheit des Straßenverkehrs nicht gefährdet werden. Darüber hinaus stellte der BGH fest, dass zwar die beiden Beteiligten und bedeutende Sachen von Wert gefährdet wurden. Dies sei aber unerheblich, weil sie mit der Gefährdung einverstanden gewesen seien. Danach müsse, wenn lediglich Tatteilnehmer und ihre Sachen gefährdet werden, eine Anwendung des § 315 b StGB ausscheiden. Der BGH verweist sodann auf die Entscheidungen in BGHSt 6, 100 und BGHSt 6, 232.

Der BGH hält auch in dieser Entscheidung an seiner allgemeinen Ansicht fest, dass eine Gefährdung der Tatteilnehmer und ihrer Sachen nicht ausreichend ist. Diese Ansicht wird nunmehr ausdrücklich auf § 315 b StGB übertragen. Dies soll insbesondere bei einem für alle Beteiligten absichtlich herbeigeführten Unfall gelten.[230] Neu – aber nicht erstaunlich, da im vorliegenden Fall ein Zusammenstoß der Fahrzeugführer geplant war – ist jedoch, dass der BGH hier diesen Ausschluss

---

228 BGH NJW 1991, 1120 f.

229 Darüber hinaus verneint der BGH eine Anwendung des § 315 b Abs. 3 StGB mit § 315 Abs. 3 Nr. 1 a StGB, weil ein von beiden Seiten absichtlich herbeigeführter Unfall kein plötzlich eintretendes äußeres Ereignis und demnach auch kein Unglücksfall sei.

230 Bestätigt durch: BGH NStZ 1992, 233 f; BGH NStZ 1995, 31; BGH NStZ-RR 1999, 120 f.; BGH, NStZ-RR 2008, 289.

(auch) daraus herleitet, dass die Tatbeteiligten mit ihrer Gefährdung einverstanden waren.[231] Zum anderen wird ein Überraschungs- und Zufallsmoment kreiert, welches zumindest im Rahmen von (für alle Beteiligten) absichtlich herbeigeführten Unfällen als Ausschlusskriterium zur Anwendung gelangen soll.

bb. Unklarheiten

Unklar bleibt, wie dieses Überraschungs- und Zufallsmoment zu verstehen ist. Verhält es sich so, dass das Gefährdungsopfer überrascht sein muss, mithin das entwickelte Merkmal also einen personalen Bezug aufweisen muss? Oder versteht es der BGH so, dass die Verkehrsgefahr vom Zufall bestimmt sein muss? Weiterhin stellt sich die Frage, welche Rolle dem Aspekt der Beeinträchtigung der Sicherheit des Straßenverkehrs vorliegend zuzuerkennen ist?[232] Offen ist weiter, ob der Aspekt der Beeinträchtigung der Sicherheit des Straßenverkehrs auch im Rahmen des § 315 c StGB heranzuziehen ist oder ob dieses Urteil lediglich eine Einzelfallentscheidung für verabredete Zusammenstöße ist. Dies fragt sich insbesondere deshalb, weil § 315 c StGB nur zweistufig aufgebaut ist. Das Tatbestandsmerkmal der Beeinträchtigung der Sicherheit des Straßenverkehrs fehlt dort gerade. Alle diese offenen Fragen und Unklarheiten werden unter D.III.2.b. aufgegriffen.

Zum anderen spricht der BGH im Rahmen dieser Entscheidung davon, dass die Tatbeteiligten mit ihrer Gefährdung „einverstanden“ waren. Ob der 4. Senat diesen Begriff hier untechnisch verstanden wissen will oder ob damit ein rechtlicher Begriff verwendet wird, vermag nicht beantwortet zu werden. Ein untechnisches Verständnis würde nahe legen, dass der Begriff ein Zusammenwirken zwischen Täter und Tatbeteiligten meint. Wenn der BGH damit aber ein rechtliches „Einverständnis“ gemeint hat, dann ist unklar, ob damit eine rechtfertigende Einwilligung oder eine eigenverantwortliche Selbst- bzw. einverständliche Fremdgefährdung gemeint ist.[233] Zumindest ersteres scheint unwahrscheinlich, da der BGH in ständiger Rechtsprechung davon ausgeht, dass dem Einzelnen die Dispositionsmöglichkeit über das Rechtsgut des § 315 b StGB fehlt.

---

231 In BGHSt 6, 232 ist eine Kenntnis des Mitfahrers (welche dem hier verwendeten Begriff des Einverständnisses zumindest ähnlich ist) als unerheblich für die Bejahung einer Gemeingefahr angesehen worden. Das OLG Köln hatte in VRS 6, 306 demgegenüber eine Kenntnis ausreichen lassen, um die Begründung einer Gemeingefahr zu verneinen; vgl. dazu ausführlich oben unter B.I.1.b. In BGHSt 6, 100 wird der Aspekt des „Einverständnisses“ erst gar nicht herangezogen.

232 Anders als in dieser Entscheidung herrscht in BGH NStZ-RR 1999, 120 f. insoweit Klarheit. Dort wird eine Verurteilung wegen gefährlichen Eingriffs in den Straßenverkehr deshalb abgelehnt, weil bei einer Beschädigung der beteiligten Fahrzeuge eine Gefährdung der Sicherheit des Straßenverkehrs nicht gegeben sein soll.

233 Ausgeschlossen erscheint dagegen die Deutung, dass es sich um ein tatbestandsausschließendes Einverständnis handelt, da ein solches voraussetzt, dass ein Handeln gegen den Willen des Geschädigten vom Tatbestand gefordert wird.

b. Entscheidung des OLG Düsseldorf zum „Auto-Surfen"

aa. Darstellung des Urteils

Die Entscheidung des OLG Düsseldorf vom 6.6.1997[234] befasste sich mit dem als umgangssprachlich bekannten „Auto-Surfen". Diese Entscheidung ist deshalb erwähnenswert, weil – soweit ersichtlich – zum einen eine Entscheidung des BGH bezüglich des „Auto-Surfens" noch aussteht. Zum anderen stellt sich im Rahmen des Phänomens „Auto-Surfen" die Frage, ob ein Schuldspruch wegen § 315 b Abs. 1 Nr. 3 StGB zu erfolgen hat. Insbesondere kommt es dafür auf die Frage an, ob die „mitfahrenden Surfer" als Tatteilnehmer taugliche Gefährdungsobjekte sein können. Dem Beschluss lag folgender Sachverhalt zu Grunde:

> Der Angeklagte erhielt am Abend des 21.8.1993 Besuch von seinen Freunden D, F, S und M. Kurz nach Mitternacht schlug einer von ihnen vor – wer es war, konnte nicht festgestellt werden –, „Auto-Surfen" zu probieren. Dazu suchten sie einen 4 Meter breiten, geteerten landwirtschaftlichen Weg auf, auf welchen sie mehrere Fahrten dergestalt unternahmen, dass einer der fünf das Fahrzeug steuerte, während die anderen vier, jeweils zwei übereinander längsseitig auf dem Dach des Fahrzeuges des Angeklagten lagen und sich festhielten. Dies wiederholten die fünf mehrmals, wobei sie die Positionen immer wieder tauschten. Bei einer Fahrt, bei welcher der Angeklagte das Fahrzeug steuerte, erreichte dieses eine Geschwindigkeit von mindestens 70–80 km/h. Bei dieser hohen Geschwindigkeit entwickelte sich beim Durchfahren einer Rechtskurve eine enorme Fliehkraft nach links – was der Angeklagte infolge von Fahrlässigkeit nicht bedachte –, so dass sich der links oben liegende Zeuge D nicht mehr festhalten konnte. Er flog in einen angrenzenden Straßengraben und zog sich infolge des Sturzes ein Schädel-Hirn-Trauma zu, das zur spastischen Lähmung von Armen und Beinen führte.

Das Amtsgericht verurteilte den Angeklagten unter anderem wegen gefährlichen Eingriffs in den Straßenverkehr gemäß § 315 b *Abs. 1* Nr. 3 StGB.[235] Das OLG Düsseldorf als Revisionsgericht war demgegenüber der Ansicht, dass eine solche Verurteilung einer rechtlichen Überprüfung nicht standhält. Begründet wurde dies einerseits damit, dass es schon an einem verkehrsfremden Eingriff fehle. Zwar sei das Fahrzeug zweckentfremdet und dementsprechend nicht als Verkehrsmittel sondern als Mittel der Unterhaltung missbraucht worden. Jedoch sei es vorliegend so, dass der Angeklagte und seine Freunde bewusst einen nachts verkehrsfreien Weg gewählt hätten, um die Gefährdung anderer auszuschließen. Deshalb fehle es an der Absicht,

---

234 NZV 1998, 76 f.=NJW 1998, 770.

235 Eine Bestrafung aus § 315 c StGB kam vorliegend nicht in Betracht. Hinsichtlich § 315 c Abs. 1 Nr. 1a StGB hatte der Angeklagte ausweislich der Feststellungen zur Tat nur „in geringen Mengen alkoholische Getränke" zu sich genommen. § 315 c Abs. 1 Nr. 2 d StGB scheiterte daran, dass es sich laut den Feststellungen lediglich um eine „leichte" Rechtskurve handelte, so dass keine unübersichtliche Stelle gegeben war.

auf den öffentlichen Straßenverkehr einzuwirken, ihn zu stören oder zu unterbinden, so dass im Ergebnis eine verkehrsfeindliche Absicht fehle.[236] Nach Ansicht des OLG Düsseldorf mangelt es mithin an einem gefährlichen, verkehrsfremden Eingriff[237] im Sinne der Vorschrift, weil die fehlende verkehrsfeindliche Einstellung – als notwendiges subjektives Merkmal – den Eingriff nicht verkehrsfremd macht, was aber nach Ansicht des OLG Düsseldorf im Rahmen des § 315 b StGB von Nöten ist.

Andererseits stellt das OLG Düsseldorf klar, dass ein gefährlicher Eingriff in den Straßenverkehr auch deshalb ausscheiden muss, weil die gefährdeten Fahrzeuginsassen bzw. auf dem Fahrzeugdach liegenden „Mitfahrer" als Teilnehmer des gefährlichen Eingriffs anzusehen sind. Damit wurde im Ergebnis die Rechtsprechung des BGH im Zusammenhang mit der Gefährdung von Tatbeteiligten auch auf die Fälle des „Auto-Surfens" übertragen, wobei sich nach Ansicht des OLG Düsseldorf eine Beteiligung der übrigen Vier vorliegend daraus ergeben soll, dass das isolierte Fahrverhalten des Angeklagten allein nicht verkehrswidrig gewesen wäre. Ein verkehrswidriges Verhalten sei erst durch das einverständliche Mitwirken der Vier entstanden, indem sie sich auf das Dach legten.[238] Erst dadurch sei es zu einer Zweckentfremdung und schließlich zu einer Gefährdung gekommen, so dass die Freunde des Angeklagten deshalb an dem gefährlichen Unternehmen beteiligt und somit Teilnehmer gewesen seien.

bb. Unklarheiten

Unklar bleibt bei der Entscheidung, ob es sich bei dem landwirtschaftlichen Weg tatsächlich um einen solchen im öffentlichen Verkehrsraum handelte. Das Amtsgericht wie auch das Oberlandesgericht gingen wohl davon aus, so dass der Anwendungsbereich des § 315 b StGB grundsätzlich eröffnet war und ein Eingriff hätte strafrechtliche Relevanz besitzen können. Ob ein solcher landwirtschaftlicher Weg tatsächlich zum öffentlichen Straßenverkehr gehört, ist Tatfrage und vermag hier nicht beantwortet zu werden. Es fragt sich weiterhin, warum das Oberlandesgericht noch darauf abstellt, dass eine Bestrafung des Angeklagten auch deshalb nicht in Betracht kommen soll, weil er lediglich Tatteilnehmer gefährdet hat. An sich ist diese Feststellung unter Berücksichtigung der rechtlichen Beurteilung des OLG Düsseldorfs überflüssig, da es – wie dargestellt – schon an einem tauglichen Eingriff im Sinne des § 315 b StGB fehlen soll. Es ist aber davon auszugehen, dass das OLG Düsseldorf seine Entscheidung noch auf dieses weitere[239] Argument stützen wollte, um in Fällen, in welchen tatsächlich eine verkehrsfeindliche Absicht an den Tag gelegt wird, eine Strafbarkeit verneinen zu können. Das Argument dient wohl dazu,

---

236 A.A.: *Saal*, NZV 1998, 49 ff.

237 Anders: LK-*König*, § 315 b, Rn. 55: Es fehlt an einer Einwirkung auf den öffentlichen Straßenverkehr.

238 Zustimmend: *Hammer*, JuS 1998, 785, 786.

239 So auch *Hammer*, JuS 1998, 785, 786.

der Entscheidung eine gewisse Allgemeingültigkeit zu verleihen, die sie – wegen der Besonderheit der Konstellation – im vorliegenden Falle jedoch nicht haben kann.

III. Zusammenfassung

1. Entscheidungen zu § 315 c StGB

a. Entscheidungen vor 1964

Unter Geltung des Begriffs der Gemeingefahr hat der BGH den Ausschluss des Tatteilnehmers daraus hergeleitet, dass dieser auf Seiten des Täters an dessen vorschriftswidrigem Verhalten teilnimmt und deshalb nicht vom Strafrechtsschutz mitumfasst sein kann. Damit wurde eine Art *„Lagertheorie"* angedacht. Es muss überprüft werden, ob diese Theorie überhaupt und wenn ja, auch noch nach der Streichung des Begriffes der Gemeingefahr in belastbarer Weise herangezogen werden kann. Zu klären wird sein, woraus sich ein solcher Ausschluss herleitet bzw. was sich strafrechtsdogmatisch hinter dieser Theorie verbirgt. Insoweit wird kritisch zu hinterfragen sein, inwieweit der BGH mit seiner *„Lagertheorie"* den Gedanken der Verwirkung heranziehen wollte, der im Ergebnis eine *Friedlosigkeit des Rechtsbrechers* zur Folge hätte. Und – ergänzend dazu – wird zu überprüfen sein, ob der *Instrumentalgedanke*[240] als ein von der *„Lagertheorie"* eigenständiger Ansatz angesehen werden muss.

Außerdem wurde vom BGH festgestellt, dass dem Tatteilnehmer bzw. dem Tatbeteiligten letztlich die Eigenschaft fehlt, die Allgemeinheit zu repräsentieren, weil dieser nur einer Individualgefahr im Gegensatz zur Gemeingefahr ausgesetzt ist. Damit wurde eine *„Repräsentantentheorie"* aufgestellt. Auch insoweit muss überlegt werden, ob diese vom BGH so aufgestellte Theorie nach der Streichung des Begriffes der Gemeingefahr noch als Abgrenzungsmerkmal taugt. Dies insbesondere vor dem Hintergrund, dass der Gesetzgeber gerade auch ausgesonderte und damit bestimmt-individualisierte Menschen mit in den Schutzbereich aufnehmen wollte.[241]

b. Entscheidungen ab 1964

Nach der Streichung des Begriffs der Gemeingefahr führte der BGH aus, dass eine Einbeziehung des Tatteilnehmers in den Schutzbereich deshalb zu unterbleiben hat, weil § 315 c StGB nur eine *verkehrsbezogene Beteiligung* schützt, welche aber gerade beim Tatteilnehmer bzw. Tatbeteiligten nicht vorliegen soll. Es ist zu überprüfen,

240 Zur Erinnerung: Nach Ansicht des BGH war die (ausschließliche) Gefährdung des vom Täter geführten Fahrzeugs für die Erfüllung des Tatbestandes nicht ausreichend, da dieses zugleich notwendiges Mittel zur Durchführung der Tat ist.

241 Zum gesamten Umfang der Überprüfung – auch hinsichtlich der Entscheidungen nach 1964 und im Zusammenhang mit der zu § 315 b StGB ergangenen Rechtsprechung – siehe die Ausführungen unter D. vor I.

ob diesen Erwägungen gefolgt werden kann. Zuvor wird aber zu untersuchen sein, was der BGH mit einer verkehrsbezogenen Beteiligung gemeint haben kann. Das OLG Stuttgart bejaht demgegenüber eine generelle Einbeziehung der Tatteilnehmer. Insoweit ist zu überprüfen, inwieweit ein derartiger (pauschaler) Ansatz für einen stringenten und strafrechtsdogmatisch nachvollziehbaren Lösungsansatz taugt.

2. Entscheidungen zu § 315 b StGB

Der Ausschluss des Tatteilnehmers wurde daraus hergeleitet, dass es zumindest bei einem absichtlich herbeigeführten Unfall schon an einer Beeinträchtigung der Sicherheit des Straßenverkehrs fehlen soll, weil die Verkehrsgefahr nicht vom Zufall bestimmt wurde. Entscheidend ist hier also das *Zufallsmoment.* Es wird zu fragen sein, woher der BGH dieses Zufallsmoment nimmt. Gleiches gilt für das vom BGH angeführte Überra*schungsmoment.*[242] Darüber hinaus wird im weiteren Verlauf der Arbeit noch einmal auf den vom BGH aufgeworfenen *Aspekt des Einverstandenseins* zurückzukommen sein.

242 Zum vom OLG Düsseldorf vorgebrachten Merkmal der fehlenden Gefährdungsabsicht siehe die Ausführungen unter D. vor I.

C. Rechtshistorische Entwicklung der gemeingefährlichen Delikte und der Straßenverkehrsgefährdungsdelikte

I. Ausgangslage

1. Ziel diese Kapitels

Die Historie des Straßenverkehrs-Strafrechts und darüber hinaus die der gemeingefährlichen Delikte ist für den Fortgang dieser Arbeit an verschiedenen Stellen von Bedeutung:

So liefert sie z. B. gewichtige Erkenntnisse für die Bestimmung des Schutzgutes der §§ 315 b, 315 c StGB. Die Ausgestaltung der Straßenverkehrsgefährdungsdelikte a) in Anlehnung an andere gemeingefährliche Delikte und b) in Anlehnung an Delikte wider den Verkehr (insbesondere die Gefährdung des Eisenbahntransports) lässt insoweit eine vergleichende Betrachtung zu: Diese Normen dienen als Erkenntnisquelle. Denn wenn sie – seien es die gemeingefährlichen Delikte im Allgemeinen oder die Delikte wider den Verkehr im speziellen – historisch einen Universalrechtsgüterschutz verfolgen, steht zu vermuten, dass dies bei den §§ 315 b und 315 c StGB nicht anders sein wird. Auch die durch die rechtshistorische Entwicklung geprägte Bestimmung des Wesens der gemeingefährlichen Delikte kann Rückschlüsse auf das Schutzgut zulassen. Daher soll zuvörderst die rechtshistorische Entwicklung der gemeingefährlichen Delikte betrachtet werden. Im Anschluss daran muss hinsichtlich der Straßenverkehrsgefährdungsdelikte geprüft werden, ob es sich bei ihnen um gemeingefährliche Delikte handelt. Wenn dem so sein sollte, ist dem Gedanken weiter nachzugehen, dass die systematische Stellung der §§ 315 b, 315 c StGB im Abschnitt der gemeingefährlichen Delikte einen Universalrechtsgüterschutz indiziert. Letztlich verbleibt die historische Untersuchung der Entwicklung der Straßenverkehrsgefährdungsdelikte als Anhaltspunkt dafür, wie nach den (beiden) Gesetzen zur Sicherheit des Straßenverkehrs das Schutzgut der Straßenverkehrsgefährdung zu bestimmen ist. Sei es auch durch die Erkenntnis, dass durch die Änderungsgesetze und/oder die rechtshistorische und gesellschaftliche Entwicklung überhaupt keine Änderung des Rechtsguts eingetreten ist.

Daneben versteht es sich fast von selbst, dass ein genauer Blick auf die rechtshistorische Entwicklung der gemeingefährlichen Delikte und der (Straßen-) Verkehrsgefährdungsdelikte a) für eine adäquate historische Auslegung unerlässlich ist und b) auch im Rahmen der teleologischen Auslegung dienlich sein kann. Insoweit kann das historische Verständnis des Begriffs der Gemeingefahr die Frage nach der Tauglichkeit von Tatbeteiligten als Gefährdungsopfer beeinflussen. Gleichsam ist nicht zu verkennen, dass die aus der historischen Untersuchung gewonnenen Erkenntnisse (insbesondere hinsichtlich der Struktur und des Wesens der §§ 315 b,

315 c StGB) die Grundlage für die Entwicklung eines tauglichen Lösungsansatzes darstellen müssen.

2. Vorbemerkungen

Das geltende deutsche Strafgesetzbuch geht zurück auf das Strafgesetzbuch für das Deutsche Reich vom 15.5.1871, welches dem Deutschen Reich ein einheitliches Strafgesetzbuch gab. Dieses Strafgesetzbuch war das des Norddeutschen Bundes vom 31.5.1870, das im Wesentlichen auf das Preußische StGB von 1851 zurückging. Die Neufassung des StGB durch die Bekanntmachung vom 25.8.1953 gab dem Gesetz den Titel Strafgesetzbuch, wobei der Zusatz „für das Deutsche Reich" mangels Vorliegen eines solchen entfiel.[243] Folgende Kodifikationen beeinflussten das Preußische Strafgesetzbuch von 1851: das Allgemeine Preußischen Landrechts von 1794, der Code pénal von 1810, das bayerische Strafgesetzbuch von 1813 und das sächsische Strafgesetzbuch von 1838.

Der Begriff der Gemeingefährlichkeit sowie seine historische Entwicklung ist eng mit menschlichen und wissenschaftlichen Erkenntnissen bezüglich der Natur und ihren Kräften und der Wirkung von Elementen sowie – in neuerer Zeit – der Technik verbunden. Aus diesem Umstand erklärt sich die geschichtliche Tatsache, dass sich einerseits der Umfang der gemeingefährlichen Delikte mit Erfindungen und Entdeckungen mehrte und andererseits aber auch Delikte gestrichen wurden, deren strafrechtliche Statuierung sich durch veränderte Umstände erledigte.[244] Neben dieser Abhängigkeit von den Fortschritten der Technik war die strafrechtliche Pönalisierung von Verhaltensweisen auch vom jeweiligen Stand der Volkskultur und deren Wertvorstellungen geprägt.[245] Als Ursprung der Konstruktion des Begriffs der gemeingefährlichen Delikte kann die strafrechtliche Pönalisierung der Brandstiftung angesehen werden.[246] Bereits das römische Recht kannte – wenn auch unausgesprochen – eine Übertragungsgefahr, die dazu diente, einen starken Schutz der Unversehrtheit und des Friedens menschlicher Aufenthaltsorte zu sichern.[247] Im weiteren Verlauf der früheren Strafrechtsgeschichte ist der Begriff der Gemeingefährlichkeit nur rudimentär gefördert worden, was insbesondere an der Stagnation der vorhandenen, aber mangelhaften Kenntnis der Naturkräfte und Technik, sowie vor allem an ihrem fehlenden Einfluss auf das alltägliche Leben lag.[248] Zwar wurde die Gemeinschädlichkeit und die Gemeingefährlichkeit gewisser

243 Zur weiteren Gesetzesgeschichte siehe die Nachweise bei *Fischer*, Einl. 3 ff.

244 *Von Liszt*, § 148 II.

245 *Loock*, S. 7. bemerkt, dass z. B. der verbrecherischer Gebrauch von Pulver und anderen Sprengstoffen erst mit der allgemeinen Verbreitung derartiger Stoffe einen Einzug in die Strafgesetze gefunden hat, während andere Delikte, wie z. B. die Vergiftung von Weiden oder Viehtränken, verschwunden sind.

246 *Siebenhaar*, ZStW 4 (1884), 245.

247 *Siebenhaar*, ZStW 4 (1884), 245, 246.

248 *Siebenhaar*, ZStW 4 (1184), 245, 246.

(anderer) Verhaltensweisen im weiteren Verlauf der Geschichte empfunden und entsprechend strafrechtlich pönalisiert, eine Systematisierung und Versuche, die Begriffe zu definieren, bildete sich jedoch zunächst nicht heraus.[249] Daher ist das bewusste systematische Herausheben bestimmter Verbrechensgruppen nach ihrer Gemeingefährlichkeit[250] das Resultat einer verhältnismäßig jungen Gesetzgebungstechnik. Eine solche Zusammenfassung findet sich in der neueren Zeit erstmals im Oberpfälzer Landrecht von 1606, welches die Brandstiftung sowie die Wasser- und Weidenvergiftung zusammenfasste.[251]

II. Rechtshistorische Entwicklung der gemeingefährlichen Delikte unter besonderer Beachtung der (anderen) Vergehen wider des Verkehrs

Ausgangspunkt der Ausbildung der Gruppe der gemeingefährlichen Delikte dürfte die gemeinrechtliche Brandstiftung gemäß Artikel 125 CCC („Straff der brenner") sein.[252] Dieser trug den Strafgrund der Verletzung und Gefährdung des öffentlichen Friedens in sich. Insbesondere durch das Anwachsen der Städte trat das Moment der Gemeingefährlichkeit hervor, das jeder Brandlegung innewohnt. Es wurde die Gefahr vor einem Übergreifen des Feuers innerhalb der Stadt erkannt, so dass – konsequenterweise – auf das Merkmal der Heimlichkeit der Brandlegung (welches den früheren Normen immanent war) verzichtet wurde: Denn es ist im Grunde nicht die Heimlichkeit, die die Brandlegung gefährlich macht, sondern die – von einer Heimlichkeit unabhängige – Gefahr eines Übergreifens des Brandes. Gerade der durch diese Erkenntnis hervorgetretene Aspekt der Gemeingefährlichkeit macht deutlich, dass sich das Delikt der Brandstiftung in der Carolina nicht gegen Rechtsgüter[253] des Einzelnen, als vielmehr gegen die Sicherheit des öffentlichen Friedens richtete.[254] Für diese Sicht spricht auch die systematische Stellung der Brandstiftung: Sie wurde in die Nähe des Tatbestands des Aufruhrs (Artikel 127 CCC) platziert. Der

249 *Binding*, Band 2–1, § 118 I unter Verweis auf das Ofener Stadtrecht von 1421.

250 Nach *Binding*, Band 2–1, § 118 I wurde der Begriff der Gemeinschädlichkeit durch den der Gemeingefährlichkeit verdrängt. Dass dem in diesem Umfang nicht zuzustimmen ist, lässt sich durch die rechtshistorische Entwicklung belegen. Siehe dazu die nachfolgenden Ausführungen im (Haupt-) Text, insbesondere unter C.II.5.b und C.III.3.e.bb.

251 *Maurach/Schroeder/Maiwald*, BT 2, § 50 Rn. 1.

252 Siehe dazu *Binding*, Band 2–1, § 118 VII 1.

253 Zwar wurde die Rechtsgutslehre erst während des Frühliberalismus des 19. Jahrhunderts – vor allem durch *Birnbaum*, der den Begriff des subjektiven Rechts bzw. der Rechtsverletzung erstmals durch den des „(materiellen) Guts" ersetzte – entwickelt (siehe dazu *Vormbaum*, S. 5 ff., dort m.w.N. und *Rönnau*, JuS 2009, 209, 210). Aus Gründen der Vereinfachung wird jedoch im Rahmen des historischen Abrisses einheitlich der Begriff „Rechtsgut" verwendet.

254 Vgl. dazu – und zum vorherigen – *Würtenberger*, S. 54 f.

Aufruhr war das (klassische) Verbrechen, welches die Grundlage der sozialen Ordnung erschüttern ließ; es war ein Verbrechen, welches „mit sich ein Land voll Mords und Blutvergießen [bringt]."[255] Die Brandstiftung ist damit eines der Verbrechen, welches historisch – aufgrund eines tatsächlichen Bedürfnisses nach strafrechtlicher Ahndung – am frühesten als gemeingefährlich hervorgehoben werden kann.[256]

1. Das Preußische Allgemeine Landrecht – Ausgestaltung und Folgen

Obwohl der Strafrechtsteil des Preußischen Allgemeinen Landrechts von 1794[257] als das große Strafgesetzbuch der Aufklärung[258] angesehen wurde, ließ es sich von vornherein aufgrund seiner Größe[259] und Schwerfälligkeit – es umfasste 1577 Paragraphen – kaum weiterentwickeln. Der damalige Gesetzgeber schuf zwar auf der einen Seite „sprachlich und juristisch eine für seine Zeit glänzende Leistung"[260], aber auf der anderen Seite wurde jedes erdenkliche Szenario geregelt, getragen von der Befürchtung, etwas Regelungsbedürftiges (mithin derartige Verhaltensweisen, die die Ruhe und Ordnung stören könnten) zu übersehen.[261] Eben diese kriminalpolitische Prophylaxe und das Anliegen, dass das Gesetz selbst für jeden Fall die zweifelsfreie Lösung enthalten sollte (daraus folgte faktisch das Verbot der wissenschaftlichen Auslegung[262]) erforderte eine eingehende und umfassende Normierung. Der Umfang des ALR machte es unmöglich, das Gesetz weiter auszubauen und es als Grundlage für weitere Kodifikationen dienen zu lassen.[263]

Das preußische ALR stach grundsätzlich durch ein dualistisches System der Rechtsgüterordnung hervor. Zum einen kannte es den Güterkreis der staatlichen Rechtsgemeinschaft und zum anderen den des einzelnen „Rechtsgenossen", mithin

---

255 *Würtenberger*, S. 58. Das Zitat stammt von *Luther* und ist bei *Würtenberger*, S. 58 wiedergegeben.

256 Vgl. *Oehler*, S. 180.

257 Zur Entwicklung des ALR siehe vertiefend *Schmidt*, S. 251 ff. und *Würtenberger*, S. 188 ff. sowie *Hucko*, NJW 1994, 1449 ff.

258 Der Strafrechtsteil basierte auf der grundlegenden Ansicht, dass das Verbrechen eine Verletzung des Staatsvertrages darstelle. Zweck der Strafe sollte vornehmlich die Sicherheit des Staates und seiner Einwohner sein. Vgl. dazu *Würtenberger*, S. 190.

259 Selbst *Friedrich der Große* stellte zum zweiten Teil des ihm vorgelegten Entwurfs fest: „Gut; aber es ist ja so dicke, Gesetze müssen kurz sein." Zitiert nach *von Hippel*, I, S. 276.

260 So *Schmidt*, S. 251.

261 *Volk*, JuS 1991, 281, 282.

262 Vgl. *von Hippel*, I, S. 276.

263 Darüber hinaus trugen die Ereignisse der französischen Revolution, die zu Aufruhr und Tumulten auch in Deutschland führten, dazu bei, dass die Obrigkeit (überhart) „zurückschlug", so dass von der Idee „der wohlmeinenden und aufgeklärten Güte schon bald nichts mehr zu spüren war", *Volk*, JuS 1991, 281, 282.

die Privatverbrechen. Erstere – auch Staatsverbrechen genannt – schützten Angriffe auf das Staatswesen. Derjenige, der ein solches Verbrechen beging, beleidigte nach der Vorstellung des damaligen Gesetzgebers den Staat und dessen Oberhaupt. Zu dieser Gruppe zählten neben Hoch- und Landesverrat auch die Brandstiftung an Städten, Dörfern und Magazinen (§ 109).

Ein Blick auf das Preußische Allgemeine Landrecht lohnt außerdem schon deshalb, weil dessen Teil II, Titel 20, Abschnitt 17 eine deutliche Weiterentwicklung des früheren systematischen Ansatzes der Klassifizierung von gemeingefährlichen Delikten mit sich brachte. Wenigstens diese Systematisierung nach dem Merkmal der Gemeingefährlichkeit diente weiteren Gesetzen zum Vorbild.[264] Das Preußische Allgemeine Landrecht enthielt einen gesonderten Gesetzesabschnitt über gemeingefährliche Delikte. Dieser war mit „Von Beschädigungen mit gemeiner Gefahr" überschrieben. Diese Gruppe sollte zwar nicht eine dritte Gruppe neben den oben erwähnten Staats- und Privatverbrechen bilden, jedoch erkannte der Gesetzgeber, dass bei den dieser Gruppe unterfallenden Delikten noch ein weiteres Charakteristikum hinzukommt und somit die Privatverbrechen „anreicherte":[265] die Unbestimmtheit des verletzten Personenkreises. Denn die Wirkung dieser in diesem Abschnitt statuierten Verbrechen auf bestimmte Personen oder Sachen war nicht beschränkt und (vom Täter) auch gar nicht beschränkbar.[266]

Ausgangspunkt und faktischer Grund für die Konstruktion von gemeingefährlichen Delikten war die (wissenschaftlich) gewonnene Erfahrung, dass durch die Entfesselung von Naturgewalten Gefahrenprozesse angestoßen werden, die der Täter (nach deren Entfesselung) nicht mehr derart unter Kontrolle hatte, um ein Hinausgreifen seiner Handlung zu verhindern.[267] Basierend auf dem Bewusstsein, dass solchen Delikten ein hohes Gefährdungspotential vor allem deshalb innewohnt,[268] weil die Grenzen und die Ausbreitung der Tathandlung nicht vorhersehbar waren,[269] wurde unter dem Begriff der Gemeingefahr eine selbstständige Gruppe von Straftatbeständen gebildet.[270]

Die gemeingefährlichen Delikte wurden damit als solche Delikte angesehen, die zumindest bei generalisierender Betrachtungsweise Gefährdungen oder Schädigungen der Allgemeinheit hervorrufen können, so dass ihr Wirkungskreis nicht auf bestimmte Personen oder Sachen eingeschränkt war; mithin waren sie im Allgemeinen als Delikte gegen die öffentliche Sicherheit und Ordnung – allerdings ohne Staatsbezug – zu verstehen.[271] Entscheidend – und damit Strafgrund – war

264 *Würtenberger*, S. 208.
265 *Oehler*, S. 125.
266 *Goltdammer*, S. 632.
267 *Finger*, in FG für Frank, S. 230, 249.
268 *Kratzsch*, JZ 1987, 360, 363.
269 *Von Liszt*, § 148 II.
270 *Oehler*, S. 125.
271 *Radtke*, 1998, S. 118; *Oehler*, S. 179.

der Schutz der Sicherheit der Bürger,[272] so dass es gerade der Universalrechtsgüterschutz war, der hinter der Ausgestaltung der Tatbestände stand. Der Schutz von Gemeinschafts- und Gesellschaftsgütern bildete den Normzweck.[273] Das Allgemeine Preußische Landrecht kannte drei Arten gemeingefährlicher Delikte:

a. Verletzungsdelikte mit Gefährdungszusatz

aa. Konkretisierung der Gefährdung der Allgemeinheit

Einige der im vorgenannten Abschnitt eingestellten Delikte waren Verletzungsdelikte mit einem Gefährdungszusatz, was sich exemplarisch durch § 1496 zeigen lässt.[274] Dieser sah eine Strafschärfung dann vor, wenn bei einer unerlaubten Handlung neben dem Beleidigten auch das *Publikum* oder andere *Bürger* des Staates in Gefahr gesetzt wurden. Typisch für diese Art von Delikten war, dass die Verletzung eines Individualrechtsguts alleine nicht ausreichend war, um eine (erhöhte) Strafbarkeit zu begründen. Vielmehr bedurfte es noch der Verwirklichung einer Gefahr, die der Allgemeinheit bzw. dem *Publikum* oder anderen Bürgern bereitet werden musste. Dementsprechend kann gezeigt werden, dass schon das ALR den Gedanken der Gefährdung von Rechtsgütern, die einer Vielzahl von Mitgliedern der Allgemeinheit (individuell) zustehen, in sich trug.[275] Zwar wurde diese Art von Gefahr – mithin zu verstehen als Gemeingefahr – überwiegend als solche für den Staat, die öffentliche Sicherheit oder für eine unbestimmte Vielheit von Menschen aufgefasst,[276] trotzdem kann insoweit von der Implementierung eines zweiten (bzw. doppelten) Angriffsobjektes – einmal der Gefahr für ein Individualrechtsgut oder alternativ der Gefahr für das Publikum (mithin die Allgemeinheit als solche) – gesprochen werden.[277] Diese Erweiterung führte dazu, dass nicht mehr (nur) eine allgemeine Gefahr für die Gesellschaft *selbst* statuiert wurde, sondern eine spezielle und konkrete Gefahr für bestimmte von der Gemeinschaft als wichtig bewertete, individuelle Rechtsgüter ihrer Mitglieder ausreichte, um eine (Gemein-) Gefahr zu begründen.[278] Das Element der Gefahr für die Gesellschaft blieb aber weiterhin erhalten. Danach kann dann von einer Gemeingefahr gesprochen werden, wenn entweder dem Publikum bzw. der Allgemeinheit eine Gefahr droht oder wenn einem beliebigen Mitglied der Gesellschaft eine Gefahr an Leben, Gesundheit oder Eigentum droht.[279]

---

272 *Würtenberger*, S. 208.

273 *Oehler*, S. 178.

274 *Binding*, Band 2–1, § 118 VII 2. Eine Aufzählung weiterer Delikte findet sich bei *Finger*, in FG für Frank, S. 230, 249. Der Wortlaut der Normen ist abgedruckt bei *Buschmann*, S. 436 ff.

275 *Radtke*, 1998, S. 118; *Binding*, Band 2–1, § 118 II.

276 *Binding*, Band 2–1, § 118 II m.w.N.

277 *Binding*, Band 2–1, § 118 II.

278 So *Radtke*, 1998, S. 120.

279 Erst im 19. Jahrhundert wird die Gemeingefahr auf Leben, Gesundheit und Eigentum beschränkt. Zuvor wurde die Gemeingefahr allseitiger gefasst: als Gefahr für

Die Erweiterung des für die Deliktsverwirklichung zu gefährdenden Angriffsobjekts dürfte daraus resultieren, dass schon zum damaligen Zeitpunkt erkannt wurde, dass eine generelle Bestimmung zur Gefährdung der Allgemeinheit schwerlich zu leisten ist; es reifte mithin die Erkenntnis, dass die Allgemeinheit „ein Gesicht braucht“[280], anhand dessen man ihre Gefährdung feststellen konnte. Die Erkenntnis, dass es nicht um den Schutz der amorphen Allgemeinheit[281] vor konkreter Gefährdung ihrer selbst gehen kann, wurde im Laufe der rechtshistorischen Entwicklung stetig beibehalten. Dies führte letztlich in der jüngeren Rechtsgeschichte dazu, dass intensiv darüber nachgedacht wurde, wie es gelingen kann, eine Beeinträchtigung der Sicherheit aller Verkehrsteilnehmer und des Funktionierens des Verkehrs in adäquater Weise „sichtbar“ und damit feststellungsfähig zu machen. Aus dieser Überlegung heraus entwickelte sich das Erfordernis einer gemeingefährlichen Gefährdung.[282]

bb. Schutz der öffentlichen Sicherheit und Ordnung

Hingegen kann aus der Erweiterung des Angriffsobjekts bei diesen gemeingefährlichen Delikten des ALR nicht geschlossen werden, dass diese Delikte nunmehr einen Individualrechtsgüterschutz zum Gegenstand hatten. Schon durch die Erkenntnis, dass der Ausgangspunkt der Ausbildung der Gruppe der gemeingefährlichen Delikte die Brandstiftung gemäß Artikel 125 CCC ist, lässt sich der kollektivistische Ansatz aufzeigen: Diente die Pönalisierung der Brandlegung in der Carolina dazu, die Sicherheit des öffentlichen Friedens zu gewährleisten, kann für alle anderen Delikte, die nach diesem Vorbild in den 17. Abschnitt des ALR eingestellt wurden, nichts anderes gelten. Vielmehr ist andersherum festzustellen, dass die insoweit ausreichende Gefährdung des *Publikums* zeigt, dass dieses (Publikum) so viel „wert“ ist, um insoweit eine Strafschärfung zu rechtfertigen.

Auch und gerade der Umstand, dass es eine Gemeingefahr sein musste, die hervorgerufen wird, zeigt den verfolgten (kollektiven) Publikumsschutz deutlich. Das Wissen um das Potential der (entfesselten) Naturkräfte bedingt nicht nur das Wesen des gemeingefährlichen Delikts, sondern offenbart, warum wegen dieser Delikte bestraft wurde: Weil ihnen eine schädigende Wirkung für die Gemeinschaft dergestalt innewohnt, dass ein Gemeinschaden in aller Regelmäßigkeit zu erwarten ist. Schlussendlich diente die Erweiterung des Angriffsobjektes nur dazu, die Allgemeinheit, um deren Schutz es ging, „fassbar“ zu machen. Schon hier lässt sich erkennen, dass es die Indizwirkung für die besondere Gefährlichkeit der Beeinträchtigung

---

den Staat, die öffentliche Sicherheit oder eine Vielheit von Menschen (vgl. *Binding*, Band 2–1, § 118 II und *Radtke*, 1998, S. 121).

280 Wendung vom Verfasser.

281 So SK-*Wolters*, Vor § 306 Rn. 2 und *Horn* in JZ 1964, 646, 649.

282 *Radtke*, 1998, S. 121. Siehe zu den verschiedenen Ansätzen zum Begriff der Gemeingefahr sogleich.

der Allgemeinheit war, die durch die Erweiterung des Angriffsobjektes ausgedrückt werden sollte.[283]

b. Verletzungsdelikt ohne Gefährdungszusatz

Andere Delikte waren als Verletzungsdelikte ohne Gefährdungszusatz ausgestaltet. Zur Verwirklichung dieser Delikte bedurfte es der tatsächlichen Verletzung eines Individualrechtsguts. Exemplarisch sei hier die einfache Brandstiftung und § 1506 ALR genannt, der die Seuchenverbreitung an Tieren unter Strafe stellte. Zweifelsohne beziehen sich die Verletzungshandlungen auf Rechtsgüter, die Individuen zugeordnet sind – bei der Brandstiftung auf das Eigentum, bei § 1506 ALR auf das im Eigentum des Geschädigten stehende Tier –, dennoch ist nicht zu verkennen, dass von dem Angriff auf eines dieser Tatobjekte eine Gefahr für die Sicherheit der Bürger ausgeht. Dies gilt für die Brandstiftung aus den oben genannten Gründen und ist auch bei § 1506 ALR offenkundig: Die schnelle und oft unkontrollierbare Verbreitung von Seuchen bedroht die Allgemeinheit in vielfacher Hinsicht. Zum einen war stets die Gefahr der Übertragung der Tierseuche auf den Menschen gegeben. Zum anderen spielt auch der Gedanke der *Gemeinschädlichkeit* eine Rolle.

Ganz allgemein – und losgelöst vom ALR – ist dieser Aspekt so zu verstehen, dass es insoweit auf die Beeinträchtigungen solcher Gegenstände, Einrichtungen und Zustände ankommt, deren unbeeinträchtigte Verfügbarkeit für die Mitglieder einer Gemeinschaft oder Gesellschaft über individuelle Interessen hinaus von Bedeutung ist.[284] Mithin geht es um den Schutz von Institutionen im Sinne von werthaften und vergeistigten Zuständen und Ordnungen, die ihrerseits Voraussetzung für die personale Entfaltung des Einzelnen sind.[285]

Diesen Gedanken trug schon § 1506 ALR in sich, denn verseuchtes Vieh eignet sich nicht mehr zum Verzehr, so dass auch die Angst vor einer Lebensmittelknappheit motivierend für die Normierung dieses Delikts gewesen sein dürfte. Die diesen Delikten innewohnende Gemeingefährlichkeit und Gemeinschädlichkeit hatten insoweit strafbegründende Funktion, so dass auch hier der Normzweck der Schutz vor einer Gefährdung der Allgemeinheit war.

c. Nicht individuell bezogenes Verletzungsdelikt ohne Gefährdungszusatz

Die strafbegründende Funktion des Aspekts der Gemeingefährlichkeit zeigt sich auch bei der In-Brand-Setzung von Wäldern (§ 1521) und bei der Überschwemmung (§ 1571). Unabhängig davon, ob Bereiche des Waldes[286] in Privateigentum standen

283 Siehe dazu die Ausführungen unter C.III.3.f. und unter D.IV.5.b.aa.(2).
284 *Radtke*, 1998, S. 123 Fn. 331.
285 *Otto*, AT, § 4 Rn. 14 zum abstrakten Gefährdungsdelikt; *Radtke*, 1998, S. 142.
286 In der Tat gehörte ein Großteil des Waldes den preußischen Junkern, die Brandrodung betrieben.

oder zumindest Einzelnen zur Nutzung überlassen waren, war das Ansinnen, diese Verhaltensweisen als strafwürdig zu erachten, nicht individualrechtlich motiviert. Der Täter wurde nach den vorgenannten Delikten nicht alleine deshalb bestraft, weil er Objekte verletzte, die dem Einzelnen zugeordnet sind. Vielmehr lag der Strafgrund darin, dass der Täter durch seine Handlung eine Gefahr für die Allgemeinheit auslöste. Denn die Erhebung der In-Brand-Setzung von Wäldern als strafwürdig war damals (wie heute) auch und gerade dadurch motiviert, dass dem leicht feuerempfänglichen Naturmaterial Holz eine generelle Gemeingefährlichkeit innewohnt, weil es das Feuer zügig weiterleitet und so eine rasche Ausbreitung des Feuers nicht selten ist.[287] Die überindividuelle Schutzrichtung zeigt sich auch daran, dass § 1521 – anders als z.B. § 1511[288] – eine Ingefahrsetzung eines oder mehrerer Menschen nicht erforderte. Insoweit hatte die abstrakte Gefahr für die Allgemeinheit auch hier strafbegründende Wirkung.

Bei der vorsätzlich verursachten Überschwemmung nach § 1571 zeigt sich der Schutz der Gemeinschafts- und Gesellschaftsgüter noch deutlicher. Dämme, Teiche, Schleusen und andere Wasserbauten standen klassischerweise nicht in Privateigentum. Insoweit kann für die Pönalisierung der Schutz des Privateigentums nicht maßgebend gewesen sein. Zwar verbliebe in dieser Hinsicht – wenn überhaupt – der Schutz des Eigentums preußischer Staaten, doch allein dies vermag nicht die in § 1571 festgesetzte Todesstrafe zu rechtfertigen. Dies gilt insbesondere, wenn man bedenkt, dass auch bei § 1571 eine Ingefahrsetzung eines Lebens eines oder mehrerer Menschen nicht von Nöten war. Somit bleibt festzuhalten, dass vielmehr die unbestimmte Wirkung und die unberechenbare Gewalt des Wassers den Gesetzgeber veranlassten, diese Strafdrohung festzusetzen. Die Gefahr für die in diesem Fall dem Wasser schutzlos ausgelieferte Allgemeinheit definierte den Normzweck des Universalrechtsgüterschutzes.

2. Code pénal von 1810

a. Gemeingefährliche Delikte

Das napoleonische Strafgesetzbuch von 1810 – als Weiterentwicklung des Code pénal von 1791 – beinhaltete keine Systematisierung gemeingefährlicher Delikte. Trotzdem waren dieser Kodifikation solche Delikte nicht unbekannt. Insbesondere einzelne Delikte der gemäß Art. 434 bis 462[289] strafbewehrten schwerwiegenden Sachbeschädigungen konnten als gemeingefährliche Delikte angesehen werden.

---

287 Vgl. MüKo-*Radtke*, § 306 Rn. 39.

288 § 1511 ALR hatte folgenden Wortlaut: *Jede vorsätzliche Brandstiftung, wodurch das Leben eines oder mehrerer Menschen, oder gänze Städte, Flecken, Dörfer, und sonst bey einander liegende Wohngebäude, oder Schiffe in Gefahr gesetzt werden, zieht in der Regel Todesstrafe nach sich.*

289 Im weiteren Verlauf werden nicht alle Delikte dargestellt, vielmehr wurde eine Auswahl der für diese Arbeit relevanten Delikte getroffen.

Wie schon das Strafgesetzbuch von 1791 enthielt die Kodifikation von 1810 im Rahmen der Brandstiftung eine Auflistung solcher Tatobjekte, die objektiv geeignet waren, den Brand weiterzugeben.[290] Diese Gefahr des Übergreifens des Feuers zeigt auch im Rahmen dieser Kodifikation den bereits oben erläuterten Aspekt der Gemeingefährlichkeit und seine normmotivierende Wirkung auf.

b. Gemeinschädliche Delikte

Es kann zudem gezeigt werden, dass der Code pénal von 1810 auch solche Delikte enthielt, die den Aspekt der Gemeinschädlichkeit in sich trugen. Mit besonderer Härte wurden diejenigen bestraft, die als Bande oder mit mehreren zusammen mit Waffengewalt plünderten und (unter anderem) Lebensmittel vernichteten. Straferhöhend nach Art. 442 wirkte es sich aus, wenn der Täter Getreide oder sonstige, wichtige Grundnahrungsmittel wie Brot, Mehl oder Wein plünderte oder vernichtete. Die Straferhöhung resultierte aus der Angst des Gesetzgebers vor Versorgungsengpässen und möglicherweise damit verbundenen Unruhen.[291] Damit lässt sich deutlich zeigen, dass die Strafschärfung durch den Aspekt der Gemeinschädlichkeit – Angst vor einem Mangel an Lebensmitteln für das gesamte Volk – motiviert war. Auch lässt sich eine Konnexität zwischen dem gemeinschädlichen Verhalten und einer gemeinschädlichen sowie einer gemeingefährlichen Wirkung ausmachen: Aus der aufgezeigten gemeinschädlichen Wirkung resultierte nämlich in der Regel eine Gemeingefährlichkeit – Gefahren durch Krankheit oder Tod – sowie eine Gefahr für den Staat (hervorgerufen durch – politische – Unruhen).

Noch deutlicher zeigt sich der Aspekt der Gemeinschädlichkeit bei Art. 438. Nach dieser Vorschrift wurde bestraft, wer tatsächlichen Widerstand gegen von der Regierung genehmigten Arbeiten leistete. Der Ausgestaltung dieses Artikels ist der Gedanke der Bestrafung aufgrund beeinträchtigter öffentlicher Interessen inhärent.[292] Dagegen beinhaltet die Norm nicht den Gedanken der (Gemein-) Gefahr oder Gemeingefährlichkeit, weil eine so verstandene Gefahr – gleich ob für Individualinteressen oder ob für die Allgemeinheit – von der Täterhandlung nicht ausgeht. Vielmehr ist nur der Aspekt der Gemeinschädlichkeit entscheidend: Der Schaden nämlich, den die Allgemeinheit erleidet, wenn sie das Resultat der Arbeiten (z. B. der Bau eines öffentlichen Gebäudes) gar nicht oder nur verzögert nutzen kann, rechtfertigt nach Ansicht des historischen Gesetzgebers die Pönalisierung eines derartigen Verhaltens. An diesem Delikt zeigt sich, dass alleine der Aspekt der Gemeinschädlichkeit ausreichend war, um strafbarkeitsbegründend zu wirken, ohne dass es auf eine Gemeingefährlichkeit ankäme. Dass die Einbeziehung von öffentlichen Interessen kein Einzelfall war, verdeutlicht überdies Art. 448. Als Grunddelikt diente Art. 447, der die Zerstörung von Pfropfreisern unter Strafe stellte. Für den

---

290 Vgl. *Brandt*, S. 236.
291 Vgl. *Brandt*, S. 238.
292 Vgl. *Brandt*, S. 237.

Fall, dass die Bäume auf öffentlichen Plätzen, Landstraßen oder anderen Straßen und Wegen angepflanzt waren, erhöhte Art. 448 die Mindesthaftzeit aufgrund der nunmehr in Mitleidenschaft gezogenen öffentlichen Interessen.

c. *Einfluss des Code pénal auf das preußische Strafgesetzbuch von 1851*

In welchem Umfang der Code pénal das preußische Strafgesetzbuch von 1851 beeinflusste, ist umstritten.[293] Während vor allem *Binding*[294] der Ansicht war, dass sich „der preußische Gesetzgeber einfach dem französischen Recht in die Arme warf", wird dies insbesondere von *von Hippel* unter dem Hinweis, es handle sich beim Entwurf des preußischen Strafgesetzbuch von 1848 um ein „originales, deutsches Werk, das hier vorliegt", bestritten, obgleich auch er – *von Hippel* – anerkennt, dass der Code pénal einen – nach seiner Ansicht aber begrenzten – Einfluss hatte.[295] Dieser Frage ist indes nicht weiter nachzugehen, denn es ist durchaus davon auszugehen, dass man den Code pénal – gleich in welchem Umfang – herangezogen hat; er ist einer von 26 Gesetzen und Entwürfen, die bei der Beratung des Entwurfs von 1836 als Materialien dienten.[296]

3. Das bayerische Strafgesetzbuch von 1813 und seine nachfolgenden Entwürfe

a. *Das Bayerische Strafgesetzbuch*

Das Bayerische Strafgesetzbuch von 1813, das seinerseits von Bedeutung für das preußische Strafgesetzbuch von 1851 war und damit für das heutige Strafgesetzbuch ist,[297] beruhte maßgeblich auf den Ideen von *Feuerbach*. *Feuerbach* galt als Verfechter scharfer, juristischer Systematik und Begriffsbestimmung, und er sah darin die notwendige Grundlage wissenschaftlichen Arbeitens und einer brauchbaren Gesetzgebung.[298] Der von *Feuerbach* zwischen 1804 und Dezember 1807 ausgearbeitete Entwurf enthielt bei seinem In-Kraft-Treten am 1.10.1813 als Bayerisches Strafgesetzbuch 459 Artikel. Das Gesetzbuch unterschied, motiviert durch das Ansinnen, eine größtmögliche Deutlichkeit zu gewährleisten,[299] systematisch nach Staats- und

---

293 Eine Meinungsübersicht findet sich bei *Volk*, JuS 1991, 281. Richtig ist es, mit *Brandt*, S. 398, davon auszugehen, dass sich die Verfasser des Preußischen Strafgesetzbuches hinsichtlich der einfachen und übersichtlichen Struktur am Code pénal von 1810 und nicht am ALR orientierten.

294 *Binding*, Handbuch, S. 46, der darüber hinaus der Ansicht ist, 1851 markiere den Beginn einer neuen französischen Periode in der deutschen Strafgesetzgebung.

295 *Von Hippel*, I, S. 325.

296 Vgl. *Volk*, JuS 1991, 281, 283.

297 *Von Hippel*, I, S. 299.

298 *Volk*, JuS 1991, 281, 282; *von Hippel*, I, S. 300.

299 *Schubert*, S. 166.

Privatverbrechen. Nach *Feuerbach* konnte der Zweck der Strafgesetze allein die Verhinderung einer Rechtsverletzung sein.

Das Gesetz[300] ging deshalb unter anderem von einer Dreiteilung in Verbrechen, Vergehen und Polizeiübertretungen aus. Artikel 2 Absatz 4 des Bayerischen Strafgesetzbuches definierte Polizeiübertretungen als solche „Handlungen und Unterlassungen, welche zwar an und für sich selbst Rechte des Staates oder eines Unterthans nicht verletzten, jedoch wegen der Gefahr für rechtliche Ordnung und Sicherheit unter Strafe verboten oder geboten sind." Für Verbrechen und Vergehen war kennzeichnend, dass die Verletzung subjektiver – durch den Staatsvertrag verbürgter – (Freiheits-) Rechte („Recht eines anderen") oder die Verletzung von Rechten des Staates deren Wesen ausmachte. Die Polizeiübertretungen verstießen nach der Konzeption *Feuerbachs* dagegen nicht gegen derartige absolut-notwendige subjektive Rechte. Jedoch ist nicht zu verkennen, dass auch den Polizeiübertretungen von ihrer Konzeption her der Gedanke des Schutzes der Rechte von Einzelnen innewohnt. Denn die von der Pönalisierung von Polizeiübertretungen bezweckte Sicherung der Öffentlichkeit bzw. öffentlichen Ordnung ist als (notwendige) Grundlage für die Entfaltung der (Freiheits-) Rechte unerlässlich, so dass eine Polizeiübertretung den Bestand der subjektiven Rechte (zumindest mittelbar) in Gefahr bringt.[301]

Zwei Aspekte waren insoweit maßgebend und sind dementsprechend zu beachten: a) Eine Verletzung dieser vorgenannten Rechtsgüter bringt „die Rechtsordnung, als die Summation der subjektiven Rechte in Gefahr".[302] *Oehler* weist zutreffend auf einen zweiten Aspekt hin: b) Diese Rechtsgüter stellen einen Komplex von Gütern dar, die dem von den von den Privatverbrechen zu schützenden Rechtsbereich so unmittelbar vorgelagert sind, dass dieser von den Privatverbrechen zu schützende Rechtsbereich in die Gefahr gerät, verletzt zu werden.[303] Dies führt – wie *Oehler* zutreffend erkennt – dazu, dass schon die Verletzung der vorgelagerten Rechtsgüter die Rechtsordnung gefährdet, so dass das (vorgelagerte) Rechtsgut der rechtlichen Ordnung und Sicherheit in letzter Konsequenz ein *strafrechtlich* geschütztes Rechtsgut darstellt.[304] Auf diesen Punkt wird noch zurückzukommen sein.[305]

---

300 Das Verhältnis von Kriminal- und Verwaltungsstrafrecht innerhalb der Strafgesetze unterlag seit jeher der herrschenden politischen Ideenführung. Das Preußische Allgemeine Landrecht, dessen Strafrecht am Aufklärungsgedanken orientiert war, enthielt zahlreiche polizeiliche Strafbestimmungen, so dass durchaus von einem polizeistaatlichen System des Kriminalstrafrechts gesprochen werden kann. Die Aufnahme einer Anzahl von Polizei(straf)gesetze in das Preußische Allgemeine Landrecht zeigte die Wohlfahrtsidee des Polizeistaates. Vgl. zu Ganzen die Darstellung bei *Würtenberger*, S. 218 ff.

301 Vgl. *Würtenberger*, S. 221.

302 Vgl. *Würtenberger*, S. 221.

303 *Oehler*, S. 138.

304 Vgl. dazu und zum Vorherigen *Goldschmidt*, S. 232 ff.

305 Vgl. dazu die Ausführungen unter C.III.2.b.cc.

Das Bayerische Strafgesetzbuch von 1813 enthielt jedoch keinen gesonderten Abschnitt im Hinblick auf solche Delikte, die gemeingefährliche Handlungen zum Gegenstand hatten. Die Brandstiftung und die Überschwemmung wurden im 1. Titel Kapitel 4 eingruppiert, welches mit „Von der Beschädigung des Eigenthums" überschrieben war. Obwohl *Feuerbach* freilich erkannte, dass durch gemeingefährliche Verbrechen eine große Menschenzahl Beschädigungen ausgesetzt werden,[306] unterließ er es, für diese Delikte gesondert eine dritte Gruppe neben den Privat- und Staatsverbrechen bzw. –vergehen zu implementieren. Dies dürfte durch die der Kodifikation zu Grunde liegende individualistische Betrachtungsweise motiviert gewesen sein, die ein Aufbau des Strafrechts nach dem naturrechtlichen Schaden oder der dem Gemeinwohl drohenden Gefahr gegenstandslos machte.[307]

b. Dem Gesetzbuch folgende Entwürfe

Im Nachgang zum Bayerischen Gesetzbuch von 1813 mit seinen zwei Verbrechensgruppen wurde erkannt, dass Delikte, die sich zunächst gegen Rechtsgüter des Einzelnen richten, auch Interessen der Allgemeinheit in Mitleidenschaft ziehen können.[308] Diese Art „gemischte Verbrechen" wurde vielfach als dritte Verbrechensgruppe anerkannt. Exemplarisch hierzu die Ausführungen von *Gönner* zum Entwurf des Strafgesetzbuchs 1822: „Neben dem Staate als juristische Person, und den Privaten, steht also in strafrechtlicher Beziehung noch das gemeine Wesen, das Publicum, als das Dritte in der Mitte, an welchem eine strafbare Handlung begangen werden kann, und als das Hauptmoment, nach welchem die Strafbarkeit jener Handlungen zu bemessen ist, die, wenn sie auch zunächst nur gegen einen Privaten gerichtet waren, dennoch zugleich entweder die öffentliche Sicherheit aller im Staate, oder die öffentliche Treue und Glauben, besonders in jenen Institutionen angreifen, welche als bestehende Grundbedingungen des öffentlichen Lebens, Wirkens und Verkehrs anzusehen sind."[309] Diese dritte Verbrechensgruppe wurde sodann in den Kapiteln vier bis sechs des Entwurfs geregelt; Kapitel fünf enthielt unter anderem die Verbrechen bzw. Vergehen der gemeingefährlichen Vergiftung und der Überschwemmung sowie die Brandlegung.

Nachdem im Anschluss an das ALR die darauf folgenden Gesetzbücher keine besonderen Abschnitte mit ähnlichen Überschriften und entsprechender Systematisierung wie das ALR hervorbrachten, änderte sich dies erstmals mit dem sächsischen

---

306 Vgl. *Oehler*, S. 142.

307 Vgl. *Oehler*, S. 138, 142. *Schubert*, S. 167 ist im Hinblick auf den Entwurf Feuerbachs zu einem Strafgesetzbuch für das Königreich Bayern aus dem Jahr 1824 der Meinung, *Feuerbach* habe die Bildung einer neuen Verbrechensgruppe deshalb unterlassen, weil sie lediglich neue Zuordnungsprobleme aufgeworfen hätte, ohne die alten zu lösen.

308 Vgl. *Oehler*, S. 167.

309 Entwurf des Strafgesetzbuchs 1822 (*Gönner*), Einleitung XXI f. Gegen diese neue Verbrechensgruppe *Schubert*, S. 167 m.w.N. zu zeitgenössischer Literatur.

Criminalgesetzbuch von 1838. Dieses enthielt einen Abschnitt („Siebentes Kapitel“) über gemeingefährliche Handlungen („Von gemeingefährlichen Handlungen“). Dieser umfasste die Art. 171–182 und stellte die Brandstiftung, die Vergiftung, die Überschwemmung und die Verbreitung von Tierseuchen unter Strafe. Dem sächsischen Criminalgesetzbuch folgten dann weitere partikuläre Strafgesetzbücher.[310]

4. Zwischenergebnis

Der zugegebenermaßen kurze historische Abriss bis zum Jahr 1822 zeigt, dass die Aspekte Gemeingefährlichkeit und Gemeinschädlichkeit tragende Gründe darstellten, gewisse Verhaltensweisen dem Geltungsbereich des Strafrechts zu unterstellen. Die hinter den Begriffen Gemeingefährlichkeit und Gemeinschädlichkeit stehenden öffentlichen Interessen in Form der Sicherheit der Allgemeinheit hatten damit eine strafbarkeitsbegründende Wirkung. Gerade aufgrund dieser Wirkung dienten einzelne Delikte ihrer Zeit demnach dazu, die öffentliche Sicherheit und Ordnung (der Bürger) als „abstraktes System“ zu gewährleisten. Die Legitimation der Pönalisierung basiert auf zwei Kernüberlegungen: Die drohende (Gemein-) Gefährlichkeit der dem System zugeordneten Bürger einerseits und der Aspekt der Gemeinschädlichkeit für das abstrakte System andererseits.[311] Aus dieser Funktion hinaus entwickelte sich bereits damals rudimentär ein Schutz von eigenständigen Kollektivrechtsgütern, deren (historische) Hochphase sich im Strafgesetzbuch für die preußischen Staaten von 1851 wiederfindet: Wenn die öffentliche Sicherheit und Ordnung strafbarkeitsbegründend oder -erhöhend wirkt, kann daraus nur die Anerkennung eines eigenen Rechtsguts resultieren.

Diese Erkenntnis vorausgeschickt, soll der Schwerpunkt im weiteren Verlauf der Darstellung von allgemeinen Erwägungen auf solche verlagert werden, die im Zusammenhang mit den Delikten wider den Verkehrsanstalten stehen. Diese Deliktsgruppe entstand durch den technischen Fortschritt bedingt erst im Laufe der Zeit und hat – wie sogleich gezeigt wird – aufgrund der durch sie pönalisierten gemeingefährlichen Verhaltensweisen ihre Rechtfertigung. Darüber hinaus wurden die Straßenverkehrsdelikte nach dem Vorbild der Transportgefährdung ausgestaltet,[312] so dass auch insoweit eine genaue Betrachtung unerlässlich ist.

---

310 Nachweise bei *Binding*, Band 2–1, § 118 VII 2 Fn. 2.

311 Dem Gedanken „Nullum crimen sine periculo sociali“ wird somit Ausdruck verliehen.

312 Vgl. BT-Drucksache I, Nr. 2674, S. 15. Vgl. auch *Maassen* in NJW 1953, 201: „Die Herleitung der Vorschrift [§ 315 a StGB a.F.] aus § 315 bleibt offenkundig.“

5. Das Strafgesetzbuch für die preußischen Staaten von 1851

a. *Systematisierung und Wesen der gemeingefährlichen Delikte*

Das Strafgesetzbuch für die preußischen Staaten fasste in seinem 27. Abschnitt (§§ 285–308) gemeingefährliche Verbrechen und Vergehen zusammen. Der Charakter der dort zusammengefassten Normen bestand (wiederum) darin, dass von den in ihnen pönalisierten Verhaltensweisen eine Bedrohung ausgeht, die der Kontrolle und der Willkür des Handelnden nicht mehr unterworfen sind.[313]

Der Plan einer Reform des landrechtlichen Strafrechts wurde schon 1801 gefasst, jedoch erst 1851 mit dem preußischen Strafgesetzbuch abgeschlossen. In zeitlicher Hinsicht können die Vorarbeiten in vier Abschnitte unterteilt werden: die erste Revision, bis zur Beteiligung des Staatsrats (1826–1836), die darauffolgende zweite Revision von 1838 bis 1843, in die die Arbeiten des Staatsrats fielen; in der Zeit von 1843 bis 1847 oblag die Revision *von Savigny* (dritte Phase) bis schließlich die vierte Revision von 1847 bis 1851 (Verhandlungen des Vereinigten ständischen Ausschusses, Entwurf von 1850 und Kammerverhandlungen) zum preußischen Strafgesetzbuch von 1851 führte.[314]

Die Zusammenfassung im 27. Abschnitt geht erkennbar auf das Preußische Allgemeine Landrecht zurück und beinhaltet die gemeingefährlichen Delikte, die aufgrund ihrer unbestimmbaren Wirkung dem Schutz von Gemeinschafts- und Gesellschaftsgütern dienen sollten. Dass der Schutz dieser Güter erst im Rahmen dieser Kodifikation so umfassend und offensichtlich[315] ausgestaltet worden ist, hatte durchaus einen Grund: Während dem monarchischen Staat der Begriff „Gesellschaft" kaum bekannt war und dementsprechend sich ein Schutz von Gemeinschafts- und Gesellschaftsgütern wenig bis gar nicht hatte ausbilden können, führte erst der konstitutionelle Staat mit seiner kollektivistischen Ausprägung dazu, dass die damalige Zeit und die gewandelte soziologische Struktur demgemäß ausgeprägt waren und – nur konsequent – die Gesellschaft einen Schutz der dieser Idee zugrunde liegenden Rechtsgüter für sich reklamierte.[316] Der industrialisierte und vergesellschaftete Mensch forderte geradezu einen Wohlfahrts- und Fürsorgestaat ein, der Förderung und Hilfe garantiert.[317] In Abkehr zum Konservativismus – der nur den Staat und den Mensch ohne Anerkennung des Begriffs der Gesellschaft kannte – und zum Liberalismus – der eine weitere Kategorisierung neben derjenigen des Staats nicht

313 *Goltdammer*, S. 632.

314 Vertiefend dazu: *von Hippel*, I, S. 314 ff.

315 Dazu, dass auch in früheren Kodifikationen der Schutz solcher Rechtsgüter angestrebt war, siehe die vorausgegangenen Ausführungen.

316 Vgl. dazu und zum vorherigen: *Oehler*, S. 178. Die Wechselwirkung zwischen den Vorstellungen und Bedürfnissen der Gesellschaft und der Herausbildung von Rechtsgütern ist auch heute noch aktuell. Siehe dazu die Ausführungen unter D.IV.5.b.bb.(3).

317 *Schmidt*, Strafrechtsreform, S. 13 f.

zuließ[318] –, entwickelte die soziologisch geprägte Sicht des Menschen im Kollektiv das Bedürfnis nach einem Gesellschaftsgüterschutz, dem der preußische Gesetzgeber nachkam. Zwingende Folge der strafrechtlichen Anerkennung des Schutzes von Gemeinschafts- und Gesellschaftsgütern war die Herausbildung von Kollektivrechtsgütern. Eine Anerkennung derselben als eigenständige Rechtsgüter dürfte allein schon deshalb zwingend sein, weil die Legalordnung stets das Wertesystem der damaligen Zeit widerspiegelt(e). Daher kann ihr Entstehen spätestens zu diesem Zeitpunkt der rechtshistorischen Entwicklung kaum mehr abgestritten werden.[319]

Das preußische Strafgesetzbuch von 1851 entwickelte in seinen §§ 285 bis 308 das System der gemeingefährlichen Straftaten aufgrund neuer technischer Entwicklungen (Eisenbahn- und Telegrafenverkehr) weiter,[320] während einige Delikte des ALR aus diesem Abschnitt verschwanden.[321] Ausgangspunkt des in diesem Gesetzesabschnitt statuierten Schutzes der Verkehrswege[322] war und ist das Bedürfnis, Personen und Güter von Ort zu Ort zu bewegen. Die Verkehrswege hatten schon zur damaligen Zeit eine große Bedeutung, nicht nur für den Einzelnen, sondern auch für das Gemeinwesen. Die Schaffung von Verkehrsmitteln und der daraus resultierenden erhöhten Transportfähigkeit machten einen Strafrechtsschutz fast zwangsläufig erforderlich. Deshalb entschied sich der damalige Gesetzgeber, die ungestörte Brauchbarkeit der Verkehrswege unter Strafschutz zu stellen. Dem lag der Gedanke zu Grunde, dass ein Angriff auf den Verkehrsweg der Eisenbahn eine ordnungsgemäße Nutzung nicht mehr erlaubte und somit das Interesse einer Vielzahl von Personen tangiert war.

b. Die Gefährdung des Eisenbahntransportes

Die Erfindung und Entwicklung der Eisenbahn hatte einen tiefgreifenden Einfluss auf die Verhältnisse des öffentlichen und des privaten Lebens und brachte unbestreitbar Vorteile und Erleichterungen mit sich. Die Wirtschafts- und Lebensverhältnisse wurden umgestaltet, Handel und Industrie nahmen ihren Aufschwung,

---

318 *Oehler*, S. 178 f.

319 Siehe dazu und zum vorherigen *Oehler*, S. 202 ff, insbesondere S. 209 ganz am Ende.

320 *Maurach/Schroeder/Maiwald*, BT 2, § 50 Rn. 1.

321 Zum Beispiel der Landzwang und die Landesbeschädigung.

322 Die Darstellung wird auf den Schutz der Eisenbahn beschränkt. Zur Schifffahrt sei nur das Folgende angemerkt: Die Schifffahrt als ältestes Transportmittel wurde innerhalb der Kodifikation von 1851 umfassend geschützt. Der Strafrechtsschutz war aus mehrfacher Hinsicht von Nöten. Er diente zum einen dazu, dem Transportmittel die Integrität und zum anderen den Wasserstraßen ihre Benutzbarkeit zu sichern. Lediglich mittelbar wurde der Gedanke der Existenzsicherung im Hinblick auf die eingeschifften Personen und Güter (letztere vor dem Hintergrund der Verderblichkeit) verfolgt. Vorrangiges Ziel der strafbaren Handlungen wider den Schifffahrtsbetrieb (die sich im Übrigen im Abschnitt der gemeingefährlichen Straftaten fanden) war demnach die Sicherstellung des Betriebes als solchen.

die Personen- und Güterbeförderung erlebte einen rasanten Aufstieg.[323] Das unaufhaltsame Aufblühen des Eisenbahnverkehrs bedingte, dass sich neue gesetzgeberische Aufgaben stellten, um insbesondere die Sicherheit des Eisenbahnbetriebes vor „Bosheit und Leichtsinn“ zu schützen: Mithin galt es, das „Verbrechertum“ von der „neuen Verkehrsanstalt“ fernzuhalten.[324] Dem soeben Ausgeführten folgend, waren fast alle deutschen Einzelstaaten bemüht, strafrechtliche Bestimmungen zum Schutze des neuen Verkehrsmittels zu erlassen. Der Gedanke, der dieser gesetzgeberischen Tätigkeit zu Grunde lag – und dies ist den Einzelentwürfen zu entnehmen –, war, dass die exorbitante gefährliche Natur des Eisenbahnbetriebes, die schnelle Bewegung schwerer Wagen auf Gleisen und der Umstand, dass die Eisenbahn mannigfaltig öffentliche Straßen und Wege durchkreuzte, besondere strafrechtliche Bestimmungen zum Schutze gegen die Betriebsgefahr und der damit einhergehenden Gefahr für die Allgemeinheit notwendig machten.[325]

Bereits zum 30.11.1840[326] wurde in Preußen[327] eine „Verordnung zur Bestrafung der Beschädiger von Eisenbahn-Anlagen“ erlassen.[328] Ausgangspunkt der Verordnung war (wohl) die Erkenntnis, dass die Naturkraft des Dampfes (als Antriebsmittel für die Eisenbahn), ähnlich dem Feuer oder Wasser, geeignet ist, nicht vorhersehbare Gefahren für Leib und/oder Leben von Menschen hervorzurufen. Das Hauptaugenmerk wurde auf die Gemeingefährlichkeit der gegen die materielle Unversehrtheit der Eisenbahn gerichteten Handlung gelegt.[329] Die Verordnung diente dazu, den bestimmungsgemäßen Betrieb der Eisenbahn (inklusive der Transportgüter) gegen Gefährdungen zu sichern. Mithin diente sie dem Schutz des Verkehrs auf den Eisenbahnen und bestrafte nach § 1 denjenigen, der vorsätzlich an Eisenbahn-Anlagen, an deren Transportmitteln oder sonstigem Zubehör solche Beschädigungen verübt, durch welche der Transport auf diesen Bahnen in Gefahr gesetzt wird. Gleiches galt

---

323 Vgl. *Supper*, S. 2.

324 *Loock*, S. 2.

325 *Loock*, S. 2; *Supper*, S. 7 f.

326 Tragend für den Erlass dieser Verordnung dürfte die im Jahre 1838 erfolgte Eröffnung der Berlin-Potsdamer Eisenbahn gewesen sein.

327 Vorliegend soll aufgrund der Wichtigkeit der preußischen Gesetzgebung für die spätere Reichsgesetzgebung nur die dortige Entwicklung beleuchtet werden. Daneben sei bemerkt, dass auch das Criminalbuch für das Königreich Sachsen zwar keine speziellen Delikte zum Schutze der Eisenbahn kannte, diese aber unter die Wendung „zum öffentlichen Gebrauch dienender Bauwerke“ im Abschnitt „von gemeingefährlichen Handlungen“ (Art. 181, 182) gefasst wurden. 1855 folgte ein ausführliches Gesetz gegen die Beschädigung von Eisenbahnen und Telegraphen. Bei der Revision des sächsischen Strafgesetzbuchs im Jahre 1868 wurde das Eisenbahnstrafgesetz aufrechterhalten und galt bis zum Inkrafttreten des norddeutschen Strafgesetzbuches.

328 Die Verordnung ist abgedruckt in der Preußischen Gesetzessammlung 1841, S. 9 f. Mit dem Gesetz „betreffend die Stellung unter Polizeiaufsicht vom 12. Februar 1850“ wurden die in der Verordnung vorgesehenen Sanktionen verschärft.

329 *Supper*, S. 9; *Loock*, S. 20.

für denjenigen, der auf der Fahrbahn in irgendeiner Weise (mithin durch Aufstellen, Hinlegen oder Hinwerfen von Gegenständen, durch Verrückung der Schienen usw.) Hindernisse bereitet, die eine Transportgefährdung zur Folge hatte. § 2 sah eine Strafschärfung für den Fall vor, dass ein Mensch am Körper oder an der Gesundheit erheblich beschädigt wurde. § 5 der Verordnung erklärte die fahrlässige Transportgefährdung (nach § 4 der Verordnung) auch hinsichtlich der zur Leitung der Eisenbahn-Fahrten und zur Aufsicht über die Bahn und den Transportbetrieb angestellten Personen für anwendbar, wenn diese Personen durch Vernachlässigung ihrer Pflicht einen Transport in Gefahr setzten.

Die Verordnung diente insgesamt dem Schutz der ungestörten Brauchbarkeit des Verkehrsweges der Eisenbahn als solchen. Deutlich wird dies schon dadurch, dass § 1 der Verordnung eine Strafbarkeit auch ohne Gefährdung eines Individualrechtsguts vorsieht. Auch die Existenz einer strafrechtlichen Pönalisierung der Verletzung von Garantenpflichten festigt den Eindruck, dass dem Schutz des Eisenbahntransportes und der ungestörten Nutzbarkeit des Verkehrsweges eine absolute Priorität eingeräumt werden sollten. Es zeigt sich, dass sich in dieser Verordnung der Gedanke des bereits angesprochenen Aspekts der Gemeinschädlichkeit deutlich wiederfindet: Der Erlass dieses Spezialgesetzes diente dem Schutz der als wichtig betrachteten Anstalt „Eisenbahnverkehr“ gegen Beschädigungen und Gefährdungen.[330] Der Grund für die erhöhte Strafbarkeit der Eisenbahnverletzung war nämlich schon damals die Wichtigkeit der Eisenbahnen für den internationalen Verkehr und für die vielfältigen materiellen Interessen. Mithin wurde mit der Erhöhung der Strafbarkeit die wirtschaftliche Funktion betont, die damit ebenfalls unter dem Blickwinkel der Gemeinschädlichkeit zu sehen ist.[331]

Unausgesprochen, aber dennoch den Erlass der Verordnung (mit-) tragend, dürfte der Gesichtspunkt gewesen sein, dass mit einer – auch unbedeutenden – Verletzung bzw. Gefährdung des Eisenbahntransports (regelmäßig) eine Gefahr für eine große Menge von Personen (Beförderungsgästen), mithin der Allgemeinheit, einhergeht.[332] Insoweit hat also auch die Gemeingefährlichkeit eine Rolle für die kriminelle Verfolgung gespielt, weil in der Regel durch das Bereiten eines Hindernisses eine gemeine Gefahr hervorgerufen wird.[333] Im Interesse der Allgemeinheit erschien es demnach dem (historischen) Gesetzgeber angezeigt, die Eisenbahn auch deshalb unter besonderen, neuartigen Schutz zu stellen, weil aufgrund der Schnelligkeit der Bewegung dieses Transportmittels sowie der Schwierigkeit, dieses aufgrund ihrer Eigenarten sicher zu beherrschen, der Benutzung der Eisenbahn eine gemeingefährliche Komponente innewohnt. Daraus – und so ist das Ansinnen weiter zu

---

330 Vgl. *von Bar*, S. 181.

331 So zu Recht *Supper*, S. 2 f, der auch das Wesen der Eisenbahn als Kulturbeförderungsmittel unterstreicht. Dagegen *Loock*, S. 3 dort auch m.w.N.

332 A.A. *Oehler*, S. 180.

333 So auch *Loock*, S. 3, S. 7 ff. dort auch mit Wiedergabe des zeitgenössischen Verständnisses des Schrifttums vom Begriff der „gemeinen Gefahr“.

führen – resultierten letztlich größere und neuartige Gefahren für die transportierten Personen und/oder Sachen, deren Ahndung mit den bestehenden Mitteln des Rechts nicht zu leisten war.[334]

Diese beiden tragenden Aspekte – die Gemeinschädlichkeit und die Gemeingefährlichkeit – sind durch die Aufnahme des Inhalts der Verordnung in den §§ 294 ff. des Strafgesetzbuches für die Preußischen Staaten nicht verloren gegangen. Die Verordnung ist vielmehr als Grundlage der Bestimmungen des preußischen Strafgesetzbuches und damit des Reichsstrafgesetzbuches anzusehen. Dies hat zur Folge, dass die Eisenbahngesetze richtigerweise in die Verbrechenskategorie eingereiht wurden, die durch das Merkmal der Gemeingefahr ausgeprägt war.[335] Auch die Motive zum ersten Entwurf des preußischen Strafgesetzbuches umfassten unter den gemeingefährlichen Delikten all diejenigen, „welche in ihrem Erfolge derart unbestimmt sind, dass es nicht in des Verbrechers Willkür liegt, wen er dadurch beschädige, und wie weit der Schaden reiche".[336] Die Verbrechen gegen die Sicherheit des Eisenbahnverkehrs pass(t)en zweifellos auf diese Definition.

Neben der Aufnahme des Verordnungsinhalts in das Strafgesetzbuch erfolgte auch eine Erweiterung des strafrechtlichen Schutzes der Eisenbahn dahin, dass solche Handlungen mit Strafe bedroht wurden, die gegen die Integrität der Eisenbahnanlagen sowie gegen die zum Transport übernommenen Gegenstände gerichtet waren.[337] Demnach wurden solche Verhaltensweisen unter Strafe gestellt, die gegen die Sicherheit des Betriebs gerichtet waren;[338] damit dokumentierte der Gesetzgeber einmal mehr das erhöhte Sicherheitsbedürfnis der Eisenbahn, welches aus der Wichtigkeit der Eisenbahn für die Allgemeinheit resultierte. Neben dem weiterhin unverändert bestehenden gemeingefährlichen Aspekt, wurde damit der Gedanke der Gemeinschädlichkeit weiter verfolgt und diesem – durch die neuen Bestimmungen – Rechnung getragen. Im Hinblick auf den Normzweck war den Delikten aufgrund des Erhaltungsinteresses des Betriebes und der Sicherheit der Eisenbahn gerade ein Universalrechtsgüterschutz immanent: Nicht Individual-, sondern Kollektivinteressen sollten geschützt werden.

---

334 Vgl. *Supper*, S. 29.

335 Vgl. *Loock*, S. 7. Im Übrigen bemerkt er zu Recht, dass der gemeingefährliche Aspekt nicht nur bei Naturkräften im engeren Sinne (z. B. die Überschwemmung) in Betracht kommt, sondern auch bei durch Technik verursachten Kräften, wenn auch zuzugeben ist, dass der damaligen Eisenbahn die Naturkraft des Dampfes zu Grunde lag.

336 Motive 1828, Band IV, S. 391 wiedergegeben bei und zitiert nach *Loock*, S. 8.

337 So z. B. die Zerstörung einer Eisenbahn gemäß § 283 des Strafgesetzbuches für die preußischen Staaten.

338 *Loock*, S. 21.

6. Reichsstrafgesetzbuch von 1871 und die Entwicklung bis zum Ersten Gesetz zur Sicherung des Straßenverkehrs vom 19.12.1952

a. *Das Reichsstrafgesetzbuch von 1871*

aa. *Der Grund der Systematisierung und Begriff der Gemeingefahr*

Die oben dargestellte gemeingefährliche und gemeinschädliche Wirkung bestimmter Handlungen findet sich auch im Reichsstrafgesetzbuch im 27. Abschnitt („Gemeingefährliche Verbrechen und Vergehen“) des Reichsstrafgesetzbuches wieder. Obwohl das kennzeichnende Merkmal eines Großteils dieser Delikte weiterhin die Gemeingefährlichkeit war,[339] wurde die „gemeine Gefahr“ nur in den §§ 312 bis 314 RStGB zum Tatbestandsmerkmal erhoben.

Der Gesetzgeber hat aber ausweislich der Motive in diesen Abschnitt insgesamt solche Delikte einstellen wollen, „mit deren Begehung die Wahrscheinlichkeit einer allgemeinen Gefahr für Menschen und Sachen gegeben ist“,[340] mit denen also ein präsumtiver Erfolg verbunden ist. Während der Gesetzgeber damit an die Folge der Handlung anknüpfte, kategorisiert *von Liszt* sie nach ihrer Ursache (mithin nach der Handlung), in dem er die Delikte „die durch das Mittel des Angriffs gekennzeichnete Straftaten“ nennt.[341] Beide Aspekte sind, da sie sich nicht gegenseitig ausschließen, richtig und verdienen Zustimmung. Es wurden danach solche Delikte in diesem Abschnitt pönalisiert, die sich wegen ihrer Folge (bedingt durch die ursächliche Handlung) gegen die Gesellschaft richten und auch unter diesem Gesichtspunkt zu würdigen sind.[342] Diese „gesellschaftsschädigende“ Richtung kann – wie gesagt – in dem Umfang der Gefahr, die durch gewisse Handlungen hervorgerufen wird (Aspekt der Gemeingefährlichkeit), oder in einer Vielzahl von Interessen an der Unversehrtheit gewisser Sachen oder Betriebe (Aspekt der Gemeinschädlichkeit) begründet sein. Ersteres bedingte die Wahl der Abschnittsüberschrift durch den Gesetzgeber.[343] In Ansehung des zweiten Aspekts stellte der Gesetzgeber also auch solche Delikte in den 27. Abschnitt ein, deren Verwirklichung eine Gemeinschädlichkeit zur Folge hatte.[344] So bestand bei den Tatbeständen über die Eingriffe in den Telegrafen- und Telefonverkehr (zu den Delikten wider des Verkehrs dann sogleich) der Allgemeinheitsbezug nicht darin, dass die Tathandlung generell gefährlich ist, sondern ausschließlich darin, dass eine störungsfreie Verfügbarkeit von für das Zusammenleben wesentlicher Einrichtungen unterbrochen bzw. aufgehoben wird. Es stand gerade das geordnete Zusammenleben und das Funktionieren der

---

339 *Von Liszt*, § 148 I.
340 Zitiert nach *von Olshausen*, S. 1737; *Binding*, Band 2–1, § 118 VII m.w.N.
341 *Von Liszt*, § 148.
342 *Frank*, vor § 306 I.
343 Vgl. dazu und zum vorherigen *Frank*, vor § 306 I.
344 *Schmidhäuser*, BT, S. 183.

Kommunikation in einer Gemeinschaft im Vordergrund, ohne dass ein zumindest mittelbarer individueller Rechtsgüterschutz erblickt werden kann.[345]

Das Merkmal der Gemeingefahr wurde – neben seiner Verwendung als Systematisierungsmerkmal – vom Gesetzgeber weiterhin zur Bildung einzelner Verbrechensbegriffe verwendet. In manchen Fällen hat er – wie oben schon angeklungen – die Gemeingefährlichkeit zum ausdrücklichen Begriffsmerkmal erhoben und damit ihr Vorliegen und ihre Prüfung im Einzelfall zur Voraussetzung für eine Strafbarkeit erhoben (so z. B. bei den Delikten der Überschwemmung mit der Wendung „gemeinen Gefahr"). Bei manchen Delikten des 27. Abschnitts war – und insoweit trägt dies den eingangs erwähnten Gedanken von *Liszt* in sich – die regelmäßige Eigenart der Handlung, eine Gemeingefahr hervorzurufen, der Grund dafür, sie als abstraktes Gefährdungsverbrechen auszugestalten. Diese Delikte erforderten ausweislich ihres Normwortlautes keine Gemeingefahr und verlangten auch keine konkreten Gefahr im Einzelfall, sondern trugen per se schon einen gemeingefährlichen Charakter, so dass die abstrakte Gemeingefahr die Voraussetzung für eine Strafbarkeit war.[346]

Darüber hinaus existierten solche Delikte, die eine besondere Gefahr erforderten.[347] Im Rahmen des Geltungsbereichs der besonderen Gefahr war umstritten, ob das Vorliegen einer Gemeingefahr nach einer entsprechenden Auslegung im Einzelfall zu prüfen war oder – unter Anerkennung eines gemeingefährlichen Charakters dieser Delikte –, ob dies nicht erforderlich war.[348] Die Frage, wann eine Gemeingefahr vorliegen sollte, war ebenfalls umstritten. Eine Ansicht erkannte eine Gemeingefahr nur dann an, wenn eine Vielzahl von Personen gefährdet wurde. Innerhalb dieser Meinungsgruppe war jedoch nicht geklärt, ob die Zahl der gefährdeten Personen oder Sachen unbestimmt sein musste oder ob eine Vielheit der gefährdeten Personen oder Sachen genügte. Andere waren dagegen der Meinung, dass die Gefährdung einer einzigen Person oder Sache genüge, wenn diese Person oder Sache dergestalt unbestimmt sei, dass jeder Beliebige hätte in diese Gefahr kommen können (sog. Repräsentationsgedanke).[349]

345 *Radtke*, 1998, S. 124 f.

346 *Frank*, vor § 306 I; *von Liszt*, § 148 IV 1, der als Beispiel die Brandstiftung anführt. Kritisch zu der abstrakten Gefahr *Binding*, Band 2–1, § 118 III.

347 So z. B. bei den §§ 315 ff. StGB a. F. („für den Transport der Eisenbahn") oder die §§ 321, 330 bzw. 323 StGB a. F. (für „andere" bzw. für „einen anderen").

348 Dafür wohl *Finger*, FG für Frank, S. 230, 249. Dagegen *Frank*, § 150 I für die Gefährdung des Eisenbahnbetriebs: „ Zur Vollendung ist im Einzelfalle tatsächliche Gefährdung des Transports erforderlich, nicht aber die (damit allerdings wohl immer gegebene) Gemeingefährdung von Leben oder Vermögen." Siehe *ders.* auch bei § 151 III (Kapitel über die Gefährdung des Schifffahrtsbetriebes): „Gemeingefährdung nicht erforderlich". Zum Streitstrand: *von Olshausen*, S. 1737 m.w.N.

349 Vgl. zum Meinungsstand: *Frey*, DAR 1956, 145, 146 und *Frank*, vor § 306 II jeweils m.w.N.

bb. Die Delikte wider die Anstalten des Verkehrs

Der damalige Gesetzgeber entschied sich in Anlehnung an die Kodifikation von 1851 die Tatbestände, die solche Verhaltensweisen pönalisierten, die gegen den Verkehr gerichtet waren, in den Gesetzesabschnitt der gemeingefährlichen Straftaten einzuordnen. Dies tat er zu Recht,[350] denn diese Delikte vereinen – wie oben im Rahmen des preußischen Strafgesetzbuches von 1851 dargestellt[351] – den Aspekt der Gemeingefährlichkeit mit demjenigen der Gemeinschädlichkeit. Gerade die Gefährdung des Eisenbahntransportes und die Störungen und Gefährdungen von Fahrwasser und Kurs tragen den Gedanken der präsumtiven Massengefahr im Sinne einer Gemeingefahr in sich. Der Eisenbahn- und der Schiffsverkehr waren und sind Massentransporte. Wird mit einer Handlung eines der genannten Transportmittel gefährdet, hat dies typischerweise die Gefährdung einer Vielheit von Rechtsträgern zur Folge. Die Störung für Leben (und auch Eigentum) tritt „so leicht und so häufig“ ein, woraus folgt, dass diese Gefährlichkeit und Verderblichkeit als schwerer Schärfungsgrund in Ansatz zu bringen war.[352] Klar erkennbar ist bei den Delikten wider den Verkehrsanstalten das Missverhältnis zwischen Ursache und Wirkung: Die Ursache, mithin die Tathandlung, trägt ein präsumtives Gefährdungspotential für die Allgemeinheit in sich. Der Schwerpunkt der gegen die Eisenbahn gerichteten Handlungen lag einerseits in deren gemeingefährlicher, technisch bedingter Wirkung gegen die Sicherheit des Bahnbetriebes. Andererseits bleibt Folgendes festzuhalten: Die Schädigungsrichtung (mithin die Wirkung) zeigt sich dadurch, dass eine Mehrzahl von Interessen an der Unversehrtheit gewisser Betriebe tangiert ist. Der Aspekt der Gemeinschädlichkeit für den allgemeinen und öffentlichen Verkehr ist insoweit unverkennbar und der Handlung immanent. Dieser Gemeinschädlichkeitsaspekt war insbesondere mit der wirtschaftlichen Bedeutung des Eisenbahnverkehrs verknüpft.

Zum 1.8.1922 wurden Sonderbestimmungen zum Schutz der Luftfahrt eingeführt. In den Folgejahren (1925 und 1927) wurden die Strafbestimmungen erstmals in Entwürfen in einer Vorschrift zusammengefasst.[353] Das Gesetz zur Änderung des Strafgesetzbuches vom 28.6.1935[354] griff die Vorschläge der Reformen (wieder) auf und regelte beide Vorschriften neu: § 315 StGB a.F. von 1935 fasste die vorsätzliche Gefährdung der Sicherheit des Betriebes einer Eisenbahn, Schwebebahn, der Schifffahrt oder der Luftfahrt zusammen. § 316 StGB a.F. von 1935 bedrohte fahrlässige Taten mit Strafe.[355]

---

350 A.A.: z.B. *Binding*, Band 2–1, § 124.

351 Vgl. dazu die Ausführungen oben unter C.II.5.

352 *Binding*, Band 2–1, § 125 III.

353 Die Entwürfe enthielten noch nicht den Begriff der Gemeingefahr. Sie sahen vielmehr vor, dass es zu einer „Gefahr für Leib und Leben [...]“ kommen müsse.

354 RGBl. I (1935) S. 839. Die leitenden Gedanken dieser Strafrechtsnovelle werden von *Schäfer*, DJ 1935, 991 ff. wiedergegeben.

355 Dazu: *Floegel/Hartung* (1965), Vorbemerkungen zu den §§ 315 bis 315d, 316 unter 1. § 315 StGB a.F. von 1935 hatte folgenden Wortlaut:

Zudem wurde die Strafbarkeit davon abhängig gemacht, dass durch die Tat eine „Gemeingefahr“ herbeigeführt wurde. Das Merkmal der Gemeingefahr wurde in Absatz 3 des § 315 StGB a. F. von 1935 legaldefiniert.[356]

(1) Der strafrechtliche Schutz der Eisenbahn

Eine der wenigen Materien des Eisenbahnwesens, die durch das Deutsche Reich und gerade nicht durch die Landesgesetzgebung geregelt wurde, war das Strafrecht zum Schutz der Eisenbahn. Die §§ 90 Ziff. 2, 243 Ziff. 4, 250 Ziff. 3, 305, 315, 316 und 320 RStGB enthielten reichsgesetzliche Strafbestimmungen, die – wie bereits ausgeführt – ihre Grundlage im preußischen Strafgesetzbuch von 1851 hatten. Die strafrechtlichen Bestimmungen zum Schutze der Eisenbahn verleihen der Forderung vollauf Geltung, wonach der Staat die Bedingungen eines funktionierenden Rechtslebens sicher zu stellen hat: Handlungsweisen, die (als Verletzungsdelikte, Gefährdungsdelikte oder als sonstige Handlungen) wegen der ihnen möglicherweise zukommenden Wirkung als gefährlich anzusehen sind, müssen unter Strafe gestellt werden,[357] so dass durch die strafrechtliche Normierung der verfolgte Zweck des Schutzes von Allgemeinrechtsgütern deutlich wird.

(2) Ausgewählte Tatbestände zum Schutz der Eisenbahn

(a) Transportgefährdung

Die Straftatbestände im Zusammenhang mit der Transportgefährdung und der Zerstörung einer Eisenbahn sind ohne erhebliche Änderungen aus dem preußischen Strafgesetzbuch übernommen worden.[358] Nur hinsichtlich der Strafdrohung wurden Modifikationen vorgenommen. Demnach normierte das Reichsstrafgesetzbuch in den §§ 315, 316 StGB a. F. detaillierte Strafvorschriften gegen die Gefährdung von

---

Wer die Sicherheit des Betriebes einer Eisenbahn oder Schwebebahn, der Schiffahrt oder der Luftfahrt durch Beschädigen, Zerstören oder Beseitigen von Anlagen oder Beförderungsmitteln, durch Bereiten von Hindernissen, durch falsche Zeichen oder Signale oder durch ähnliche Eingriffe oder durch eine an Gefährlichkeit einem solchen Eingriff gleichkommende pflichtwidrige Unterlassung beeinträchtigt und dadurch eine Gemeingefahr herbeiführt, wird mit Zuchthaus bis zu zehn Jahren bestraft. In besonders schweren Fällen ist auf Zuchthaus nicht unter fünf Jahren oder auf Todesstrafe zu erkennen.
Wer auf solche Weise die Sicherheit des Betriebs einer Straßenbahn beeinträchtigt und dadurch eine Gemeingefahr herbeiführt, wird mit Gefängnis bestraft. Der Versuch ist strafbar. In besonders schweren Fällen ist die Strafe Zuchthaus bis zu zehn Jahren.
Zu Abs. 3 siehe unten unter C.II.6.b.

356 Dazu ausführlich unten unter C.II.6.b.

357 *Supper*, S. 26.

358 Zudem enthielt das Reichsstrafgesetzbuch Tatbestände, die den Schiffverkehr betrafen (§§ 321, 322, 323 StGB a. F.).

Eisenbahntransporten. § 315 StGB a.F.[359] enthielt eine Strafbestimmung gegen die vorsätzliche, § 316 Abs. 1 StGB a.F. eine Strafbestimmung gegen die fahrlässige Transportgefährdung. Unter anderem setzte § 315 Abs. 1 StGB a.F. voraus, dass durch die Tathandlung „der Transport in Gefahr gesetzt wird". § 316 Abs. 2 StGB a.F. bedrohte „die zur Leitung der Eisenbahnfahrten und zur Aufsicht über die Bahn und den Beförderungsbetrieb angestellten Personen" mit Strafe, wenn unter anderem aufgrund einer Pflichtverletzung ein Transport in Gefahr gesetzt wurde. Aufgrund des Umstandes, dass die Delikte dem Grunde nach dem Preußischen Strafgesetzbuch von 1851 entnommen worden sind, wird zweierlei deutlich: a) Es handelte sich weiterhin um solche Delikte gemeingefährlicher Art und b) die Transportgefährdung wurde nicht um den Willen eines Individualrechtsgüterschutzes in den Bereich der Strafbarkeit erhoben, sondern sie dienten auch weiterhin dem Schutz der Sicherheit des Eisenbahnbetriebs im Sinn eines Kollektivrechtsguts.

(b) § 305 (R)StGB

Abschließend lohnt ein Blick auf § 305 (R)StGB[360], der die Zerstörung von (enumerativ aufgeführten) Bauwerken pönalisiert. Mit Blick auf die unter anderem geschützten Tatobjekte der Eisenbahn und der gebauten Straße kann – und dies ist für das Verständnis und die Auslegung der §§ 315 b, 315 c StGB von nicht unbedeutender Wichtigkeit – das gesetzgeberische Bestreben eines insoweit als notwendig erachteten umfassenden Schutzes der Verkehrsanstalten aufgezeigt werden. Zwar ist als Rechtsgut der Norm grundsätzlich der Schutz fremden Eigentums anzusehen. Jedoch – und insoweit wurde im Vergleich zur einfachen Sachbeschädigung gemäß § 303 (R)StGB eine eigenständige Qualifikation geschaffen – verleiht die Norm dem Gedanken Ausdruck, dass gewisse Bauwerke und Institutionen aufgrund ihres Nutzens und ihrer Wichtigkeit für die Allgemeinheit eines weitergehenden strafrechtlichen Schutzes bedürfen. Sinn und Zweck der Strafschärfung war und ist, das unbewegliche, mit dem Grund und Boden verbundene Eigentum, welches dem Interesse der Mehrheit der Menschen dient, unter höheren strafrechtlichen Schutz zu stellen.[361] Daher diente (bzw. dient) die Norm unter anderem dem Schutz des Straßenverkehrs und der Eisenbahn (als damals wichtigste öffentliche Verkehrsanstalt), auch wenn durch die Handlung (mithin durch die Zerstörung) keine Gefahr für den Straßenverkehr bzw. den Transport entsteht.

---

359 § 315 Abs. 1 StGB a.F. hatte folgenden Wortlaut: *Wer vorsätzlich Eisenbahnanlagen, Beförderungsmittel oder sonstiges Zubehör derselben dergestalt beschädigt oder auf der Fahrbahn durch falsche Zeichen oder Signale oder auf andere Weise solche Hindernisse bereitet, dass dadurch der Transport in Gefahr gesetzt wird, wird mit Zuchthaus bis zu zehn Jahren bestraft.*

360 Der Paragraph ist aus § 283 des preußischen StGB entnommen, der seinerseits auf dem Code pénal beruht.

361 *Supper*, S. 76.

§ 305 (R)StGB verfolgte damit den Zweck, der Eisenbahn wegen ihrer Wichtigkeit für den öffentlichen Verkehr und für das Wirtschaftsleben erhöhten Schutz zu verleihen.[362] Auch der Schutz der „gebauten Straße" in § 305 (R)StGB zeigt deutlich deren Stellenwert: Denn es ist nicht zu verkennen, dass die Straße – im wahrsten Sinn – die Grundlage des Straßenverkehrs bildet. Ist eine Straße zerstört, kann weder die individuelle Mobilität ausgelebt noch die Sicherheit des Straßenverkehrs gewährleistet werden. Insoweit verkörpert § 305 (R)StGB teilweise das, was das unten[363] beschriebene Kollektivrechtsgut ausmacht.

Jedoch ist zu beachten, dass § 305 (R)StGB im Hinblick auf das Kollektivrechtsgut der Sicherheit des Straßenverkehrs als nicht abschließend anzusehen ist, denn eine Vielzahl der Handlungen, die kausal für die Beeinträchtigung der Sicherheit des Straßenverkehrs sind, finden sich in § 305 (R)StGB naturgemäß gerade nicht wieder; dies ist auch nicht möglich, denn z.B. Fahren im alkoholisierten Zustand stellt zweifelsohne kein Eigentumsdelikt dar. § 305 (R)StGB schützt zwar bestimmte Objekte, nicht jedoch vor einer bestimmten Gefahrenlage. Damit bleibt Raum, den Schutz der Institution Straßenverkehr als Kollektivrechtsgut in anderen Delikten des Strafgesetzbuches zu suchen und dort auch zu finden.

b. Die Implementierung einer Definition der Gemeingefahr

Während – wie oben dargestellt – das Gesetz an einigen Stellen den Begriff der „gemeinen Gefahr" kannte, war bis 1935 im Text des Gesetzbuches der Begriff der Gemeingefahr nicht enthalten. Erst bei den Vorarbeiten zu einem neuen RStGB tauchte der Begriff der Gemeingefahr in der Gesetzessprache auf. Während der Entwurf von 1913 in seiner Ausgestaltung an verschiedenen Stellen die Wendung „Gefahr für Menschenleben oder in bedeutendem Umfange für fremdes Eigentum" kannte[364], setzte der Entwurf von 1919 erstmalig den Begriff der Gemeingefahr ein. Dieser wurde im Folgenden im Entwurf von 1925 (Reichsratsvorlage) in § 11 Ziff. 11 des Entwurfs erläutert,[365] wobei erklärend ausgeführt wurde, dass für die Herbeiführung einer Gemeingefahr die Gefährdung einer einzelnen, aber nicht individuell bestimmten Person, genüge.[366] Dagegen kehrte der Entwurf von 1927 (Reichstagsvorlage) als Vorarbeit zum Tatbestand der Gefährdung der Verkehrssicherheit (genauso wie dann die RT-Kommission von 1930) wieder zu der Formulierung des Entwurfs von 1913 zurück. Dabei wurde der Begriff „Menschenleben" durch „Leib und Leben" ersetzt. Die Rückkehr zu dieser Variante wurde damit begründet, dass

---

362 *Loock*, S. 34.

363 Vgl. unter D.IV.5.b.bb.(3).

364 So z.B. § 267 in der Fassung des Entwurfs von 1913, der unter anderem die Störung von öffentlichen Verkehrseinrichtungen unter Strafe stellte. Vgl. zum Normtext: *Schubert*, Entwürfe, S. 321.

365 Danach sei eine Gemeingefahr eine „Gefahr für Menschenleben oder im bedeutendem Umfang für fremdes Eigentum".

366 Zitiert nach *Hartung*, NJW 1960, 1417, 1418.

von einer Gemeingefahr bei der Gefährdung von einer oder mehrerer individuell bestimmten Personen nicht gesprochen werden könne[367]; diese Art der Gefährdung – so ist der Gedanke weiter zu führen – sollte aber zur Tatbestandsverwirklichung ausreichen, was jedoch nicht mit der Statuierung eines Erfordernisses der Gemeingefahr vereinbar schien.

Im weiteren Verlauf sind in der nationalsozialistischen Zeit die Arbeiten an der Strafrechtsreform wieder aufgenommen worden. Dabei wurde erst erwogen, den Begriff der Gemeingefahr in die entsprechenden Normen aufzunehmen, allerdings – anders als im Entwurf von 1919 – definiert als „eine Gefahr für Leib oder Leben, sei es auch nur eines einzelnen Menschen". Begründet durch die Tatsache, dass man auch die Gefährdung eines einzelnen Menschen ausreichen lassen wollte, ohne sie in den Begriff der „Gemeingefahr" hineinpressen zu wollen[368], wurde kurz vor Verabschiedung des Gesetzes zur Änderung des Strafgesetzbuches der Begriff der Gemeingefahr zu Gunsten der Formel „Gefahr für Leib und Leben eines anderen oder für bedeutende Werte" aufgegeben. Aufgrund einer zeitlichen Überschneidung fand jedoch letztlich das Begriffsmerkmal der Gemeingefahr in den dritten Absatz des § 315 StGB a.F. Der am 28.6. 1935 im Reichsgesetzblatt[369] verkündete § 315 Abs. 3 StGB a.F. hatte folgenden[370] Wortlaut:

> *Gemeingefahr bedeutet eine Gefahr für Leib oder Leben, sei es auch nur eines einzelnen Menschen, oder für bedeutende Sachwerte, die im fremden Eigentum stehen oder deren Vernichtung gegen das Gemeinwohl verstößt.*

Mit Blick auf die gewählte Systematik lässt sich feststellen, dass der 27. Abschnitt auch nach der Novelle unverändert solche Delikte zusammenfasste, die die Entfesselung von Naturkräften zum Gegenstand hatte.[371] Lediglich die Weiterentwicklung des Verkehrswesens aufgrund des technischen Fortschritts[372] und die immense Bedeutung der Eisenbahn als Personen- und Gütertransportmittel[373] machte – bezogen auf den technischen Fortschritt – eine Erweiterung der geschützten Verkehrsarten

---

367 Zitiert nach *Hartung*, NJW 1960, 1417, 1418.

368 So der endgültige Entwurf; zitiert nach *Hartung*, NJW 1960, 1417, 1418.

369 RGBl. I (1935) S. 839.

370 Vgl. dazu auch C.III.2.b.bb.

371 Vgl. *Schäfer/von Dohnanyi*, S. 203.

372 Interessant hierzu die amtliche Begründung zu § 231 des Entwurfs von 1927 zu der Frage, ob der Begriff der Straßenbahn legaldefiniert werden solle. Dies wurde verneint, „weil bei der Vielgestaltigkeit und schnellen Entwicklung der Technik in kurzem schon wieder neue Formen der Straßenbahn entstehen könnten, die von einer jetzt aufgestellten Begriffsbestimmung nicht getroffen sein würden."

373 Siehe zum rasanten technischen Fortschritt und zur Wichtigkeit des Gütertransportes auch mit Kraftfahrzeugen die zeitgenössische Abhandlung von *Burgemeister*.

(so z. B. die Einbeziehung der Luftfahrt[374]) und – bezogen auf die gesteigerte Bedeutung der bereits geregelten Verkehrsmittel – einen Ausbau des Strafrechtsschutzes erforderlich, ohne dabei die bestehende Systematik aufzuweichen.

Im Übrigen fassten die aus der Novelle hervorgegangenen §§ 315, 316 StGB a. F. die verschiedenen Fälle der Transportgefährdung nunmehr zusammen. Hinsichtlich dieser Delikte gilt Folgendes: Da der lebhafte Verkehr, insbesondere in der Großstadt, ein erhöhtes Schutzbedürfnis der verschiedenen Verkehrsarten und deren Betrieb mit sich brachte, schützen die §§ 315, 316 StGB a. F. gerade den Betrieb der in den Delikten genannten Verkehrsarten.[375] Dies ergibt sich nicht zuletzt daraus, dass der damalige Gesetzgeber die Wendung „Beeinträchtigung der Betriebssicherheit" als Tatbestandsmerkmal einführte. Insoweit war die kollektivrechtliche Schutzrichtung nicht zu verkennen.

Weder aus den Materialien noch aus der zeitgenössischen Literatur ergibt sich, wie der Begriff der Gemeingefahr trotz der implementierten – jedoch letztendlich missglückten[376] – Legaldefinition richtig und in korrekter Weise zu verstehen, auszulegen und „mit Leben zu füllen" ist.[377] Gleiches gilt hinsichtlich der Frage nach der Tauglichkeit von Tatbeteiligten als Gefährdungsopfer. Jedoch machte die damalige Strafrechtskommission Ausführungen anderer Art, denen eine vertiefte Aufmerksamkeit zu schenken ist. Zuvörderst gilt dies hinsichtlich des Schutzguts der Transportgefährdung: Wie *Frey*[378] bemerkt, war eines der Hauptziele der Novelle, die eigenpersönliche Denkweise und individualistische Grundrichtung des damals geltenden Strafrechts zu beseitigen und stattdessen durch eine die völkische Gemeinschaft ausgerichtete Betrachtungsweise zu ersetzen, so dass die Verteidigung von Volksgütern in den Vordergrund rückte. Damit wurde (auch in dieser rechtshistorischen Epoche wieder) der Aspekt der Gemeinschädlichkeit in den Vordergrund gestellt.[379]

Während diese Ausrichtung für Rechtsgüter des privaten Rechtskreises wie das Eigentum gegolten haben mag („Schutz des Volksguts"), galt dies jedoch nicht für die gemeingefährlichen Delikte, da diesen Delikten – wie gezeigt – seit jeher ein Allgemeingüterschutz immanent war (und ist). Auch *Frey* bestätigt diese Erkenntnis (dass die gemeingefährlichen Delikte bereits vorher „Volksgüter" im Sinne von Kollektivrechtsgütern schützten), wenn er ausführt: „Bei einer solchen Einstellung [der Strafrechtskommission von 1935, Privatrechtsgüter als Volksgüter anzusehen]

374 Ein weiterer Grund für die Aufnahme der Luftfahrt war die Angst vor Sabotage der damals im Aufbau befindlichen Luftwaffe (vgl. *Schleicher/Reymann*, § 315 unter 1.).

375 *Schäfer/von Dohnanyi*, S. 203.

376 So *Birk*, NJW 1954, 1146, 1147.

377 So auch *Hartung*, NJW 1960, 1417, 1419.

378 In DAR 1956, 145 ff. Siehe zur Priorität der Interessen der "Volksgemeinschaft" im NS-Strafrecht überhaupt *Hirsch/Majer/Meinck*, S. 424 f., 432 ff.

379 *Radtke*, 1998, S. 128.

wäre es unverständlich, wenn die Strafrechtskommission *ausgerechnet*[380] die gemeingefährlichen Straftaten auf die Einzelpersonen hätte beziehen wollen“[381]. Auch wenn in der heutigen Zeit von einem solchen allumfassenden völkischen Denken abzurücken ist, wäre es zu weitgehend, nun auch den gemeingefährlichen Straftaten ihre Existenzberechtigung abzusprechen. Denn das Ansinnen, die „Verteidigung der Allgemeinheit“ bei diesen Delikten zu gewährleisten, rührt nicht aus der nationalsozialistischen Zeit, sondern zieht sich durch die gesamte rechtshistorische Entwicklung. Die Novelle von 1935 änderte also am hergebrachten Rechtsgutsverständnis zu den gemeingefährlichen Delikten nichts.

Zurückkommend zum Merkmal der Gemeingefahr wurde im Rahmen der Diskussion der Strafrechtskommission ausgeführt, dass eine Gemeingefahr entweder durch Eingriffe in das geordnete Walten der Naturkräfte sowie durch die Anwendung von Giften, durch Störungen des Verkehrs und Beschädigungen lebenswichtiger Anlagen oder durch die Störung besonders wichtiger Betriebe hervorgerufen werden kann. Den gemeingefährlichen Handlungen ist danach im Ergebnis gemeinsam, dass sie eine Gefahr für die Allgemeinheit begründen. Weiter notiert die Strafrechtskommission, dass eine gemeine Gefahr eine solche ist, deren Umfang und Ausdehnung sich nicht übersehen oder abschätzen lässt.[382] Diese Erkenntnis hat die Strafrechtskommission wohl dazu veranlasst, die Gemeingefahr als Tatbestandsmerkmal auszugestalten.[383] Danach war nach der neuen Fassung neben einer nach ihrem Wesen schon gemeingefährlichen Handlung auch noch die Hervorrufung einer Gemeingefahr notwendig, so dass der Aspekt der Gemeingefährlichkeit an zwei Stellen im Gesetz virulent war. Einig war man sich in der Kommission darüber, dass auch die Gefahr für Leib und Leben eines einzelnen genügen muss. Dies sei aber vor dem Hintergrund zu verstehen, dass die in diesem Abschnitt geregelten Tatbestände gemeingefährliche Handlungen voraussetzen, so dass es sich sowohl gegenüber der Person als auch dem Ausmaß nach um eine unbestimmte Gefahr handeln müsse. Nachdem, so die Kommission weiter, der Täter das Seine getan hat, waltet nicht mehr sein Wille, sondern das Schicksal, welches dem „Volksgenossen“ droht.[384] Insoweit sind die Ausführungen der Strafrechtskommission für die Frage nach der treffenden Interpretation und das korrekte Verständnis des Merkmals der Gemeingefahr wenig hilfreich.

Bezüglich der Gefahr für bedeutende Sachwerte, die dem Täter gehören, sollte eine Gemeingefahr dann gegeben sein, wenn ihre Vernichtung gegen das Gemeinwohl

---

380 Hervorhebung vom Verfasser.

381 DAR 1956, 145.

382 Vgl. dazu und zum vorherigen *Thierack* in Gürtner, S. 299.

383 *Thierack* in Gürtner, S. 300: Die Gemeingefahr soll als Tatbestandsmerkmal unter Bildung konkret gemeingefährlicher Handlungen verwendet werden.

384 *Thierack* in Gürtner, S. 308 f. Mit diesen Ausführungen wird die Anknüpfung an das oben skizzierte althergebrachte Verständnis einer gemeingefährlichen Handlung deutlich.

verstößt. Diesem Ansatz hat der Gedanke zu Grunde gelegen, dass die Verfügungsgewalt des Täters „durch seine aus der Volksgemeinschaft sich ergebenden Pflichten gegenüber den Volksgenossen [...] beschränkt ist."[385] Anknüpfungspunkt war damit der Treuhändergedanke.[386] Die zeitgenössische Literatur stellte fest, dass die Implementierung des Merkmals „Gemeingefahr" zur Folge hat, dass die Strafbarkeit hinsichtlich eines Eingriffs in den Eisenbahnverkehr eine Einschränkung erfährt, weil vor der Novelle jede Gefahr für das Leben oder die Gesundheit eines anderen (§ 321 StGB a.F.) genügte. Im Rahmen der Schiff- und Luftfahrt werde auf der anderen Seite durch die Implementierung des Begriffs der Gemeingefahr der Strafrechtsschutz gerade ausgedehnt, weil hinsichtlich der Schifffahrt zuvor eine Gefahr für das Leben oder die Gesundheit anderer (§ 321 StGB a.F.) und hinsichtlich der Luftfahrt eine Gefahr für ein Menschenleben (§ 33 des Luftverkehrsgesetzes) von Nöten war.[387] Eine Gefahr für bedeutende Sachwerte war demnach bisher nicht ausreichend.

Wegen des – trotz der Legaldefinition – letztlich unklaren[388] Wortlauts bezüglich der Frage, wann eine Gemeingefahr gegeben sein sollte, wurde gleichwohl oder gerade wegen des Erlasses der Strafrechtsnovelle die Diskussion um das Wesen der Gemeingefahr weitergeführt. Namentlich stand im Streit, ob auch die Gefährdung eines Einzelnen dem inhaltlichen Verständnis der Gemeingefahr genügt. Bis zum Erlass des Ersten Gesetzes zur Sicherung des Straßenverkehrs im Jahr 1952 wurde der Rechtsprechung und Literatur mangels Virulenz kaum[389] die Gelegenheit gegeben, zu den vorgenannten Fragen und Problemen Stellung zu nehmen.[390] Nach Erlass des Ersten Gesetzes zur Sicherung des Straßenverkehrs im Jahr 1952 und der damit verbundenen Pönalisierung der Beeinträchtigung der Sicherheit des Straßenverkehrs beim Hervorrufen einer Gemeingefahr trat der Streit[391] über das Verständnis des Begriffs der Gemeingefahr aufgrund einer Zunahme der nunmehr einer gerichtlichen Entscheidung zuzuführenden Sachverhalte wieder in den Vordergrund. In Anlehnung an den einstigen Streit wurde vertreten, dass es zur Hervorrufung einer Gemeingefahr der Gefährdung mehrerer Personen bedarf,[392] weil nur so der vor Gefahr zu schützenden Allgemeinheit Ausdruck verschafft werden könne. Andere waren der Meinung, dass die Gefährdung eines Einzelnen dann ausreiche, wenn an seiner Stelle auch ein beliebig anderer hätte gefährdet werden können. Dies sei notwendig, um den Bezug zur Allgemeinheit, welcher dem Begriff der Gemeingefahr innewohnt, herzustellen. Nur so sei die in der Legaldefinition

385 *Schäfer*, JW 1935, 2478, 2480.
386 *Thierack* in Gürtner, S. 299.
387 Zu beiden Aspekten vgl. *Schäfer*, DJ 1935, 994, 996.
388 So *Frey*, DAR 1956, 145, 146. *Birk*, NJW 1954, 1146, 1147 nennt es eine missglückte Legaldefinition.
389 Siehe zur Rechtsprechung die Ausführungen unter C.III.2.b.bb.
390 *Niethammer*, S. 376; *Frey*, DAR 1956, 145, 146.
391 Übersicht bei *Frey*, DAR 1956, 145 ff. und *Horn*, JZ 1964, 646 ff.
392 So wohl *Birk*, NJW 1954, 1146 f.

geforderte Unbestimmtheit des Gefährdeten korrekterweise aufzulösen.[393] Eine letzte große Gruppe war der Meinung, es reiche aus, wenn einem einzelnen, individuell bestimmten Menschen die Gefahr bereitet werde.[394]

c. *Folgen für das Wesen der gemeingefährlichen Delikte und für das Rechtsgut*

Neben der Gemeingefährlichkeit der Handlung, die – wie gezeigt – seit jeher das Wesen der gemeingefährlichen Delikte ausmachte, wurde das Hervorrufen einer Gemeingefahr – letztlich als Ergebnis der besonderen Eigenart der Handlung – zum zweiten Wesensmerkmal der gemeingefährlichen Delikte erhoben. Diese Normierung als Tatbestandsmerkmal wurde einerseits vom Wunsch getragen, die Todesstrafe einzuführen.[395] Andererseits sollte einer an der völkischen Gemeinschaft ausgerichteten Betrachtungsweise Vorschub geleistet werden. Die Feststellung, dass das Wesen der gemeingefährlichen Delikte nunmehr dualistisch ausgeprägt war, gilt für all diejenigen Delikte, die das Hervorrufen einer Gemeingefahr erforderten, somit auch für den 1952 eingeführten § 315 a StGB a. F. Dies, weil der Gesetzgeber bei Schaffung dieser Norm lediglich auf den § 315 Abs. 3 StGB a. F. verwies, so dass nicht davon gesprochen werden kann, dass dem Begriff im Rahmen der Straßenverkehrsgefährdungsdelikte ein anderes Verständnis zugesprochen werden sollte.[396]

Es wird deutlich, dass auch der Gesetzgeber von 1935 weiterhin die Intention hatte, durch gemeingefährliche Delikte die Allgemeinheit und – komplementär dazu – ihre Sicherheit zu schützen. Dies ergibt sich aus der vom Gesetzgeber zu Recht getroffenen Feststellung, dass bei den gemeingefährlichen Delikten eine allgemeine Gefahr für Menschen und Sachen gegeben ist, die daraus resultiert, dass

---

393 Vgl. exemplarisch *Frey*, DAR 1956, 145, 148 dort m.w.N, der damit argumentiert, dass von einer Gemeingefahr gegenüber einer einzelnen bestimmten Person bis 1935 nie die Rede gewesen war, so dass die Verfasser der Strafrechtsnovelle einen solchen neuartigen Gedanken, wenn sie ihn hätten in das Gesetz einführen wollen, in größerer Breite und Deutlichkeit diskutiert hätten. Diese Ansicht vertrat auch der BGH in BGHSt 11, 199 (dort mit ähnlicher Argumentation wie *Frey*) in Abkehr zu BGHSt 6, 100; siehe dazu die Ausführungen unter B.I.1.c und B.I.1.a.

394 Exemplarisch *Hartung*, NJW 1960, 1417 ff., der mit der Entstehungsgeschichte argumentiert. Vgl. auch *Horn*, JZ 1964, 646, 647. *Horn* hielt die konkrete Gefährdung einer bestimmt individualisierten Person auch schon für ausreichend, als das Gesetz noch von Gemeingefahr gesprochen hatte. Er führte aus, dass die „gemeine“ Komponente, die aus dem Begriff der Gemeingefahr resultiere, (lediglich) dazu führte, dass implizit – bei einer konkreten Individualgefährdung – die Allgemeinheit als weiteres Objekt gefährdet sein müsse. Da aber die Allgemeinheit als abstrakter Begriff als solche nicht gefährdet werden könne, weil sie ein Abstraktum sei, müsse sich diese abstrakte Vielgefahr als konkrete Einzelgefahr manifestieren.

395 So *Hartung*, NJW 1960, 1417, 1419.

396 Vgl. dazu auch die Ausführungen unter C.III.2.b.bb.

der Täter die Naturkraft aus ihren Fesseln lässt und die Grenzen ihrer Ausbreitung nicht vorzeichnen kann. Ein Schutz der Allgemeinheit vor diesen Gefahren war nach dem Verständnis des Gesetzgebers unabdingbar und zwingend erforderlich. Da die Allgemeinheit danach zwar schutzwürdig, sie jedoch nur abstrakt umschrieben und deshalb schwerlich konkret gefährdet werden konnte, bedurfte es auch (weiterhin) eines konkreten Gefährdungsobjektes als Bezugspunkt für die Gefährdung. Dieses diente letztlich dazu, der Allgemeinheit ein „Gesicht zu verleihen", um die besondere Gefährlichkeit der Handlung für die Allgemeinheit positiv und indiziell feststellen zu können.

Ergänzend dazu ist die große Anzahl von Interessen an der Unversehrtheit gewisser Sachen, Betriebe oder zu schützender Institutionen verstärkt ins Blickfeld des historischen Gesetzgebers gerückt. Dieser Schutzauftrag und deren strafrechtliche Umsetzung führten zwangsläufig zu einem Allgemeinrechtsgüterschutz, da dieser insoweit den – eine strafrechtliche Pönalisierung – rechtfertigenden Normzweck darstellt. Nicht zu Gunsten des Einzelnen, sondern wegen der kollektiven Wichtigkeit wurde solches Verhalten für strafbar erklärt, dass sich gegen ein Gesamtrechtsgut (als Zusammenfassung einer Vielheit von Interessen durch „Verwebung" zu *einem* Kollektivrechtsgut) richtet.

Letztlich zeigt sich durch die Implementierung einer Legaldefinition der Gemeingefahr – unabhängig davon, wie diese ins richtige Licht zu rücken ist – der Bezug zur Allgemeinheit bei diesen Delikten deutlich. Im Vordergrund stand gerade eine abstrakte Vielgefahr. Durch den Wortlaut der gesetzlichen Legaldefinition wird dem Schutzgut der Allgemeinheit sogar expressis verbis Ausdruck verliehen. Das Einfügen der Definition war also lediglich eine positiv rechtliche Kodifizierung von dem, was das Wesen der gemeingefährlichen Delikte ausmachte und was das Schutzgut vorgab, wenngleich zu konstatieren ist, dass diese Erkenntnis bereits aus der früheren Zeit stammt.

7. Zwischenergebnis

Unter Zugrundelegung der Systematik des Preußischen Allgemeinen Landrechts wurden die gemeingefährlichen Verbrechen und Vergehen im Strafgesetzbuch für die preußischen Staaten von 1851 in einem eigenen Abschnitt zusammengefasst. Der Gesetzgeber erkannte, dass einerseits die aus diesem technischen Fortschritt resultierenden Gefahren für die Allgemeinheit eingedämmt werden müssen. Dieser aus der Gemeingefährlichkeit resultierende Aspekt führte zur Weiterentwicklung von bestehenden und Statuierung von (neuartigen) Kollektivrechtsgütern. Andererseits rückte auch der Aspekt der Gemeinschädlichkeit in den Fokus: Es wurde gesehen, dass dem Schutz des Eisenbahntransports und der ungestörten Nutzbarkeit von bestimmten Verkehrswegen eine absolute Priorität eingeräumt werden muss. Dies geschah durch die Entwicklung eines strafrechtlichen Schutzes für wichtige Verkehrsarten. Basierend auf diesen Aspekten der Gemeingefährlichkeit und Gemeinschädlichkeit erweiterte das Reichsstrafgesetzbuch von 1871 die Gruppe der Delikte wider den Verkehrsanstalten. Dem Schutz *des* Verkehrs aufgrund seiner überragenden Wichtigkeit einerseits und dem Schutz *vor* dem Verkehr zu Gunsten derjenigen, die mit seinen Gefahren in Berührung kommen, andererseits wurde noch mehr Beachtung geschenkt. Dieser doppelte Schutzauftrag führte zu einer Implementierung weiterer Normen. Eine (Weiter-) Entwicklung brachte die Strafrechts-Novelle von 1935: Neben der Gemeingefährlichkeit der Handlung und dem Aspekt der Gemeinschädlichkeit wurde das Hervorrufen einer Gemeingefahr – letztlich als Ergebnis der besonderen Eigenart der Handlung – zum Wesensmerkmal bestimmter gemeingefährlicher Delikte erhoben.

III. Die rechtshistorische Entwicklung der Straßenverkehrsgefährdungsdelikte

1. Entwicklung des Straßenverkehrs-Strafrechts bis zum Ersten Gesetz zur Sicherung des Straßenverkehrs vom 19.12.1952

Das Straßenverkehrs-Strafrecht in seiner heutigen Form ist nicht aus einem Guss entstanden, sondern das Ergebnis vieler Einzelregelungen. Dies zeigt sich schon daran, dass seine Vorschriften nicht einheitlich in einem Gesetz zusammengefasst, sondern über mehrere Gesetze und Verordnungen verstreut sind.[397] Die Vorschriften des Straßenverkehrs-Strafrechts sind vielfach „ad hoc-Regelungen", die der zügigen Entwicklung im Straßenverkehr geschuldet waren und sind. Sie basieren häufig auf bloßen Zweckmäßigkeitserwägungen[398] und dienen letztlich dazu, das Funktionieren des Massenverkehrs aufrechtzuerhalten.[399] Neben den Regelungen im StGB stellt das StVG die bedeutendste Rechtsgrundlage des Straßenverkehrsrechts dar.

Nachdem *Otto* 1876 den Viertaktmotor entwickelt hatte, folgten 1885/1886 *Daimler* und *Benz* mit den ersten zwei- bis vierrädrigen Kraftfahrzeugen. Danach fühlte sich der Gesetzgeber erstmals bewogen, in überregionalem Rahmen zum Schutze der Bürger gegen diese „Maschinen" vorzugehen. Aber erst mit Wirkung vom 1.10.1906 wurde eine reichseinheitliche Regelung in den Gliedstaaten erreicht, nachdem der Bundesrat zwecks einer einheitlichen Regelung am 3.5.1906 die „Grundzüge betreffend den Verkehr mit Kraftfahrzeugen" aufstellte.[400] Diese reichseinheitliche Regelung war dann auch Grundlage für die anschließende Regelung des Verkehrsrechts im Reich.[401] Durch

397 *Janiszewski*, Rn. 12.
398 *Janiszewski*, Rn. 10 spricht in diesem Zusammenhang von reiner „Willkür".
399 Vgl. *Müller-Dürholt*, S. 12.
400 Zuvor konnte der Reichsgesetzgeber deshalb nicht tätig werden, weil der Verkehr mit Kraftfahrzeugen nach Art. 4 der Reichsverfassung der reichsstaatlichen Regelung nicht unterworfen war.
401 Gesetz über den Verkehr mit Kraftfahrzeugen (KFG) vom 3.5.1909 (RGBl S. 437), welches vornehmlich den Zweck hatte, Schäden von der Allgemeinheit abzuwenden, die aus dem KFZ-Verkehr entstehen konnten.

das erste Gesetz zur Sicherung des Straßenverkehrs vom 19.12.1952[402] erhielt es schließlich die Bezeichnung Straßenverkehrsgesetz.[403]

Die Verkehrs-Strafvorschriften des StGB haben ihre heutigen Fassungen im Wesentlichen erst im Verlauf der letzten 40 bis 50 Jahre erhalten.[404] Erste, vereinzelte Bestimmungen zum Schutz der Einrichtungen im Straßenverkehr enthielt das Reichsstrafgesetzbuch. So wurde – wie gezeigt – gemäß § 305 RStGB derjenige bestraft, der fremde Brücken, Dämme oder gebaute Straßen zerstörte.[405] § 321 RStGB stellte die Zerstörung oder Beschädigung von Brücken und Wegen bei dadurch verursachten Gefahren für das Leben oder die Gesundheit anderer unter Strafe.[406] Im (Reichs-) Strafgesetzbuch von 1871 befand sich ursprünglich als einzige verkehrsrechtliche Verhaltensvorschrift der heute aufgehobene Übertretungstatbestand des § 366 Nr. 10 StGB. Danach wurde derjenige bestraft, der die zur Erhaltung der Sicherheit, Bequemlichkeit, Reinlichkeit und Ruhe auf den öffentlichen Wegen, Straßen oder Plätzen oder Wasserstraßen erlassenen Polizeiverordnungen übertrat.[407] Eine weitere Strafvorschrift folgte 1940: Aus § 22 KFG wurde die Strafvorschrift der Verkehrsunfallflucht als § 139 a StGB a. F. in das StGB übernommen.[408]

2. Das Erste Gesetz zur Sicherung des Straßenverkehrs vom 19.12.1952

a. Allgemeines

Aufgrund der Besserung der wirtschaftlichen Verhältnisse in der Bundesrepublik Deutschland und der damit einhergehenden Zunahme der Motorisierung des Verkehrs, die dazu führte, dass der Kraftfahrzeugverkehr stärker geworden war als vor

---

402 BGBl I, 832.
403 Zum Ganzen: *Janiszewski*, Rn. 13.
404 *Janiszewski*, Rn. 18.
405 Siehe dazu die Ausführungen unter C.II.6.a.bb.(b).
406 LK-*König*, Entstehungsgeschichte I. zu § 315 b StGB.
407 Zu beachten ist aber, dass die Regelungen des StVG, der StVO und der StVZO Vorschriften über den allgemeinen Straßenverkehr enthielten, die zur Erhaltung der Ordnung und Sicherheit auf öffentlichen Wegen und Plätzen erforderlich waren. Nach *Sch/Sch* (1963), § 366 Rn. 16 „regelten [sie] den Straßenverkehr ausschließlich und haben insoweit § 366 Nr. 10 StGB a. F. außer Kraft gesetzt". Dazu das OLG Hamm JMBlNRW 1956, 128, 129, das ausführt, dass für die Erhaltung der Ordnung und Sicherheit auf öffentlichen Straßen gemäß § 45 StVO a. F. ausschließlich die Bestimmungen der StVO und die in § 45 StVO a. F. aufgeführten Rechtsvorschriften gelten sollen. Vereinfacht heißt dies, dass eine Bestrafung also nur noch nach diesen Vorschriften und nicht mehr nach § 366 Nr. 10 StGB a. F. erfolgen konnte. Ging es um die Sicherheit und Ordnung auf öffentlichen Straßen, war § 366 Nr. 10 StGB a. F. nicht „außer Kraft" gesetzt, sondern insoweit in seiner Anwendung gesperrt.
408 *Janiszewski*, Rn. 19.

dem Krieg, wuchs die Zahl der Kraftfahrzeuge auf über zwei Millionen an. Damit stieg auch die Zahl der Verkehrsunfälle.[409] Nach Ansicht des Gesetzgebers hatte das Ansteigen der Verkehrsunfälle ihren Hauptgrund im Bereich des menschlichen Versagens und der mangelnden Verkehrsdisziplin.[410] Neben notwendiger behördlicher Maßnahmen und freiwilliger Mitwirkung der Verkehrsteilnehmer wollte der Gesetzgeber durch die Gesetzgebung auf eine Verbesserung der Fahrdisziplin hinwirken. Verkehrsteilnehmer, die die Verkehrssicherheit gefährden oder Verkehrsunfälle schuldhaft herbeiführen, sollten „mit der gebotenen Schärfe zur Verantwortung gezogen werden."[411] Das Anliegen des Entwurfs eines Gesetzes zur Bekämpfung von Unfällen im Straßenverkehr war demnach, diejenigen gesetzgeberischen Maßnahmen zu treffen, die zur Hebung der Verkehrssicherheit auf den Straßen und zum Kampf gegen die Verkehrsunfälle und dem Rowdytum[412] erforderlich waren.[413] Der Entwurf basierte auf Reformarbeiten[414] der Vorkriegszeit.

b. § 315 a StGB a.F.

aa. § 315 a StGB a.F. im Überblick und Gründe für dessen Einführung

Mit dem verabschiedeten Gesetz zur Sicherung des Straßenverkehrs vom 19.12.1952[415] schuf der Gesetzgeber unter anderem[416] § 315 a StGB a.F. Diese „Strafrechts-Charta des Straßenverkehrs"[417] hatte folgenden Wortlaut:

> *(1) Wer die Sicherheit des Straßenverkehrs dadurch beeinträchtigt, daß er*
>
> *1. Anlagen oder Beförderungsmittel beschädigt, zerstört oder beseitigt, Hindernisse bereitet oder einen ähnlichen Eingriff vornimmt,*

---

409 Vgl. dazu *Mayr* in: 25 Jahre BGH, S. 273.

410 BT-Drucksache I, Nr. 2674, S. 7. Nach *Lackner*, MDR 1953, 73, 75 führt das zu verzeichnende vermehrte Auftreten verkehrswidrigen Verhaltens im Straßenverkehrs dazu, dass derartiges Verhalten „den Schuldvorwurf heute ungleich viel schwerer erscheinen läßt, als dies noch vor wenigen Jahren oder Jahrzehnten der Fall war."

411 BT-Drucksache I, Nr. 2674, S. 7.

412 BT-Drucksache I, Nr. 3774, S. 1.

413 BT-Drucksache I, Nr. 2674, S. 7; BT-Drucksache I, Nr. 3774, S. 1.

414 Nach Vorarbeiten in den Jahren 1909 und 1919 enthielt der Entwurf aus dem Jahr 1925 (§ 207 E 1925) erstmals spezifische Strafvorschriften zum Schutz des Straßenverkehrs. Der Entwurf fasste unter anderem in seinem Absatz 2 die §§ 305, 321 RStGB zusammen. Der Entwurf aus dem Jahre 1927 bezog sich in Absatz 1 des § 231 E 1927 allgemein auf Eingriffe in die Sicherheit des Straßenverkehrs.

415 BGBl. I S. 832.

416 Zu den anderen neu eingeführten Bestimmungen siehe: *Maassen*, NJW 1953, 201 ff.; *Lackner*, MDR 1953, 73 f.; *Booß*, DAR 1953, 5 ff.

417 So *Maassen*, NJW 1953, 201.

2. ein Fahrzeug führt, obwohl er infolge des Genusses geistiger Getränke oder anderer berauschender Mittel nicht in der Lage ist, das Fahrzeug sicher zu führen,

3. ein Fahrzeug führt, obwohl er infolge geistiger oder körperlicher Mängel sich nicht sicher im Verkehr bewegen kann und keine Vorsorge getroffen ist, daß er andere nicht gefährdet, oder

4. in grob verkehrswidriger oder rücksichtsloser Weise die Vorfahrt nicht beachtet, falsch überholt oder an unübersichtlichen Stellen, an Straßenkreuzungen oder -einmündungen zu schnell fährt

und dadurch eine Gemeingefahr (§ 315 Abs. 3) herbeiführt, wird mit Gefängnis bestraft.

(2) In den Fällen des Absatzes 1 Nummer 1 bis 3 ist der Versuch strafbar.

(3) In besonders schweren Fällen des Absatzes 1 Nummer 1 kann auf Zuchthaus bis zu zehn Jahren erkannt werden.

§ 316 Abs. 2 StGB a.F. stellte zudem fahrlässige Verstöße gegen § 315 a StGB a.F. unter Strafe. Der Strafrahmen reichte bis zu zwei Jahren Gefängnis.

Ein Grund für die Einführung des § 315 a StGB a.F. war, dass eine Ahndung nach der StVO und der StVZO im Wege einer Übertretungsstrafe als einzige Sanktionsmöglichkeit dem Unrechtsgehalt und der Gefährlichkeit der auftretenden Verkehrszuwiderhandlungen nicht mehr gerecht wurde.[418] Die neue Vorschrift enthielt damit Tatbestände, von denen der Gesetzgeber überzeugt war, dass sie Verhaltensweisen erfassen, die nach dem Grad der Schuld und ihrer Gefährlichkeit aus dem Übertretungsrecht der StVO und der StVZO in das echte kriminelle Unrecht hineingewachsen waren.[419]

Während § 315 a Abs. 1 Nr. 1 StGB a.F. an die Eisenbahntransportgefährdung anknüpfte und gewisse, von außerhalb des Straßenverkehrs kommende Störungshandlungen unter Strafe stellte, pönalisierten Nr. 2 und Nr. 3 Verhaltensweisen, die zuvor nicht strafbewehrt waren. Das Führen eines Fahrzeuges in fahruntauglichem Zustand, sei es aufgrund Alkohols oder aufgrund eines Zustandes mangelnder körperlicher oder geistiger Eignung, war bei Hervorrufung einer Gemeingefahr nunmehr strafbewehrt. Gerade mit § 315 a Abs. 1 Nr. 2 StGB a.F. zeigte der Gesetzgeber, dass der angetrunkene Kraftfahrer kein Kavaliersdelikt, sondern kriminelles Unrecht begeht. Ziel war es, den betrunkenen Fahrer von der Straße zu verbannen.[420]

Die Vorschrift des § 315 a Abs. 1 Nr. 4 StGB a.F. war in den Ausschüssen des Bundesrates und des Bundestages stark umkämpft.[421] Der Regierungsentwurf hatte in § 315 a Abs. 1 Nr. 2 StGB i.d.F. des Regierungsentwurfs[422] noch eine Generalklausel

418 BT-Drucksache I, Nr. 2674, S. 15.
419 *Maassen*, NJW 1953, 201; *Lackner*, MDR 1953, 73, 75.
420 *Maassen*, NJW 1953, 201.
421 *Maassen*, NJW 1953, 202.
422 BT-Drucksache I, Nr. 2674, S. 4.

vorgesehen, die denjenigen bestrafte, der als Führer eines Fahrzeuges rücksichtslos fährt. Diese Formulierung und auch der noch weitergehende Vorschlag des Bundesrates[423] erschien den Bundestagsausschüssen als zu unbestimmt und zu weitgehend.[424] Schließlich wurden nur diejenigen Verhaltensweisen herausgegriffen und unter Strafe gestellt, die ausweislich der Unfallstatistik die häufigsten Unfallquellen bildeten, so dass (zumindest) die große Masse der Unfallursachen nach Ansicht des Gesetzgebers zutreffend erfasst war.[425]

bb. Das Tatbestandsmerkmal der Gemeingefahr

Neben der vorsätzlichen Verwirklichung einer der oben dargestellten konkreten Verhaltensweisen setzte § 315 a Abs. 1 StGB a.F. weiter voraus, dass (zumindest bedingt) vorsätzlich eine Gemeingefahr herbeigeführt wird. Hinsichtlich der Definition der Gemeingefahr wurde in § 315 a Abs. 1 StGB a.F. auf die Legaldefinition § 315 Abs. 3 StGB a.F. verwiesen.[426] Diese wurde – wie oben dargelegt – bereits am 28.6.1935 in das StGB eingeführt.[427] Die Materialien zum Ersten Gesetz zur Sicherung des Straßenverkehrs enthielten zum Tatbestandsmerkmal der Gemeingefahr keine weiteren oder ergänzenden Erläuterungen, sondern lediglich den Passus, dass die Strafbarkeit nach § 315 a StGB a.F. voraussetzt, „daß durch die Verkehrsstörung eine Gemeingefahr herbeigeführt wird"[428].

Aufgrund der fehlenden Ausführungen muss davon ausgegangen werden, dass der Gesetzgeber insoweit kein Klarstellungsbedürfnis sah. Vielmehr zeigt der

---

423 Dazu: LK-*König*, Entstehungsgeschichte I zu § 315 c StGB.

424 BT-Drucksache I, Nr. 3774, S. 5 zum Regierungsentwurf.

425 So *Lackner*, MDR 1953, 73, 75, der aber zu bedenken gibt, dass dem Tatbestand dadurch die erforderliche innere Gerechtigkeit fehlt, weil viele, wenn auch seltenere Verkehrsverstöße, wie z.B. das Fahren mit einem völlig verkehrsunsicheren Fahrzeug, von der Vorschrift nicht erfasst werden. In diese Richtung auch *Maassen*, NJW 1953, 201, 202, der in diesem Zusammenhang zwar auch von einer Ungerechtigkeit spricht, aber zu Recht ausführt, dass hinter dieser Ungerechtigkeit das Streben des Gesetzgebers nach Tatbestandsbestimmtheit (durch den Verzicht auf eine Generalklausel) steht.

426 Weder der Bericht über die Arbeit der (damaligen) amtlichen Strafrechtskommission noch die zur Strafrechtsnovelle vom 28.6.1935 veröffentlichte Literatur enthalten Ausführungen darüber, wie der Begriff der Gemeingefahr nach dem Willen des Gesetzgebers auszulegen war. Vgl. hierzu den Bericht über die Arbeit der amtlichen Strafrechtskommission, *Thierack* in Gürtner, S. 299, 302 f. Exemplarisch für die veröffentlichte Literatur: *Schäfer*, DJ 1935, 994, 996 und *Schäfer*, JW 1935, 2478, 2480. Vgl. zum Gesetz vom 28.6.1935 auch die Ausführungen oben unter C.II.6.b. *Hartung* in NJW 1960, 1417, 1419 kritisiert mit Blick auf den Begriff der Gemeingefahr, dass dieser „ohne sich der Entstehungsgeschichte zu erinnern, als Tatbestandsmerkmal mit übernommen wurde."

427 Zum Wortlaut siehe unter C.II.6.b.

428 BT-Drucksache I, Nr. 2674, S. 16.

Gesetzgeber mit seinem ausdrücklichen Verweis auf den Wortlaut und den Anwendungsbereich des § 315 Abs. 3 StGB a.F., dass auf die in der Zeit vom 28.6.1935 bis zur Verkündung des Ersten Gesetzes zur Sicherung des Straßenverkehrs ergangene Rechtsprechung zur Auslegung des Begriffs der Gemeingefahr gemäß § 315 a StGB a.F. zurückgegriffen werden konnte und sollte[429] und – dies ist die daraus resultierende Konsequenz – nicht die Absicht bestand, dem Begriff der Gemeingefahr und dessen Auslegung ein eigenständiges Verständnis im Sinne einer Begriffsbildungshilfe zuzuweisen. Jedoch ist insoweit zu konstatieren, dass eine umfassende Kasuistik im Zusammenhang mit der Frage der Auslegung des Tatbestandsmerkmals der Gemeingefahr innerhalb der maßgeblichen Zeitspanne nicht existiert. Einzig zwei Urteile des Reichsgerichts sollen – insbesondere aufgrund ihrer sich widersprechenden Kernaussagen – vorliegend näher beleuchtet werden:

(1) Urteil des Reichsgerichts vom 31.8.1940

Dieses Urteil erging zu § 315 StGB a.F. in der Variante der Gefährdung des Schiffsverkehrs.[430] In diesem Urteil äußert sich das Gericht allerdings nicht explizit zur Legaldefinition des § 315 Abs. 3 StGB a.F. Das Reichsgericht übertrug nach der damaligen Neufassung des Gesetzes die Rechtsprechung der Eisenbahngefährdung auf die Schifffahrt und ließ es zur Erfüllung des Tatbestandes ausreichen, dass ein einzelnes Schiff gefährdet wurde. Dies wurde damit begründet, dass der Zweck des Gesetzes zu dieser Auslegung „nötigt": Ausweislich der amtlichen Begründung des Gesetzes zur Änderung des Strafgesetzbuches vom 28.6.1935 erkannte der Reformgesetzgeber, dass (unter anderem) die Schifffahrt in Zukunft eines erheblichen Schutzes bedürfe und – dementsprechend – mit dem Reformgesetz eine Erweiterung des Schutzes bezweckt gewesen sei. Dies müsse aber gleichzeitig dazu führen, dass auch der Betrieb der Schifffahrt, mithin jedes einzelne Schiff, und nicht nur die Schifffahrt in ihrer Gesamtheit geschützt werden. Durch die Gesetzesänderung solle der Umfang des Schutzes gerade nicht verringert werden, so dass auf die Rechtsprechung – unter anderem in RGSt 14, 135 und RGSt 42, 301 –, die den Eisenbahnbetrieb in allen seinen Teilen als geschützt ansah, zurückgegriffen werden könne.

So hatte das Reichsgericht in den beiden zitierten und bedeutsamen[431] Entscheidungen vom 18.5.1886[432] und vom 19.4.1909[433] die Frage zu klären, ob in den zu entscheidenden Fällen eine Transportgefährdung gegeben war. Das Gesetz enthielt damals in den

429 So sieht es zumindest der BGH in BGHSt 6, 100 ff = NJW 1954, 1098. Zu dieser Entscheidung siehe unter B.I.1.a.

430 RGSt 74, 273.

431 Ein genauerer Blick auf diese Entscheidungen rechtfertigt sich schon deshalb, weil der BGH im Zusammenhang mit der Bestimmung des tauglichen Gefährdungsopfers in BGHSt 6, 100 ff. = NJW 1954, 1098 auf diese Entscheidungen Bezug nimmt. Gleiches gilt für die Entscheidung des Reichsgerichts vom 31.8.1940.

432 RGSt 14, 135.

433 RGSt 42, 301.

maßgeblichen Strafvorschriften noch nicht das Merkmal der Gemeingefahr. In der ersten Entscheidung bejahte das Reichsgericht die Eröffnung des Anwendungsbereichs des § 316 Abs. 2 StGB a.F., wenn (lediglich und ausschließlich) die sich auf dem Eisenbahnwagen befindlichen Bremser in Gefahr gesetzt werden. Es führt aus, dass eine Einbeziehung deshalb in Betracht komme weil der Begriff des „Eisenbahntransportes" nicht eng ausgelegt werden dürfe. Diese Ausführungen wurden in der zweiten Entscheidung weiter präzisiert. Das Reichsgericht entschied dort, dass es zur Verwirklichung des Tatbestandes der Eisenbahntransportgefährdung ausreicht, wenn das an einem bestimmten Zug beschäftigte Rangierpersonal gefährdet wird. Dies, weil diese Personen in einem engen Zusammenhang mit dem Eisenbahntransport stünden, so dass ihre Gefährdung nicht von der Gefährdung des Transportes unterschieden werden könne. Vielmehr seien diese Personen als „integrierende Elemente" zum Transport dazugehörig.

Im Ergebnis war es nach dem Urteil des Reichsgerichts vom 31.8.1940 für die Bejahung einer Gemeingefahr ausreichend, dass – um die Schifffahrt in ihrer Gesamtheit effektiv schützen zu können – bereits die Gefährdung eines einzelnen Schiffs zur Verwirklichung des maßgeblichen Tatbestandes und zur Herbeiführung einer Gemeingefahr genügen sollte.

(2) Urteil des Reichsgerichts vom 19.12.1940

In diesem zu § 330 c StGB a.F.[434] ergangenen Urteil des Reichsgerichts vom 19.12.1940[435] führt das Gericht aus, dass es zum Begriff der „gemeinen Gefahr" gehört, dass der als „gemeine" Gefahr anzusehenden Lage eine Gefährlichkeit innewohnt, durch die die Allgemeinheit betroffen erscheint. In diesem Sinne sei auch der in § 315 Abs. 3 StGB a.F. verwendete Begriff der Gemeingefahr zu verstehen. An einer solchen Betroffenheit fehle es jedoch, wenn es sich lediglich um die Erkrankung eines einzelnen Menschen und die daraus für diesen gegebene Gefahr handelt. Insoweit bleibt festzuhalten, dass es nach Ansicht des Gerichts – trotz des eigentlich eindeutigen Wortlauts der Legaldefinition des § 315 Abs. 3 StGB a.F. – zur Hervorrufung einer Gemeingefahr der Gefährdung mehrerer Personen bedarf, weil – und so ist der Gedanke weiterzuführen – nur so der vor Gefahr zu schützenden Allgemeinheit Ausdruck verschafft werden kann.

(3) Ergebnis

Soweit der Gesetzgeber der Strafrechtsreform von 1952 davon ausgegangen sein sollte, mit dem Verweis auf den Wortlaut des § 315 Abs. 3 StGB a.F. (zumindest) für die Auslegung des Begriffs der Gemeingefahr im Rahmen des § 315 a StGB a.F. dadurch Klarheit zu schaffen, dass die zu § 315 Abs. 3 StGB a.F. ergangene Rechtsprechung auf § 315 a StGB a.F. übertragen werden könne, hat

434 § 330 c StGB a.F. stellte die unterlassene Hilfeleistung unter Strafe.
435 RGSt 75, 68.

sich diese Intention – falls sie denn gegenwärtig gewesen ist – als wenig brauchbar erwiesen: Die Uneinheitlichkeit der Rechtsprechung des Reichsgerichts lässt ein derartiges Ansinnen von vornherein scheitern.

Der BGH und die Literatur nahmen die fehlende Klarheit des Reformgesetzgebers zum Anlass, den Begriff der Gemeingefahr unterschiedlich zu verstehen: Der BGH nahm in BGHSt 6, 100 ff. Bezug auf die Entscheidungen des Reichsgerichts in RGSt 14, 135; 42, 301 und in 74, 273 und postulierte, dass nach der ständigen Rechtsprechung des Reichsgerichts der durch § 315 StGB in seiner ursprünglichen Fassung gewährleistete Schutz des Eisenbahnbetriebs (neben den Anlagen und Beförderungsmitteln sowie den beförderten Gütern) auch und insbesondere die Fahrgäste und die im Zug- und im Verschiebedienst eingesetzten Bahnbediensteten umfasst und dieser (erweiterte) Schutzumfang auch hinsichtlich der neu in den Tatbestand aufgenommenen Beförderungseinrichtungen – mithin also auch für den Straßenverkehr – gelte. Insoweit setze die Herbeiführung einer Gemeingefahr im Sinne des § 315 a StGB nicht voraus, dass eine unbestimmte Anzahl von Personen in Gefahr gebracht werde, sondern es genüge vielmehr schon eine Gefahr für Leib oder Leben eines einzelnen Menschen.

In der Literatur herrschte trotz der dezidiert[436] erscheinenden Legaldefinition Streit hinsichtlich der Auslegung des Begriffs der Gemeingefahr. In Anlehnung an die früher geführte Diskussion wurde vertreten, dass es zur Hervorrufung einer Gemeingefahr der Gefährdung mehrerer Personen bedarf, weil nur so der vor Gefahr zu schützenden Allgemeinheit, Ausdruck verschafft werden könne. Andere waren der Meinung, dass die Gefährdung eines Einzelnen dann ausreiche, wenn an seiner Stelle auch ein beliebig anderer hätte gefährdet werden können. Dies sei notwendig, um den Bezug zur Allgemeinheit, welcher dem Begriff der Gemeingefahr innewohnt, herzustellen. Nur so sei die in der Legaldefinition geforderte Unbestimmtheit des Gefährdeten korrekterweise aufzulösen. Eine letzte große Gruppe war der Meinung, es reiche aus, wenn einem einzelnen, individuell bestimmten Menschen die Gefahr bereitet werde.[437]

---

436 So *Müller –Dürholt*, S. 7. Demgegenüber wirft *Hoffmann* in NJW 1954, 1676 dem § 315 Abs. 3 StGB a.F. sprachliche Unlogik vor. Dies resultiert seines Erachtens daraus, dass die Legaldefinition der Gemeingefahr schon zu Beginn der Definition an den Einzelnen anknüpft, ohne – und so ist *Hoffmann* wohl zu verstehen – eine Aussage darüber zu treffen, was denn eine Gemeingefahr überhaupt ausmacht. Der einzelne Mensch, so *Hoffmann* weiter, ist gerade der begriffliche Gegensatz der Allgemeinheit. Mit sprachlicher Unlogik dürfte er folgendes meinen: Die Gefährdung eines einzelnen Menschen kann zwar ausnahmsweise eine Gemeingefahr darstellen, nicht jedoch lässt sich damit die Gemeingefahr definieren.

437 Vgl. dazu auch die Ausführungen oben unter C.II.6.b und die Übersicht hinsichtlich des Streitstandes bei *Frey*, DAR 1956, 145 ff. und *Horn*, JZ 1964, 646 ff.

cc. Rechtsgut des § 315 a StGB a.F.

Ziel der damaligen Gesetzesänderung war es, die Erhaltung der Ordnung und Sicherheit auf den öffentlichen Straßen sicherzustellen.[438] Es ging gerade darum, besonders schwerwiegende Beeinträchtigungen des Straßenverkehrs durch (menschliches) Fehlverhalten im Straßenverkehr zu sanktionieren.[439] Grund der Strafwürdigkeitserklärung gewisser Verhaltensweisen war die Störung der Sicherheit des öffentlichen Verkehrs in einer für die Benutzer der Verkehrswege gefährlichen Weise. Die einstweilen als amorph bezeichnete Allgemeinheit wurde durch den vorbezeichneten Schutzzweck und das Merkmal der Gemeingefahr greifbar und transparent gemacht: Der Allgemeinrechtsgüterschutz wird – zumindest für § 315 a StGB a.F. – als Schutz der Sicherheit des Straßenverkehrs verstanden und dahingehend konkretisiert. § 315 a StGB a.F. bezweckte – und insoweit soll das Ergebnis bereits an dieser Stelle vorweggenommen werden – daher den Schutz des Straßenverkehrs im Interesse der Allgemeinheit.[440] Im Einzelnen gilt Folgendes:

Die (oben bereits mehrfach angesprochene) Unberechenbarkeit und Unbeherrschbarkeit der durch den Täter entfesselten Naturkräfte erhielt eine neue Dimension: Es waren nun nicht mehr nur die Naturgewalten und deren Kräfte, die Gefahrenprozesse in Gang setz(t)en. Durch die Weiterentwicklung der Technik entstand im Laufe der Zeit mit dem Automobil ein Gegenstand, der ein hohes Gefährdungspotential in sich trug. Nicht zuletzt aufgrund der hohen Geschwindigkeiten, die mit einem Automobil erzielt werden können, und der Unberechenbarkeit eines nicht ordnungsgemäß gesteuerten Fahrzeugs ist – um es mit *Binding* auszudrücken – ein „neues, sehr schwer zu lösendes gesetzgeberisches Problem geschaffen worden: der Schutz des Verkehrs gegen die enorme Gefährlichkeit des modernsten Verkehrsmittels."[441] Ein erhöhtes Gefährdungspotential resultiert daraus, dass das Automobil weder schienen- noch wassergebunden ist. Es wurde erkannt, dass die Benutzung eines Automobils ein – wenn auch erlaubtes – Risiko darstellt. Diesem durch dieses Risiko bedingten Schutzauftrag (mithin in Form der Eindämmung dieses Risikos) ist der Gesetzgeber durch § 315 a StGB a.F. nachgekommen. Motiviert und gesteuert durch den Auftrag, den Schutz des Verkehrs sicherzustellen, schuf er einen Tatbestand, dem ein Kollektivrechtsgut immanent war.

Nur durch die Anerkennung eines solchen Kollektivrechtsguts konnte der Schutzauftrag effektiv ausgeführt werden, weil gerade – durch die Statuierung eines Allgemeinrechtsguts – die Sicherheit des Straßenverkehrs stets und insbesondere unabhängig vom Willen einzelner (annähernd) gewährleistet wird. Nur dann, wenn sich alle Verkehrsteilnehmer auf die Sicherheit des Straßenverkehrs abstrakt verlassen können – ohne sich vorher damit auseinandersetzen zu müssen, ob und wenn ja, in welchem Umfang, andere Verkehrsteilnehmer auf eine Normgeltung

---

438 BT-Drucksache I, Nr. 2674, S. 7; BT-Drucksache I, Nr. 3774, S. 1.

439 *Mayr* in: 25 Jahre BGH, S. 273, 274.

440 Vgl. nur *Booß*, DAR 1953, 5.

441 *Binding*, Band 2–1, § 124 IV.

verzichten und damit den Schutz aller Verkehrsteilnehmer negieren –, kann die Sicherheit Ordnung der Institution „Straßenverkehr" überhaupt nur zu garantieren versucht werden. Daher muss es unerheblich sein, wenn Einzelne im Wege einer etwaigen Einwilligung auf die vom Gesetz gewährleistete Sicherheit verzichten wollen. Rechtstechnisch – und auch in der Praxis am effektivsten – lässt sich dieses Ansinnen durch die Statuierung eines Kollektivrechtsguts verwirklichen, bei dem eine Einwilligung per se nicht möglich ist. Damit lässt sich mithin feststellen, dass die Pflicht zur Einhaltung der Verkehrsvorschriften zum Schutze der Sicherung des Straßenverkehrs im Allgemeinen besteht. Bei einem Verstoß gegen diese Sicherheit steht die Gefährdung öffentlicher Interessen auf dem Spiel.[442] Auch der BGH[443] und die zeitgenössische Literatur[444] sahen den Zweck der Vorschriften in der Sicherung des Straßenverkehrs und damit der Allgemeinheit, so dass die abstrakte Verkehrssicherheit schon zum damaligen Zeitpunkt normmotivierend war und in letzter Konsequenz ein selbstständig geschütztes Rechtsgut darstellt.

Zwar reicht eine Individualgefahr für die Hervorrufung einer Gemeingefahr im Sinne des § 315 a StGB a.F. Bedingt durch den verfolgten Rechtsgüterschutz führt dies jedoch nicht zu der Statuierung eines Individualrechtsgüterschutzes.[445] Denn die Allgemeinheit (in Form der Sicherheit des Straßenverkehrs) ist ein abstrakter Begriff. Und da ein solcher schwerlich konkret gefährdet werden kann, bedurfte es auch (weiterhin) eines konkreten Gefährdungsobjektes, um der Allgemeinheit bzw. dem Straßenverkehr ein „Gesicht zu verleihen". Basierend auf der Notwendigkeit dieser Ausgestaltung des Tatbestandes und der dahinterstehenden Intention des (damaligen) Gesetzgebers wäre es verfehlt, der Implementierung des Gefährdungserfolges der Individualgefahr eine Wirkung dahin zuzusprechen, § 315 a StGB a.F. verfolge nunmehr einen Individualrechtsgüterschutz.

Oben[446] wurde festgestellt, dass den Übertretungstatbeständen seit jeher ein eigener Rechtsgüterschutz – nämlich der Schutz der öffentlichen Sicherheit und Ordnung – immanent ist. In dieses Verständnis fügen sich auch die Übertretungsstrafen der StVO nahtlos ein. Es ist der Schutz vor einer Beeinträchtigung der Sicherheit des Straßenverkehrs (und es sind gerade keine Individualinteressen), der mit der Ahndung im Wege der Übertretungsstrafe gesichert werden sollen.[447] Wie soeben dargestellt, enthielt § 315 a StGB a.F. diejenigen Verhaltensweisen, von denen der Gesetzgeber überzeugt

442 *Krumme* zu BGHSt 6, 232 in: BGH LM Nr. 2 zu § 315 a Abs. 1 Ziff. 4.

443 BGHSt 6, 232, 234; BGHSt 11, 148, 151 f.

444 LK-*Werner* (1958), § 315 a Ziff. II; *Bender*, NJW 1959, 326 (Schutz der Allgemeinheit).

445 In diese Richtung wohl *Hoffmann*, NJW 1954, 1676, der aufgrund des – nach seiner Auffassung mit dem Ausreichen einer Individualgefahr zur Erfüllung des Tatbestandsmerkmal der Gemeingefahr einhergehenden – Gedankens der Stellvertretung die körperliche Integrität als geschütztes Rechtsgut ansieht.

446 C.II.3.a.

447 Vgl. exemplarisch nur BGHSt 12, 282 = NJW 1959, 637, 638 zu § 1 StVO.

war, dass sie aus dem Übertretungsrecht der StVO und der StVZO in kriminelles Unrecht hineingewachsen sind.[448] Das damit zwangsläufig vorgeschaltete Herauswachsen aus den entsprechenden Kodifikationen macht deutlich, dass die Strafrechtstatbestände nicht völlig neuartig waren. Die strafbewehrten Verhaltensweisen sind zwar unter Modifikationen in das StGB aufgenommen worden, jedoch blieb dabei ihr Wesensgehalt insoweit unangetastet, als dass als Ausgangspunkt ein identischer Normzweck – Schutz der Sicherheit des Straßenverkehrs – hier wie da verfolgt wurde und wird.

c. *Ergebnis*

Der vom Gesetzgeber nicht kommentierte Verweis in § 315 a Abs. 1 StGB auf die Legaldefinition des § 315 Abs. 3 StGB a. F. und die damit dokumentierte Absicht, dem Begriff der Gemeingefahr und dessen Auslegung kein eigenständiges Verständnis im Sinne einer Begriffsbildungshilfe zuzuweisen, hat zweifelsohne dazu beitragen, dass der BGH, die Untergerichte und die Literatur an die Erfüllung des Merkmals des Eintritts einer Gemeingefahr – auch und gerade nach 1952 – unterschiedliche Anforderungen stellten. Eine „Bereinigung" des schon vor dem Jahr 1952 bestehenden Streits hinsichtlich des Verständnisses der Gemeingefahr durch die Strafrechtsreform fand nicht statt.

Auch im Zusammenhang mit der Frage, ob, und wenn ja, welche Qualität an die Tauglichkeit eines Gefährdungsopfers gestellt werden müssen[449], enthalten die Materialien zum Ersten Gesetz zur Sicherung des Straßenverkehrs keine Ausführungen. Der Gesetzgeber formulierte unter Verweis auf § 315 Abs. 3 StGB a. F. lediglich, dass eine Gefahr für Leib oder Leben, sei es auch nur eines einzelnen Menschen, von Nöten ist.[450] Insoweit ist es wenig erstaunlich, wenn der BGH seine in BGHSt 6, 100 ff.[451] geäußerte Auffassung, dass Täter und etwaige Tatteilnehmer im Sinne der §§ 47–49 StGB aus dem Personenkreis tauglicher Gefährdungsopfer herausfallen, nicht näher begründet. Denn das Schweigen des Gesetzgebers ohne intendierte Interpretationsvorgabe hinsichtlich der qualitativen Eignung an ein Gefährdungsopfer macht eine Begründung (gerade) nicht notwendig. Vielmehr wird ein (im Ergebnis offener) Entscheidungs- und Bewertungsspielraum suggeriert. Dass der BGH diesen nutzt, ohne durch eine (fundierte) Begründung den Raum für juristische Diskussionen zu eröffnen, erstaunt dabei nicht.

Klarheit herrscht(e) dagegen mit Blick auf den Rechtsgüterschutz: Der Zweck des § 315 a StGB a. F. lag in der Sicherung des Straßenverkehrs. Der Schutz der abstrakten Verkehrssicherheit war (schon zum damaligen Zeitpunkt) normmotivierend. Dies hat gleichsam zur Folge, dass § 315 a StGB a. F. einen Kollektivrechtsgüterschutz verfolgte und die Sicherheit des Straßenverkehrs insoweit als ein selbstständig geschütztes Rechtsgut angesehen werden musste. Ansichten, die in der Norm einen

---

448 Vgl. *Maassen*, NJW 1953, 201.
449 Vgl. unter C.III.2.b.bb.
450 BT-Drucksache I, Nr. 2674, S. 16.
451 Vgl. dazu die Ausführungen unter B.I.1.a.

Individualrechtsgüterschutz sehen wollen, sind indessen (aus den oben genannten Gründen) abzulehnen.

3. Das Zweite Gesetz zur Sicherung des Straßenverkehrs vom 26.11.1964

a. Allgemeines: Gründe für die generelle Neuregelung und Gang der Entwicklung

Es wurde bald erkannt, dass wegen der weiter ständig zunehmenden Verkehrsdichte – im Jahr 1961 waren nahezu neun Millionen Kraftfahrzeuge zugelassen[452] – und der damit zusammenhängenden Teilnahme größerer Personenkreise am Kraftverkehr, auch die Zahl der Verkehrszuwiderhandlungen zugenommen hatte.[453] Damit ging eine rasante Zunahme der Verkehrsunfälle einher.[454] Die sich schnell verändernde Verkehrswelt auf den bundesdeutschen Straßen, die selbst weitgespannte Erwartungen übertroffen hatte,[455] machte eine Erneuerung des Straßenverkehrsrechts unumgänglich. Ziel war es, ein wirksames materielles Recht zu schaffen, welches im notwendigen Maße in einem einfachen, schnellen und beweglichen Verfahren durchgesetzt werden konnte, wobei alle Möglichkeiten des Strafrechts ausgeschöpft werden sollten.[456] Bereits 1954, also zwei Jahre nach Inkrafttreten des Ersten Gesetzes zur Sicherung des Straßenverkehrs, wurden deshalb die erforderlichen Änderungen im Bereich der Straßenverkehrsdelikte im StGB vorangetrieben. Den ersten Schritt zu einer Umgestaltung der Straßenverkehrsdelikte im engeren Sinne[457] enthielt der Entwurf der Bundesregierung aus dem Jahr 1960 (E 1960)[458], der insbesondere eine Unterscheidung zwischen Eingriffen von außen und verkehrsinternem Fehlverhalten hervorbrachte. Die von der Großen Strafrechtskommission vorgeschlagenen Umgestaltungen wurden dann im Entwurf aus dem Jahr 1962 weiter ausgebaut. Dieser Entwurf enthielt eine Differenzierung zwischen „Gefährlichen Eingriffen in den Straßenverkehr“ und „Gefährdung des Straßenverkehrs“.[459] Diese Vorschläge wurden vom Zweiten Gesetz zur Sicherung des Straßenverkehrs vom 26.11.1964 übernommen,[460] das insbesondere Änderungen im StGB und in der

---

452 BT-Drucksache IV, Nr. 651, S. 9.
453 *Nüse*, JR 1965, 41.
454 Im Jahr 1960 wurden mehr als 330 000 Unfälle mit Personenschäden gezählt, wobei 14 107 Menschen getötet wurden, BT-Drucksache IV, Nr. 651, S. 9.
455 BT-Drucksache IV, Nr. 651, S. 9.
456 BT-Drucksache IV, Nr. 651, S. 9.
457 Damit sind die Paragraphen §§ 315 a, 316 StGB a. F. bzw. §§ 315 b, 315 c, § 316 StGB n.F. gemeint.
458 BT-Drucksache III, Nr. 2150.
459 Dazu LK-*König*, Entstehungsgeschichte III zu § 315 b StGB und BT-Drucksache III, Nr. 2368.
460 BGBl. I S. 921.

StPO hervorbrachte.[461] Insgesamt wurden damit die rechtlichen Grundlagen für die Ausschaltung ungeeigneter Kraftfahrer aus dem Straßenverkehr verschärft sowie der Weg für die wirkungsvollere Bestrafung von Verkehrsverstößen – insbesondere durch die Einführung des Regelfalls für einen Fahrerlaubnisentzug und das Fahrverbot – geebnet.

b. Die wichtigsten Änderungen der Verkehrsgefährdungsdelikte im Überblick

Das Gesetz brachte eine systematische Neuordnung der früheren §§ 315, 315 a, 316 StGB a.F.: Die Transportgefährdung, bisher in den §§ 315, 316 Abs. 1 StGB a.F. geregelt, war nun in den § 315 und § 315 a StGB n.F. verortet. Für die Sicherung des Straßenverkehrs – bisher §§ 315 a, 316 Abs. 2 StGB a.F. – wurden die §§ 315 b bis 315 d StGB n.F. (neu) geschaffen. § 315 b StGB trat an die Stelle des § 315 a Abs. 1 Nr. 1 StGB a.F.[462], während § 315 c StGB den § 315 a Abs. 1 Nr. 2 bis 4 StGB a.F. ersetzte. Die Paragraphen §§ 315 b, 315 c und 316 StGB in ihrer heutigen Ausgestaltung und Systematik sind somit weitestgehend das Ergebnis dieser Gesetzesänderung. Entgegen eines Vorschlages der Bundesregierung[463] wurde § 316 StGB n.F. neu eingeführt. Diese Norm stellt das Vergehen der Trunkenheit im Straßenverkehr ohne konkrete Gefährdung unter Strafe. Bisher waren diese Verhaltensweisen nur gemäß §§ 2 StVZO und 21 StVG a.F. als Übertretung strafbar. Die Einführung des § 316 StGB war dem Umstand geschuldet, dass es der Gesetzgeber unter Schuldgesichtspunkten als kaum verständlich ansah, dass die folgenlose Alkoholfahrt nur als Übertretungsstrafe mit bis zu sechs Wochen Haft bestraft werden konnte. Der daraus resultierende weite Abstand zur Strafandrohung der Verkehrsgefährdung entsprach nicht (mehr) dem nach dem Verständnis des Gesetzgebers in beiden Fällen als gleich anzusetzenden Maß der persönlichen Vorwerfbarkeit.[464]

Im neuen § 315 c StGB wurde der Tatbestand des falschen Überholens auf das falsche Fahren bei Überholvorgängen erweitert. Somit waren nunmehr auch Fahrfehler des Überholten strafbewehrt (Absatz 1 Nr. 2 b). In Absatz 1 Nr. 2 d wurden Bahnübergänge mit einbezogen. Zudem wurden weitere Verkehrsübertretungen als strafwürdig erachtet und in den neuen § 315 c StGB eingefügt.[465] Die ursprüngliche Begrenzung des § 315 a Abs. 1 Nr. 4 StGB a.F. hatte sich im Laufe der Zeit als zu eng

---

461 Zu den Änderungen der StPO und anderer Verfahrensgesetze siehe *Warda*, MDR 1965, 1, 6 ff.

462 Des Weiteren wurden die Worte „ähnlicher Eingriff" um die Worte „ebenso gefährlich" ergänzt, wobei damit aber keine sachliche Änderung bezweckt war, *Hartung*, NJW 1965, 86, 89.

463 BT-Drucksache IV, Nr. 651, S. 9 f.

464 *Warda*, MDR 1965, 2, 5.

465 Dagegen wurden feste Promillegrenzen nicht in den Tatbestand mit aufgenommen.

erwiesen, weil die Unfallursachenforschung ergab, dass es eine große Zahl weiterer gefährlicher Verhaltensweisen existierten (und existieren), die eine Verkehrsgefährdung hervorrufen können.[466] Durch die Reform neu hinzugekommen sind das falsche Fahren an Fußgängerüberwegen (Abs. 1 Nr. 2 c) und die Nichteinhaltung der rechten Fahrbahn an unübersichtlichen Stellen (Abs. 1 Nr. 2 e). Auch wurden besonders gefährliche und unfallträchtige Verkehrsverstöße, die die Rechtsprechung bisher unter § 315 a Abs. 1 Nr. 1 StGB a. F. subsumiert hatte, als Nummern f und g des § 315 c StGB aufgenommen: Abs. 1 Nr. 2 f regelt das Wenden auf der Autobahn und dessen Versuch, Abs. 1 Nr. 2 g das Nichtkenntlichmachen haltender und liegengebliebener Fahrzeuge. Im Ergebnis enthielt die Strafvorschrift damit die sogenannten „sieben Todsünden des Straßenverkehrs". Weiterhin wurde bei § 315 c StGB das Tatbestandsmerkmal der „Beeinträchtigung des Straßenverkehrs" gestrichen, so dass nach der Intention des Gesetzgebers auch solche Personen[467] geschützt sein sollten, die nicht (unmittelbar) am Straßenverkehr (aktiv) teilnehmen.[468] Nach der Neufassung soll es vielmehr genügen, dass der Täter im Straßenverkehr handelt,[469] mithin also die Tathandlung einen Bezug zum Straßenverkehr aufweist.

c. Die Streichung des Merkmals der Gemeingefahr

Weiteres Kernstück des Gesetzes war die Aufgabe des Merkmals der Gemeingefahr in allen Bestimmungen der §§ 315–315 c StGB. Dieses Merkmal wurde durch den Passus „eine Gefahr für Leib und Leben eines anderen oder für fremde Sachen von bedeutendem Wert herbeiführt" ersetzt. Damit genügte nach dem neuen Gesetz grundsätzlich die Herbeiführung einer konkreten Individualgefahr zur Erfüllung des Tatbestandes.

Der Verzicht auf das Merkmal der Gemeingefahr war nicht unumstritten. Insbesondere in den Beratungen der Großen Strafrechtskommission warnten einige Vertreter[470] davor, dass mit dem Verzicht auf den Begriff der Gemeingefahr eine grundlegende Veränderung des Unrechtskerns einhergehe: Wenn das Merkmal der Gemeingefahr gestrichen werde, so würden die in Rede stehenden Delikte der Verkehrsgefährdung keine gemeingefährlichen Delikte mehr darstellen. Andere[471] verwarfen diese Bedenken und verwiesen darauf, dass die gemeingefährlichen Delikte nicht durch die Herbeiführung einer Gemeingefahr gekennzeichnet seien. Vielmehr sei entscheidend, dass das (Tat-) Mittel eine abstrakte Gefährlichkeit aufweise.

---

466 *Lackner*, JZ 1965, 120, 123.
467 Zum Beispiel der auf einem Feld pflügende Bauer.
468 *Nüse*, JR 1965, 41, 42.
469 BT-Drucksache IV, Nr. 651, S. 28.
470 Z. B.: *Jescheck*, Niederschriften VIII, S. 423 f.
471 Insbesondere *Gallas*, Niederschriften VIII, S. 423 mit Zustimmung von *Bockelmann*, Niederschriften VIII, S. 423 und *Baldus*, Niederschriften VIII, S. 424, 428. Siehe dazu auch *Lackner*, JZ 1965, 120, 124.

Der Verzicht auf das Merkmal der Gemeingefahr wurde umfassend erläutert und begründet. In der Begründung zum Entwurf des Zweiten Gesetzes zur Sicherung des Straßenverkehrs[472] wird ausgeführt, dass die Legaldefinition des Merkmals der Gemeingefahr in § 315 Abs. 3 StGB a.F. eine unklare Begriffsbestimmung gewesen war. Während das Schrifttum die Ansicht vertrat, dass nur der *unbestimmt* Einzelne geschützt sei, habe sich der BGH in BGHSt 11, 199 letztlich dazu entschieden, darauf abzustellen, ob der *bestimmt* Einzelne die Allgemeinheit repräsentiere. Sei dies der Fall, stelle seine Gefährdung die Verwirklichung einer Gemeingefahr dar. Diese Auffassung, so der Entwurf weiter, führt(e) aber zu schwierigen und nicht immer befriedigenden Unterscheidungen. Insbesondere widerspreche es dem Begriff der Gemeingefahr, wenn man darunter auch die Gefahr für einen Einzelnen verstünde. Es sei nur schwerlich möglich, die Gefährdung eines Einzelnen in den Begriff der Gemeingefahr hineinzupressen, ohne innere Spannungen hervorzurufen. Es sei aber nicht einzusehen, warum derjenige, der (nur) eine bestimmte, einzelne Person gefährde, nicht aus diesen (Straf-) Tatbeständen bestraft werden könne. Der (letztlich) einschränkende Begriff der Gemeingefahr könne kriminalpolitischen Bedürfnissen nicht genügen. Ein kriminalpolitisches Bedürfnis liege darin, die Sicherheit des Verkehrs zu gewährleisten.

Eine Beeinträchtigung der Sicherheit des Verkehrs sei aber schon dann gegeben, wenn auch nur die Gefährdung eines bestimmt Einzelnen im Raum stehe, weil eine derartige Gefahr dazu führen kann, dass (im Ergebnis) eine Mehrzahl von Menschen gefährdet wird. Somit stünde der Gedanke der abstrakten Gefahr für eine unbestimmte Zahl von Menschen im Vordergrund. Diese könne jedoch auch durch die Gefährdung eines bestimmten Einzelnen herbeigeführt werden, weil der Täter die Auswirkungen seiner Gefahrenhandlung nicht in der Hand hat. Mit dem Verzicht auf das Merkmal der Gemeingefahr, so der Entwurf weiter, ist es nunmehr möglich, gerechte und kriminalpolitisch sinnvollere Ergebnisse zu erzielen. Der Verzicht bringe auch eine Erleichterung für die Rechtsprechung mit sich. Die bisher in jedem Einzelfall notwendige Abgrenzung danach, ob der Täter einen Repräsentant der Allgemeinheit oder eine individuell bestimmte Einzelperson gefährdet hat, sei nur schwer durchführbar gewesen und gab zu zahlreichen Zweifeln Anlass. Mit der Neufassung sei daher auch eine Behebung von Auslegungsschwierigkeiten bezweckt.

Im Ergebnis lässt sich zweierlei festhalten: Der Verzicht auf das Merkmal der Gemeingefahr hatte das Ziel, die durch die Einzelfallabgrenzung hervorgerufenen Auslegungsschwierigkeiten zu beseitigen. Und: Der Verzicht und die damit einhergehende Einbeziehung von bestimmt einzelnen Personen in den Kreis der tauglichen Gefährdungsopfer erscheint nach den Ausführungen im Entwurf gerechtfertigt. Denn die abstrakte Gefahr, die als gesetzgeberischer Grund hinter der Ausgestaltung der Tatbestände als konkrete Gefährdungsdelikte steht, wird auch durch die Gefährdung eines bestimmt Einzelnen widergespiegelt.

---

472 BT-Drucksache IV, Nr. 651, S. 23 f.

In der Literatur wurde die Änderung größtenteils[473] begrüßt. Mit ihr ging die Hoffnung einher, dass die als unbefriedigend und als ungerecht empfundene neuere Rechtsprechung des BGH[474] ein Ende finden würde.[475] Die Intention des Gesetzgebers dahin, dass die Rechtsprechung der schwierigen Abgrenzungsfrage im Hinblick auf die Repräsentanteneigenschaft zukünftig enthoben sein sollte, wurde goutiert.[476] Die Literatur wagte (überdies) die praktischen Konsequenzen dieser Änderung zu prognostizieren: Durch die Ausdehnung des Tatbestandsmerkmals werde nunmehr wieder die Gefährdung von Mitfahrern, die Gefährdung des vom Täter gesteuerten, ihm nicht gehörenden Fahrzeuges[477] oder seiner Ladung sowie die auf bestimmte einzelne gerichtete „gezielte Gefahr" im Sinne einer vorsätzlichen Gefährdung erfasst.[478]

Abschließend könnte man sich durchaus die Frage stellen, welchen Zweck die Normierung einer konkreten Individualgefahr überhaupt noch hatte, da insoweit die in den §§ 315 b, 315 c StGB beschriebenen Tathandlungen doch selbst schon abstrakt gefährlich sind und durch diese (eigentlich) per se die Sicherheit des Straßenverkehrs beeinträchtigt wird. Um der hinter den Normen stehenden abstrakten Vielgefahr Ausdruck zu verleihen, bedarf es jedoch einer Gefahr für ein konkretes Gefährdungsopfers, in welcher sich die abstrakte Verkehrsgefahr manifestiert. Die hinzukommende und insoweit notwendige Individualgefahr sollte und soll daher die besondere Gefährlichkeit der Tathandlung ausdrücken, die über die typischerweise in der reinen Tätigkeit liegenden (Gefahren-) Situation[479] hinausgeht, und sie – die Individualgefahr – rechtfertigt gleichsam die vom Gesetzgeber angeordnete erhöhte Strafandrohung.[480]

473 Kritisch *Cramer*, NJW 1964, 1835, 1836 zu dem Verzicht auf das Merkmal der Gemeingefahr bei den Sprengstoffdelikten. Für ihn ist es notwendig, die Möglichkeit zu haben, solche Gefahren ausscheiden zu lassen, die einem Rechtsgut drohen, zu dem der Täter in einem sozialen Kontakt steht. Ein derartiges Ansinnen sei jedoch nur durchsetzbar, wenn man am Begriff der Gemeingefahr festhalten würde.

474 BGHSt 11, 199: Nach dieser Entscheidung kam es darauf an, ob der Gefährdete die Allgemeinheit repräsentiert. Siehe dazu ausführlich oben unter B.I.1.a.

475 *Nüse*, JR 1965, 41; *Lackner*, JZ 1965, 120, 124.

476 *Warda*, MDR 1965, 1, 5.

477 Dagegen zweifeln *Nüse* in JR 1965, 41 und *Lackner* in JZ 1965, 120, 124 (im Ergebnis zu Recht) daran, dass der BGH seine Rechtsprechung hinsichtlich des Täterfahrzeugs in Zukunft ändern werden wird. Andere Ansicht *Hartung*, NJW 1965, 86, 89.

478 *Warda*, MDR 1965, 1, 5.

479 Vgl. zur Abgrenzung zum abstrakten Gefährdungsdelikt: *Ostendorf*, JuS 1982, 426, 429.

480 Vgl. dazu auch die Ausführungen unter D.IV.5.b.aa.(2).

d. Die kontroversen Erläuterungen in der Großen Strafrechtskommission

Exemplarisch für die rechtspolitische Diskussion im Vorfeld der Änderung steht die Auseinandersetzung der Großen Strafrechtskommission[481] unter Befassung mit der grundsätzlichen Frage, ob der Begriff der „Gemeingefahr" überhaupt ersetzt werden sollte. Insbesondere *Dreher* war im Einklang mit der Unterkommission der Meinung, dass man den Begriff der „Gemeingefahr" durch die heutige Formel ersetzen sollte, weil nur diese zu kriminalpolitisch sinnvollen Ergebnissen führt und allein diese letztlich die Rechtsprechung von der nicht immer unproblematischen Unterscheidung entbinde, ob der Einzelne die Allgemeinheit vertritt.[482] Um die Problematik der Unterscheidung handhabbar zu machen, nimmt *Dreher* ausdrücklich Bezug auf das Urteil des BGH vom 16.1.1958, in welchem der BGH über eine Strafbarkeit infolge einer Insassengefährdung zu entscheiden hatte.[483] Dagegen gehen er und die anderen Mitglieder der Strafrechtskommission nicht auf die Frage ein, wie bei der Gefährdung von Tatbeteiligten zu verfahren ist.[484] Trotz den von *Dreher* anerkannten maßgeblichen kriminalpolitischen Bedürfnissen war er sich darüber im Klaren gewesen, dass die neue „Formel"[485] eine erhebliche Erweiterung des klassischen Begriffs der Gemeingefahr darstellt und sich gegen sie auch gewisse Bedenken herleiten lassen, insbesondere dergestalt, ob man (systematisch) wirklich noch von gemeingefährlichen Delikten sprechen kann.[486]

Letztlich wurden diese Bedenken (von den Befürwortern, die eine Streichung des Merkmals der Gemeingefahr als notwendig erachteten) aus mehreren Gründen verworfen: Zum einen wurde festgestellt, dass die Delikte (des 28. Abschnitts) auch unter Anwendung der neuen Formel gemeingefährliche Delikte bleiben würden, weil die Verwirklichung der in diesen Delikten pönalisierten Verhaltensweisen mit solchen (Tat-) Mitteln begangen werden, die als solche schon einen gemeingefährlichen Charakter hätten. Deren Verwendung führe in aller Regel auch zu einer Gemeingefahr.[487] Entscheidend sollte sein, wie *Gallas* ergänzend feststellte, dass die abstrakte Gefährlichkeit des Mittels für eine Einordnung als gemeingefährliche Delikte genügt, weil derjenige, der ein solches Mittel benutzt, sich in einem Bereich bewegt, der generell gefährlich ist[488] und damit, so *Fritz* weiter, Kräfte wirksam

---

481 Niederschriften VIII, S. 417 ff., 425 ff.

482 *Dreher*, Niederschriften VIII, S. 419 f. Zustimmend *Gallas*, Niederschriften VIII, S. 423, der den Vorschlag von *Dreher* den „praktikabelsten Weg" nennt.

483 BGHSt 11, 199. Siehe dazu oben unter B.I.1.d.

484 Dass trotzdem eine Auseinandersetzung mit den Argumenten der Großen Strafrechtskommission von Nöten ist, zeigt sich sogleich.

485 Mit „Formel" ist die Wendung „Leib oder Leben eines anderen Menschen oder fremde Sachen von bedeutendem Wert gefährdet" gemeint. Der Begriff „Formel" wird auch im Folgenden benutzt.

486 *Dreher*, Niederschriften VIII, S. 420. Dazu dann sogleich.

487 *Dreher*, Niederschriften VIII, S. 420.

488 *Gallas*, Niederschriften VIII, S. 423.

werden lässt, die er nicht mehr beherrschen und denen er nicht mehr entgegenwirken kann.[489] Interessanterweise führte *Dreher* das Kraftfahrzeug als Beispiel für ein solches gemeingefährliches Tatmittel nicht auf. Zum anderen werde die Ausdehnung der Formel durch das Institut der Einwilligung begrenzt. Ob dieser rechtfertigende Wirkung zukommt, so *Dreher*, muss die Rechtsprechung klären. Dabei ist er der Meinung, dass dies der Fall sein werde, wenn es um die konkrete Gefährdung eines Einzelobjekts gehe, wobei man zu berücksichtigen habe, ob nicht der Gedanke einer abstrakten Gefährdung hinter dem Tatbestand stünde, der der Einwilligung die rechtfertigende Wirkung nehmen könne.[490] Letztlich seien die kriminalpolitischen Gesichtspunkte, dass der bisherige Strafrechtsschutz ungenügend sei, geeignet, systematische Bedenken zu verwerfen.[491]

e. Folgen für das Wesen der gemeingefährlichen Delikte

aa. Die Straßenverkehrsgefährdungsdelikte als gemeingefährliche Delikte

Durch das Zweite Gesetz zur Sicherung des Straßenverkehrs wurde, wie erläutert, der Begriff der Gemeingefahr aufgegeben. Der Gesetzgeber ordnete die § 315 b und § 315 c StGB als Nachfolgervorschriften des § 315 a StGB a.F. trotzdem auch weiterhin den gemeingefährlichen Straftaten zu. Er behielt diese Zuordnung deshalb bei, weil es – trotz der Streichung des Begriffs der Gemeingefahr – für die Klassifizierung als gemeingefährliche Straftat insoweit ausreichend ist, dass sich der Täter eines gemeingefährlichen Mittels bedient und hinter der Ausgestaltung der Delikte als konkrete Gefährdungsdelikte die abstrakte Gefahr für eine unbestimmte Vielzahl von Menschen steht.[492] Für die Rubrizierung der Taten unter die Überschrift „Gemeingefährliche Straftaten" sollte es nach Ansicht eines Teils der Großen Strafrechtskommission – im Ergebnis – genügen, wenn sich der Täter in einem generell gefährlichen Bereich bewege, was durch die Wahl seines Mittels dokumentiert werde.[493] Andere[494] waren – wie aufgezeigt – dagegen der Meinung, dass mit dem Verzicht auf den Begriff der Gemeingefahr eine grundlegende Veränderung des Unrechtskerns einhergehe. Derjenige, der nämlich ein gemeingefährliches Delikt verwirklicht, muss auch eine Gemeingefahr herbeiführen. Diese Begründung und die Ausführungen der dem Gesetzgebungsverfahren vorgeschalteten Strafrechtskommission zeigen schon das Dilemma[495] auf, welchem sich der Gesetzgeber ausgesetzt sah: Man wollte die Straßenverkehrsdelikte weiterhin als

---

489 *Fritz*, Niederschriften VIII, S. 428.

490 *Dreher*, Niederschriften VIII, S. 420 f.

491 *Fritz* und *Baldus*, Niederschriften VIII, S. 428.

492 Anders MüKo-*Pegel*, § 315 Rn. 5, der – zu Unrecht – dem gesetzgeberischen Grund keinen Einfluss auf die Deliktsstruktur geben will.

493 *Gallas*, Niederschriften VIII, S. 423.

494 Insbesondere *Jescheck*, Niederschriften VIII, S. 423 f.

495 LK-*König*, Entstehungsgeschichte IV 2 zu § 315 spricht davon, dass die §§ 315 bis 315 c StGB durch den Wegfall der Gemeingefahr aus den Fugen geraten sind.

gemeingefährliche Delikte klassifizieren, obwohl der gemeingefährliche Taterfolg als Klassifizierungsmerkmal nicht mehr zur Verfügung stand. Deshalb stellte der Gesetzgeber auf die Gemeingefährlichkeit des Tatmittels ab, so dass ein gemeingefährliches Verhalten als gesetzgeberisches Motiv wirkte.[496] Daher ist zu überprüfen, ob die Straßenverkehrsgefährdungsdelikte tatsächlich weiterhin als gemeingefährliche Delikte angesehen werden können:

Festzustellen ist, dass mit dem soeben dargestellten Verständnis des Gesetzgebers – ob vom Gesetzgeber gewollt oder ungewollt – eine Verschiebung des Wesens der Gemeingefährlichkeit bei den §§ 315 b, 315 c StGB einhergeht. In den Vordergrund ist die Gefährlichkeit des *Tatmittels* (und damit zwangsläufig die Gefährlichkeit der *Tathandlung*, die ihrer Art nach gegen die Allgemeinheit gerichtet ist[497]) gerückt: durch ein per se gemeingefährliches *Mittel* wird eine konkrete Gefahr hervorgerufen.[498] Es wird nunmehr ein seiner Natur nach *gemeingefährliches Verhalten* (im Interesse der Verkehrssicherheit) „schlechthin verpönt".[499] Die vom Gesetzgeber beschriebene abstrakte Gefahr für eine unbestimmte Vielzahl von Menschen beschreibt keineswegs einen gemeingefährlichen Taterfolg, den der Täter hervorrufen muss. Vielmehr ist diese Gefahr dem gemeingefährlichen Tatmittel immanent, ist also mit diesem (in der Regel) untrennbar verbunden und tritt als eine Art „Reflex" ein. Die ihrem Wesen nach gegen die Allgemeinheit gerichtete *Handlung* beeinträchtigt das Funktionieren des Verkehrs und die Sicherheit aller Verkehrsteilnehmer.[500] Die Auswahl des Tatmittels *führt* in der Regel[501] zu einer Gemeingefahr,[502] weil der Täter durch die Auswahl des Tatmittels technische Kräfte entfesselt, deren Auswirkungen er regelmäßig nicht zu begrenzen im Stande ist[503] und diese Kräfte zugleich ein hohes Gefahrenpotential freisetzen.[504] Durch die Streichung des Begriffs der Gemeingefahr haben die Delikte nicht ihr Wesen als Delikte mit präsumtivem Gefährdungspotential verloren. Die §§ 315 b, 315 c StGB sind damit im Ergebnis nicht wegen eines bestimmten Gefährdungserfolges als gemeingefährlich anzusehen,

---

496 Sch/Sch-*Heine/Bosch*, Vorbemerkungen zu den §§ 306 ff. Rn. 1 a.

497 BGHSt 23, 261, 264.

498 *Lackner*, JZ 1965, 120, 124.

499 OLG Karlsruhe NJW 1967, 2321, 2322.

500 BGHSt 23, 261, 264.

501 So wohl auch *Wessels/Hettinger*, Rn. 949. *Maurach/Schroeder/Maiwald*, BT 2, § 50 Rn. 4 ist der Ansicht, dass bei der Gefährdung des Straßenverkehrs gemäß § 315 c StGB, abgesehen von § 315 c Abs. 1 Nr. 1 StGB nicht unbestimmt viele Menschen gefährdet werden, da die Handlungen so formuliert sind, dass sie in aller Regel nur ein anderes Fahrzeug mit (einer bestimmten Anzahl von) Insassen gefährden.

502 *Dreher*, Niederschriften VIII, S. 420.

503 *Wessels/Hettinger*, Rn. 949.

504 *Kratzsch*, JZ 1987, 360, 363 m.w.N.

sondern wegen ihrer Handlungstendenz[505] und deshalb hat der Gesetzgeber sie zu Recht im Abschnitt über die gemeingefährlichen Delikte belassen.

Darüber hinaus gilt Folgendes: Der Straßenverkehr wird durch einen massenhaft auftretenden Transport einiger weniger Rechtsgutsträger (bzw. Fahrzeuginsassen) pro Transportmittel (bzw. pro PKW) gekennzeichnet. Eisenbahn-, Luft- und Schiffsverkehr sind dagegen typische Massentransporte. Diese Unterscheidung ändert jedoch nichts an der Gemeingefährlichkeit der Tathandlung im Rahmen der Straßenverkehrsdelikte. Eine Handlung ist nämlich nicht nur dann gemeingefährlich, wenn mit ihr die Rechtsgutsträger eines Massentransportmittels gefährdet werden, sondern schon dann, wenn es um die Verursachung solcher Kräfte geht, die der Täter nicht mehr beherrschen und denen er nicht mehr entgegenwirken kann. Diese Wirkung hat das Kraftfahrzeug allemal. Zwar ist zuzugeben, dass die Wahrscheinlichkeit einer Realisierung der Gefährdung einer Vielzahl von Rechtsgutsträgern mit *einer* Tathandlung anders als bei den anderen Verkehrsarten geringer ist. Die Gefahrverursachung führt – wie dargestellt – in der Regel zu einer Gemeingefahr, muss es aber nicht. Entscheidend ist jedoch, dass sie es könnte. Den in den Straßenverkehrsgefährdungsdelikten beschriebenen Tathandlungen ist ein Gefährdungspotential im Sinne einer Massengefahr zumindest potentiell und abstrakt inhärent und eine Verwirklichung ist durchaus möglich. Dies ist ausreichend.[506] Das hat auch der Gesetzgeber zu Recht so gesehen und auch die Erfahrung zeigt, dass Situationen real sind, in denen es letztlich zu einer Massengefahr kommt.[507] Die Delikte bleiben aus den vorgenannten Gründen somit gemeingefährliche Delikte. Im Übrigen dürfte diese Aussage für (fast) alle im 28. Abschnitt statuierten Delikte gelten: Es ist gerade die „*Gemeingefährlichkeit des Verhaltens*, das die Klammer für die in einzelnen unterschiedlich strukturierten Straftatbestände des 28. Abschnitts bilden soll."[508]

bb. Gemeinschädlichkeitsaspekt

Die gezeigte Beibehaltung der Einordnung der Straßenverkehrsgefährdungsdelikte als gemeingefährliche Delikte rechtfertigt sich zudem noch aus dem bereits oben mehrfach angedeuteten Gemeinschädlichkeitsaspekt. In der rechtshistorischen Entwicklung der gemeingefährlichen Delikte und insbesondere innerhalb des strafrechtlichen Schutzes der Eisenbahn spielte dieser Gedanke immer wieder eine tragende Rolle. Zur Erinnerung: Der Aspekt der Gemeinschädlichkeit ist so zu verstehen, dass durch die Deliktsverwirklichung solche Gegenstände, Einrichtungen und Zustände beeinträchtigt werden, deren unbeeinträchtigte Verfügbarkeit für die Mitglieder einer Gemeinschaft oder Gesellschaft über individuelle Interessen hinaus

---

505 *Otto*, BT, § 78 Rn. 2.

506 Vgl. auch *Dedes*, MDR 1984, 100, 103.

507 Man denke nur an den Fall, in dem eine Straßenverkehrsgefährdung eine „Massenkarambolage" zur Folge hat.

508 *Wessels/Hettinger*, Rn. 949, der dies als das gesetzgeberische Motiv bezeichnet.

von Bedeutung ist.[509] Mithin geht es um den Schutz von Institutionen im Sinne von werthaften und vergeistigten Zuständen und Ordnungen, die ihrerseits Voraussetzung für die personale Entfaltung des Einzelnen sind.[510] Dies vorausgeschickt, gilt in Bezug auf die Straßenverkehrsgefährdungsdelikte Folgendes: Das Faktum, dass der Straßenverkehr der freien Ausübung der individuellen Freiheit dient und insoweit ein Kollektivrechtsgut statuiert wird, macht den Straßenverkehr zu einer Gemeinschaftsinstitution, die zu Gunsten des Gemeinwohls geschützt werden muss. Vor dem Hintergrund der gemeinschädlichen Wirkung der gefährlichen Handlungen zu Lasten der Verkehrssicherheit (der die Möglichkeit einer gefahrlosen Teilnahme am Straßenverkehr ausschließt) ist die vorgenommene systematische Einordnung der Straßenverkehrsdelikte umso zwingender. Gerade der Gemeinschädlichkeitsaspekt macht die Straßenverkehrsgefährdungsdelikte zu Delikten zum Schutze von Gesellschaftswerten. Daraus folgt, dass die Delikte nicht ein personales oder staatliches Interesse, sondern soziale Faktoren, wie vorliegend (vergeistigte) Institutionen, kollektive Interessen und die Allgemeinheit im Interesse der gemeinen Sicherheit und öffentlichen Ordnung zu schützen suchen.[511]

f. Folgen für das Rechtsgut

aa. Veränderung des Unrechtskerns zu Gunsten eines Individualrechtsschutzes?

Schon im Rahmen der Beratungen der Großen Strafrechtskommission wurden Bedenken gegen das von den §§ 315 b, 315 c StGB jeweils geschützte Rechtsgut der Verkehrssicherheit geltend gemacht. Es wurde hervorgehoben, dass sich durch die Streichung des Begriffs der Gemeingefahr der Normzweck insoweit ändern würde, als die Delikte nicht mehr als gemeingefährliche angesehen werden können, weil sich insoweit der Unrechtskern verändert habe.[512] Dieser Ansatz wurde im Folgenden aufgegriffen und als Argument für eine Verschiebung des Rechtsgüterschutzes verwendet.[513] Betrachtet man allerdings die Intention des Gesetzgebers, ging es keinesfalls darum, durch die Streichung des Begriffs der „Gemeingefahr" einen Austausch des geschützten Rechtsguts zu bewirken bzw. den Normzweck zu verändern,[514] sondern darum – wie der Gesetzgeber selbst ausführt –, Auslegungsprobleme zu

509 *Radtke*, 1998, S. 123 Fn. 331.

510 *Otto*, AT, § 4 Rn. 14 mit Blick auf abstrakte Gefährdungsdelikte; *Radtke*, 1998, S. 142.

511 Vgl. *Dedes*, in FS für Oehler, S. 265, 273; *ders.* in MDR 1984, 100, 101.

512 So erstmals *Jescheck*, Niederschriften VIII, 423 f. Zudem sei es nicht einzusehen, warum ein einzelnes gefährdetes Menschenleben so wertvoll sein soll, um die in den Delikten vorgesehene hohe Strafandrohung zu rechtfertigen.

513 Vgl. exemplarisch: MüKo-*Pegel*, § 315 Rn. 5 ff.; *Schroeder*, JuS 1994, 846, 848; OLG Hamburg NJW 1969, 336, 337.

514 So zu Recht: BGHSt 23, 261, 263; MüKo-*Groeschke* (2006), § 315 c Rn. 1; *Engelhardt*, DRiZ 1982, 106; *Cramer*, § 315 c Rn. 2.

beheben[515] und den Kreis potentieller Gefährdungsopfer zu erweitern. Sinn und Zweck der Gesetzesänderung wurden bereits dargestellt.[516] Soweit vertreten wird, es habe eine Veränderung des Unrechtskerns zu Gunsten eines Individualrechtsgüterschutzes stattgefunden, ist dazu Folgendes zu bemerken:

Wenn dem Verständnis vom Nicht-Austausch des geschützten Rechtsguts entgegengehalten wird, dass es nicht möglich sei, den Tatbestand auf den Schutz von Einzelpersonen zu erweitern, gleichwohl aber ein überindividuelles Rechtsgut beizubehalten,[517] ist dem zu widersprechen. Erstens: Die §§ 315 b, 315 c StGB stellen weiterhin gemeingefährliche Delikte dar,[518] so dass die These, dass es sich eigentlich gar nicht mehr um gemeingefährliche Delikte handele, schon im Ansatz verfehlt ist. Aufgrund der – wie oben gezeigten – Qualität als gemeingefährliches Delikt ist also auch systematisch ein Abstellen auf ein überindividuelles Rechtsgut möglich. Zweitens: Die Erweiterung auf den Schutz von Einzelpersonen heißt nicht zwingend, dass das geschützte Rechtsgut ausgetauscht wird. Strafgrund der §§ 315 b, 315 c StGB ist nach dem Willen des Gesetzgebers, dass der Täter eine abstrakte Gefahr für eine unbestimmte Vielzahl von Menschen oder Sachen schafft, deren Auswirkungen er regelmäßig nicht in der Hand hat.[519] Diese abstrakte Gefahr für eine *Vielzahl* von Personen steht synonym für die Sicherheit des Straßenverkehrs zu Gunsten der Allgemeinheit. Um aber der abstrakten Vielgefahr Ausdruck zu verleihen, bedarf es einer Gefahr für ein konkretes Gefährdungsopfers, in welcher sich die abstrakte Verkehrsgefahr manifestiert. Dies ist Beweggrund für die Implementierung des Merkmals der konkreten Individualgefahr – nicht jedoch eine Zuerkennung eines Individualrechtsgüterschutzes. Die Gefahr, die den Rechtsgütern der Einzelpersonen bereitet wird, steht nur stellvertretend für diejenigen Gefahren, die der Allgemeinheit bereitet werden.

Dieser aufgrund der gesetzgeberischen Zielrichtung festgestellte Unrechtsgehalt führt dazu, dass den Normen zumindest vom *historischen* Standpunkt aus das Schutzgut des Allgemeininteresses an der Sicherheit des Verkehrs immanent ist. Noch einmal muss auf den im Entwurf angesprochenen „gesetzgeberischen Grund" zurückgekommen werden: Die abstrakte Gefahr, die hinter der Ausgestaltung der Tatbestände steht, zeigt letztlich, dass das Ziel des Schutzes der Sicherheit des Straßenverkehrs (als abstraktes System, von welchem Gefahren ausgehen) als Grund für die Normierung der Tatbestände angesehen werden muss. Deshalb ist dem historischen Gesetzgeber zuzustimmen, wenn er ausführt, dass die Vorschriften dem Schutz der Sicherheit des Straßenverkehrs dienen.[520]

515 Siehe dazu auch BGHSt 23, 261, 263 f.
516 Vgl. Ausführungen oben unter C.III.3.c.
517 So *Schroeder*, JuS 1994, 846, 848: „Wer A sagt, muß auch B sagen."
518 Siehe oben unter C.III.3.e.
519 BT-Drucksache IV, Nr. 651, S. 23. Ebenso: BayObLG NJW 1984, 68.
520 BT-Drucksache IV, Nr. 651, S. 22.

Ebenfalls verfängt das Argument nicht, dass sich durch die Streichung des Merkmals der *Beeinträchtigung der Sicherheit des Straßenverkehrs* (zumindest bei § 315 c StGB) das Rechtsgut zu Gunsten eines Individualrechtsgüterschutz verändert habe.[521] Ausweislich der Gesetzesbegründung[522] wurde das Merkmal nur gestrichen, um auch solche Personen und Sachen mit in den Schutzbereich aufzunehmen, die sich neben der Fahrbahn befinden.[523] Ein ausschließlicher Individualrechtsgüterschutz kann damit nicht begründet werden. Denn die Gefährdungshandlungen des § 315 c StGB stellen typische Verkehrsbeeinträchtigungen dar und ihre Verwirklichung berührt bereits automatisch unmittelbar die Sicherheit des Straßenverkehrs.[524] Damit geht die Vorschrift davon aus, dass eine Beeinträchtigung der Sicherheit des Straßenverkehrs immer dann vorliegt, wenn jemand im Straßenverkehr eine der in § 315 c StGB bezeichneten Handlungen vornimmt.[525] Trotz der Streichung des Merkmals verhält es sich gerade nicht so, dass eine Beeinträchtigung der Sicherheit des Straßenverkehrs durch die pönalisierten Verhaltensweisen nicht mehr vorliegt. Anders als zuvor, ist die Beeinträchtigung der Sicherheit des Straßenverkehrs nicht mehr ausdrückliches Tatbestandsmerkmal, was jedoch an einer Existenz einer tatsächlichen Beeinträchtigung der Sicherheit des Straßenverkehrs nichts ändert.

bb. Resümee

Auch heute noch sind die Straßenverkehrsdelikte gemeingefährliche Delikte, denn die ihnen zu Grunde liegenden Tathandlungen sind gemeingefährlicher Art. Dazu kommt der Gemeinschädlichkeitsaspekt. Es lässt sich weiter zeigen, dass seit Beginn der strafrechtlichen Normierung die Delikte der Straßenverkehrsgefährdung das Rechtsgut des Allgemeininteresses an der Sicherheit des Verkehrs normmotivierend waren und sich daran auch durch das Zweite Gesetz zur Sicherung des Straßenverkehrs nichts geändert hat.[526]

Wenn behauptet wird, der Begriff der Gemeingefahr habe nach dessen Streichung für die (Auslegung der) Tatbestände der §§ 315 b, 315 c StGB keinerlei Relevanz mehr,[527] so ist dem aus den (vor-)genannten Gründen zu widersprechen. Das aufgezeigte gesetzgeberische Motiv der Gemeingefährlichkeit ist bei der Interpretation der Vorschriften stets im Auge zu behalten:[528] Ausgehend vom – oben aufgezeigten – Strafgrund der §§ 315 b, 315 c StGB und dem daraus resultierenden

---

521 So aber wohl *Dreher* (1972), § 315 unter 2).
522 BT-Drucksache IV, Nr. 651, S. 28.
523 So auch: BGHSt 23, 261, 263; Möhl/Rüth-*Rüth*, § 315 c Rn. 1.
524 *Cramer*, § 315 c Rn. 2.
525 Sch/Sch-*Sternberg-Lieben/Hecker*, § 315 c Rn. 1 m.w.N.
526 So auch: *Burmann*/Heß/Hühnermann/Jahnke/Janker, § 315 c Rn. 1; LK-*König*, § 315 Rn. 4; *Cramer*, § 315 c Rn. 2.
527 Z.B. explizit für die Frage nach der Tauglichkeit von Tatbeteiligten als Gefährdungsopfer LK-*König*, § 315 b Rn. 74 a.E.
528 *Wessels/Hettinger*, Rn. 949.

Synonymgedanken, bleibt festzuhalten, dass es – um der abstrakten Vielgefahr Ausdruck zu verleihen – einer Gefahr für ein konkretes Gefährdungsopfers bedarf, in welcher sich die abstrakte Verkehrsgefahr manifestiert. Eine derartige Manifestation einer zunächst nur vermuteten (abstrakten) Gefahr bedingt, dass das konkrete Gefährdungsopfer eine besondere Tauglichkeit aufweist, deren Bestimmung verkehrsspezifischen Parametern Rechnung trägt.[529]

g. *Auswirkungen des Zweiten Gesetzes zur Sicherung des Straßenverkehrs auf die „Repräsentantentheorie" des BGH*

Nach der „Repräsentantentheorie" des BGH war Voraussetzung, dass der Gefährdete die Allgemeinheit repräsentieren muss, um in den Schutzbereich der Normen zu fallen. Der Begriff „Allgemeinheit" war in Anlehnung an die vor der Gesetzesänderung vollzogene Konkretisierung dahingehend zu verstehen, dass der Gefährdete ein Repräsentant der Verkehrsgemeinschaft sein musste.[530] Die Person war dann ein Repräsentant der Verkehrsgemeinschaft, wenn sie beliebig auswechselbar war, mithin es also zufällig war, dass gerade diese Person gefährdet wurde.

Auch aufgrund der Verschiebung des Verständnisses von dem, was das Wesen der Gemeingefährlichkeit ausmacht, wird vertreten, dass die Begriffe „Gemeingefahr" und „Gemeingefährlichkeit" für das inhaltliche Verständnis der im 28. Abschnitt eingestellten Delikte praktisch keine Relevanz mehr besitzen.[531] Dem ist zwar – wie soeben ausgeführt – in diesem Umfang nicht zuzustimmen, hinsichtlich der vom BGH aufgeworfenen Repräsentantentheorie führt die Verschiebung in Kumulation mit den oben dargestellten historischen bzw. gesetzgeberischen Erwägungen und Absichten im Zusammenhang mit dem Zweiten Gesetz zur Sicherung des Straßenverkehrs aber dazu, dass diese Theorie in dem vom BGH verstandenen Sinne keine Gültigkeit mehr beanspruchen kann.[532] Es ist deshalb nicht mehr Voraussetzung, dass der Gefährdete die Allgemeinheit repräsentieren *muss*, um in den Schutzbereich der Normen zu fallen. Daher gilt zumindest im Zusammenhang mit den Mitfahrer-Fällen Folgendes: Da der insoweit aus dem Begriff der Gemeingefahr wurzelnde Repräsentationsgedanke keine Rolle mehr spielen soll, ist die vom BGH vorgenommene Differenzierung unter Heranziehung von gebildeten Fallgruppen

---

529 Vgl. zur Zulässigkeit einer Differenzierung im Zusammenhang mit der Frage der Tauglichkeit die Darstellung unter F.II und zu den Parametern für eine derartige Differenzierung die Ausführungen unter F.III.

530 OLG Karlsruhe NJW 1959, 2321, 2322.

531 So MüKo-*Radtke*, vor §§ 306 ff. Rn. 3.

532 Deshalb kann an dieser Stelle auch dahingestellt bleiben, ob der vom BGH aufgeworfene Repräsentationsgedanke der Sache nach unter Geltung des § 315 a StGB a.F. richtig war oder ob der Begriff der Gemeingefahr anders hätte verstanden werden müssen.

überholt.[533] Und – noch weitergehend – aus dem vormals gesetzlichen Merkmal der Gemeingefahr kann nach dessen Aufhebung *unmittelbar* nichts mehr – auch nicht zu Gunsten des Ausschlusses von Tatbeteiligten – abgeleitet werden.[534]

Ein aus dem Begriff der Gemeingefahr wurzelndes Merkmal der Repräsentanz war (und ist) für den BGH für den Ausschluss von Tatteilnehmern allerdings nicht entscheidend. Dies wird an anderer Stelle umfassend aufgezeigt.[535] Letztlich bereinigt diese Feststellung auch die Unklarheit, *woraus* sich die Aussage des BGH ergibt, der Täter und etwaige Tatteilnehmer könnten des strafrechtlichen Schutzes nicht teilhaftig werden, weil das Gesetz den strafrechtlichen Schutz den anderen, durch den Täter und etwaige Tatteilnehmern, gefährdeten Verkehrsteilnehmern zugedacht hat. Die These, dass die fehlende Repräsentanz (und nicht die „Lagertheorie") zu einer *„Verwirkung der Teilnahme am Schutzbereich"* führen sollte, ist schwerlich aufrecht zu halten. Vielmehr verhält es sich nach der Ansicht des BGH anders herum. Die fehlende Repräsentanz soll nur die Folge der Tatteilnahme bzw. der „Lagerverbindung" sein.[536] Was aber genau dann die Ursache für die Herausnahme der Tatbeteiligten aus dem Erfassungsbereich ist, bleibt offen. Die vom BGH ferner genannten Erwägungen, die als Ursache herhalten könnten – die rechtslogischen Erwägungen, gleich, was darunter zu verstehen ist oder der Aspekt der verkehrsbezogenen Beteiligung – sind im weiteren Verlauf dieser Arbeit noch zu überprüfen.

4. Neuere Entwicklungen

Nach dem Zweiten Gesetz zur Sicherung des Straßenverkehrs fanden Änderungen und Ergänzungen der Straßenverkehrsdelikte in den §§ 315 b ff. StGB nur sporadisch statt. Die Entkriminalisierung des Verkehrsstrafrechts mit Wirkung vom 1.1.1969 brachte keine grundlegende Neuordnung. Als Gegenstück zur Verschärfung des Verkehrsstrafrechts durch das Zweite Gesetz zur Sicherung des Straßenverkehrs stellte das EGOWiG leichtere Straßenverkehrs-Straftatbestände auf Bußgeldtatbestände um. Dies betraf aber vor allem die Verkehrsübertretungen der StVO und

533 Zweifelnd *von Hippel*, ZStW 80 (1968), 378, 380 f. im Ergebnis mit der Begründung, dass dieser Wille des Gesetzgebers (wonach es auf eine Repräsentanteneigenschaft nicht mehr ankommen solle) keinen ausdrücklichen Niederschlag im Gesetz erfahren habe, so dass in die Wendung „beliebiger" Mensch auch weiterhin die Repräsentanteneigenschaft hineininterpretiert werden könne.

534 So auch LK-*König*, § 315 b Rn. 74 a.E.; *Hillenkamp*, Opferverhalten, S. 93; *Tepperwien*, in FS für Nehm, S. 427, 435.

535 Siehe dazu B.I.1.d und D.II.2.a.

536 Selbst wenn man der Ansicht sein sollte, der BGH habe den zugedachten Normzweck nur als tangiert angesehen, wenn ein Repräsentant der Allgemeinheit gefährdet wird – man mithin die Repräsentanteneigenschaft als Ursache begreift –, kann dies aufgrund der Überholung der Repräsentantentheorie (in ihrer ursprünglichen Ausgestaltung) heute nicht mehr gelten. Vgl. dazu *Geppert*, Jura 1996, 47, 48.

der StVZO sowie einige Tatbestände des StVG. Straftatbestände nach dem StGB waren nicht betroffen. Durch Artikel 1 Nr. 176 des EGStGB vom 2.3.1974[537] wurde in § 315 c Abs. 1 Nr. 2 f StGB das (versuchte) Rückwärtsfahren mit in den Tatbestand aufgenommen und die Vorschrift insgesamt auf Kraftfahrstraßen erstreckt. Das OWiG-StVGÄndG vom 7.7.1986[538] erweiterte diese Regelung erneut und fügte das (versuchte) Fahren entgegen der Fahrtrichtung ein. Die letzte (größere) Änderung brachte das 6. Strafrechtsreformgesetz vom 26.1.1998[539] mit sich. Der Gesetzgeber fügte bei den §§ 315 b, 315 c StGB in Abs. 1 das Wort „Menschen" ein und regelte die bis dato in § 315 b Abs. 6 StGB normierte tätige Reue in § 320 StGB. Weiterhin fügte der Gesetzgeber mit § 315 b Abs. 3 StGB (mit dem Verweis auf § 315 Abs. 3 StGB) einen Qualifikationstatbestand ein.

IV. Ergebnis

Nach der genauen Betrachtung der rechtshistorischen Entwicklung der gemeingefährlichen Delikte und der Straßenverkehrsgefährdungsdelikte lässt sich festhalten, dass die §§ 315 b, 315 c StGB historisch betrachtet einen Universalrechtsgüterschutz verfolgen.[540] Den gemeingefährlichen Delikten im Allgemeinen und den Delikten wider den Verkehrsanstalten im Besonderen war und ist der Normzweck des Schutzes der Allgemeinheit immanent. Dies wurde vorliegend gezeigt. Dadurch, dass diese Normen einen Universalrechtsgüterschutz verfolgen, kann es bei den §§ 315 b, 315 c StGB kaum anders sein als bei der Pönalisierung der Gefährdung der Eisenbahn. Dies gilt umso mehr, als der Gesetzgeber diese Vorschriften zum Vorbild der Ausgestaltung der §§ 315 b, 315 c StGB genommen hat.[541] Der Zweck des Universalrechtsgüterschutzes wird zudem durch die Gesetzesbegründung zum Ersten Gesetz zur Sicherung des Straßenverkehrs bestätigt und hat sich, wie gezeigt, durch das Zweite Gesetz zur Sicherung des Straßenverkehrs nicht geändert. Bei den §§ 315 b, 315 c StGB ist der Kollektivrechtsgüterschutz aus historischer Sicht mithin derart ausgestaltet, als diese die Sicherheit des Straßenverkehrs schützen.

Darüber hinaus wurde über das historische Verständnis des Wesens der gemeingefährlichen Delikte gezeigt, dass auch die Straßenverkehrsgefährdungsdelikte seit jeher gemeingefährliche Delikte waren und sind. Basierend auf der Streichung des Merkmals der Gemeingefahr ist es die Verwendung eines seiner Natur nach (gemein-) gefährlichen Tatmittels, dass die §§ 315 b, 315 c StGB als gemeingefährliche Delikte qualifiziert. Deshalb stehen sie zu Recht im 28. Abschnitt des StGB.

---

537 BGBl. I, S. 469.

538 BGBl. I, S. 977.

539 BGBl. I, S. 164.

540 Vgl. zur insbesondere mit der historischen Entwicklung argumentierenden Gegenansicht die Ausführungen unter D.IV.5.b.aa. und dort unter (1).

541 Vgl. BT-Drucksache I, Nr. 2674, S. 15 sowie *Lackner*, MDR 1953, 73, 75 und *Maassen*, NJW 1953, 201.

Diese systematische Stellung unterstreicht zudem den aufgezeigten Universalrechtsgüterschutz.

Dazu kommt ergänzend noch der Aspekt der Gemeinschädlichkeit, der (auch) den Straßenverkehrsgefährdungsdelikten innewohnt: Die Tatsache, dass die Ausübung der individuellen und mobilen Freiheit einen sicheren Straßenverkehr voraussetzt, macht den Straßenverkehr zu einer Gemeinschaftsinstitution, die zu Gunsten des Gemeinwohls und des gesicherten Zusammenlebens geschützt werden muss.

Aufgrund der Aufgabe des Merkmals der Gemeingefahr lässt sich zwar festhalten, dass der Aspekt der Gemeingefahr bei der Bestimmung der Tauglichkeit von Gefährdungsopfern unmittelbar nicht mehr herangezogen werden kann. Jedoch ist der Aspekt der Gemeingefahr – vornehmlich der oben angesprochene Gesichtspunkt der Manifestation einer zunächst nur vermuteten Gefahr bei einem tauglichen Gefährdungsopfer – bei der Interpretation der von den §§ 315 b, 315 c StGB normierten Tatbestandsmerkmale stets im Auge zu behalten und hat in die Auslegung der maßgeblichen Tatbestandsmerkmale einzufließen.

Und noch etwas bleibt festzuhalten: Zwar kann die vom BGH im Rahmen der Mitfahrer-Fälle (ursprünglich) ergangene Rechtsprechung im Sinne einer Repräsentantentheorie historisch bedingt heute keine Geltung mehr beanspruchen. Jedoch ist zu überlegen, ob der Umstand, dass sich die abstrakte Gefahr in einer konkreten Gefährdung manifestieren muss, um der abstrakten Vielgefahr (ausreichend) Ausdruck zu verleihen, eine besondere – nach verkehrsspezifischen Parametern zu bestimmende – Qualität des Gefährdungsopfers erfordert. Dass eine Berücksichtigung derartiger Parameter trotz der Streichung des Merkmals der Gemeingefahr möglich ist, wird zu zeigen sein.

D. Bestimmung der Tauglichkeit eines Tatbeteiligten als Gefährdungsopfer nach den klassischen Auslegungsregeln

Gegenstand dieses Kapitels ist es, die vom BGH vorgebrachten Erwägungen hinsichtlich der Herausnahme von Tatbeteiligten aus dem von den §§ 315 b, 315 c StGB erfassten Kreis von tauglichen Gefährdungsopfern zu überprüfen. Insoweit wird zu zeigen sein, ob die Auslegung der Wendung „ein anderer Mensch" nach den klassischen Auslegungsmethoden dazu führt, dass Tatbeteiligte vom Anwendungsbereich ausgeschlossen sind oder ob es sich vielmehr so verhält, dass eine Tauglichkeit von Tatbeteiligten als Gefährdungsopfer bejaht werden muss. Sollte letzteres der Fall sein, kann die Rechtsprechung des BGH, die zuweilen als unumstößlich angesehen wird,[542] nicht aufrechterhalten werden. Fehlt es an einer Rechtfertigung für die Rechtsprechung des BGH, muss versucht werden, einen Ansatz zu finden, der den rechtsdogmatisch gestellten Ansprüchen genauso genügt wie er eine praktikable Lösung des Problems bereithält. Dazu soll die Wendung nach ihrem Wortlaut, historisch sowie systematisch und teleologisch ausgelegt werden. Diese Auslegungsmethoden schließen einander nicht gegenseitig aus, sondern ergänzen sich gegenseitig.[543] Der Auslegung vorgelagert muss aber die Frage beantwortet werden, welchem Ziel die Gesetzesauslegung dient. Insoweit werden drei Ansichten vertreten:

Die sogenannte subjektive Theorie untersucht die Entstehungsbedingungen des Gesetzes und den vom Gesetzgeber verfolgten Zweck[544] und stellt demnach auf den historischen Willen des Gesetzgebers und die Motive in ihrem geschichtlichen Zusammenhang ab.[545] Die Befürworter dieser Theorie argumentieren mit dem Demokratie- und Gewaltenteilungsprinzip, welches den Vorrang des Gesetzes begründe. Allein die subjektive Theorie schaffe es, dem wegen Art. 103 Abs. 2 GG besonders zu beachtenden Art. 20 Abs. 3 GG Rechnung zu tragen und die rechtsprechende Gewalt der Gesetzesbindung zu unterziehen.[546]

Demgegenüber geht es der objektiven Theorie darum, den aktuellen Sinn der Sanktionsnorm zu ermitteln. Abgestellt wird auf einen vom historischen Gesetzgeber losgelösten objektiv-teleologischen Gesetzeswillen.[547] Dieser Gesetzeswille müsse der Gegenwart – dem Hier und Jetzt – und den aktuellen Bedürfnissen und

542 Hentschel-*König*, § 315 b StGB Rn. 24.
543 Siehe beispielhaft BVerfGE 11, 126, 130.
544 LK-*Dannecker*, § 1 Rn. 295 m.w.N.
545 BVerfGE 11, 126, 130.
546 LK-*Dannecker*, § 1 Rn. 296.
547 Vgl. *Jakobs*, AT, Abschnitt 4 Rn. 19 der die objektive Theorie mit „Wille des Gesetzes" übersetzt.

Anschauungen[548] angepasst sein.[549] Danach ist die Gegenwartsaufgabe der Strafsatzung entscheidend: Mit der Inkraftsetzung der Strafsatzung entwächst diese dem Machtbereich des Gesetzgebers samt den dazugehörigen Motiven und wird zu einer an ihrer Gegenwartsfunktion heraus zu beurteilenden Rechtsquelle. Die Strafsatzung müsse daher konsequenterweise an neue Erkenntnisse und Situationen angepasst werden,[550] weil das Strafrecht etwas Lebendiges und Dynamisches sei.[551] Die Folge ist eine Wechselwirkung: Das Gesetz beeinflusst das Sozialleben und das Sozialleben beeinflusst das Gesetz. Insoweit vergeht im Laufe der Zeit der schöpferische und subjektive Geist, der als historischer Wille in der Entstehungszeit vorherrschte. Aufgrund der Wechselwirkung müsse für die Realisierung des objektivierten Geistes bei ihrer Anwendung (in der Gegenwart), der objektive Geist (im Ergebnis also Zeitgeist oder Gemeingeist) der heutigen Zeit in Verbindung mit dem subjektiven Geist des *gegenwärtigen* Gesetzesanwenders maßgeblich sein.[552]

Eine dritte Ansicht behauptet, dass im Ergebnis weder die subjektive noch die objektive Theorie absolute Geltung beanspruchen könne. Vielmehr sei zwischen beiden eine Synthese notwendig.[553] Dieser Ansicht ist zuzustimmen. Danach ist der Begriff der „Auslegung" nicht von vornherein auf eine subjektiv-historische Auslegung festgelegt, vielmehr sind Wort und Begriff „Auslegung" „geduldig" genug, um *neben* einer subjektiv-historischen auch eine objektive Interpretation zu decken.[554] Der Wille des Gesetzgebers ist zwar gültig und in der Regel durchaus sinnvoll, kann aber, aus den oben genannten Gründen, nicht verhindern, dass sich eine objektive Interpretation herausbildet. Das Gleiche hat auch im umgekehrten Falle Bedeutung, nämlich dann, wenn für die Ermittlung eines objektiven Sinns auf die Absichten des historischen Gesetzgebers zurückgegriffen werden kann und muss.[555] Auf dieser Linie verfährt auch die Rechtsprechung: Sie hat in einigen Entscheidungen der Entstehungsgeschichte

---

548 *Mezger*, S. 85.

549 So zum Beispiel BVerfGE 11, 126, 129 f.; *Maurach/Zipf*, AT 1, § 9 II Rn. 21 f. und *Schwalm*, in FS für Heinitz, S. 47. Vgl. zu dieser Theorie auch die zusammenfassende Darstellung bei *Engisch*, S. 116 ff. Dieser Theorie folgt wohl auch *von Hippel*, ZStW 80 (1968), S. 378, 380, der die historische Auslegungsmethode unter Verweis auf *Sch/Sch* (1967), § 263 Rn. 1 a ablehnt. Dieser Verweis ist so nicht richtig, denn Schönke/Schröder lehnt dort nur die *reine* (also das alleinige Abstellen auf die) historische Auslegungsmethode ab.

550 *Maurach/Zipf*, AT 1, § 9 II Rn. 22.

551 *Mezger*, S. 85.

552 *Schwalm*, in FS für Heinitz, S. 47, 52 ff.

553 Sch/Sch-*Eser/Hecker*, § 1 Rn. 44; *Jakobs*, AT, Abschnitt 4 Rn. 21 f.

554 Vgl. *Engisch*, S. 167 f.

555 Vgl. *Engisch*, S. 168.

wenig Bedeutung beigemessen.[556] In anderen Entscheidungen hat sie wiederum dem Willen des historischen Gesetzgebers erhebliche Bedeutung zugeschrieben.[557]

Nach der hier vertretenen Ansicht muss die Synthese der beiden Ansichten wie folgt stattfinden: Ist ein Wille des historischen Gesetzgebers, gleich ob durch konkrete Ausführungen und Aussagen in Gesetzesentwürfen, Begründungen und/oder vorgeschalteten Gremien oder im Wege einer Erforschung dieses Willens aus dem Gesamtzusammenhang, erkennbar, muss dieser den Ausgangspunkt der Auslegung bilden.[558] Verhält es sich aber so, dass sich im Laufe der Zeit in tatsächlicher Hinsicht neue Entwicklungen und Situationen ergeben haben, so ist der Wortlaut der Vorschrift an dieses Stadium im Sinn einer dynamischen Auslegung anzupassen, weil die Gegenwartsaufgabe der Strafsatzung[559] nicht in Abrede gestellt werden kann. Nur auf diese Weise ist feststellbar, ob und in welchen Grenzen es gerechtfertigt ist, veränderten gesellschaftlichen Verhältnissen bzw. vom historischen Gesetzgeber nicht vorgesehenen Fallgestaltungen Rechnung zu tragen.[560] Eine derartige Synthese dürfte auch in der Regel dem Willen des historischen Gesetzgebers entsprechen, da dieser ein Gesetz nicht nur zu dem Zweck erlässt, dass es zum Zeitpunkt des Erlasses gegenwärtige Fallgestaltungen erfasst, sondern vielmehr geht die Intention dahin, auch zukünftige Fallgestaltungen erfassen zu *können*.[561]

In einem nächsten Schritt sollen dann, wenn passend, die vom BGH zum Ausschluss von Tatbeteiligten gemachten Aussagen überprüft werden.[562] Hiernach gilt es zu überprüfen, ob

- der sich aus den rechtslogischen Erwägungen ergebende *Verwirkungsgedanke aufgrund der Lagerverbindung (Lagertheorie)*[563],
- das Erfordernis einer verkehrsbezogenen Beteiligung,[564]
- der Ausschlussgrund des Einverstandenseins,[565]
- das Zufalls- und/oder Überraschungsmoment[566] und

556 so z.B. in BGHSt 1, 74, 76 mit dem Argument, dass es kein verlässliches Mittel gibt, eine zweifelsfreie Feststellung des historischen Willens zu ermöglichen. Vgl. auch BGHSt 1, 158, 163.

557 So z.B. in BGHSt 14, 116, 119 ff. und BGHSt 24, 40, 41 f. Vgl. zur höchstrichterlichen Rechtsprechung im Zusammenhang mit der Gesetzesauslegung *Simon*, S. 382 ff.

558 Vgl. dazu *Mezger*, S. 86.

559 So *Maurach/Zipf*, AT 1, § 9 II Rn. 22.

560 Vgl. Sch/Sch-*Eser/Hecker*, § 1 Rn. 43.

561 In diesem Sinne auch Sch/Sch-*Eser/Hecker*, § 1 Rn. 44.

562 Es wird nicht jede Aussage bei jeder einzelnen Auslegungsart separat überprüft. Vielmehr findet eine Betrachtung im Rahmen der Auslegungsart statt, die die Erwägungen des BGH möglicherweise tragen könnte.

563 Vgl. BGHSt 11, 199 und unter B.I.1.d.cc.

564 Vgl. BGHSt 27, 40 und unter B.I.2.b.

565 Vgl. BGH NJW 1991, 1120 und unter B.II.2.a.

566 Vgl. BGH NJW 1991, 1120 und unter B.II.2.a.

- die Aussage, dass der Tatbeteiligte mit dem Tatfahrzeug zu vergleichen und deshalb eine Art „Tatmittel“ sei, woraus folge, dass er nicht zugleich geschütztes Gut sein könne (*Instrumentalgedanke*)[567]

mit dem sich aus der Auslegung ergebenden Verständnis vereinbar sind.

Die Annahme, der BGH wollte die rechtslogischen Erwägungen dahin verstanden wissen, dass damit eine *„Verwirkung der Teilnahme am Schutzbereich aufgrund der fehlenden Repräsentanz“*[568] gemeint ist, wurde bereits oben verneint.[569] Die vom OLG Düsseldorf vertretene Ansicht dahin, dass es im Fall des „Auto-Surfens“ in gewissen Fällen am Merkmal der Gefährdungsabsicht fehlen könne, so dass ein verkehrsfremder Eingriff nicht vorliegt,[570] soll im Folgenden nicht weiter thematisiert werden. Denn dieser Ausschluss der Strafbarkeit resultiert nicht aus der Auslegung des Begriffs des „anderen“, sondern vielmehr auf dem dort wiedergegebenen Verständnis des Merkmals „Eingriff“. Damit ist allerdings nicht ausgeschlossen, dass die vom OLG Düsseldorf geforderte verkehrsfeindliche Absicht im Rahmen der Auslegung des Begriffs des „anderen“ eine gewisse, wenn auch differenzierte Rolle, spielen könnte. Dies gilt es daher gleichwohl im Blick zu behalten.

I. Auslegung aus dem Wortlaut der Norm (grammatische Auslegung)

Der BGH sprach an verschiedenen Stellen[571] davon, dass seine Sicht im Hinblick auf die Tauglichkeit von Tatbeteiligten als Gefährdungsopfer keine Stütze im Wortlaut der Vorschrift des § 315 a StGB a.F. findet und sich somit – nur konsequent – nicht aus dem Wortlaut herleiten lässt. Vorliegend soll eine dezidierte Wortlautauslegung vorgenommen werden, um zu überprüfen, ob der Ausschluss der Tatbeteiligten als taugliche Gefährdungsopfer im Wortlaut der Vorschriften entgegen dieser These irgendeine Stütze findet. Ausgehend vom Gesetzeswortlaut ist im Rahmen der sprachlich-grammatischen Auslegung die Sinnstruktur nach dem Wortsinn und den grammatischen Regeln zu ermitteln. Der mögliche Wortsinn, der den Bedeutungsumfang des Gesetzes wiedergibt,[572] ist nach dem allgemeinen Sprachgebrauch zu ermitteln, wobei sowohl die Alltags- als auch die jeweilige Fachsprache eine Rolle spielen.[573] Da es vorliegend um die Auslegung des Begriffs des „anderen“ geht – mithin um die Auslegung eines einzelnen Begriffs – sind primär die Grundsätze der lexikalischen Auslegung heranzuziehen. Dabei ist aber auch hier der

567 Vgl. BGHSt 11, 148 und unter B.I.1.c.
568 Vgl. BGHSt 11, 199 und unter B.I.1.d cc.
569 C.III.3.g.
570 Vgl. OLG Düsseldorf NZV 1998, 76 und unter B.II.2.b.
571 BGHSt 11, 148 (siehe dazu unter B.I.1.c.) und BGHSt 11, 199 (siehe dazu unter B.I.1.d.).
572 So LK-*Dannecker*, § 1 Rn. 301.
573 *Gropp*, § 3 Rn. 36; *Jescheck/Weigend*, § 17 IV 1.

Textzusammenhang (Kontext) einerseits wie auch der logische Zusammenhang andererseits zu beachten und bei der Auslegung zu berücksichtigen.[574]

1. Wortlautauslegung nach dem alltagssprachlichen Wortsinn

a. Festlegung der Bezugsgröße

Der Begriff des „anderen“ hat durch den Gesetzgeber expressis verbis keinerlei Einschränkungen – so z.B. „ einen anderen Menschen, mit Ausnahme der Tatbeteiligten“ oder „soweit er nicht als Tatbeteiligter anzusehen ist“ – erfahren. Aus diesem Fehlen den Schluss zu ziehen, dass der Gesetzgeber eine Einbeziehung gerade wollte, wäre verfehlt, denn eine derartige Einschränkung ist im gesamten deutschen Strafrecht nicht zu finden und damit unüblich.[575] Ausgangspunkt der Überlegung muss daher sein, dass im Rahmen der §§ 315 b, 315 c StGB mindestens zwei Personen „beteiligt“ sein müssen. Dies ergibt sich schon daraus, dass es um die Gefährdung eines „anderen“ geht. Die Wendung „anderer“ drückt aus, dass eine Person nicht dieselbe ist, wie diejenige, die ihr gegenübergestellt wird.[576] Wenn es einen „anderen“ gibt, muss es auch jemanden geben, aus dessen Blickwinkel die gefährdete Person als „anderer“ erscheint. Mithin muss die notwendige Bezugsgröße ermittelt werden. Obwohl im Rahmen der §§ 315 b, 315 c StGB eine Bezugsgröße explizit nicht genannt ist, kann diese vorliegend nur der vermeintliche Täter – bei § 315 c StGB mithin in den meisten Fällen der *täterschaftlich* handelnde Fahrzeugführer – sein.[577] Aus dieser Erkenntnis lässt sich der Schluss ziehen, dass der vermeintliche Täter bei der vom Gesetzgeber gewählten Konstruktion und sprachlichen Ausgestaltung der Gefahrenformel selbst kein taugliches Gefährdungssubjekt darstellen kann, weil es an der Personenverschiedenheit zwischen der Bezugsgröße und dem Gefährdungsopfer

---

574 Zum Ganzen: *Horn*, Rn. 178.

575 Von *Hippel* (in ZStW 80 (1968), 378, 383) vertrat die Ansicht, dass es (schon) einer expliziten Wendung bedurft hätte, um eine Änderung der Rechtsprechung des BGH zum Ausschluss von Tatbeteiligten im Anschluss an das Zweiten Gesetz zur Sicherung des Straßenverkehrs herbeiführen zu können.

576 *Paul*, S. 66 unter „ander-“.

577 *Graul*, JuS 1992, 321, 324 Fn. 33. *Hillenkamp*, JuS 1977, 166, 169 und *Otto*, Jura 1991, 443, 445 gehen davon aus, dass es auf die Perspektive des Gefahrenverursachers ankommt. Dass die Begriffe „Täter“ und „Gefahrenverursacher“ nicht identisch sind, zeigen die Fälle der mittelbaren Täterschaft, in denen der Hintermann der Täter, jedoch der Tatmittler der unmittelbare Gefahrenverursacher ist. Richtig ist es wohl, unabhängig davon, ob *Hillenkamp* und *Otto* den unmittelbaren Gefahrenverursacher meinen oder ob es nach ihren Dafürhalten in gewissen Konstellationen auf den mittelbaren Verursacher ankommen soll, auf die Perspektive des strafrechtlich verantwortlichen Täters abzustellen. Dies deshalb, weil dieser Begriff klar umrissen und keinen Unwägbarkeiten – wie z.B. die Frage, ob die mittelbare Gefahrenverursachung ausreichend ist – ausgesetzt ist.

fehlt.[578] Trotzdem stellte dies der Gesetzgeber im Rahmen der Begründung zum Zweiten Gesetz zur Sicherung des Straßenverkehrs noch einmal ausdrücklich klar: *„bei der Gefahr für den Menschen reicht die für den Täter selbst nicht aus [...].“*[579] Wenn nun der Täter die entscheidende Bezugsgröße darstellt, sind die Auswirkungen dieser Feststellung in Fällen der mittelbaren Täterschaft genauer zu untersuchen.

b. Mittelbare Täterschaft

Im Rahmen der mittelbaren Täterschaft[580] gemäß § 25 Abs. 1 Alt. 2 StGB sind die Grundsätze der strafrechtlichen Verantwortlichkeit heranzuziehen,[581] um festzustellen, wer als Täter bzw. Bezugsgröße anzusehen ist. Die mittelbare Täterschaft behandelt die Fälle, in denen der Hintermann den unfreien Gefahrenverursacher dazu missbraucht, entweder sich – den Hintermann – oder Dritte zu verletzen bzw. zu gefährden. Zur Illustration sollen folgende Beispielsfälle dienen:

(3) Der auf der Landstraße befindliche B zwingt den schuldunfähigen A, der auf einer Brücke steht, unter Drohung mit einer Waffe dazu, auf ihn – den B – handgroße Steine zu werfen.[582]

(4) B täuscht dem schuldunfähigen A einen unwahren Sachverhalt vor und überredet ihn, Wackersteine auf eine Landstraße zu werfen. Als A dem im weiteren Verlauf des Tages nachkommt, fährt zufällig B unter der Brücke durch. Dieser kann den herannahenden Steinen gerade noch ausweichen.

(5) A und B befahren nachts gemeinsam in einem KFZ die Landstraße. A steuert das Fahrzeug, B sitzt auf dem Beifahrersitz. Plötzlich entdeckt B in 400 Metern Entfernung eine Polizeikontrolle. Da er wegen eines zwei Wochen zuvor begangenen Raubes per Haftbefehl gesucht wird, weshalb er seine Festnahme fürchtet, spiegelt er A vor, dass der das Haltesignal gebende Polizist P in Wahrheit ein Terrorist sei, der eine Autobombe im Streifenwagen platziert habe Aufgrund seiner Schuldunfähigkeit schenkt A den Ausführungen von B Glauben und gibt Gas. Schon nach knapp 100 Metern bricht das KFZ aus, dreht sich und kommt kurz vor einer Mauer zum Stehen, bevor P konkret gefährdet werden konnte.

In allen drei Beispielsfällen ist B mittelbarer Täter gemäß § 25 Abs. 1 Alt. 2 StGB. Seine Tatherrschaft beruht in Beispielsfall 3 auf einer Willensherrschaft, in denen Fällen 4 und 5 liegt eine Herrschaft kraft Irrtums vor. A hingegen ist als Tatmittler

578 Damit ist eine reine Selbstgefährdung straffrei. Dies begegnet unter dem Blickwinkel der Freiheit der Person und der daraus resultierenden Entschlussfreiheit keinen Bedenken. Siehe dazu unter D.IV.5.b.bb.(4) und dort unter (b).

579 BT-Drucksache IV, Nr. 651, S. 24.

580 Da § 315 c StGB mit Ausnahme des § 315 c Abs. 1 Nr. 2 g StGB nach herrschender Meinung ein eigenhändiges Delikt ist, ist eine mittelbare Täterschaft ausgeschlossen. Bei § 315 b StGB richtet sich die mittelbare Täterschaft nach den allgemeinen Regeln.

581 Dazu *Hillenkamp*, JuS 1977, 166, 169.

582 In Anlehnung an *Hillenkamp*, JuS 1977, 166, 169.

bloßes Werkzeug, weil er seinerseits schuldunfähig ist und weil er durch die angesprochene Willens- bzw. Irrtumsherrschaft auch tatsächlich steuerbar ist,[583] so dass ein Missbrauch des Tatmittlers als Gefahrenverursacher vorliegt. A handelt strafrechtlich nicht verantwortlich.[584] Vielmehr wird er zu einem unfreien sachlichen Mittel zur Erreichung eines verbrecherischen Ziels instrumentalisiert.[585] Folge der mittelbaren Täterschaft ist, dass der Hintermann strafrechtlich als Täter anzusehen ist, weil er trotz der Verwendung eines menschlichen Werkzeuges so behandelt wird, als hätte er selbst gehandelt.[586] Führt der Tatmittler als Gefahrenverursacher die Gefährdung bzw. Verletzung also nicht frei aus, liegt in den Beispielsfällen 3 und 4 eine nicht tatbestandsmäßige Eigenverletzung bzw. Eigengefährdung des Hintermannes vor, weil der Hintermann in solch einer Konstellation aufgrund seiner Tatherrschaft die Rolle des Täters ein- und somit die strafrechtliche Verantwortlichkeit übernimmt. Anders ausgedrückt: In diesen Konstellationen gefährdet sich der mittelbare Täter „selbst". Täter und Gefährdungsopfer sind identisch. Somit fehlt es an einer im strafrechtlichen Sinne verantwortlichen Fremdgefährdung durch den Gefahrenverursacher. Dann wäre, obwohl grundsätzlich zwei Personen „beteiligt" sind, eine Personenverschiedenheit zu verneinen, weil der strafrechtlich Verantwortliche und der im Ergebnis durch dessen Verhalten Gefährdete ein und dieselbe Person sind.

Etwas anders verhält es sich in Beispielsfall 5. Hier wird neben dem mittelbaren Täter auch der Tatmittler gefährdet. Da im Rahmen der mittelbaren Täterschaft nur der Hintermann Täter im Sinn des Strafrechts ist und dem Tatmittler eine Täterqualität abgesprochen wird, ist die Gefährdung des letzteren nach dem Wortlautverständnis ausreichend.[587] Daran würde sich dann etwas ändern, wenn man den Tatmittler und den Hintermann als eine Einheit dergestalt begreifen müsste, dass nur der mittelbare Täter zusammen mit dem Tatmittler als Bezugsgröße in Betracht kommt. Wäre dies der Fall, würde es rechtstechnisch an einem „anderen" fehlen. Denkbar wäre, dass sie zusammen als Unrechtssystem fungieren.[588] Dies ist aber abzulehnen: Der mittelbare Täter hat in Beispielsfall 5 vom Anfang bis zum Ende den Ablauf der Geschehnisse unter Kontrolle, er alleine bestimmt das Tatgeschehen. Diese Tatherrschaft berechtigt, dem Hintermann das Verhalten des Tatmittlers als

---

583 Vgl. zur Schuldunfähigkeit im Rahmen der mittelbaren Täterschaft als „Defizit": LK-*Schünemann*, § 25 Rn. 113 ff.; *Maurach/Gössel/Zipf*, AT 2, § 48 Rn. 56 ff.

584 Die Fälle, in denen der Tatmittler strafrechtlich voll verantwortlich handelt, sollen vorliegend außer Betracht bleiben.

585 *Maurach/Gössel/Zipf*, AT 2, § 48 Rn. 6.

586 Er muss so behandelt werden, wie wenn er keinen Dritten benutzt hätte. Es kann keinen Unterschied machen, ob er sich einer Sache als Tatwerkzeug oder eines Menschen als Tatmittler (als Quasi-Werkzeug) bedient hat.

587 Dem Tatmittler ist auch nicht der Schutz zu versagen, weil er eventuell als notwendiges Tatwerkzeug/Tatmittel angesehen werden kann. Es fehlt insoweit an einer *Notwendigkeit*, denn der Hintermann bedient sich nur eines Tatmittlers, ohne dies tun zu müssen.

588 Zum Begriff dann sogleich.

hintermanneigenes Verhalten zuzurechnen.[589] Den Tatmittler trifft keine strafrechtliche Verantwortlichkeit und eine Verständigung im Sinne einer Tatabrede findet mit dem Tatmittler gerade nicht statt, so dass auch nicht von einem Unrechtssystem gesprochen werden kann. Es fehlt an dem notwendigen übereinstimmenden Willen, gemeinsam ein asoziales Ziel zu verfolgen, weil lediglich der mittelbare Täter federführend ist. Somit ist die Gefährdung des Tatmittlers in Beispielsfall 5 ausreichend, um zumindest davon auszugehen, dass der Tatmittler in derartigen Fällen vom Wortlautverständnis erfasst ist.[590]

c. Ergebnis

Wenn nun der Täter die entscheidende Bezugsgröße darstellt, bestehen nach einem nach dem üblichen Sprachgebrauch ausgelegten Wortlaut grundsätzlich keine Bedenken, Tatbeteiligte als „andere" anzusehen. Danach sind grundsätzlich (nur) zwei personenverschiedene Individuen Voraussetzung. Dass dies bei der ausschließlichen Gefährdung eines Tatbeteiligten der Fall ist, bedarf keiner Erläuterung. Letztlich gibt es keinen zwingenden Grund, die Tatbeteiligten schon nach dem nach üblichem Sprachgebrauch ausgelegten Wortlaut[591] aus dem Anwendungsbereich herauszunehmen.

Anders verhält es sich im Anwendungsbereich der mittelbaren Täterschaft: Dort kann es durchaus Konstellationen geben, in welchen die Gefährdung eines anderen nicht ausreichend ist, um ein Eingreifen der §§ 315 b, 315 c StGB objektiv zu bejahen. Dies ergibt sich aus dem Wesen der mittelbaren Täterschaft, wonach der mittelbare Täter und nicht der Tatmittler als Täter angesehen werden muss. Die alleinige Gefährdung des Täters reicht schon nach dem Wortlaut der Vorschriften nicht aus, so dass insoweit die Rechtsprechung des BGH in diesen Fällen nicht nur vertretbar, sondern die einzig richtige ist. Dies ergibt sich jedoch nicht aus den vom BGH vorgetragenen Argumenten, als vielmehr aus einer konsequenten Anwendung der strafrechtlichen Wortlautauslegung.

---

589 *Maurach/Gössel/Zipf*, AT 2, § 48 Rn. 2, 6.

590 Vgl. zur abschließenden Behandlung des Beispielsfalls 5 die Ausführungen unter F. III.3.d.

591 Dies sieht auch *Möhl*, JR 1967, 107, entgegen der Ansicht *Hillenkamps* in JuS 1977, 166, 168 mit Fn. 23, nicht so. *Möhl* geht davon aus, dass der Begriff „sinngemäß auszulegen" ist. Im Übrigen erscheint es überaus zweifelhaft, ob er überhaupt der BGH-Rechtsprechung hinsichtlich des Ausschlusses von Tatbeteiligten zuneigt. Seine Ausführungen sprechen eher dafür, dass er der Rechtsprechung des BGH zum Ausschluss des Täterfahrzeuges aus dem Kreis der tauglichen Gefährdungsobjekte zustimmt.

2. Wortlautauslegung nach dem juristischen Sprachgebrauch

Etwas anderes könnte sich aber ergeben, wenn man zur Wortlautauslegung den juristischen Sprachgebrauch und dessen Verständnis zu Grunde legt. Die juristische Terminologie besitzt für die grammatische Auslegung eine maßgebliche Bedeutung.[592] Durch den juristischen Sprachgebrauch wird den Worten des Gesetzes und den Bezeichnungen der Rechtsbegriffe ein eigener Sinn gegeben.[593] Diese „eigene Sprache" genießt (im Zweifel) sogar Vorrang vor dem allgemeinen Sprachgebrauch.[594] Mithin ist zu überprüfen, ob der juristische Sprachgebrauch zu einer anderen Auslegung zwingen könnte.[595] Man könnte allein aus dem Vorhandensein einer Tatbeteiligung eines anderen einen generellen Ausschluss der Tatbeteiligten aus dem Kreis der tauglichen Gefährdungssubjekte herleiten,[596] wenn dies der Wortlaut – ausgelegt im Lichte des Strafrechts – fordert.

Eine solche Überlegung ließe sich generell mit der Annahme begründen, dass die Tatbeteiligten zusammen ein Unrechtssystem bilden, welches als die entscheidende Bezugsgröße anzusehen ist. Sind die Tatbeteiligten Mitglieder eines derartigen Unrechtssystems, so verbleibt in den fraglichen Fallkonstellationen keine Person mehr, die außerhalb dieses Systems gefährdet werden kann. Es würde an einem tauglichen Gefährdungssubjekt fehlen, obwohl zwei Personen (oder mehr) involviert sind. Die Plausibilität der Konstruktion eines solchen Unrechtssystems soll bei der Mittäterschaft, der Anstiftung und bei der Beihilfe untersucht werden.

Unrechtssysteme sind der Strafrechtsdogmatik wohl bekannt, obwohl die Strafrechtsdogmatik insgesamt keine Theorie des Systemunrechts hat entwickeln können. Es wird vielmehr durchgängig im StGB von einem „auf eigene Faust" handelnden Täter ausgegangen. Die Individualstrukturen des Unrechts stehen im Vordergrund, wobei das StGB an einigen Stellen andeutet, dass auch einem System eigene Unrechtsqualität zukommen kann.[597] Nach *Lampe* lässt sich ein Unrechtssystem definieren als ein soziales Gebilde, in denen Beziehungen von Elementen auf ein asoziales Ziel – mithin auf ein Unrechtsziel – hin organisiert sind. Die Elemente des Unrechtssystems sind die Individuen, welche mittels Kommunikation und Interaktion miteinander in Beziehung stehen.[598] Um zu ermitteln, ob zwischen den Tatbeteiligten eines solches Unrechtssystem vorliegt, ist zwischen einer täterschaftlichen Tatbeteiligung und einer Teilnahme zu differenzieren.

---

592 So auch *Jescheck/Weigend*, § 17 IV 1.
593 Vgl. *Binding*, Handbuch, S. 468.
594 In diese Richtung OK-StGB-*von Heintschel-Heinegg*, § 1 Rn. 13.
595 Vgl. dazu LK-*Dannecker*, § 1 Rn. 303 f.
596 Dies ist die Frage, die sich hier stellt. Es geht nicht um eine eventuelle Straflosigkeit aufgrund der straflosen Mitwirkung an einer straflosen fremden Selbstgefährdung.
597 Vgl. *Lampe*, ZStW 104 (1994), 683.
598 Vgl. dazu und zum Vorherigen: *Lampe*, ZStW 104 (1994), 683, 687.

a. *Täterschaftliche Tatbeteiligung in Form der Mittäterschaft*

aa. *Allgemeines und Fallbeispiele*

Gerade im Rahmen der Diskussion um die Tauglichkeit eines *Mittäters* als Gefährdungsobjekt wird durchaus vertreten, dass diese schon vom Wortlaut her nicht zum geschützten Personenkreis der §§ 315 b, 315 c StGB gehören.[599] Das Wesen der Mittäterschaft gemäß § 25 Abs. 2 StGB ist gekennzeichnet durch ein gemeinsames Rechts- bzw. Unrechtshandeln, welches (konstitutiv) auf einem gemeinsamen Unrechtsentschluss basiert.[600] Danach ist Mittäter, wer gemeinschaftlich mit einem oder mehreren anderen dieselbe Straftat als Täter begeht, so dass jeder als Täter bestraft wird. Wann dies der Fall ist, ist in Rechtsprechung und Literatur umstritten.[601] Einigkeit besteht aber insoweit, dass objektiv ein wesentlicher Tatbeitrag erforderlich ist, ohne den die Tat zwar nicht unmöglich, aber wesentlich erschwert wird. Dies normiert die Notwendigkeit einer gemeinsamen Durchführung, wobei die Anforderungen an das Merkmal der gemeinsamen Durchführung insbesondere im Hinblick auf das Erfordernis einer zeitlichen Kongruenz der Tathandlungen umstritten sind. Des Weiteren bedarf es subjektiv eines gemeinsamen Tatplans.[602] Folgende zwei Beispielsfälle sollen der Veranschaulichung dienen:

> (6) Beispiel für § 315 c StGB: A und B sind beide, wie ihnen klar ist, stark alkoholisiert (1, 8 Promille BAK). Gleichwohl wollen sie eine Spritztour auf einer Landstraße machen und beschließen gemeinsam Folgendes: A soll auf dem Fahrersitz und B auf dem Beifahrersitz Platz nehmen. Da sich A den rechten Arm gebrochen hat, soll A nur Gas geben, bremsen und lenken. B soll, weil er Linkshänder ist, die Gangschaltung betätigen. Diesen Plan führen die beiden sogleich aus. Aufgrund des alkoholbedingten Zustandes von A und B können die beiden das KFZ nicht kontrollieren, woraufhin dieses zu schleudern beginnt und sich im weiteren Verlauf überschlägt.

> (7) Beispiel für § 315 b StGB: A und B planen zum Zeitvertreib und aus Langeweile Steine von einer Autobahnbrücke auf die Autobahn zu schleudern. Dazu schmieden sie einen gemeinsamen Tatplan. Im Vorfeld ihrer „Aktion" sucht A eine geeignete Brücke aus und besorgt die Steine. In der Tatnacht stellt sich das Szenario wie folgt dar: A begibt sich mit einem Sprechfunkgerät auf den Seitenstreifen der Autobahn. Er platziert sich schräg unterhalb der Brücke. Von dort aus soll er den Verkehrsfluss beobachten und dem B mitteilen, falls sich ein für ihren „Plan" geeignetes Fahrzeug nähert. B

---

599 So *Wrage*, JuS 2003, 985, 989 für § 306 a Abs. 2 StGB, wobei dies auch für §§ 315 b, 315 c StGB gelten dürfte. Nicht dieser Auffassung ist – anders als *Wrage* behauptet – das BayObLG in NJW 1999, 3570. Dort wird lediglich festgestellt, dass der Täter (nach dem Wortlaut) kein taugliches Gefährdungsopfer ist.

600 *Köhler*, Kapitel 9, 3.1.

601 Dazu: *Gropp*, § 10 Rn. 41 ff. und 168 ff. Vertiefend: *Cramer*, in FS für Bockelmann, S. 389 ff.

602 Vgl. dazu *Fischer*, § 25 Rn. 33 ff., dort auch m.w.N; LK-*Schünemann*, § 25 Rn. 156 bezeichnet den Tatbeitrag und den Tatplan als die zwei Säulen der Mittäterschaft.

beginnt plötzlich, Steine zu werfen, weil er fälschlicherweise aufgrund einer Störung des Sprechfunks davon ausgegangen war, ein „Startsignal" von A bekommen zu haben. B wirft die Steine jedoch nicht unmittelbar auf die Fahrbahn, sondern in Richtung des immer noch auf dem Seitenstreifen stehenden A, den die Steine knapp verfehlen.

In Beispielsfall 6 haben A und B einen gemeinsamen Tatentschluss aufgrund eines gemeinsamen Tatplans, üben sogar beide gemeinsam Tatherrschaft dergestalt aus, dass sie den tatbestandsmäßigen Geschehensablauf steuernd in-den-Händen-Halten.[603] Zudem leisten sie jeweils einen eigenen Tatbeitrag. Auch in Beispielsfall 7 existiert eine gemeinsame Tatherrschaft. Auch A hat Tatherrschaft, denn unabhängig von der streitigen Frage, ob Mittäterschaft eine Mitwirkung an der Durchführung voraussetzt,[604] ist diese zu bejahen, weil A durch seine Anweisungen die Tat steuern und auch deren Ablauf hemmen kann. Gleiches gilt für den eigenen Tatbeitrag (des A), da er durch seine Ansagen bei der Tatausführung[605] die Durchführung koordinieren und steuern kann. Dennoch besteht zwischen Beispielsfall 6 und 7 ein Unterschied: In Fall 6 wird das Tatbestandsmerkmal des Führens von A und B gemeinsam erfüllt. Das heißt: Würde B den A nicht unterstützen, wäre das Tatbestandsmerkmal gar nicht erst verwirklicht, weil A eine zum Führen des KFZ essentielle Ausführungshandlung, nämlich das Betätigen der Gangschaltung, gar nicht vornimmt bzw. vornehmen kann. Bei beiden Beteiligten ist nur eine anteilige Verwirklichung der tatbestandsmäßigen Handlung gegeben. In Fall 7 wäre, wenn man sich das Verhalten des A wegdenkt, der Tatbestand des § 315 b StGB allein durch das Handeln des B erfüllt. A wird das Handeln des B (lediglich) über § 25 Abs. 2 StGB zugerechnet, weil er, der A, Mittäter ist.

---

603 Zu diesem Erfordernis siehe *Maurach/Gössel/Zipf*, AT 2, § 47 Rn. 85 ff.

604 Umstritten ist insbesondere, ob eine Mitwirkung im Vorbereitungsstadium oder nur solche Handlungen zur Mittäterschaft ausreichen, die während oder unmittelbar nach der Tatausführung begangen werden (zum Streitstand siehe: Sch/Sch-*Heine/Weißer*, Vorbemerkungen zu den §§ 25 ff. Rn. 79 ff., § 25 Rn. 66 ff. dort auch m.w.N. aus Rechtsprechung und Literatur). Es erscheint nicht angezeigt, nur mittäterschaftliche Tatbeiträge im eigentlichen Ausführungsstadium als tauglich für ein arbeitsteiliges Zusammenwirken im Sinn des § 25 Abs. 2 StGB anzusehen. Selbst auf Grundlage der Tatherschaftslehre kann ein prägender Beitrag im Vorbereitungsstadium eine durchgängige Abhängigkeit der Beteiligten untereinander begründen, wenn der Tatbeitrag von einem solchen Gewicht ist, dass er den Tatablauf mitgestalten kann (vgl. *Lackner/Kühl*, § 25 Rn. 11 m.w.N.). In einem solchen Fall ist (insbesondere mit Blick auf sonst unbefriedigende Ergebnisse zur strafrechtlichen Einordnung von Hintermännern bzw. Bandenchefs) jedoch nicht einzusehen, warum eine Mittäterschaft ausscheiden soll.

605 Im Übrigen ist umstritten, wann der eigene Tatbeitrag vorgenommen werden muss. Dazu *Gropp*, § 10 Rn. 178 ff.

bb. *Heranziehung eines Unrechtssystem oder einer „Verantwortungseinheit" als maßgebliche Bezugsgröße?*

Ausgehend von der Feststellung, dass es für die Bestimmung des „anderen" auf die Sicht des Täters ankommt, stellt sich im Rahmen der Mittäterschaft die Frage, wer oder was die notwendige Bezugsgröße darstellt. Dies könnte auf der einen Seite ein Unrechtssystem an sich sein, wenn denn ein solches vorliegt. Wenn nur (beide) Mittäter unter den Begriff des Unrechtssystems zu subsumieren sind, so fehlt es, aus deren Blickwinkel, an einem „anderen", mithin an einem Gefährdungssubjekt. Gerade in Fallbeispiel 6 scheint eine solche Sicht durchaus überlegenswert, da die strafbare Handlung von beiden gemeinsam erfüllt wird und somit erst dadurch die volle „Täterqualität" gegeben ist. Auf der anderen Seite könnte trotz des Vorliegens eines Unrechtssystems nicht dieses, sondern alle Mittäter kumuliert als eine Art „Verantwortungseinheit"[606] angesehen werden, so dass es auch dann an einem Gefährdungssubjekt fehlen würde. Im Unterschied zum Unrechtssystem wäre eine solche Verantwortungseinheit nicht über die Systemverantwortung sondern lediglich über die wechselseitige Zurechnung definiert. Letztlich verbleibt auch die Möglichkeit, jeden Mittäter isoliert als Bezugsgröße anzusehen. Ausgehend von der oben dargestellten Definition, stellt die Mittäterschaft ein sogenanntes einfaches Unrechtssystem dar.[607] Im Rahmen des notwendigen Tatplans wird gemeinsam ein asoziales Ziel festgelegt und die Tatausführung organisiert. Ein solches einfaches Sozialsystem wird funktional durch den Willen der in ihnen zusammengeschlossenen Individuen auf ein gemeinsames Ziel hin organisiert. Die relevanten Kausalbeziehungen werden vervielfältigt.[608] Die Mittäterschaft ist mehr als eine Addition von Einzeltäterhandeln, da sie ein funktional organisiertes Unrechtssystem darstellt, welches eine neue Qualität des solidarischen Handelns schafft.[609] Zu diskutieren bleibt, ob das Vorliegen dieses Unrechtssystems Folgen für den Täterbegriff hat.

(1) Abstraktes Unrechtssystem als Bezugsgröße?

Insbesondere *Lampe* hat sich mit dem Wesen des Unrechtssystems und seinen Auswirkungen auf die Strafrechtsdogmatik beschäftigt. Seiner Ansicht nach schafft das durch die Mittäterschaft begründete Unrechtssystem eine Qualität des Systemunrechts, welches über ein isoliertes Verhaltensunrecht hinausgeht.[610] Das Systemunrecht trete neben das Beziehungsunrecht,[611] welches sich schon aus dem Vorhandensein der Mittäterschaft ergibt. Anknüpfend an dieses Systemunrecht bilde sich eine Systemverantwortung heraus.[612] Zu überlegen ist, ob eine derartige

606 Begriff vom Verfasser.
607 *Lampe*, ZStW 106 (1994), 683, 688.
608 *Lampe*, ZStW 106 (1994), 683, 688.
609 *Lampe*, ZStW 106 (1994), 683, 690.
610 *Lampe*, ZStW 106 (1994), 683, 690.
611 *Lampe*, ZStW 106 (1994), 683, 702.
612 *Lampe*, ZStW 106 (1994), 683, 690.

Systemverantwortung dazu führen kann, Modifikationen von strafrechtlich definierten Begriffen herbeizuführen, so dass die tradierte Orientierung an den Handlungen eines Einzelnen aufzulösen sein kann. Dass die Systemverantwortung tatsächlich Modifikationen zur Folge haben kann, zeigt sich schon daran, dass im Rahmen der Mittäterschaft im Hinblick auf den strafbaren Versuch und auf die Vollendung anderer Parameter heranzuziehen sind als bei der Würdigung des Verhaltens eines Einzeltäters.[613]

Eine solche lässt sich vorliegend jedoch nicht hinsichtlich des Täterbegriffs bzw. hinsichtlich der Bezugsgröße durchführen. Das (vorhandene) Systemunrecht wird weiterhin den einzelnen Mitgliedern zugerechnet, weil diese die Urheber des Systems sind und dafür die Verantwortung tragen.[614] Es verhält sich so, dass zwar – untechnisch gesprochen – die Verantwortung auf das System übergeht, dort verbleibt sie aber nicht. Vielmehr wird von dort aus die Verantwortung für das ganze System nach dem Maß der Tatbeiträge auf die Mittäter zurückgeleitet.[615] Daraus folgt, dass das Systemunrecht den im System zentral wahrgenommenen Akteuren zugerechnet wird.[616] Das einfache System besitzt gerade keine weitergehende Organisation, welche auch nach der Tatbegehung fortbesteht. Es wird nur zum Ziel der Tatbegehung gegründet. Das Unrechtssystem der Mittäterschaft fällt mit seiner Zweckerreichung – die Begehung der Tat – weg, so dass damit auch die Möglichkeit entfällt, es zu bestrafen.[617] Somit kann das System an sich nicht als taugliche Bezugsgröße angesehen werden, vielmehr sind die Urheber des Systems eigenständig als solche zu qualifizieren. Die Modifikation des Bezugs- bzw. Täterbegriffs aufgrund der Systemverantwortung ist danach im Ergebnis abzulehnen.[618] Danach bleibt die Frage zu klären, ob, ohne auf das Unrechtssystem als abstraktes Konstrukt abzustellen, die Verantwortung der Einzelakteure als Einheit zu betrachten ist.

(2) „Verantwortungseinheit" als Bezugsgröße auf Grund des § 25 Abs. 2 StGB?

(a) Keine Anwendung des § 25 Abs. 1 Alt. 1 StGB

Die Annahme von Mittäterschaft hat zur Folge, dass grundsätzlich das gesamte Tatgeschehen jedem der Mittäter so zugerechnet wird, als ob der einzelne Beteiligte jede Tathandlung in eigener Person begangen hätte.[619] Daraus entsteht nach

613 Vgl. *Lampe*, ZStW 106 (1994), 683, 690.
614 So richtigerweise *Lampe*, ZStW 106 (1994), 683, 704.
615 Vgl. *Jakobs*, in FS für Lampe, S. 561.
616 Vgl. *Lampe*, ZStW 119 (2007), 471, 493.
617 Vgl. *Lampe*, ZStW 106 (1994), 683, 720.
618 Im Übrigen müsste bei anderer Sicht geklärt werden, ob das Vorliegen eines Unrechtssystems überhaupt dazu führt, dass die jeweiligen Einzelindividuen im Unrechtssystem „aufgehen" oder ob es nicht vielmehr so ist, dass das Unrechtssystem neben die Einzelindividuen tritt.
619 LK-*Schünemann*, § 25 Rn. 155; *Wessels/Beulke/Satzger*, Rn. 767.

herrschender Meinung eine volle Zuständigkeit für die Tat wegen der gleichgewichtigen Organisationsleistung.[620] Aus dieser Gesamtzurechnung könnte durchaus der Schluss gezogen werden, dass diese wechselseitige Zurechnung zur Folge hat, dass die Verantwortung der Einzelakteure zusammenzuziehen ist, so dass eine „Verantwortungseinheit" entsteht, die dann als Bezugsgröße für die Bestimmung des „anderen" anzusehen ist. Ein solches Verständnis wäre mit Blick auf den Täterbegriff im Rahmen der Alleintäterschaft durchaus begründbar. Grundlage der Täterschaft ist der gesetzliche Tatbestand. Die Täterschaft ergibt sich unmittelbar aus der Tatbestandsverwirklichung.[621] Wer die mit Strafe bedrohte Handlung selbst begeht und alle objektiven und subjektiven Tatbestandsmerkmale verwirklicht, ist Täter im Sinn des § 25 Abs. 1 Alt. 1 StGB. Die Tat ist für die Täterschaft im strafrechtlichen Sinne konstitutiv.[622] In Fallbeispiel 6 ist eine „Selbstbegehung" aber nur durch beide Beteiligten gemeinsam möglich. Wenn nun aus der „Selbstbegehung" die Bestimmung des Täters und daraus die der Bezugsgröße folgt, müssten beide Beteiligte als Tätereinheit zu qualifizieren sein, weil die Begehung der Straftat die Summe des Handelns der beiden Beteiligten ist.

Ein Abstellen auf § 25 Abs. 1 Alt. 1 StGB greift aber zu kurz, wenn an der Tat zwei oder mehr Subjekte mitwirken. Die Tatzurechnung erfolgt hier nicht ausschließlich nach der Qualität und Intensität der Tatbeiträge, sondern – wegen der Besonderheiten des Verhaltenszusammenhangs – nach eigenen Regeln. § 25 Abs. 2 StGB versucht den Besonderheiten der Mittäterschaft durch eine gesetzliche Anordnung Rechnung zu tragen: Hat jeder der Beteiligten nur einen Teil der tatbestandsmäßigen Ausführungshandlung eigenhändig vorgenommen, so bedarf es zur Begründung täterschaftlicher Verantwortlichkeit der Mittäterschaft als Zurechnungsprinzip. Die täterschaftliche Haftung für das insgesamt verwirklichte Delikt ergibt sich dadurch, dass jedem Mittäter auch die Tatanteile des anderen Beteiligten als eigene zugerechnet werden. Im Ergebnis wird jeder Mittäter so behandelt, als hätte er selbst alle Tatbestandsmerkmale eigenhändig erfüllt. Insoweit werden nach § 25 Abs. 2 StGB alle Mitwirkenden als (Voll-) Täter behandelt; darüber hinaus hat die Norm aber keine *unmittelbare* Aussagekraft dahingehend, wer als Bezugsgröße anzusehen ist. Eine ganz andere Frage ist, ob dem § 25 Abs. 2 StGB eine über das Verständnis als Zurechnungsregel hinausgehende Wirkung zukommt. Zur Überprüfung, ob eine solche Sicht haltbar ist, muss der Blick auf die im Rahmen des § 259 StGB geführte Diskussion gerichtet werden.

(b) Relevanz der Diskussion bei § 259 StGB für §§ 315 b, 315 c StGB

Fraglich ist, ob die Regelung des § 25 Abs. 2 StGB im Rahmen der §§ 315 b, 315 c StGB dazu führt, dass der Mittäter nicht als „anderer" anzusehen ist. Dies könnte sich

---

620 *Jakobs*, AT, Abschnitt 21 Rn. 59.

621 Tatbestandsbezogener Täterbegriff, vgl.: *Wessels/Beulke/Satzger*, Rn. 741; *Cramer*, in FS für Bockelmann, S. 389, 391.

622 *Köhler*, Kapitel 9, 1.1.

daraus ableiten lassen, dass § 25 Abs. 2 StGB eine über die Zurechnung hinausgehende Wirkung hat: Soweit die Statuierung einer aus den Beteiligten zusammengesetzten Verantwortungseinheit bejaht werden kann, würde es – rechtstechnisch – an einem „anderen" mangeln, der als potentielles Gefährdungsopfer in Betracht käme. Allerdings wird dieser Aspekt in der (Kommentar-) Literatur zum Verkehrsstrafrecht nicht diskutiert. Daher muss (bereits) an dieser Stelle der Arbeit versucht werden, durch eine systematisch-vergleichende Betrachtung Erkenntnisse zu gewinnen. Deshalb ist die bei § 259 StGB geführte Diskussion, ob der Mittäter der Vortat Täter der Hehlerei sein kann, genauer zu betrachten. Begrifflich kann ein Mittäter zwar im Verhältnis zum anderen Mittäter als „anderer" angesehen werden.[623] Bei § 259 StGB entspricht es jedoch (fast) einhelliger Meinung, dass der Täter oder Mittäter der Vortat den Tatbestand der Hehlerei nicht verwirklichen kann.[624] Umstritten ist lediglich, wie dieses Ergebnis dogmatisch zu begründen ist. Im Wesentlichen werden drei Lösungsansätze vorgeschlagen. Eine Ansicht leitet die Untauglichkeit des Vortäters als Täter der Hehlerei bereits aus dem Wortlaut ab.[625] Andere folgern dieses Ergebnis aus der Zurechnungsregel des § 25 Abs. 2 StGB[626], während schließlich vertreten wird, dass der Vortäter (auch) deshalb kein tauglicher Täter sein könne, weil er mit Blick auf die Vortat kein neues Rechtsgut verletze.[627] Die letzte Ansicht ist vorzugswürdig: Die Hehlerei ist deshalb strafbar, weil eine Aufrechterhaltung und Vertiefung (Perpetuierung) der durch die Vortat geschaffenen rechtswidrige Vermögenslage verhindert werden soll. Im Rahmen der Mittäterschaft hat der Beteiligte aber bereits täterschaftlich eine rechtswidrige Vermögenslage geschaffen.

Da also schon in der fehlenden (weiteren) Rechtsgutsverletzung durch den Täter bzw. Mittäter eine Untauglichkeit als Täter der Hehlerei begründet liegt, ist nicht auf § 25 Abs. 2 StGB abzustellen. Im Rahmen der §§ 315 b, 315 c StGB kann aber eine generelle Herausnahme von Mittätern mit der fehlenden Aufrechterhaltung und Vertiefung (Perpetuierung) der durch die Vortat geschaffenen Situation offenkundig nicht erklärt werden. Es verbliebe jedoch die Möglichkeit, auch bei den §§ 315 b, 315 c StGB an die Tatbeteiligung des Mittäters anzuknüpfen, so dass die Zurechnungsregel des § 25 Abs. 2 StGB die Bestimmung der Auslegung des „anderen" als Gefährdungsopfer dahingehend *beeinflusst*, die Bezugsgröße für die Bestimmung des „anderen" zu definieren.

---

623 So auch explizit für § 259 StGB: MüKo-*Maier*, § 259 Rn. 58; *Geppert*, Jura 1994, 100, 103; Roth, JA 1988, 193, 200. Näher dazu *Küper*, Hehlerei, S. 40.

624 Siehe nur: MüKo-*Maier*, § 259 Rn. 56 ff.; Sch/Sch-*Stree/Hecker*, § 259 Rn. 50; *Lackner/Kühl*, § 259 Rn. 18. A.A. zumindest für die Mittäterschaft LK-*Walter*, § 259 Rn. 91.

625 *Geppert*, Jura 1994, 100, 103.

626 MüKo-*Maier*, § 259 Rn. 58 m.w.N., Sch/Sch-*Stree/Hecker*, § 259 Rn. 50, jedoch einschränkend im Hinblick auf bestimmte Konstellationen.

627 *Wessels/Hillenkamp*, Rn. 880.

(c) Die Zurechnungsregel des § 25 Abs. 2 StGB als auslegungsbeeinflussendes Merkmal im Zusammenhang mit der Bestimmung des „anderen"?

Um das Ergebnis gleich vorneweg zu nehmen: Weder konstituiert § 25 Abs. 2 StGB eine „Verantwortungseinheit", noch führt § 25 Abs. 2 StGB dazu, dass im Rahmen der Mittäterschaft die Parameter der Bestimmung der Bezugsgröße verschoben werden. Zentrale Bedeutung für die Frage, ob die Zurechnungsregel des § 25 Abs. 2 StGB die Bestimmung der Auslegung des „anderen" als Gefährdungsopfer nach dem Wortlaut *beeinflusst*, ist der Strafgrund und das Wesen der Mittäterschaft[628]: Mittäter haften nicht für die Veranlassung einer fremden Tat, sondern für *eigenes* täterschaftliches Unrecht, wenn dieses auch teilweise durch Zurechnung fremder Tatbeiträge zustande kommt.[629] Das Unrecht resultiert daraus, dass jeder der Tatbeteiligten durch sein Verhalten einen eigenen als Unrecht zu qualifizierenden Beitrag leistet, so dass der Unrechtsentschluss mitverwirklicht bzw. mitgegründet wird. Jeder der Beteiligten formt die Tat „gestalterisch" mit; ein bloßes Billigen reicht gerade nicht aus, vielmehr muss der Unrechtsentschluss durch j[630] Entscheidend ist danach nicht allein das formal tatbestandliche Ausführungsverhalten,[631] sondern nach der hier vertretenen Ansicht vielmehr das von jedem Mittäter selbst verwirklichte Unrecht.

Auch aus diesen Überlegungen folgt, dass jeder der einzelnen Mittäter als *eigenständiger* Täter anzusehen ist. Dies sagt § 25 Abs. 2 StGB, denn er gibt Auskunft darüber, wer bei einer Mittäterschaft als Täter zu qualifizieren ist. Zu beachten ist, dass der Wortlaut des § 25 Abs. 2 StGB den Grundgedanken der Mittäterschaft unzureichend wieder gibt: Die Mittäter werden nicht *als* (gleich einem) Täter bestraft, vielmehr statuiert § 25 Abs. 2 StGB, dass jeder von ihnen als Täter anzusehen ist.[632] Trotz der mittäterschaftlichen Begehungsweise handelt es sich immer noch um verschiedene und eigenständige Personen, die selbst handeln und deren Strafbarkeit getrennt (siehe §§ 28 Abs. 2, 29 StGB) voneinander zu beurteilen ist. Die Wirkung der mittäterschaftlichen Verbundenheit erschöpft sich in der Zurechnung der Handlungen nach § 25 Abs. 2 StGB,[633] eine darüber hinausgehende Wirkung hat die Norm nicht. Daraus muss im Ergebnis gefolgert werden, dass nach der Auslegung im

---

628 Zu dieser Bestimmung können die Theorien zur Abgrenzung von Täterschaft und Teilnahme nicht herangezogen werden. Andernfalls würde man sich eines Zirkelschlusses bedienen, weil vorliegend schon von einer täterschaftlichen Beteiligung ausgegangen wird.

629 Sch/Sch-*Heine/Weißer*, § 25 Rn. 89.

630 *Köhler*, Kapitel 9, 1.1.

631 Basierend auf dem hier vertretenen Verständnis des arbeitsteiligen Zusammenwirkens im Rahmen der Mittäterschaft (vgl. dazu Fußnote 604) kann gar nicht das reine Ausführungsverhalten entscheidend sein, weil sonst dem Verhalten des Mittäters, der nicht am Tatort anwesend ist, keine täterschaftliche Qualität beigemessen werden könnte.

632 *Maurach/Gössel/Zipf*, AT 2, § 49 Rn. 3 ff., 127; Sch/Sch-*Heine/Weißer*, § 25 Rn. 61; *Jescheck/Weigend*, § 63 I 2.

633 *Wirsch*, JuS 2006, 400, 401; *Schmidt*, AT, Rn. 1018.

Sinne des *juristischen Sprachgebrauchs* bei der Mittäterschaft in den entsprechenden Fallkonstellationen immer ein eigenständiges Gefährdungssubjekt vorliegt.[634]

(d) Zwischenergebnis

Betrachtet man nunmehr im Anschluss an die vorgenommene Untersuchung den Beispielsfall 7, so bleibt festzuhalten, dass A nach der Wortlautauslegung als „anderer" anzusehen ist: A und B bilden insoweit weder ein gemeinsames Unrechtssystem noch eine irgendwie geartete Verantwortungseinheit. Dies hat zur Folge, dass – mangels einer aus den oben genannten Gründen zu verneinenden „Zusammenziehung" der Mittäter und deren Handlungen – nach dem Wortlaut der §§ 315 b, 315 c StGB ein „anderer" vorliegt, der potentiell gefährdet werden könnte.

Diese Feststellung gilt gleichsam auch hinsichtlich des unter Ziffer 6 gebildeten Beispielsfalls: Zwar verhält es sich dort in der Tat so, dass ohne die jeweiligen gegenseitigen Unterstützungshandlungen § 315 c StGB schon tatbestandlich nicht erfüllt wäre. Jedoch – und dies ist entscheidend – bekommen die Mittäter die partielle Tathandlung des jeweils anderen so zugerechnet, als wäre sie in Person des Zurechnungsempfängers selbst verwirklicht worden. Gerade aufgrund dieser durch § 25 Abs. 2 StGB gesetzlich angeordneten Zurechnung verhält es sich so, dass jeder der Mittäter de lege lata den vollständigen (objektiven) Tatbestand in seiner Person erfüllt und damit als Täter anzusehen ist. Da die jeweilige Zurechnung nicht dazu führt, dass die vom jeweils anderen ausgeführte (partielle) Tatbestandshandlung beim jeweils anderen entfällt (mithin – um es untechnisch auszudrücken – vielmehr die jeweiligen partiellen Tatbestandshandlungen „dupliziert" und gerade nicht nur „verschoben" werden), ist im Rahmen solcher Fallkonstellationen ebenfalls davon auszugehen, dass der jeweils andere Mittäter nach der Wortlautauslegung als „anderer" anzusehen ist. Dieses Ergebnis ist auch nur konsequent: Wenn in den beiden Beispielsfällen 6 und 7 eine Mittäterschaft zwischen A und B angenommen wird, sind beide Fälle hinsichtlich der Frage, inwieweit nach der Wortlautauslegung ein „anderer" vorliegt, gleich zu behandeln. Würde man hinsichtlich der Auslegung dagegen danach differenzieren, ob A eine zur unmittelbaren Tatbestandserfüllung notwendige Unterstützungshandlung vorgenommen hat oder nicht (mithin also „nur" ein gewichtiger Beitrag im Vorfeld der unmittelbaren Tatbegehung gegeben ist), würde es – obwohl in beiden Fällen von einer Mittäterschaft auszugehen ist – von Zufälligkeiten und Nuancen abhängen, welches Wortlautverständnis zu Grunde zu legen ist.

634 Dass der aus § 25 Abs. 2 StGB resultierende Gedanke der Inkompatibilität im Rahmen der Mittäterschaft die Bestimmung der Tauglichkeit von Tatbeteiligten als geeignete Gefährdungsopfer beeinflussen kann wird unter F.III.5.b. besprochen.

b. Teilnahme

aa. Unrechtspakt bei der Teilnahme

Auch im Rahmen der Teilnahme ist denkbar, den Haupttäter und den jeweiligen Teilnehmer (Anstifter oder Gehilfe) als (eine Art von) Unrechtssystem zu qualifizieren, welches dann als Bezugsgröße für die Bestimmung des „anderen“ anzusehen sein könnte. Ein strafrechtliches Unrechtssystem ist – wie ausgeführt – definiert als eine auf Unrechtsziele hin organisierte Beziehungen von Menschen.[635] Notwendig ist zumindest eine Unrechtsvereinbarung, wobei eine Verbindung mittels eines (bloßen) „geistigen Bandes“[636] nicht ausreichend ist. Ausgehend von diesem Verständnis eines Unrechtssystems ist zwischen Anstiftung und Beihilfe zu unterscheiden.

(1) Anstiftung

Im Rahmen der Anstiftung gemäß § 26 StGB muss überlegt werden, ob zwischen dem Haupttäter und dem Anstifter eine Unrechtsvereinbarung vorliegt. Ist schon dies nicht der Fall, kann nach dem oben aufgezeigten Verständnis schwerlich von einem Unrechtssystem gesprochen werden. Mit einer Annäherung der Anstiftung an die Täterschaft vertritt *Puppe* die Ansicht, dass es zwischen dem Anstifter und dem Haupttäter zu einem Unrechtspakt kommen muss.[637] Dieser Unrechtspakt entspreche der Verabredung eines gemeinsamen Tatplans bei der Mittäterschaft. Ein solcher Unrechtspakt, so behauptet *Puppe*, ist notwendig, um die tätergleiche Bestrafung des Anstifters zu rechtfertigen. Dafür reiche eine bloße Initialzündung nicht aus, sondern es bedürfe eines bestimmenden Einflusses. Dieser bestimmende Einfluss soll dabei den Wunsch des Anstifters nach Tatbegehung durch den Haupttäter (unmissverständlich) ausdrücken. Nur dadurch werde der an sich freie Täter bestimmt.[638] Der Unterschied zur Mittäterschaft liege darin, dass der Anstifter keinen Anteil an der Tatausführung hat und deshalb nicht über den Tatablauf entscheiden könne.[639]

Das Erfordernis einer Unrechtsabrede (als konstitutives Element) im Sinn eines Unrechtspakts, der einem gemeinsamen Tatplan entspricht, ist im Rahmen der Anstiftung nach der hier vertretenen Ansicht jedoch abzulehnen, weil dadurch der

---

635 *Lampe*, ZStW 106 (1994), 683, 687.

636 Begriff nach *Schroeder*, JuS 1994, 846, 847.

637 Zuletzt: *Puppe*, NStZ 2006, 424. Die Ansicht, dass es eines Unrechtspaktes bedarf, darf nicht mit der im Rahmen des Strafgrundes der Teilnahme vertretenen Ansicht, dass der Strafgrund der Teilnahme in der „Solidarisierung mit fremden Unrecht“ liegt, verwechselt werden. Für die Solidarisierung reicht vielmehr, dass die Anstifterhandlung in einer ausdrücklichen oder konkludenten einseitigen Erklärung erfolgen muss. Siehe dazu: Sch/Sch-*Heine* (2010), Vorbemerkungen zu den §§ 25 ff., Rn. 18 m.w.N.

638 *Puppe*, NStZ 2006, 424, 425.

639 *Puppe*, NStZ 2006, 424, 425.

Anwendungsbereich des § 26 StGB ohne Not eingeengt wird und die Abgrenzung zur Mittäterschaft nicht mehr vorgenommen werden kann.[640] Letzteres gilt speziell hinsichtlich des Umstandes, dass eine Mittäterschaft nicht zwingend eine Ausführungshandlung verlangt. Immer dann, wenn das Verhalten im Vorfeld gewichtig und umfassend ist, wird dadurch die fehlende Ausführungshandlung kompensiert und es verbleibt in derartigen Fällen (lediglich) der gemeinsame Tatplan als das zentrale (und in bestimmten Fällen als einziges) Kennzeichen der Mittäterschaft. Wenn es jedoch in solchen Konstellationen alleine der Tatplan ist, der im (Tat-) Ausführungsstadium als wesentliches und verbindendes Element verbleibt, kann im Rahmen der Anstiftung schwerlich ebenfalls ein Unrechtspakt bzw. Tatplan als konstitutives Element gefordert werden. Denn der gemeinsame Tatplan ist gerade ein Charakteristikum der Mittäterschaft. Er ist, unabhängig von der Frage, ob eine qualifizierte Tataufforderung des Anstifters[641] oder ein psychischer Kontakt zwischen Anstifter und Täter[642] von Nöten bzw. ausreichend ist, im Rahmen der Anstiftung nicht erforderlich, weil eine gegenseitige faktische Bindung für eine Anstifterstrafbarkeit nicht zwingend notwendig ist. Gerade der Tatplan ist aber als Ausdruck des überindividuellen Willens, in funktionaler Systemverbundenheit zu handeln, für ein Unrechtssystem unverzichtbar.[643]

(2) Beihilfe

Der Strafgrund der Beihilfe gemäß § 27 StGB wird in der Mitverursachung der vom Täter geführten Tat gesehen.[644] Dies führt nicht ipso iure zu einem Unrechtssystem im oben erläuterten Sinne. Dies wäre erst dann der Fall, wenn im Rahmen der Beihilfe ein Unrechtspakt zwischen Gehilfe und Täter als Dokumentation einer Förderung des Tatentschlusses von Nöten wäre.[645] Das Erfordernis eines solchen Beistandspakts ließe sich mit *Heghmanns* wie folgt erklären: Das Unrecht der Beihilfe besteht darin, dem Täter die Tat als attraktiver, durchführbarer oder risikoärmer erscheinen zu lassen, mithin also darin, dem Täter seine Isolation zu nehmen. Die Beihilfe sei strafbewehrt, um den Täter bereits im Vorfeld von seiner Tat abzuhalten. Werde dem Täter aber das Gefühl gegeben, dass ihm jemand zur Seite steht, könne dieses Ziel nicht mehr in vollem Umfang erreicht werden. Voraussetzung für eine Beihilfe sei demnach, dass der Täter die Hilfeleistung wahr- und annimmt, was wiederum einen zumindest konkludenten Beistandspakt erfordert.[646]

Die Notwendigkeit eines Unrechtspakts in Form eines Beistandspakts ist aber (ebenfalls) abzulehnen. § 27 StGB setzt gerade nicht voraus, dass der Täter Kenntnis

---

640 Vgl. zusammenfassend: *Nepomuck*, S. 156 ff. m.w.N. und Beispiel auf S. 157.
641 So *Nepomuck*, S. 158.
642 LK-*Schünemann*, § 27 Rn. 10; *Geppert*, Jura 1999, 266, 268.
643 *Lampe*, ZStW 104 (1994), 683, 692.
644 *Baumann/Weber/Mitsch*, § 31 Rn. 3.
645 So *Heghmanns*, GA 2000, 473, 480.
646 *Heghmanns*, GA 2000, 473, 479.

von der Hilfestellung hat.[647] Eine Kommunikation zwischen den Täter und Gehilfe ist nicht nötig, so dass eine „heimliche Beihilfe" anerkannt ist.[648] Dies lässt sich schon damit begründen, dass ein Hilfeleisten im Sinn des § 27 StGB nicht nur den zugesagten Beistand umfasst, sondern auch eine (spontane) Tatförderung, die vorher nicht bekannt sein muss bzw. kann. Eine solche Sicht ist richtig und unabdingbar: Würde man nämlich auch für die Beihilfe eine Unrechtsabrede als notwendig ansehen, verbliebe für den Anwendungsbereich der Beihilfe freilich wenig Spielraum, weil in aller Regel in diesen Fällen schon Mittäterschaft gemäß § 25 Abs. 2 StGB zu bejahen wäre. Dieses Verschwimmen der Anwendungsbereiche würde auch eine Abgrenzung zur Mittäterschaft kaum mehr sinnvoll durchführbar machen.

bb. Straf- und auch Schutzlosigkeit des Teilnehmers aufgrund des Vorliegens einer notwendigen Teilnahme

Unter Berücksichtigung der soeben dargestellten Überlegungen hinsichtlich einer relevanten Systemverantwortung lässt sich nicht feststellen, dass der Teilnehmer kein „anderer" im Sinn der Vorschrift sein kann. Hiernach bleibt es dabei, dass aufgrund des Eintritts eines Gefährdungserfolges infolge der – gerade festgestellten – Tauglichkeit des Tatbeteiligten als Gefährdungsopfer – zumindest nach dem Wortlautverständnis – eine vorsätzliche und rechtswidrige Tat vorliegt, an welcher eine Teilnahme möglich ist. Eine Teilnehmerstrafbarkeit könnte jedoch unabhängig von der Strafbarkeit des Täters und somit unabhängig von der Frage, ob der Teilnehmer ein taugliches Gefährdungsobjekt darstellt, entfallen, wenn die Regeln über die notwendige Teilnahme eingreifen (siehe dazu nachfolgend (1)). Wäre dies der Fall, wäre in einem zweiten Schritt zu klären, ob aus dieser Straflosigkeit des Teilnehmers auch die Schutzlosigkeit des Teilnehmers folgt. Wäre nämlich eine Schutzlosigkeit des Teilnehmers zu bejahen, könnte dies zu Folge haben, dass der Teilnehmer aufgrund dieses Umstands nicht als taugliches Gefährdungsopfer angesehen werden kann.

(1) §§ 315 b, 315 c StGB als Anwendungsfall der notwendigen Teilnahme?

Die notwendige Teilnahme setzt voraus, dass ein Tatbestand so gefasst ist, dass seine Verwirklichung schon begrifflich die Beteiligung mehrerer Personen voraussetzt, wobei zwischen Konvergenz-[649] und Begegnungsdelikten unterschieden wird. Bei der Fallgruppe der vorliegend alleine in Betracht kommenden Begegnungsdelikte verhält es sich so, dass der eine Beteiligte auf der Täterseite und der andere Beteiligte

647 BGH NStZ 2004, 499, 500; *Lackner/Kühl*, § 27 Rn. 4; LK-*Schünemann*, § 27 Rn. 10; Sch/Sch-*Heine/Weißer*, § 27 Rn. 18; *Blei*, § 80 II/3.

648 *Geppert*, Jura 1999, 266, 268.

649 Als Konvergenzdelikte sind solche zu verstehen, deren Tatbestände voraussetzen, dass mehrere Personen in derselben Richtung auf die Rechtsgutsverletzung hinarbeiten, z.B. die Gefangenenmeuterei gemäß § 121 StGB, vgl. LK-*Schünemann*, vor § 26 Rn. 26; Sch/Sch-*Heine/Weißer*, Vorbemerkungen zu den §§ 25 ff. Rn. 41.

auf der Opferseite steht.[650] Weiter wird gefordert, dass die verschiedenen Beteiligten aus gegensätzlichen Interessen und mit unterschiedlichen Tätigkeitsakten von verschiedenen Seiten her zur Tatbestandsverwirklichung beitragen,[651] mithin erst die „Begegnung" der verschiedenen Willensbetätigungen tatbestandskonstitutiv wirkt.[652] Beispielhaft für Begegnungsdelikte seien hier die Förderung sexueller Handlungen Minderjähriger gemäß § 180 Abs. 1 Nr. 2 StGB und der Wucher gemäß § 291 StGB genannt. Bei ersterem verschafft der Kuppler die Gelegenheit, während der Verkuppelte sie ausnutzt. Beim Wucher nimmt der Wucherer die Vorteile, während sie der Bewucherte gibt.[653]

Die Fallbeispiele zeigen, dass vorliegend schon bezweifelt werden muss, ob §§ 315 b, 315 c StGB tatsächlich Begegnungsdelikte normieren[654], weil diesen Verkehrsdelikten die Typizität der eigentlichen Begegnungsdelikte fehlt.[655] Denn

---

650 *Wessels/Beulke/Satzger*, Rn. 835.

651 Sch/Sch-*Heine/Weißer*, Vorbemerkungen zu den §§ 25 ff. Rn. 4 1.

652 *Maurach/Gössel/Zipf*, AT 2, § 50 Rn. 94.

653 Vgl. LK-*Schünemann*, vor § 26 Rn. 25.

654 Unklar insoweit MüKo-*Pegel*, § 315 Rn. 69, der ausführt: „Der Tatbeteiligte, der von einem Mitbeteiligten nur selbst gefährdet wird, seinerseits also nicht zur Gefährdung eines „anderen" beigetragen hat, kann nach den Grundsätzen der notwendigen Teilnahme nicht wegen des konkreten (sondern ggf. nur wegen eines abstrakten Gefährdungsdelikts) bestraft werden. In allen anderen Fällen der Gefährdung Tatbeteiligter steht der Wortlaut der Norm nicht entgegen." Soweit *Pegel* unter Anwendung der „Grundsätze der notwendigen Teilnahme" versteht, dass die §§ 315 b, 315 c StGB Begegnungsdelikte darstellen, ist dies – wie im folgenden (Haupt-) Text dargelegt wird – nicht richtig. Zur weiteren Interpretation der Kommentierung siehe Fußnoten 655 und 663.

655 So auch zumindest für § 315 c StGB: *Hillenkamp*, JuS 1977, 166, 169; *Otto*, NZV 1992, 309, 310; *Otto*, in FS für Lange, S. 197, 211, der die §§ 315 b, 315 c StGB insoweit nicht als Beispiele für Begegnungsdelikte aufführt. Siehe auch SK-*Hoyer*, Vor § 26 Rn. 70 ff. Selbst wenn man den Anwendungsbereich der Begegnungsdelikte auf die §§ 315 b, 315 c StGB ausdehnen würde, wäre die Frage nach der Straflosigkeit des Teilnehmers damit nicht abschließend geklärt. Denn der Tatbeteiligte im Sinn eines notwendigen Tatteilnehmers, der auf der Opferseite steht, wäre dann nicht als Beteiligter strafbar, wenn er entweder das Maß der notwendigen Teilnahme (vgl. dazu MüKo-*Joecks*, Vorbemerkung zu den §§ 26, 27 Rn. 34 ff. und LK-*Schünemann*, vor § 26 Rn. 26 ff.) nicht überschreitet oder die Strafvorschrift gerade dem Schutz des Tatbeteiligten dient, der auf der Opferseite steht. Dementsprechend wäre zu klären, ob die §§ 315 b, 315 c StGB nur Individualrechtsgüter und gerade nicht die Sicherheit des Straßenverkehrs schützen. Nur im ersteren Fall dienen die Strafvorschriften ausschließlich dem Schutz des Tatbeteiligten, das auf Opferseite steht. In Anlehnung an Fußnote 654 gilt das soeben Ausgeführte auch dann, wenn man *Pegels* Kommentierung so verstehen will, dass er lediglich die Grundsätze der notwendigen Teilnahme im Sinne einer entsprechenden Anwendung übertragen möchte. Denn auch dann wäre die Schutzgutbestimmung entscheidend.

Begegnungsdelikte erfordern ein denknotwendiges Zusammenwirken zwischen den Beteiligten. Im Rahmen der §§ 315 b, 315 c StGB geht vom (tatbeteiligten) Gefährdungsopfer keine aktive Beteiligung aus. Zwar ist es zur Verwirklichung des Tatbestandes erforderlich, dass Leib oder Leben eines anderen Menschen gefährdet werden. Diese „Stellung", die der Tatbeteiligte im Rahmen der Tatbestandsverwirklichung einnimmt, ist jedoch nicht ausreichend, um dies zum Anlass zu nehmen, von einem Begegnungsdelikt sprechen zu können. Im Moment der täterseitigen Handlung, die in eine konkrete Gefährdung mündet, erschöpft sich die Tätigkeit des Gefährdungsopfers in einer passiven Rolle. Dass das tatbeteiligte Gefährdungsopfer durch seine Handlung auch irgendwie zur Tatbestandsverwirklichung beigetragen hat, ist für eine Einstufung der §§ 315 b, 315 c StGB als Begegnungsdelikte ohne Relevanz. Darüber hinaus handeln die verschiedenen Beteiligten im Rahmen der §§ 315 b, 315 c StGB auch nicht – wie für Begegnungsdelikte charakteristisch – aus unterschiedlichen Interessen. Wenn man vorliegend überhaupt von einem Interesse sprechen kann, dann ist dieses gleich geartet: Entweder geht es den Beteiligten darum, dass Fahrzeug als Transportmittel zu nutzen, um sich von A nach B zu bewegen. Oder ihr gemeinsames Interesse wird dahin gehen, den Straßenverkehr übereinstimmend zu missbrauchen (z. B. dazu, Unfälle absichtlich herbeizuführen). Ein gegensätzliches Interesse wird kaum in Betracht kommen.

(2) Der Instrumentalgedanke des BGH als Grund für eine Untauglichkeit des Teilnehmers als Gefährdungsopfer?

Da die §§ 315 b, 315 c StGB keine Begegnungsdelikte normieren, stellt sich die Frage nach einer daraus resultierenden Schutzlosigkeit des Teilnehmers eigentlich nicht. Da jedoch der Prüfungsumfang des Kapitels D dieser Arbeit oben[656] auch dahin definiert wurde, die vom BGH vorgebrachten Erwägungen zur Verneinung der Tauglichkeit von Tatbeteiligten als Gefährdungsopfer vollständig zu überprüfen und – wie sogleich aufgezeigt wird – der vom BGH aufgeworfene Instrumentalgedanke mit dem Institut der notwendigen Teilnahme im Zusammenhang stehen könnte, soll zu diesem Themenkreis noch Folgendes angemerkt werden:

Nach Ansicht des BGH soll der Tatbeteiligte mit dem Tatfahrzeug zu vergleichen und deshalb eine Art „Tatmittel" sein, woraus nach Ansicht des BGH folgt, dass er nicht zugleich geschütztes „Gut" sein kann.[657] Nach der Lesart des Urteils steht hinter dem darin zum Ausdruck kommenden Instrumentalgedanken nichts anderes als die später[658] aufgestellte „Lagertheorie",[659] denn der BGH spricht davon, dass der Tatbeteiligte *auf Seiten* des Täters stünde. Insoweit bedarf es zur Widerlegung dieses Gedankens keiner neuen Argumente, sondern es können diejenigen herangezogen

656 Vgl. D vor I.
657 Vgl. BGHSt 11, 148 unter B.I.1.c.
658 Vgl. BGHSt 11, 199 unter B.I.1.d.
659 So auch *Graul*, JuS 1992, 321, 324 Fn. 40.

werden, die gegen eine Lagertheorie sprechen.[660] Aber selbst dann, wenn man in der These einen über die „Lagertheorie“ hinausgehenden Gesichtspunkt sehen wollte[661], um damit die Schutzlosigkeit des Teilnehmers und die daraus folgende Straflosigkeit des Täters zu begründen[662], wäre die – insoweit als über die Lagertheorie hinausgehender Gesichtspunkt anzuerkennende – Figur der notwendigen Teilnahme (von vornherein) schon gar nicht geeignet, die Bestimmung der Tauglichkeit von Gefährdungsopfern zu beeinflussen. Denn das vom BGH angeführte Argument, der Teilnehmer solle wie das *notwendige* Tatmittel (in concreto das vom Täter benutzte Fahrzeug) nicht am Schutz teilhaben, weil er auf Seiten des Täters stehe, kann mit dem Institut der notwendigen Teilnahme nicht erklärt werden. Denn diese (weitreichende) Wirkung kann der Figur der notwendigen Teilnahme nicht zugesprochen werden: Die notwendige Teilnahme befasst sich nämlich schon von ihrer Grundkonzeption nur mit der Strafbarkeit des Teilnehmers. Aus einer eventuell entfallenden Strafbarkeit des Teilnehmers stets auf die Untauglichkeit als Gefährdungsopfer zu schließen, ist demnach nicht möglich.[663]

Darüber hinaus würde es auch der Sache nach nicht überzeugen anzunehmen, der Tatbeteiligte sei deshalb als untaugliches Gefährdungsopfer anzusehen, weil er als notwendiges Werkzeug wie das Fahrzeug auf der Seite des Täters teilnimmt. Die daraus abgeleitete Schlussfolgerung, der Tatbeteiligte in seiner Eigenschaft als Tatmittel könne dann nicht gleichzeitig ein vom Strafschutz umfasstes Tatobjekt sein, geht – unabhängig davon, ob sie überhaupt schon für das Fahrzeug als Tatmittel Gültigkeit besitzt – in Hinblick auf den Tatbeteiligten fehl.[664] Zwar mag der Täter und zumindest bei § 315 c StGB das Fahrzeug – nicht zuletzt begründet durch die ihnen zuerkannte Tatbestandsmerkmalsqualität – für die Erfüllung des Tatbestandes notwendig bzw. ohne ihre Existenz die Tatbestandserfüllung unmöglich sein. Für den Tatbeteiligten fehlt es jedoch an einer solchen Notwendigkeit, denn auch ohne ihn ist eine Tatbestandserfüllung möglich. Daher sind sie zur Erzeugung der Gefahr nicht zwingend notwendig und so gesehen gar keine Tatmittel.

cc. Der Strafgrund der Teilnahme

Abschließend soll ein Blick darauf geworfen werden, ob der Strafgrund der Teilnahme Auswirkungen auf die Tauglichkeit von Tatteilnehmern als Gefährdungsopfer im

---

660 Vgl. die nachfolgenden Ausführungen unter D.IV.3. und dort insbesondere unter d.

661 So anscheinend *Hillenkamp*, JuS 1977, 166, 168 f.

662 *Hillenkamp*, JuS 1977, 166, 169.

663 Ob *Pegel* in seiner Kommentierung (vgl. Fußnote 654) der Figur der notwendigen Teilnahme diese weitreichende Wirkung zuerkennen will, bleibt unklar. Nach hiesigem Verständnis will auch er nur die Strafbarkeit des Teilnehmers ausschließen.

664 So auch *Hillenkamp*, JuS 1977, 166, 169.

Rahmen der §§ 315 b, 315 c StGB hat.[665] Obwohl der Strafgrund und das Wesen der Teilnahme streitig sind, soll vorliegend die zu Recht[666] herrschende Förderungs- oder Verursachungstheorie zu Grunde gelegt werden.[667] Danach stellt sich die Teilnahme ihrem Wesen nach als eine Mitwirkung an einer *fremden* Rechtsgüterverletzung dar. Der Teilnehmer verletzt nicht selbst die im Deliktstatbestand liegende Norm, sondern es ist vielmehr so, dass das Unrecht des Teilnehmers darin liegt, dass er an der Normverletzung des Täters mitgewirkt hat.[668] Der Teilnehmer fördert eine fremde Tat; für ihn stellt sich diese Tat nicht als eigene dar. An dieser Feststellung ändert auch die Tatsache nichts, dass das Unrecht der Teilnahme vom Unrecht der Haupttat abhängig ist. Durch die Zurechnungsnormen der §§ 26 ff. StGB wird die Tat nicht zu einer eigenen des Teilnehmers. Beleuchtet man diesen Aspekt näher, kommt man zu folgendem Ergebnis:

Es verhält sich zwar so, dass sich der Teilnehmer durch seine Mitverursachung an die Haupttat bindet[669] bzw. dem Teilnehmer diese Haupttat zugerechnet wird (Akzessorietät). Aufgrund der Tatbeteiligung ist die Unrechtsverwirklichung auch als Werk des Teilnehmers anzusehen.[670] Die Unrechtsableitung von der Haupttat bedeutet jedoch nicht, dass die Teilnahmehandlung keinerlei eigenen Unwert mehr verkörpert. Der Teilnahme haftet vielmehr eine partielle Selbstständigkeit[671] an, was sich daran zeigt, dass bei der Anstiftung zu einem untauglichen Versuch der

665 Zu beachten ist, dass es weiterhin ausschließlich um die Frage geht, ob sich der Täter strafbar gemacht hat; die Frage, ob die strafbare Teilnahme voraussetzt, dass das vom Täter gefährdete Rechtsgut auch gegenüber dem Teilnehmer geschützt sein muss, spielt vorliegend keine Rolle. Zu diesem Problemkreis vertiefend *Roxin*, in FS für Wessels/Stree, S. 365, 370 ff.

666 Die anderen, älteren Auffassungen zum Strafgrund der Teilnahme lassen sich mit guten Gründen ablehnen. Die Schuldteilnahmetheorie oder Korrumpierungstheorie, die den Strafgrund der Teilnahme darin sieht, dass der Teilnehmer für das Schuldigwerden des Täters verantwortlich ist, ist deshalb abzulehnen, weil – wie die §§ 26, 27 und 29 StGB zeigen – die Schuld des Haupttäters gerade keine Voraussetzung der akzessorischen Teilnahme ist (*Kühl*, AT, § 20 Rn. 133 m.w.N.; *Jakobs*, AT, Abschnitt 22 Rn. 2). Auch die Lehren, die in der Teilnahme ein selbstständiges Teilnehmerdelikt sehen, sind deshalb abzulehnen, weil das StGB gerade eine akzessorische Ausgestaltung der Teilnahme vorsieht (*Kühl*, AT, § 20 Rn. 133 m.w.N.). Zum Ganzen siehe auch Sch/Sch-*Heine/Weißer*, Vorbemerkungen zu den §§ 25 ff. Rn. 14 ff.

667 *Wessels/Beulke/Satzger*, Rn. 794; vgl. dazu auch Sch/Sch-*Heine/Weißer*, Vorbemerkungen zu den §§ 25 ff. Rn. 16 ff. m.w.N.; *Roxin*, in FS für Wessels/Stree, S. 365, 369 ff.; *Jakobs*, AT, Abschnitt 22 Rn. 1 ff.

668 Sch/Sch-*Heine/Weißer*, Vorbemerkungen zu den §§ 25 ff. Rn. 15 ff.

669 *Kühl*, AT, § 20 Rn. 132.

670 *Jakobs*, AT, Abschnitt 22 Rn. 8.

671 *Roxin*, in FS für Wessels/Stree, S. 365, 370.

Anstifter, der die Vollendung wollte, nach § 26 StGB bestraft werden kann.[672] Damit lässt sich feststellen, dass die Tat des Haupttäters dem Teilnehmer zwar zugerechnet wird, daneben steht aber auch ein *eigener* Unwert der Teilnahme, so dass deswegen schon nicht davon gesprochen werden kann, dass der Teilnehmer nicht *selbstständig* an der Normverletzung des Haupttäters mitgewirkt hat. In der Zurechnung erschöpft sich die Wirkung der Akzessorietät, der Teilnehmer bleibt eine strafrechtlich *eigenständig* zu beurteilende Person. Folge ist, dass die Strafbarkeit der Teilnehmer getrennt von der des Haupttäters zu beurteilen ist. Diese Wirkung verkennt auch das Gesetz nicht. Insoweit sind die § 28 StGB und § 29 StGB eindeutig.

Damit steht fest, dass es trotz der Zurechnung bei einer *fremden* Tat bleibt, die der Teilnehmer – gleich ob durch seine Anstifter- oder seine Beihilfehandlung – fördert. Dass der Anstifter und der Gehilfe ein taugliches Gefährdungsopfer darstellt, ließe sich mit dem Strafgrund der Teilnahme dann zusammenfassend wie folgt erklären: Der Teilnehmer verwirklicht nach dem oben Ausgeführten nicht selbst den im Deliktstatbestand liegenden Unrechtsgehalt, sein Unrecht besteht vielmehr darin, dass er an der Normverletzung des Täters mitwirkt. Daher ist die Deliktsverwirklichung durch den Haupttäter nicht *seine* Tat, sondern die *fremde* Tat eines *anderen*.[673]

3. Ergebnis

Es bleibt festzuhalten, dass selbst dann, wenn man im Instrumentalgedanken einen eigenständigen Begründungsansatz des BGH sehen wollte, die dem Instrumentalgedanken innewohnende Figur der notwendigen Teilnahme (von vornherein) aufgrund ihrer insoweit limitierten Grundkonzeption schon gar nicht geeignet ist, die Bestimmung der (Un-) Tauglichkeit von Gefährdungsopfern zu beeinflussen. Darüber hinaus würde es – wie gezeigt – auch der Sache nach nicht überzeugen, anzunehmen, der Tatbeteiligte sei deshalb auszuklammern, weil er als notwendiges Werkzeug wie das Fahrzeug auf der Seite des Täters teilnehme und deshalb als Tatmittel nicht gleichzeitig vom Strafschutz umfasstes Tatobjekt sein könne.

Im Rahmen der Tatbeteiligung ergibt sich daher – außer in den aufgezeigten Konstellationen der mittelbaren Täterschaft – aus dem Wortlaut nicht, dass der Tatbeteiligte kein taugliches Gefährdungssubjekt sein kann.[674] Die grammatikalische Auslegung zwingt nicht dazu, die Tatbeteiligten aus dem geschützten Personenkreis herauszunehmen. In diese Richtung ist der Wortlaut genauso unergiebig wie offen, so dass sich der vom BGH vorgenommene Ausschluss tatsächlich nicht aus dem Wortlaut ableiten lässt. Dem BGH ist also insoweit recht zu geben, wenn er wie in BGHSt 11, 148 ausführt, dass eine Herausnahme (der Tatbeteiligten) nach dem Wortlaut nicht geboten ist.

---

672 So zu Recht Sch/Sch-*Heine/Weißer*, Vorbemerkungen zu den §§ 25 ff. Rn. 16. Vertieft dazu *Roxin*, in FS für Wessels/Stree, S. 365, 370 ff.

673 So auch *Schmidt/Priebe*, BT I, Rn. 616 dort allerdings im Hinblick auf die Hehlerei.

674 Anders wohl *Hentschel*, Trunkenheit, Rn. 404, der davon spricht das die Herausnahme der Tatbeteiligten dem Sinn des Wortes „anderer" entspricht.

Soweit man versucht, einen Ausschluss anderweitig herzuleiten, gehen auch diese Bemühungen fehl. Im Rahmen der Mittäterschaft schafft es weder die Konstruktion eines Unrechtssystems bzw. einer Verantwortungseinheit eine von der klassischen Sicht differenzierte Betrachtungsweise des Bezugsobjekts herbeizuführen, noch gelingt es § 25 StGB, die Bestimmung der Wortlautauslegung des „anderen" als Gefährdungsopfer zu beeinflussen. Auch im Rahmen der Anstiftung und Beihilfe muss die Annahme eines Unrechtssystems ausscheiden. Zudem können weder aus den Regeln über die notwendige Teilnahme noch aus dem Strafgrund der Teilnahme Erkenntnisse zu Gunsten oder zu Ungunsten eines Ausschlusses der Tatteilnehmer aus dem Anwendungsbereich hergeleitet werden.

Wenn zuweilen gefordert wird, dass im Strafrecht eine einschränkende (restriktive) Wortlautauslegung geboten sei,[675] welche hier wegen der Offenheit des Wortlauts dazu führen könnte, dass Tatbeteiligte (schon nach dem Wortlaut) keine tauglichen Gefährdungsopfer darstellen, kann dem nicht gefolgt werden. Richtig ist zwar, dass es sich beim Strafrecht um belastende Rechtsnormen handelt und dass das Strafrecht Ausnahmecharakter trägt. Dennoch kann nicht der rein äußerliche, enge Wortsinn maßgeblich sein und zu einer restriktiven Auslegung zwingen. Es kommt vielmehr auf den vernünftigen Sinn des Gesetzes an. Es geht nicht darum, Normen restriktiv oder extensiv auszulegen, sondern darum, die richtige Interpretation zu finden. Die ratio legis der jeweiligen Norm muss zeigen, welche Handlungsweisen strafrechtlich erfasst werden sollen, so dass die Ermittlung des Schutzzwecks entscheidend ist. Denn allein mit Kenntnis des Schutzzwecks kann die Frage nach einer restriktiven Auslegung beantwortet werden. Die andere Frage, ob eine Norm Handlungsweisen – hier die Gefährdung von Tatbeteiligten – strafrechtlich erfasst, die der Gesetzgeber eigentlich gar nicht bestraft haben wollte,[676] wird sogleich dahingehend beantwortet, dass der Gesetzgeber sich dazu nicht geäußert hat. Deshalb ist es vorliegend der Schutzzweck, der die Auslegung bestimmt.

4. Verpflichtung zur Anwendung – Verbot der Restriktion?

Auf der anderen Seite muss gefragt werden, ob die Offenheit des Wortlauts nicht zur Folge hat, dass eine Einbeziehung von Tatbeteiligten zwingend ist. Insoweit könnte der BGH zur Normanwendung in den hier streitigen Fällen verpflichtet sein. Wenn dem so wäre, wäre zugleich die Frage, ob eine Einbeziehung von Tatbeteiligten zu erfolgen hat, positiv zu beantworten. Eine Verpflichtung zur Anwendung kommt immer dann *nicht* in Betracht, wenn eine Wertungslücke vorliegt, die durch den Richter geschlossen werden darf. Eine solche Wertungslücke ist dann gegeben, wenn eine Rechtsnorm zwar ihrem Wortlaut nach ohne Ergänzungen widerspruchsfrei anwendbar wäre, aber aus Gründen der Gerechtigkeit nach einer Korrektur verlangt. Eine Wertungslücke entsteht vor allem dann, wenn Rechtsnormen zu

---

675 So z. B. *Geerds*, in FS für Engisch, S. 406, 420.

676 Zu diesem Kriterium siehe *Baumann/Weber/Mitsch*, § 9 Rn. 64.

weit gefasst sind, so dass es an einem Ausnahmetatbestand zu einer generellen Norm fehlt. Ob die „Einführung" eines solchen Ausnahmetatbestands bzw. eine Restriktion des Tatbestandsmerkmals erforderlich ist, ist anhand des Gleichheitssatzes zu ermitteln: Verhält es sich so, dass bei der uneingeschränkten Anwendung Fälle miterfasst werden, die – gerechterweise – nicht miterfasst werden dürften, so kann es legitim sein, wesentlich Ungleiches aus dem Anwendungsbereich der Norm herauszunehmen.[677] Ob eine solche Herausnahme geboten ist, lässt sich aber nicht schon nach dem Wortlaut der Norm sagen. Vielmehr muss der Blick (auch) auf den Gesetzeszweck gerichtet werden.[678]

Diskussionswürdig scheint jedoch die Frage, ob ein zur Entscheidung berufenes Gericht als Rechtsanwender eine vorliegende Wertungslücke überhaupt schließen darf.[679] Wäre dies zu verneinen, wäre die Rechtsprechung unabhängig von Gerechtigkeitserwägungen tatsächlich gezwungen, eine Subsumtion entsprechend dem Wortlaut vorzunehmen. Grundsätzlich steht das Schließen einer Wertungslücke dem demokratisch legitimierten Gesetzgeber – und zwar in Form einer Gesetzesänderung – zu. Dass dieser Grundsatz keine absolute Geltung beanspruchen kann, liegt auf der Hand: Vielmehr muss das Streben nach materieller Gerechtigkeit zwischen der Legislative auf der einen und der Judikative auf der anderen Seite mit dem Grundsatz der Gewaltenteilung in Einklang gebracht werden, um die widerstreitenden Interessen in einen gerechten Ausgleich zu bringen, ohne den Aspekt der Rechtssicherheit aus den Augen zu verlieren. Daher hat sich das Bundesverfassungsgericht unter Berufung auf Artikel 20 Abs. 3 GG dafür entschieden, Restriktionen durch die Rechtsprechung als verfassungskonform anzusehen. Begründet wird dies mit dem Argument, dass der Richter nicht nur an das Gesetz, sondern auch an das Recht gebunden sei, wobei das Recht allgemeine Rechtsgrundsätze oder auch fundierte allgemeine Gerechtigkeitsvorstellungen der Gemeinschaft erfasse.[680] Aus dieser Rechtsbindung folge die Möglichkeit der Gerichte, Gesetze fortzubilden und dies nicht nur durch Auslegung, sondern auch durch Restriktion. Das gilt dann, wenn die Gründe des Rechts, die für die Restriktion sprechen, schwerer wiegen als die Argumente der Gewaltenteilung und Rechtssicherheit. Darüber hinaus muss ergänzend dazu kommen, dass a) der Gesetzeswortlaut[681] die Möglichkeit einer restriktiven Auslegung offen lässt und b) der Gesetzgeber den problematischen Fall nicht genügend bedacht und ihn deshalb nicht geregelt hat.[682] Dass der Wortlaut

677 Zum Ganzen: *Zippelius*, § 11 I b.

678 *Zippelius*, § 11 II b mit Beispielen aus der strafrechtlichen Rechtsprechung.

679 *Zippelius*, JZ 1970, 241, 243 konkretisiert den Begriff dahingehend, dass es sich dann um unechte Lücken handelt, wenn es als ungerecht empfunden wird, eine Norm trotz Einschlägigkeit des Wortlauts auf bestimmte Fälle anzuwenden.

680 BVerfG NJW 1973, 1221, 1225 und NJW 1984, 475.

681 Dies gilt auch dann, wenn dem klaren Gesetzeswortlaut ein entgegengesetzter Sinn gegeben wird. Maßgeblich ist das gesetzgeberische Ziel, vgl. BVerfGE 8, 28, 34.

682 Zum Ganzen: *Zippelius*, § 11 I c.

offen ist, wurde soeben gezeigt; die Feststellung, dass sich der Gesetzgeber zu dem Problem nicht geäußert hat, folgt sogleich. Danach ist eine restriktive Auslegung des Begriffs „anderer Mensch“ im Rahmen des § 315 b StGB und § 315 c StGB – wie durch den BGH geschehen – grundsätzlich möglich. Von einer grundgesetzlich geforderten Verpflichtung zur Normanwendung kann nicht gesprochen werden. Damit ist eine Restriktion zulässig, wenn sich zeigen sollte, dass eine solche zur Bestimmung der Tauglichkeit der Tatbeteiligten als Gefährdungsopfer notwendig erscheint.[683]

II. Historische Auslegung

1. Inhalt der historischen Auslegung

Die historische Auslegung als Befassung mit den Gesetzgebungsmaterialien[684] und der rechtspolitischen Diskussion[685] soll sich vorliegend der Frage widmen, was sich der (historische) Gesetzgeber bei der Abfassung der maßgeblichen Vorschriften und/oder bei der Verwendung oder Auslassung eines bestimmten Begriffs gedacht hat.[686] Hierbei ist stets auch zu untersuchen, ob die Absicht des Gesetzgebers bestand, ein bestimmtes Problem zu lösen.[687] Dabei soll zur Ermittlung der Feststellung des Gesetzeszwecks den Entwürfen maßgebliche Bedeutung zukommen. Denn in ihnen gelangen die in der Rechtsgemeinschaft vorherrschenden Vorstellungen zum Ausdruck.[688] Weiterhin ist auch die Entstehungsgeschichte der Normen[689] in die historische Auslegung[690] mit einzubeziehen.[691]

---

683 Vgl. dazu die Ausführungen unter F.III.

684 Diese umfassen die Entwürfe, Begründungen, Kommissions- und Parlamentsniederschriften, *Jescheck/Weigend*, § 17 IV b.

685 *Gropp*, § 3 Rn. 43.

686 *Baumann/Weber/Mitsch*, § 9 Rn. 74.

687 *Horn*, Rn. 179.

688 Sch/Sch-*Eser/Hecker*, § 1 Rn. 46 m.w.N. Gegen eine Berücksichtigung von Gesetzesmaterialien und insbesondere Gesetzesmotiven *Binding*, Handbuch, S. 469 ff., 472: „Es ist schlechthin unzulässig diesen Motiven als solche in irgend einem Falle eine für die Auslegung maassgebende Bedeutung einzuräumen [...].“

689 Siehe dazu unter C.III.

690 *Müller/Christensen*, Rn. 360 f. sind der Ansicht, dass zwischen einer historischen und einer genetischen Auslegung zu differenzieren ist. Danach befasse sich die historische Auslegung mit gesetzgebungsgeschichtlichen Erwägungen anhand von Normvorläufern und Normvorbildern, während die genetische Auslegung die Befassung mit Nicht-Normtexten bezüglich der Entstehungsgeschichte und den Gesetzgebungsmaterialien zum Gegenstand hat.

691 Ständige Rechtsprechung. Siehe exemplarisch BVerfGE 11, 126, 130.

Nach dem oben[692] gefundenen Ergebnis hat zwischen der subjektiven und objektiven Theorie eine Synthese stattzufinden. Danach ist der Ausgangspunkt der Auslegung der Zweck des Gesetzes. Umstritten ist aber, auf wessen Zweckvorstellungen abzustellen ist. Nach der subjektiv-historischen Methode[693] ist auf die Vorstellungen der an der Gesetzgebung beteiligten Personen (Parlamentarier) abzustellen, während andere davon ausgehen, dass es auf den vom Gesetzgeber verfolgten und erkennbaren Zweck abzustellen ist, der durch die Gesetzesmaterialien dokumentiert wird (objektiv-historische Methode).[694]

Die Vertreter der ersten Theorie postulieren, dass die subjektive Auslegung als nützliches und alltäglich gebrauchtes Auslegungswerkzeug nicht zu entbehren sei,[695] weil diese Methode eher Ergebnisse bringe als die objektiv-historische Auslegung des Gesetzes.[696] Dies soll daran liegen, dass die objektiv-historische Auslegung nur an eine nachgelagerte (und daher nicht eindeutig bestimmte) Formulierung anknüpft, wohingegen die subjektiv-historische Methode in der Lage sei, die mannigfach möglichen Verhaltensweisen (des Strafjuristen) abschließend zu typisieren.[697] Deshalb gelte die objektiv-historische Methode als Mittel juristischer Kommunikation nur subsidiär für den Fall, dass die subjektiv-historische Methode versage.[698]

Die Vertreter der objektiv-historischen Methode gehen davon aus, dass es auf den *erkennbaren* Horizont des Gesetzgebers im Hinblick auf den Zweck des Strafnorm ankomme, weil nur so herausgefunden werden könne, was mit dem Gesetz vernünftigerweise bezweckt worden sei. Maßgeblich seien nicht der Wille und die Vorstellungen einzelner mitwirkender Personen und Parteien, die sich unter Umständen mangels Sachkunde oder Interesse überhaupt keine Vorstellungen vom Regelungszweck gemacht haben.[699] Entscheidend seien vielmehr die (damaligen) Lebensverhältnisse, gesellschaftlichen Interessen sowie die damals geltenden Wert- und Sozialvorstellungen. Erkenntnisquelle für die Ermittlung der gesetzgeberischen Zielvorstellungen sollen die Gesetzesmaterialien sein.[700]

---

692 Kapitel D vor I.

693 Vertreten unter anderem von *Naucke* in FS für Engisch, S. 274. Weitere Vertreter dieser Theorie waren unter anderem *v. Savigny* und *Windscheid*, vgl. dazu die Ausführungen bei *Engisch*, S. 160 ff.

694 LK-*Dannecker*, § 1 Rn. 313, der in Rn. 315 einräumt, dass die Regelungsabsicht aus den Gesetzesmaterialien häufig nur sehr unzuverlässig hergeleitet werden kann und dass es den Regelungswillen des Gesetzgebers in einer parlamentarischen Demokratie nicht gibt; *Jakobs*, AT, Abschnitt 4 Rn. 21.

695 *Naucke*, FS für Engisch, S. 276.

696 *Naucke*, FS für Engisch, S. 280.

697 *Naucke*, FS für Engisch, S. 280.

698 *Naucke*, FS für Engisch, S. 280.

699 *Jakobs*, AT, Abschnitt 4 Rn. 21 m.w.N.

700 LK-*Dannecker*, § 1 Rn. 313.

Welcher Theorie im Ergebnis zu folgen ist, kann offen bleiben, da sie vorliegend nicht zu divergierenden Ergebnissen kommen. Auch nach der Untersuchung beider Anknüpfungspunkte bleibt – wie sogleich gezeigt wird – die historische Auslegung[701] unergiebig.

2. Die historische Auslegung mit Blick auf das Zweite Gesetz zur Sicherung des Straßenverkehrs

Nunmehr ist zu untersuchen, welche Konsequenz die oben[702] dargestellte rechtshistorische Entwicklung für die Frage nach der Tauglichkeit eines Tatbeteiligten als Gefährdungsopfer hat. Die Auswertung der Materialien mit Blick auf das Erste Gesetz zur Sicherung des Straßenverkehrs zeigt, dass eine Befassung mit der vorliegenden Thematik nicht stattfand. Gleiches gilt bereits hinsichtlich der Novelle von 1935: Der Bericht über die Arbeit der amtlichen Strafrechtskommission und die zur Strafrechtsnovelle vom 28.6.1935 veröffentlichte Literatur enthalten keine Ausführungen darüber, inwieweit die Gefährdung eines Tatbeteiligten als ausreichend für die Verwirklichung einer Gemeingefahr angesehen werden sollte.

Deshalb muss im Rahmen der vorliegenden Betrachtung das Hauptaugenmerk auf das Zweite Gesetz zur Sicherung des Straßenverkehrs vom 26.11.1964 gelegt werden. Neben der Frage, ob sich der Gesetzgeber zur Tauglichkeit von Tatbeteiligten als Gefährdungsopfer generell geäußert hat, ist zu klären, inwieweit durch diese Gesetzesnovelle der Rechtsprechung des BGH zum Ausschluss der Tatbeteiligten die Grundlage entzogen worden ist. Entscheidend für die Beantwortung der Frage ist zweierlei: Zum einen muss herausgearbeitet werden, ob der BGH vor 1964 seine Ansicht (allein) aus dem Begriff der Gemeingefahr ableitete oder ob andere Aspekte federführend waren. War die Rechtsprechung ausschließlich vom Begriff der Gemeingefahr abhängig, ist eine Aufrechterhaltung dieser Rechtsprechung konsequenterweise nicht mehr möglich. Zum anderen ist anhand der Gesetzesmaterialien zu erforschen, welchen Zweck der Gesetzgeber im Hinblick auf die Einbeziehung von Tatbeteiligten mit der Neuregelung insgesamt verfolgte. Geht er dahin, dass auch Tatbeteiligte als taugliche Gefährdungsopfer angesehen werden sollten, könnte die Rechtsprechung des BGH insoweit keine Fortführungsberechtigung mehr haben, wie sie der Intention des Gesetzgebers widerspricht. Wird auf der anderen Seite festgestellt, dass eine Einbeziehung von Tatbeteiligten gerade nicht gewollt war, spricht dies in einem ersten Anschein für eine Fortgeltung der BGH-Rechtsprechung.

---

701 Nicht zu bestreiten ist, dass im Rahmen der objektiv-historischen Auslegung die ratio legis der entsprechenden Normen eine Rolle spielt. Denn gerade die Intention und die Absichten des Gesetzgebers sind zu erforschen. Einer solchen Erforschung ist die Frage nach dem Sinn und Zweck der Vorschriften immanent. Insoweit müssen die teleologische und die historische Auslegung miteinander verbunden werden, wenn speziell auf den Zweck abgestellt wird, der dem Gesetzgeber vorschwebte. Siehe dazu auch *Engisch*, S. 145.

702 Siehe dazu Kapitel C.

a. *Begriff der Gemeingefahr als ausschlaggebendes Argument des BGH für den Ausschluss von Tatbeteiligten?*

Zu Beginn muss geklärt werden, ob der Begriff der Gemeingefahr vom BGH für seine Auslegung hinsichtlich der Gefährdung von Tatbeteiligten überhaupt herangezogen wurde. Vornehmlich das OLG Stuttgart[703] war der Ansicht, dass durch die Streichung des Begriffs der Gemeingefahr der Rechtsprechung des BGH in Gänze die Grundlage entzogen wurde, weil der Ausschluss der Tatbeteiligten aus dem geschützten Personenkreis nur oder doch in erster Linie aus dem Begriff der Gemeingefahr hergeleitet worden sei.[704] Dem haben sich auch Stimmen in der Literatur angeschlossen.[705] Das OLG Stuttgart führt aus, dass der Ausgangspunkt der Rechtsprechung des BGH vor Inkrafttreten des Zweiten Gesetzes zur Sicherung des Straßenverkehrs der Begriff der Gemeingefahr gewesen war. Da der Begriff nunmehr entfallen sei, käme es nicht mehr darauf an, ob der Gefährdete die Allgemeinheit repräsentiere.

Andere[706] gehen hingegen davon aus, dass sich die maßgebliche Rechtsprechung des BGH vor 1964 nicht in erster Linie aus dem Begriff der Gemeingefahr abgeleitet habe, so dass diese Rechtsprechung auch nach der Neufassung des Gesetzes zumindest aufgrund dieses Umstands nicht überholt sei. Diese Ansicht ist vorzugswürdig und lässt sich wie folgt erklären: Als der BGH den Insassen, der kein Tatbeteiligter war, noch als ausreichenden Repräsentanten der Allgemeinheit ansah, wurde der Tatbeteiligte schon als untaugliches Gefährdungsopfer verstanden.[707] Allein aufgrund des Begriffs der Gemeingefahr ist eine solche Differenzierung nicht verständlich,[708] denn weder bei einer Gefährdung eines Tatbeteiligten noch bei der Gefährdung eines nicht tatbeteiligten Insassen wird eine Gemeingefahr nach dem Begriffsverständnis des BGH hervorgerufen. Denn beide vorgenannten Gefährdungsopfer wurden individuell ausgesucht und bestimmt, so dass beiden nach dem Verständnis des BGH lediglich eine Sondergefahr bereitet wurde. Daher ist daraus zu schließen, dass für den Ausschluss (vielmehr) andere Erwägungen federführend

---

703 OLG Stuttgart NJW 1976, 1904. Siehe dazu die Ausführungen unter B.I.2.a. Auch das OLG Braunschweig in DAR 1957, 46, 47 nimmt an, dass der BGH den Ausschluss der Tatteilnehmer aus einer Einschränkung des Begriffs der Gemeingefahr abgeleitet hat.

704 Zu diesem Verständnis des Urteils siehe auch *Hillenkamp*, JuS 1977, 166, 168 m.w.N. aus der Rechtsprechung einiger Obergerichte vor 1964.

705 So wohl SK-*Wolters*, Vor § 306 Rn. 10 und wohl auch LK-*König*, § 315 b Rn. 72, 74 a.E.

706 *Hillenkamp*, Opferverhalten, S. 92; *ders.*, JuS 1977, 166, 168 mit Zustimmung von *Graul*, JuS 1992, 321, 324 in Fn. 36; *Schroeder*, JuS 1994, 846, 847 in Fn. 19. So wohl auch das OLG Karlsruhe NJW 1967, 2321, 2322.

707 BGHSt 6, 100; 6, 232; 11, 148. Siehe dazu die Darstellung unter B.I.1.a.

708 *Hillenkamp*, JuS 1977, 166, 168.

waren, nämlich die „rechtslogischen Erwägungen“, die der BGH an anderer Stelle[709] aufgriff.

Auch der BGH selbst hat sich dahin geäußert, dass es nicht der Begriff der Gemeingefahr war, der nach seinem Verständnis einen Ausschluss rechtfertigte. Denn nach seiner Ansicht sind „aus dem geschützten Personenkreis aber auch die an sich zum Publikum gehörenden Tatteilnehmer i.S. der §§ 47 bis 49 StGB [a.F.] auszunehmen“.[710] Die Tatteilnehmer gehören demnach nach dem Verständnis des BGH prinzipiell zum repräsentativen Verkehrspublikum. Sie sind aber, weil sie auf Seiten des Täters stehen, aus dem Schutzbereich herauszunehmen, so dass sie, so der BGH weiter, nicht stellvertretend für die Gemeinschaft stehen können. Es wird deutlich, dass die fehlende Stellvertretereigenschaft im Sinne einer Repräsentanz der Gemeinschaft nicht als *Argument* für den Ausschluss herangezogen wird. Vielmehr ist die fehlende Repräsentanz die Folge von Rechtssätzen, die auf *andere* Argumente gestützt werden: Die Verneinung der Gemeingefahr war das *Resultat* der rechtslogischen Erwägungen. Danach kann allein die Aufgabe des Merkmals der Gemeingefahr es nicht rechtfertigen, die hergebrachte Rechtsprechung des BGH als (künftig) unzutreffend anzusehen. Auswirkungen der Reform auf die Rechtsprechung des BGH sind insoweit nicht zu erkennen. Gleichwohl bleibt nun zu überprüfen, ob sich der Gesetzgeber vielleicht im Zusammenhang mit der Gefährdung von Tatbeteiligten (direkt oder indirekt) geäußert hat.

b. Der Entwurf des Zweiten Gesetzes zur Sicherung des Straßenverkehrs

Der Entwurf des Zweiten Gesetzes zur Sicherung des Straßenverkehrs[711] erläutert den Verzicht auf das Merkmal der Gemeingefahr umfassend und versucht diesen zu begründen. Die wesentlichen Aspekte wurden bereits oben[712] ausführlich dargestellt. In der Gesetzesbegründung wird jedoch an keiner Stelle auf das Problem der Gefährdung von Tatbeteiligten eingegangen. Daher muss überprüft werden, ob anderweitig Erkenntnisse gewonnen werden können. Dazu sollen die Beweggründe des Entwurfs noch einmal kurz skizziert werden: Der Verzicht auf das Merkmal der Gemeingefahr hatte das Ziel, die durch die Einzelfallabgrenzung – welche vom BGH durchgeführt wurde – hervorgerufenen Auslegungsschwierigkeiten zu beseitigen. Der Wegfall dieser Einzelfallabgrenzung und die damit einhergehende Einbeziehung von bestimmten einzelnen Personen in den Kreis der Gefährdungssubjekte sei auch gerechtfertigt: Denn die abstrakte Gefahr für die Sicherheit des Straßenverkehrs, die als gesetzgeberischer Grund hinter der Ausgestaltung der Tatbestände als konkrete Gefährdungsdelikte stehe, werde auch durch die Gefährdung eines bestimmt Einzelnen hervorgerufen.

---

709 BGHSt 11, 199, 203. Siehe dazu unter B.I.1.d.

710 BGHSt 11, 199.

711 BT-Drucksache IV, Nr. 651, S. 23 f.

712 Vgl. die Ausführungen unter C.III.3.

c. *Der BGH zum Zweiten Gesetz zur Sicherung des Straßenverkehrs*

Bevor allerdings eine Analyse des Zweiten Gesetzes zur Sicherung des Straßenverkehrs und der dazugehörigen Materialen durchgeführt wird, soll geklärt werden, ob sich der BGH zu den Auswirkungen des Zweiten Gesetzes zur Sicherung des Straßenverkehrs geäußert hat.

Insoweit sind zwei[713] Entscheidungen von maßgeblicher Relevanz. Zwar ging es inhaltlich in keiner dieser Entscheidungen um die (bloße) Gefährdung von Tatbeteiligten. Dennoch liefert zumindest eine der Entscheidungen mit ihren Entscheidungsgründen wichtige Erkenntnisse für die Frage nach der Behandlung von Tatbeteiligten als taugliche Gefährdungsopfer.

Im Rahmen der ersten Entscheidung[714] hält der BGH auch nach dem Zweiten Gesetz zur Sicherung des Straßenverkehrs daran fest, dass das vom Täter geführte Fahrzeug kein taugliches Gefährdungsobjekt sein kann, ohne ausdrücklich davon zu sprechen, dass die dazu (bereits) ergangene frühere Rechtsprechung (samt ihren Argumenten) weiterhin Geltung beansprucht. Die Ausführungen des BGH sprechen nach genauerer Analyse viel eher dagegen, dass die damaligen Erwägungen als Grundlage für die nach der Strafrechtsnovelle von 1964 fortzuführende Rechtsprechung dienen könnten. Der Senat führte insoweit aus, dass der Wortlaut des § 315 c Abs. 1 StGB durchaus das vom Täter geführte Fahrzeug mit einzubeziehen scheine. Die Vorschrift sei jedoch entsprechend ihrer gesetzgeberischen Intention einschränkend auszulegen.[715] Diese restriktive Auslegung versucht der Senat dann herzuleiten und liefert im Anschluss daran einen neuen Argumentationsstrang zur Eliminierung des Täterfahrzeuges und des an der Tat beteiligten Dritten: Der Schutzbereich (des § 315 c Abs. 1 StGB) sei nämlich mangels einer verkehrsbezogenen Beteiligung nicht eröffnet.[716] Der BGH versucht zur Lösung des Problems darüber hinaus aus der Entstehungsgeschichte der Vorschrift Erkenntnisse zu gewinnen. Er verneint einen Erkenntnisgewinn mit dem Hinweis, dass der Gesetzgeber hierzu keine Stellungnahme abgegeben hat.[717] Dem Hinweis des Senats auf die fehlende Stellungnahme des Gesetzgebers ist – wie oben gezeigt – genauso zuzustimmen, wie

---

713 BGHSt 27, 40 (siehe dazu unter B.I.2.b.) und BGH NJW 1989, 1227. Auch in BGHSt 23, 261, 263 f. befasst sich der BGH mit dem Zweiten Gesetz zur Sicherung des Straßenverkehrs und dem Wegfall der Gemeingefahr. Jedoch hat diese Entscheidung keinen Bezug zum Ausschluss von Tatteilnehmern, sondern befasst sich mit der Frage des von § 315 c StGB geschützten Rechtsguts. Zum Rechtsgut siehe unter D.IV.5.b. und dort unter bb.(1) zum Rechtsgutverständnis des BGH.

714 BGHSt 27, 40. Siehe dazu unter B.I.2.b.

715 BGHSt 27, 40, 42.

716 Siehe dazu B.I.2.b.

717 Die dann im Anschluss vom BGH angestellten Überlegungen zum *Zweck* des Zweiten Gesetzes zur Sicherung des Straßenverkehrs sind teleologische Überlegungen, die an späterer Stelle dieser Arbeit behandelt werden.

der vom BGH erkannten Möglichkeit einer restriktiven Auslegung.[718] Gleichwohl muss an anderer Stelle überprüft werden, ob es das Merkmal der verkehrsbezogenen Beteiligung ist, dass als Anknüpfungspunkt für die einschränkende Auslegung dienen kann.[719]

In einer zweiten Entscheidung[720] sprach der BGH davon, dass die zur Frage der Gemeingefahr ergangene Rechtsprechung durch das Zweite Gesetz zur Sicherung des Straßenverkehrs überholt ist. Bereits oben wurde ausführlich dargestellt und begründet, dass sich diese Aussage auf die Rechtsprechung zur Insassengefährdung bezieht.[721] Danach sprach der BGH das aus, was der Gesetzgeber mit den Änderungen im Rahmen des Zweiten Gesetzes zur Sicherung des Straßenverkehrs erreichen wollte: Die Einbeziehung der Mitfahrer in den geschützten Personenkreis. Insoweit bringt diese Entscheidung nichts Erhellendes.

Stellte sich nach dem Zweiten Gesetz zur Sicherung des Straßenverkehrs dagegen das Problem der Gefährdung von Tatbeteiligten, verwies der BGH grundsätzlich auf die vor 1964 ergangene Rechtsprechung, ohne auf die Strafrechtsnovelle einzugehen.[722] Dies zeigt und stützt gleichzeitig das oben[723] gefundene Ergebnis, dass der BGH an seiner Rechtsprechung trotz der Streichung des Begriffs der Gemeingefahr festhalten konnte, weil sie sich gerade nicht aus dem Begriff der Gemeingefahr herleitete. Die Rechtsprechung des BGH zum Ausschluss von tatbeteiligten Gefährdungsopfern war und ist vom Begriff der Gemeingefahr unabhängig. Der BGH erachtet das einst gefundene Ergebnis auch weiterhin als einzig richtiges. Dies aber zugleich – neben dem Abstellen auf die althergebrachten Argumente – ohne darauf zu verzichten, sich neuer, zusätzlicher Argumente zu bedienen, um diese Sicht stützen zu können. Insoweit dürfte der BGH aufgrund der fehlenden Stellungnahme des historischen Gesetzgebers der Ansicht gewesen sein, dass sich *aus* dem Zweiten Gesetzes zur Sicherung des Straßenverkehrs nicht ergibt, wie bei einer Gefährdung von Tatbeteiligten zu verfahren ist. Zu untersuchen ist nun, ob sich aus der Entstehungsgeschichte des Zweiten Gesetzes zur Sicherung des Straßenverkehrs nicht vielleicht doch Hinweise ergeben, wie eine strafrechtliche Würdigung von Tatbeteiligten als Gefährdungsopfer zu erfolgen hat.

d. Konsequenz für die historische Auslegung

Da der Entwurf des Zweiten Gesetzes zur Sicherung des Straßenverkehrs zum Problem der Gefährdung von Tatbeteiligten schweigt (obwohl dem Gesetzgeber das Problem wohl bekannt gewesen sein dürfte), ist es notwendig, die gesetzgeberischen Absichten gründlich zu untersuchen und aufzuklären, um herauszufinden,

718 Vgl. D.I.4. und F.II.
719 Siehe dazu die Ausführungen unter E.II.
720 BGH NJW 1989, 1227. So schon OLG Karlsruhe NJW 1967, 2321, 2322.
721 Siehe oben unter B.I.1.d.
722 Exemplarisch: BGH NJW 1991, 1120 f.
723 Vgl. die Ausführungen unter D.II.2.a.

inwieweit der Entwurf in seiner Gesamtschau die Intention und die (wahren) Absichten des Gesetzgebers zu dieser Thematik hervorbringt.[724] Ziel muss es sein, den wahren und erkennbaren gesetzgeberischen Willen zu erforschen, um danach Rückschlüsse ziehen zu können, welche Fälle durch den Tatbestand erfasst werden sollten und welche nicht.

aa. Umkehrschluss des OLG Stuttgart

Das OLG Stuttgart folgert aus den Ausführungen des Gesetzgebers, dass der Täter selbst kein taugliches Gefährdungsopfer sein kann,[725] im Wege eines Umkehrschlusses, dass alle anderen, also auch die Tatbeteiligten, in den Schutzbereich mit einzubeziehen sind, weil expressis verbis *nur* der Täter aus dem Schutzbereich herausfallen soll.[726] Dieser Argumentation des OLG Stuttgart ist nicht zu folgen, da nicht ausreichend berücksichtigt wird, dass auch der Gesetzgeber übersehen kann, regelungsbedürftige Punkte mit in seine Ausführungen aufzunehmen. Selbst wenn man dem Gesetzgeber eine solche „Vergesslichkeit" nicht unterstellen mag, verbleibt immer noch die – freilich vom OLG Stuttgart nicht bedachte Möglichkeit –, dass der Gesetzgeber das Problem nicht lösen wollte. Ein Grund für ein solches Vorgehen mag sein, dass der Gesetzgeber die Lösung des Problems der Rechtsprechung und Literatur überlassen wollte. Diese Vorgehensweise ist nicht unüblich und wurde schon vielfach praktiziert.[727] Die historische Auslegung führt damit insoweit zu keinem klaren und eindeutigen, mithin in der Gesetzesbegründung unmittelbar verankerten Ergebnis. Ebenso sind Umkehrschlüsse, wie sie das OLG Stuttgart versucht hat, verfehlt.

bb. Die Intention des Gesetzgebers als Anknüpfungspunkt für einen Ausschluss von Tatbeteiligten als Gefährdungsopfer

Zu überlegen ist aber, ob aus den im Rahmen der Entstehungsgeschichte vorgebrachten allgemeinen Erwägungen und Absichten[728] der Wille des Gesetzgebers erkennbar ist, Tatbeteiligte als taugliche Gefährdungsopfer zu bewerten. Greift man

---

724 Würde man immer eine wörtliche Stellungnahme verlangen, um Erkenntnisse gewinnen zu können, bedürfte es gar keiner historisch-genetischen Auslegung mehr. A.A: *Schmädicke*, S. 81 f.

725 BT-Drucksache IV Nr. 651, S. 24.

726 OLG Stuttgart NJW 1976, 1904.

727 Vgl. exemplarisch sogar innerhalb des Zweiten Gesetzes zur Sicherung des Straßenverkehrs: BT-Drucksache, IV, Nr. 651, S. 24: „[...] seine Auslegung kann der Rechtsprechung überlassen werden."

728 Zusammenfassend ging es dem Gesetzgeber ausdrücklich darum, kriminalpolitische Bedürfnissen gerecht zu werden und die in jedem Einzelfall gebotene Unterscheidung zwischen verschiedenen Gefährdeten in Zukunft zu vermeiden. Weiterhin machte er insbesondere a) Ausführungen zur Gemeingefährlichkeit, resultierend aus dem Charakter des Tatmittels, b) zur Einwilligung und betonte c),

die zentralen Punkte der gesetzgeberischen Erwägungen auf, kann man durchaus versuchen, daraus Erkenntnisse hinsichtlich der Eignung von Tatbeteiligten als taugliche Gefährdungsopfer zu gewinnen:

(1) Vereinfachung für die Rechtsprechung hinsichtlich der Mitfahrerfälle

Aus dem Entwurf und dem ihm vorausgehenden Diskussionen ist zu entnehmen, dass der Gesetzgeber insbesondere und vornehmlich die Intention hatte, die sog. *Mitfahrerfälle* abschließend regeln zu wollen. Es sollten ausweislich des Gesetzesentwurfs die in der Vergangenheit aufgetretenen Abgrenzungsprobleme zwischen den vom BGH in verschiedenen Fallgruppen kategorisierten Arten von Mitfahrern behoben und somit die Rechtsprechung vereinfacht werden. Ein Mitfahrer sollte – unabhängig davon, ob, und wenn ja, in welcher (persönlichen) Beziehung er zum Täter steht – aufgrund kriminalpolitischer Bedürfnisse vom geschützten Personenkreis mit umfasst sein. Aus dieser gesetzgeberischen Absicht können für die Tauglichkeit von *Tatbeteiligten* als Gefährdungsopfer aber keine Rückschlüsse gezogen werden: Dies gilt insbesondere, weil der Gesetzgeber mit dem „Mitfahrer" nur den nicht tatbeteiligten Mitfahrer gemeint hat. Dieses Verständnis ergibt sich daraus, dass der Entwurf auf die Entscheidung des BGH in BGHSt 11, 199 Bezug nimmt und dementsprechend hier wie dort Insassen im Sinne von nicht strafbaren Mitfahrern gemeint sind. Die gesetzgeberische Intention erstreckt sich mithin also explizit nur auf die Fälle, in denen Mitfahrer betroffen sind, die keine Tatbeteiligung aufweisen.

(2) Weitergehende Vereinfachung für die Rechtsprechung zur Bestimmung des Gefährdungsopfers

Unabhängig von den sogenannten Mitfahrer-Fällen, könnte der Gesetzgeber mit der Gesetzesänderung auch ganz allgemein das Ansinnen verfolgt haben, dass mit der Streichung des Merkmals der Gemeingefahr eine erhebliche Erleichterung für die Rechtsprechung hinsichtlich der (allgemeinen) Bestimmung der Qualität eines tauglichen Gefährdungsopfers einhergehen soll. Zu fragen ist mithin Folgendes: Sollte nach dem Willen des Gesetzgebers – resultierend aus den bis dahin vorherrschenden Problemen der Rechtsprechung – die bisher in jedem Einzelfall gebotene Unterscheidung, ob a) der Täter einen Repräsentanten der Allgemeinheit oder b) eine individuell bestimmte Einzelperson gefährdet hat,[729] in Zukunft unter *keinen Umständen* mehr durchgeführt werden? Gleichsam wäre zu klären, inwieweit eine (darüber hinausgehende) irgendwie geartete Unterscheidung in Zukunft nicht mehr

---

dass die abstrakte Gefahr hinter der Ausgestaltung dieser konkreten Gefährdungsdelikte stehe.

729 Ziel war es nicht, den Gerichten die für eine Strafbarkeit (nach dem BGH) entscheidende Beantwortung der Frage dahingehend abzunehmen, ob jemand als Tatbeteiligter zu qualifizieren ist oder nicht. Siehe zu diesem Aspekt OLG Stuttgart NJW 1976, 1904.

von Nöten sein *soll.* Ein insoweit weites Verständnis im Zusammenhang mit der Bestimmung der Qualität eines Gefährdungsopfers wird dadurch suggeriert, dass eine Gefahr für das Leib oder Leben eines *jeden* anderen genügen soll. Mithin könnte also der Wille des Gesetzgebers dahin, auf jegliche Unterscheidung in Zukunft verzichten zu wollen, im Wortlaut der Normen (mittelbar) dadurch Ausdruck gefunden haben, dass eine Implementierung in den Gesetzeswortlaut stattgefunden hat.

Unterstellt, dem Gesetzgeber war die Rechtsprechung des BGH bezüglich des Ausschlusses der Tatbeteiligten bekannt, muss davon ausgegangen werden, dass sich die vorgenannte Vereinfachungsabsicht nicht auf die Frage der Tauglichkeit von Tatbeteiligten als Gefährdungsopfer erstrecken konnte und sollte: Denn bei genauerer Betrachtung ist schon nicht davon auszugehen, dass der BGH hinsichtlich der *Tatbeteiligten* überhaupt eine „in jedem Einzelfall gebotene Unterscheidung" vorgenommen hat. Nach der Rechtsprechung des BGH fielen die Tatbeteiligten nämlich *per se* aus dem geschützten Personenkreis heraus, weil ein Tatbeteiligter *im Ergebnis* die Allgemeinheit *niemals* repräsentieren konnte. Demnach kam es auf eine Unterscheidung, ob Tatbeteiligte die Allgemeinheit repräsentieren oder nicht, gar nicht an. Diese Feststellung lässt sich dadurch belegen, dass der BGH – wie dargestellt – in seinen Entscheidungen zur Begründung des Ausschlusses der Tatbeteiligten aus dem geschützten Personenkreis auf den Repräsentationsgedanken nicht zurückgriff, sondern vielmehr andere Erwägungen heranzog. Dass der Tatbeteiligte die Allgemeinheit nicht repräsentiert, war nicht Teil der Begründung des BGH, sondern die Folge seiner auf andere Erwägungen gestützten Rechtsprechung. Damit bleibt festzuhalten, dass die vom Gesetzgeber verfolgte Entbehrlichkeit der Differenzierung nicht auf die Ebene der Tatbeteiligten durchschlägt, weil diese vom BGH nicht aus Gründen der Repräsentation ausgeschlossen wurden: In den Fällen, in denen keine im Einzelfall schwierige Unterscheidung durchzuführen ist, bedarf es auch keiner Vereinfachung, so dass dieser Aspekt hinsichtlich der Qualifizierung von Tatbeteiligten nicht durchdringt.[730]

(3) Der Aspekt der abstrakten Gefahr

Schließlich ist die Aussage des Gesetzgebers zu würdigen, wonach eine Beeinträchtigung der Sicherheit des Straßenverkehrs schon dann gegeben sein soll, wenn auch nur die Gefährdung eines bestimmten Einzelnen im Raum steht, da schon diese Einzelgefährdung dazu führen kann, dass (im Ergebnis) eine Mehrzahl von Menschen gefährdet werden. Der für den Gesetzgeber insoweit entscheidende Gedanke der abstrakten Gefahr könne – und so ist dieser Aspekt zu verstehen – auch durch die Gefährdung eines bestimmten Einzelnen deshalb herbeigeführt werden,

730 Eine ganz andere Frage ist, ob der Gesetzgeber unabhängig von einer Vereinfachung der bisherigen Rechtsprechung ein allgemeines Differenzierungsverbot vornehmen und/oder bestimmte Differenzierungsparameter als untauglich einstufen wollte. Siehe dazu die Ausführungen unter F.II.

weil der Täter die Auswirkungen seiner Handlung und der von ihr ausgehenden Gefahr nicht in der Hand hat.

Diese gesetzgeberischen Ausführungen wirken auf den ersten Blick missverständlich, können aber durchaus ins rechte Licht gerückt werden. Missverständlich wirkt dabei, dass die Ausführungen suggerieren, dass es für die tatbestandliche Verwirklichung der §§ 315 b, 315 c StGB auf den Umstand der Herbeiführung einer abstrakten Gefahr für eine unbestimmte Zahl von Menschen ankäme. Um aufzuklären, inwieweit ein derartiges Verständnis richtig ist, ist entscheidend, wie es sich verhält: Ist es so, dass *immer* dann, wenn eine abstrakte Gefahr vorliegt, die Tatbestände der §§ 315 b, 315 c StGB eingreifen sollen, so müsste auch die Gefährdung jedes beliebigen Menschen – also auch die eines Tatbeteiligten – ausreichen. Dies läge dann nahe, weil auch in diesem Fall schwerlich in Abrede gestellt werden kann, dass eine abstrakte Gefahr für eine Vielzahl von Menschen besteht. Denn der Eintritt dieser Gefahr ist unabhängig davon, wem die konkrete Individualgefahr bereitet wird. Dieser vermeintlichen Deutungsvariante kann jedoch nicht gefolgt werden. Wäre es dem Gesetzgeber nämlich darauf angekommen, die Normen bei jeder abstrakten Gefahr eingreifen zu lassen, hätte er diese als abstrakte Gefährdungsdelikte ausgestaltet.[731] Wie bereits mehrfach erwähnt, soll nach Ansicht des Gesetzgebers die Gefahr für den Täter selbst nicht ausreichend sein. Obwohl bei einer derartigen bloßen Selbstgefährdung eine abstrakte Gefahr für den Straßenverkehr schwerlich zu verneinen ist, hat sich der Gesetzgeber – aufgrund des Inkompatibilitätsgedankens mit guten Gründen – entschieden, eine (bloße) Selbstgefährdung zur Erfüllung des Tatbestands nicht ausreichen zu lassen.[732] Mit der Ausklammerung der Relevanz der Gefährdung des Täters hat der Gesetzgeber im Ergebnis gezeigt, dass das Verhältnis der konkreten Gefahr zur abstrakten Gefahr in einem anderen Sinne zu verstehen ist, da – würde man dies anders sehen – sonst die vom Gesetzgeber gewählte Formulierung bzw. Konstruktion der Gefahrenformel, die eine Ausklammerung der Gefährdung des Täters aus den soeben genannten Gründen zwingend zur Folge hat,[733] nicht verständlich wäre.

Vielmehr verhält es sich danach so, dass sich ein abstrakt gefährliches Verhalten zu einer konkreten Gefahr verdichten muss: Entscheidend ist die Manifestation einer zunächst nur vermuteten Gefahr. Die insoweit entstehende konkrete Gefahr drückt das Fortbestehen der abstrakten Gefahr (für alle übrigen Verkehrsteilnehmer) aus, weil auch nach Realisierung der konkreten Gefahr unter Umständen nicht mehr gefahrlos am Straßenverkehr teilgenommen werden kann. Entscheidend für das Eingreifen der §§ 315 b, 315 c StGB ist folglich nicht das Vorliegen einer abstrakten Gefahr überhaupt, sondern vielmehr, ob eine konkrete Gefahr für einen *anderen* (der als taugliches Gefährdungsopfer einzustufen ist) hervorgerufen wird. Für die

731 Siehe dazu *Lackner*, S. 8.

732 Vgl. zu den entscheidenden Argumenten unter D.IV.5.b.bb.(4) und dort unter (b) sowie zum Inkompatibilitätsgedanken die Ausführungen unter F.III.5.b.

733 Siehe dazu die Ausführungen unter D.I.1.a.

Bestimmung der Tauglichkeit des Gefährdungsobjekts ist demnach die Hervorrufung einer abstrakten Gefahr kein geeigneter Parameter und sollte es nach dem Willen des Gesetzgebers auch nicht sein.

3. Ergebnis

Die historische Auslegung bringt hinsichtlich des Ausschlusses der Tatbeteiligten kein eindeutiges Ergebnis. Es dürfte zwar zutreffen, dass der Gesetzgeber bei der Schaffung der §§ 315 b, 315 c StGB primär an den Schutz von unbeteiligten Dritten gedacht hat. Dies hat aber keine Aussagekraft dafür, ob der Strafrechtsschutz für Tatbeteiligte völlig versagt werden sollte.[734] Aus der Entstehungsgeschichte der Vorschriften samt den dazugehörigen Ausführungen ist nicht zu entnehmen, ob der Gesetzgeber die Absicht hatte, Tatbeteiligte in den geschützten Personenkreis mit aufzunehmen. Neben der fehlenden eindeutigen Stellungnahme mangelt es an weiteren Hinweisen, die eine eindeutige Intention des Gesetzgebers erkennen lassen. Aus dem Schweigen des Gesetzgebers können darüber hinaus gerade keine Schlüsse gezogen werden. Die Frage, ob Tatbeteiligte taugliche Gefährdungsobjekte sind, bleibt eine echte Zweifelsfrage, die der Gesetzgeber – nach hiesigem Verständnis: unbewusst – der Wissenschaft und der Rechtsprechung stellt und deren Beantwortung er diesen Institutionen überlassen hat.[735] Nach Abschluss der Untersuchung im Rahmen dieses Kapitels muss festgestellt werden, dass die Rechtsprechung des BGH einerseits historisch-genetisch – insbesondere mit Blick auf die Änderungen durch das Zweite Gesetz zur Sicherung des Straßenverkehrs – keine Stütze findet, diese aber andererseits auch nicht im Widerspruch zum Willen des Gesetzgebers steht, weil ein Wille nicht erkennbar ist, die Tatbeteiligten (zwingend) unter den Begriff des „anderen" zu subsumieren.

Ganz allgemein und unabhängig von der Frage nach der Stichhaltigkeit der hergebrachten BGH-Rechtsprechung verbleibt nach der Intention des historischen Gesetzgebers daher die Möglichkeit einer restriktiven Auslegung im Zusammenhang mit der Bestimmung eines tauglichen Gefährdungsopfers. Es wird im Folgenden deshalb zu prüfen sein, wie eine solche Auslegung durchzuführen ist und welche Parameter dafür entscheidend heranzuziehen sind. Da die Auslegung nach dem Wortlaut und die historische Auslegung insoweit – und freilich auch bezogen auf die Frage nach der Einbeziehung von Tatbeteiligten als taugliche Gefährdungsopfer – unmittelbar keine Anhaltspunkte zu liefern im Stande sind, muss der Blick auf die systematische und teleologische Auslegung gerichtet werden.

Nachfolgend sind stets die Intention des Gesetzgebers und der historische Kontext bei der weiteren Untersuchung im Auge zu behalten. Daher wird insbesondere zu fragen sein, a) ob aus dem Bestreben des Gesetzgebers (eine Erleichterung der Rechtsprechung im Zusammenhang mit den Mitfahrerfällen herbeizuführen)

---

734 So auch *Wirsch*, JuS 2006, 400, 402.
735 Vgl. *Hartung*, NJW 1965, 86, 90.

folgt, dass gewisse Abgrenzungsparameter im Rahmen einer restriktiven Auslegung nicht (mehr) herangezogen werden dürfen und b) inwieweit das Erfordernis der Manifestation einer zunächst nur vermuteten Gefahr (= Herbeiführung einer konkreten Gefahr) als Ausdruck des hinter der Ausgestaltung der §§ 315 b, 315 c StGB stehenden Aspekts der abstrakten Gefahr Auswirkungen auf die Bestimmung der Tauglichkeit von Tatbeteiligten als Gefährdungsopfer hat.

III. Systematische Auslegung

Die systematische Auslegung befasst sich mit der Gesetzes- und der Rechtssystematik. Anknüpfend an die Erkenntnis, dass das Gesetz als eine Einheit zu betrachten ist und die einzelnen Normen nicht isoliert betrachtet werden dürfen, müssen sie im Gesamtkontext gesehen werden.[736] Von besonderer Bedeutung für die Auslegung eines Tatbestandes ist seine systematische Stellung im Gesetz. Zu beachten ist dabei der Gesetzesabschnitt, in welchem sich die maßgeblichen Normen befinden sowie der Aufbau der jeweiligen Normen und ihre Besonderheiten. Des Weiteren zählt zur systematischen Methode auch der Vergleich eines Begriffes in einem Tatbestand mit gleichen, ähnlichen oder anderen Begriffen in anderen Tatbeständen.[737] Vor allem ist der Gesamtzusammenhang innerhalb des Normgefüges zu erforschen, in dem die fraglichen Tatbestände stehen.[738] Ein Ziel der systematischen Auslegung ist es, die Einheit des Rechts zu wahren, um logische Widersprüche zu vermeiden, wobei es auch darum geht, Konflikte unterschiedlicher Normzwecke zu verhindern.[739]

1. Gesetzes- und Rechtssystematik

a. Einheitliche Auslegung bei allen gemeingefährlichen Straftaten?

Von vornherein ist dem Versuch, die Tauglichkeit von Tatbeteiligten als Gefährdungsopfer bei allen Delikten des 28. Abschnitts aufgrund ihrer systematischen Stellung durch eine gleiche und einheitliche Auslegungsweise zu bestimmen, eine Absage zu erteilen.[740] Eine solche Vorgehensweise ließe sich – neben der Frage, ob die Statuierung in einem Gesetzesabschnitt überhaupt per se zu einer Auslegung in einer bestimmten Richtung zwingt – nur dann rechtfertigen, wenn alle maßgeblichen Delikte eine gewisse Ähnlichkeit oder Gleichheit aufweisen oder

---

736 LK-*Dannecker*, § 1 Rn. 310.

737 Zum Ganzen: *Baumann/Weber/Mitsch*, § 9 Rn. 78 ff.

738 MüKo-*Schmitz*, § 1 Rn. 76.

739 LK-*Dannecker*, § 1 Rn. 312.

740 Auch die einschlägige Literatur argumentiert – obwohl dieser Eindruck erweckt wird – nicht mit der systematischen Stellung, sondern bedient sich sich anderer Argumente. Der Eindruck entsteht dadurch, dass diese Autoren das Problem „vor die Klammer ziehen". Vgl. MüKo-*Radtke*, Vor §§ 306 ff. Rn. 2; *Joecks*, vor § 306 Rn. 12 f.

ihnen ein gemeinsames Merkmal anhaften würde. Danach müsste also ein Systemzusammenhang tatsächlich existieren und die systematische Stellung dürfte nicht zufällig erfolgt oder einem gesetzgeberischen Versehen geschuldet sein.[741] Insoweit ist es zwar richtig, dass alle diese Delikte mit der Überschrift „gemeingefährliche Straftaten" rubriziert sind.[742] Darin erschöpft sich die Ähnlichkeit und Gleichheit der Delikte: weder weisen sie eine gemeinsame Deliktsstruktur auf[743] noch haben die tatbestandlich geschützten Rechtsgüter viel Verbindendes oder Ähnliches.[744] Die Rubrizierung unter einer gemeinsamen Gesetzesüberschrift taugt insbesondere im Fall der gemeingefährlichen Straftaten nicht dazu, daraus etwas zu Gunsten einer einheitlichen Auslegung herzuleiten. Dies lässt sich im Einzelnen wie folgt aufzeigen:

Gerade der Meinungsstreit um das von den §§ 315 b und 315 c StGB geschützte Rechtsgut[745] – die Sicherheit des Straßenverkehrs auf der einen, Individualrechtsgüterschutz auf der anderen Seite – zeugt davon, dass von einem einheitlichen Rechtsgut nicht gesprochen werden kann. In der Rechtsprechung und Literatur hat sich insoweit kein übereinkommendes Verständnis von dem herausgebildet, was geschützt werden soll. Zwar ist „einheitlich" nicht mit „unstreitig" gleichzusetzen, dennoch verdeutlicht allein das Vorhandensein dieses Meinungsstreits, dass es bei § 315 c StGB zumindest nicht unvertretbare Gründe gibt, den Rechtsgüterschutz differenziert von dem des § 315 b StGB zu betrachten. Wenn man sich nun verdeutlicht, dass diese beiden Delikte diejenigen innerhalb der Gruppe der gemeingefährlichen Delikte sind, die die größte Ähnlichkeit aufweisen, muss von dem Versuch einer einheitlichen Auslegung bei *allen* gemeingefährlichen Straftaten erst recht Abstand genommen werden.

Verbliebe die Möglichkeit aus der Abschnittsüberschrift „gemeingefährliche Straftaten" den Schluss zu ziehen, dass alle dort statuierten Delikte einen Bezug zur Allgemeinheit aufweisen.[746] Dieser Bezug könnte letztlich als gemeinsames Merkmal taugen, so dass sich daraus eine einheitliche Auslegung rechtfertigen könnte. Indes mag es zwar durchaus sein, dass allen diesen Delikten ein Bezug zur Allgemeinheit[747] immanent ist. Dieser mögliche Bezug zur Allgemeinheit führt

741 LK-*Dannecker*, § 1 Rn. 311.

742 Zur Historie bezüglich der Heraushebung bestimmter Verbrechensgruppen nach ihrer Gemeingefährlichkeit siehe *Maurach/Schroeder/Maiwald*, BT 2, § 50 Rn. 1.

743 So sind die Normen, die eine Gefährdung eines anderen Menschen voraussetzen, einmal als konkrete Gefährdungsdelikte (z.B. § 315 b StGB) und einmal als potentielle Gefährdungsdelikte (z.B. § 309 StGB) ausgestaltet, siehe dazu *Fischer*, vor § 306 Rn. 1.

744 So auch MüKo-*Radtke*, Vor §§ 306 Rn. 2. *Maurach/Schroeder/Maiwald*, BT 2, § 50 Rn. 18 bezeichnet den 28. Abschnitt als „Rumpelkammer des Gesetzgebers".

745 Siehe dazu ausführlich unten D.IV.5.

746 In diesem Sinne MüKo-*Radtke*, Vor §§ 306 ff. Rn. 2.

747 Der Bezug zur Allgemeinheit wird freilich nicht durch das gemeinsame Element der Gemeingefahr hergestellt, weil das Hervorrufen einer solchen (nicht mehr) notwendig ist.

aber bei den einzelnen Delikten jeweils zu einer unterschiedlichen und insoweit uneinheitlichen normativen Ausgestaltung: Im Rahmen der §§ 315 b, 315 c StGB stellt – nach der Streichung des Begriffs der Gemeingefahr – zumindest die Allgemeingefährlichkeit des Tatmittels[748] den Bezug zur Allgemeinheit her, während der einfachen Brandstiftung gemäß § 306 StGB (an die § 306 a Abs. 2 StGB als konkretes Gefährdungsdelikt anknüpft) nach der Vorstellung des Gesetzgebers im Ganzen ein Element der Gemeingefährlichkeit bzw. -schädlichkeit (im Sinne einer Gemeingefahr für die Allgemeinheit) anhaften soll.[749] Gleiches gilt im Rahmen der Strahlungsverbrechen und hinsichtlich der Pönalisierung von Angriffen auf den Bahn-, Schiffs- oder Luftverkehr, wo es regelmäßig dazu kommen kann, dass unbestimmt viele Menschen gefährdet werden können,[750] so dass diesen Delikte also auch eine Art „Allgemeingefährlichkeit" anhaftet. Ein solcher irgendwie gearteter, diffuser und – wie gezeigt – normativ uneinheitlich ausgestalteter Bezug zur Allgemeinheit reicht nicht, um von einer Ähnlichkeit bzw. Gleichheit der maßgeblichen Delikte sprechen zu können.

Daneben könnte – selbst wenn man sich über die soeben angeführten Bedenken hinwegsetzen würde – das „gemeinsame" Merkmal eine einheitliche Auslegung deshalb nicht rechtfertigen, weil bei solch einer Sicht das geschützte Rechtsgut der jeweiligen Norm völlig außer Acht gelassen würde.[751] Danach ist, auch gerade weil zwischen den Delikten kein Systemzusammenhang erkennbar ist, das Abstellen auf das jeweils geschützte Rechtsgut entscheidend. Basierend darauf, dass im Rahmen des 28. Abschnitts der Rechtsgüterschutz der jeweiligen Normen differenziert ausgefallen ist und dass das Schutzgut bei der Auslegung von zentraler Bedeutung ist, hat die Auslegung mithin bei jedem Delikt eigenständig zu erfolgen.[752] Daher bleibt festzuhalten, dass – je nach geschütztem Rechtsgut – auch ein und derselbe

---

748 Dies dürfte auch für die §§ 307–313, 315 d StGB gelten, weil dort der „Täter Naturgewalten entfesselt oder technische Kräfte in Gang setzt, die seinem Steuerungsvermögen entrückt sind", *Maurach/Schroeder/Maiwald*, BT 2, § 50 Rn. 6.

749 BT-Drucksache 13/8587, S. 87. Diese gesetzgeberische Vorstellung ist nicht unumstritten (zustimmend BGH NJW 2001, 765 mit zustimmender Besprechung von *Kreß* JR 2001, 315; ablehnend *Wolff*, JR 2002, 94. und *ders.* in LK, § 306 Rn. 3, der dort ausführt, § 306 StGB sei überhaupt kein gemeingefährliches Delikt).

750 *Maurach/Schroeder/Maiwald*, BT 2, § 50 Rn. 4.

751 So auch LK-*Dannecker*, § 1 Rn. 311 und MüKo-*Schmitz*, § 1 Rn. 75, die ebenfalls dem Rechtsgüterschutz im Rahmen der systematischen Auslegung Beachtung schenken. Auch Sch/Sch-*Eser/Hecker*, § 1 Rn. 48 m.w.N. führt aus, dass die Feststellung des Schutzobjektes (mithin das geschützte) Rechtsgut die wichtigste Voraussetzung für eine sinngemäße Auslegung und Anwendung des Gesetzes ist.

752 Dass es keine einheitliche Auslegung geben kann, zeigt sich schon daran, dass der Gesetzgeber im Rahmen der Gesetzesbegründung zum heutigen § 319 StGB ausdrücklich davon ausgeht, dass der Tatbeteiligte dort kein „anderer" sein kann, siehe dazu unter D.III.2.a.bb.(1)(c). Diese Anordnung wird aber vom Gesetzgeber nicht auf andere Tatbestände im Rahmen des 28. Abschnitts ausgedehnt.

Begriff unterschiedliche Bedeutung haben kann[753] und im Zusammenhang mit der Frage, inwieweit die Gefährdung eines Tatbeteiligten ausreichend ist – auch und gerade in Bezug auf die §§ 315 b, 315 c StGB – eine konkrete rechtsgüterbezogene Auslegung zu erfolgen hat.[754]

Zu untersuchen verbleibt, ob a) nicht die Stellung der §§ 315 b, 315 c StGB im 28. Abschnitt des StGB Aufschluss darüber geben kann, inwieweit Tatbeteiligte unter den Begriff des „anderen" zu subsumieren und damit als taugliche Gefährdungsopfer anzusehen sind[755] sowie b) es tunlich erscheint, die bei anderen, gemeingefährlichen Delikten herangezogenen Argumentationsmuster zur Bestimmung der Tauglichkeit von tatbeteiligten Gefährdungsopfern auf die §§ 315 b, 315 c StGB zu übertragen.

b. Systematische Stellung der §§ 315 b, 315 c StGB im Abschnitt „gemeingefährliche Straftaten"

aa. Begriff der Gemeingefährlichkeit

Vor Befassung mit der Frage nach der Relevanz der systematischen Stellung[756] muss geklärt werden, was eine gemeingefährliche Straftat überhaupt kennzeichnet: Je nach Sinn und Zweck der jeweiligen Vorschrift ist zu differenzieren, ob eine Akzentuierung auf die *Tathandlung*, auf den *Zustand* oder auf den *Taterfolg* zu legen ist. Als Anknüpfungspunkt kommt in Betracht, dass entweder eine Gefahr für die Allgemeinheit – wenn auch nur *durch* die Gefährdung eines Einzelnen – hervorgerufen werden muss (Abstellen auf den *Taterfolg*)[757] oder aber dass sich der Täter (nur) eines gemeingefährlichen Mittels bedient, ohne damit einen Schaden für die

---

753 LK-*Dannecker*, § 1 Rn. 319.

754 Vgl. Sch/Sch-*Heine/Bosch*, Vorbemerkungen zu den §§ 306 ff Rn. 12.

755 Eine solche Betrachtung würde sich per se verbieten, wenn die §§ 315 b, 315 c StGB entgegen ihrem Schutzzweck vom Gesetzgeber unter die gemeingefährlichen Straftaten eingeordnet worden wären (vgl. zur systematischen Ableitung bei fehlerhafter Rubrizierung: LK-*Dannecker*, § 1 Rn. 311; MüKo-*Schmitz*, § 1 Rn. 75), was vorliegend nicht der Fall ist, da die §§ 315 b, 315 c StGB die Sicherheit des Straßenverkehrs schützen und ihre systematische Einordnung damit korrekt ist (siehe dazu ausführlich unter D.IV.5. und unter C.III.3.e.(aa), dort auch zu den Gründen, die den Gesetzgeber bewogen haben, die §§ 315 b, 315 c StGB bei den gemeingefährlichen Straftaten zu verorten).

756 Davon auszugehen, dass die (ursprüngliche) Rubrizierung der Normen bzw. der Norm als gemeingefährlich(e) Straftat(en) überhaupt keine Bedeutung hatte, ist verfehlt, weil dem Gesetzgeber ein sinnfreies Verhalten nicht unterstellt werden soll bzw. darf. So auch LK-*Dannecker*, § 1 Rn. 311 und KK-OWiG-*Rogall*, § 3 Rn. 78.

757 Bei der Akzentuierung auf den Taterfolg bedarf es daher einer Schaffung oder einer Aufrechterhaltung eines entsprechend gefährlichen Zustandes. Mit Blick auf eine unbestimmte Mehrzahl von Menschen oder Gütern der Allgemeinheit muss dieser Zustand geeignet sein, einen Risikozustand herbeizuführen, der die Möglichkeit eines Schadens nahelegt.

Allgemeinheit hervorzurufen (Abstellen auf das *Tatmittel*).[758] Da es insoweit – wie oben gezeigt – nicht gelingt, bei allen gemeingefährlichen Delikten ein einheitliches und prägendes Charakteristikum zu bestimmen, ist mithin konkret zu klären, was das Wesen der §§ 315 b, 315 c StGB als gemeingefährliche Delikte ausmacht. Unter Heranziehung der oben dargestellten[759] historischen Erwägungen steht fest – und insoweit ist diese Frage für die nachfolgende Untersuchung geklärt –, dass die §§ 315 b, 315 c StGB auch weiterhin gemeingefährliche Delikte sind. Unter bb. bleibt dann aber noch zu klären, welcher der soeben genannten Anknüpfungspunkte bei den §§ 315 b, 315 c StGB heranzuziehen und insoweit charakteristisch ist und ob daraus unmittelbare Rückschlusse auf die Frage nach der Tauglichkeit eines Tatbeteiligten als Gefährdungsopfer gezogen werden können.

bb. Das gesetzgeberische Motiv der Gemeingefährlichkeit des Tatmittels als ausschlaggebendes Argument?

Es ist die Gemeingefährlichkeit des Verhaltens (dokumentiert durch die Auswahl des Tatmittels), das die §§ 315 b, 315 c StGB zu gemeingefährlichen Delikten macht. Der Täter verwendet bei § 315 c StGB in aller Regel mit dem Führen eines Fahrzeugs und bei § 315 b StGB durch die Wahl seines „Eingriffsmittels" ein gemeingefährliches Mittel, welches grundsätzlich geeignet ist, eine unbestimmte Zahl von Menschen zu gefährden. Das gesetzgeberische Motiv geht dahin, diese Gemeingefährlichkeit des Verhaltens als maßgeblich für die systematische Einordnung anzusehen.[760] Dies rechtfertigt jedoch nicht, schon allein bei der Verwendung eines gemeingefährlichen Tatmittels und unabhängig von der Qualität des Gefährdungsopfers eine Strafbarkeit zu bejahen. Die Feststellung der Verhaltensweise bzw. des Tatmittels als „gemeingefährlich" entsprang nicht einer gesetzgeberischen „Idee", sondern entspricht vielmehr den tatsächlichen Gegebenheiten und diente dazu, die Rubrizierung der §§ 315 b, 315 c StGB im 28. Abschnitt zu rechtfertigen. Der Begriff der Gemeingefährlichkeit hat sonst für das *inhaltliche* Verständnis der Frage nach der Qualität des Gefährdungsopfers bei den §§ 315 b, 315 c StGB in systematischer Hinsicht keine Relevanz. Dies zeigt sich daran, dass es im Rahmen der §§ 315 b, 315 c StGB der Hervorrufung einer konkreten Gefahr bedarf. Die alleinige Begründung einer abstrakten – und nur vermuteten – Gefahr für eine unbestimmte Vielzahl von Menschen oder Sachen, die regelmäßig aus der Wahl des Tatmittels resultiert, führt noch nicht zur Strafbarkeit.[761] Hätte der Gesetzgeber diesen Ansatz verfolgt, hätte er gänzlich auf die

---

758 Für die Anknüpfung der Gemeingefährlichkeit an die Tathandlung ist also kennzeichnend, dass solche Verhaltensweisen erfasst werden, bei denen die generelle Unbestimmtheit der möglichen Opfer mit der Unbeherrschbarkeit des sich aus dem Tatverlauf entwickelten Kausalverlaufs charakteristisch ist; es genügt insoweit die abstrakte Gefährlichkeit bestimmter Verhaltensweisen als solche.

759 Vgl. C.III.3.e.aa.

760 In diesem Sinn *Wessels/Hettinger*, Rn. 949.

761 So auch *Otto*, Jura 1991,443, 444.

Herbeiführung einer konkreten Gefahr verzichtet. Es ist demnach nicht ausreichend für eine Strafbarkeit, dass lediglich ein gemeingefährliches Tatmittel verwendet wird. Somit kann allein aus der Verwendung eines gemeingefährlichen Tatmittels nicht folgen, dass die Gefährdung eines Tatbeteiligten ausreichend ist.

c. *Gesetzliche Anordnung der Straflosigkeit – Der Ansatz Schroeders*

Einen eigenen systematischen Ansatz verfolgt *Schroeder*.[762] Im Rahmen des von ihm in der maßgeblichen Publikation gebildeten Sachverhalts wirft *Schroeder* bei der Analyse der Strafbarkeit des Fahrzeugführers einer Trunkenheitsfahrt die Frage auf, ob der Beifahrer, der den Fahrzeugführer zu der Alkoholfahrt angestiftet hat, ein gefährdeter „anderer" und damit ein Objekt der Gefährdung nach § 315 c StGB sein kann. Im Ergebnis wird dies – unter Ablehnung der auf die rechtslogischen Erwägungen gestützten Ansicht des BGH – von ihm bejaht. Seine für die vorliegende Untersuchung maßgebliche Argumentation kann im Kern wie folgt skizziert werden: *Schroeder* führt aus, dass es grundsätzlich als Anstiftung zur Strafvereitlung bzw. Begünstigung anzusehen ist, wenn der Anstifter zur Verhinderung der Bestrafung bzw. zur Begünstigung seiner selbst anstiftet.[763] Eine letztendliche Straflosigkeit könne sich in den letztgenannten Fällen überhaupt nur und allein aus einer gesetzgeberischen Anordnung ergeben (§ 258 Abs. 5 StGB im Zusammenhang mit der Strafvereitelung und § 257 Abs. 3 StGB im Zusammenhang mit der Begünstigung – dort allerdings nicht für jeden Fall). Eine solche gesetzgeberische Anordnung der Straflosigkeit fehle aber (zumindest) bei § 315 c StGB. Damit – und so muss man die Ausführungen wohl verstehen – muss die Teilnahme an einer Trunkenheitsfahrt (stets) strafbar sein, was voraussetzt, dass eine objektiv rechtswidrige Haupttat vorliegt. Konsequent zu Ende gedacht, wäre es dann zwingend, dass der (strafrechtlich verstrickte) Beifahrer ein taugliches Gefährdungsopfer darstellt bzw. eines strafrechtlichen Schutzes teilhaftig werden kann.

Schon der Grundüberlegung von *Schroeder*, die fehlende Anordnung der Straflosigkeit bei § 315 c StGB argumentativ zur Bejahung der Tauglichkeit von Tatbeteiligten als Gefährdungsopfer heranzuziehen, ist entgegenzutreten. Der fehlenden Anordnung einer Straflosigkeit durch den historischen Gesetzgeber liegt – aller Wahrscheinlichkeit nach – nicht die Intention zu Grunde, damit die Anforderungen

---

762 *Schroeder*, JuS 1994, 846, 847. *Schroeder* bezieht seine Überlegungen nur auf den Anstifter (zur Trunkenheitsfahrt).

763 Beispiel – angelehnt an den Fall von *Schumann* in JuS 2010, 529 – für den Fall einer Anstiftung zur Selbstbegünstigung bzw. für den Fall einer Anstiftung zur Begünstigung des Anstifters selbst: A entwendet S eine Uhr. Im Fernsehen erscheint am nächsten Tag ein Phantombild, das A ähnlich sieht. A befürchtet, dass er in Verdacht geraten und sein Haus durchsucht werden könnte. Er ruft deshalb den B an, schildert ihm die Sachlage und bittet ihn um Hilfe. B ist bereit, die Beute gegen eine Beteiligung am Erlös in Kommission zu nehmen. A ist einverstanden. B nimmt den Schmuck mit und versteckt ihn im Keller seines Ladenlokals.

an die Eignung der Tauglichkeit von Gefährdungsopfern im Rahmen des § 315 c StGB zu determinieren, sondern kann schlicht damit begründet werden, dass eine derartige Bestimmung aufgrund der fehlenden Strukturgleichheit zwischen den §§ 257, 258 StGB einerseits und § 315 c StGB andererseits rechtsdogmatisch kaum nachvollziehbar gewesen wäre. Denn die den §§ 257 Abs. 3, 258 Abs. 5 StGB zu Grunde liegenden Gedanken lassen sich nicht auf § 315 c StGB übertragen.

Die in § 257 Abs. 3 S. 1 StGB vorgesehene Ausnahme von der Strafbarkeit beruht auf dem Gedanken der mitbestraften bzw. straflosen Nachtat.[764] Die Straflosigkeit hat ihren Grund darin, dass die an der Vortat beteiligten Personen aufgrund ihrer bereits eingetretenen strafrechtlichen Verstrickung untereinander fortwirkend solidarisch sind, so dass die Strafandrohung der Vortat eine solche Nachtatsolidarität bereits mit einschließt.[765] Der Gedanke der mitbestraften bzw. straflosen Nachtat kann aber bei § 315 c StGB (und auch bei § 315 b StGB) nicht herangezogen werden, weil es schlichtweg an einer strafrechtlich relevanten (und insoweit pönalisierten) Vortat – die das Nachtatunrecht bereits enthalten könnte – fehlt. Ebenso wenig kann deshalb von einer fortwirkenden Solidarität gesprochen werden. Gerade wegen dieses Unterschiedes sah der Gesetzgeber keine Veranlassung, bei §§ 315 b, 315 c StGB über einen Ausnahmetatbestand (der eine Straflosigkeit gesetzlich anordnet) nachzudenken und einen solchen zu schaffen. Dem persönlichen Strafausschließungsgrund[766] des § 258 Abs. 5 StGB liegt (dagegen) der Gedanke der notstandsähnlichen Lage des Vereitelungstäters zu Grunde und erkennt damit das natürliche Recht jedes Straftäters zur Selbstverteidigung an.[767] Da der Vereitelungstäter in den Fällen des Abs. 5 grundsätzlich durch seine eigene strafrechtlich relevante Vortatbeteiligung die notstandsähnliche Lage heraufbeschworen hat,[768] liegt diese notstandsähnliche Lage in der Gefahr der Strafverfolgung wegen der Vortat[769] begründet. Aufgrund dieser Erwägungen kann dieser Gedanke nicht auf die §§ 315 b, 315 c StGB übertragen

---

764 H.M.: *Lackner/Kühl*, § 257 Rn. 8 m.w.N; MüKo-*Cramer/Pascal*, § 257 Rn. 31; Sch/Sch-*Stree/Hecker*, § 257 Rn. 25 mit Verweis auf die BT-Drucksache.

765 MüKo-*Cramer/Pascal*, § 257 Rn. 31.

766 H.M: vgl. nur *Fahrenhorst*, JuS 1987, 707 m.w.N. Der Strafausschließungsgrund kann auch dem Tatteilnehmer der Vortat zu Gute kommen, wenn bei ihm die Gefahr einer Bestrafung (aus der Vortat) besteht (vgl. das Fallbeispiel bei *Schmidt/Priebe*, BT I, Rn. 1116) und er sich deshalb in einer notstandsähnlichen Lage im Sinne einer Zwangslage befindet. Vereitelt der Tatteilnehmer neben seiner eigenen Bestrafung zugleich auch diejenige des Vortäters, bleibt er nach § 258 Abs. 5 StGB straffrei. Die Vereitelung der eigenen Bestrafung ist schon aufgrund des Wortlautes, der einen „anderen" voraussetzt, straflos. Die Herausnahme beruht auf der Anerkennung des natürlichen Rechts der Selbstverteidigung, *Maurach/Schroeder/Maiwald*, BT 2, § 100 Rn. 22.

767 MüKo-*Cramer/Pascal*, § 258 Rn. 53 m.w.N.; Sch/Sch-*Stree/Hecker*, § 258 Rn. 35.

768 Vgl. NK-*Altenhain*, § 258 Rn. 70.

769 Insoweit spielt auch hier der Gedanke der mitbestraften Nachtat in aller Regel eine Rolle.

werden, da es im Rahmen der §§ 315 b, 315 c StGB keine Vortat gibt, aufgrund welcher sich eine (freilich vom Gesetzgeber anzuordnende) Straffreiheit ableiten ließe. Damit bleibt es auch hier dabei, dass das systematische Argument *Schroeders* nicht durchgreift, weil es an einer Vergleichbarkeit zwischen der Konstellation bei §§ 257 Abs. 3, 258 Abs. 5 StGB und bei §§ 315 b, 315 c StGB fehlt.

Soweit der Argumentationslinie *Schroeders* die Idee zu Grunde gelegen haben sollte, es für eine Vergleichbarkeit der Konstellationen ausreichen zu lassen, dass es sich – wie aufgezeigt – im Rahmen des § 315 c StGB zwar nicht um ein eigenständig strafrechtlich pönalisiertes Verhalten, jedoch um ein insoweit dennoch taugliches, weil herabzuwürdigendes „unredliches" Vorverhalten (im Sinne einer Verstrickung) handelt, ist diese abzulehnen. Zum einen ist die Anordnung des § 257 Abs. 3 S. 2 StGB insgesamt ein Fremdkörper im StGB, da seine Begründung auf die vom Gesetzgeber abgelehnte Schuldteilnahmelehre rekurriert und damit als systemwidrig anzusehen ist.[770] Zwar ist sie als verbindliche Entscheidung des Gesetzgebers hinzunehmen, jedoch ist sie restriktiv auszulegen[771] und damit schon gar nicht auf andere Tatbestände übertragbar. Ihr Fehlen bei anderen Delikten ist daher nur konsequent und hat keinerlei Aussagekraft. Zum anderen hindert eine fehlende Anordnung nicht, eine Anstiftung – (dann) aus anderen (dogmatischen) Gründen – nicht als strafwürdig zu erachten. Dies lässt sich durch zahlreiche Beispiele leicht belegen: Im Rahmen des § 223 StGB ist die reine Selbstverletzung straflos. Daher ist auch die Teilnahme an der Selbstverletzung straflos,[772] obwohl dies nicht gesetzlich angeordnet ist. Gleiches gilt nach herrschender Meinung für die Selbsttötung.[773] Des Weiteren sind Beteiligte im Rahmen von Begegnungsdelikten, deren Verhalten subsumtionstechnisch als Teilnahme zu qualifizieren ist, straffrei, obwohl auch dort keine gesetzgeberische Anordnung erfolgt ist; so ist unter anderem der Teilnehmer straflos, zu dessen Schutz ein bestimmter Tatbestand dient (z.B. §§ 174, 174 a StGB).[774]

2. Systematisch-vergleichende Betrachtung

a. Auslegung des Begriffs des „anderen" in anderen Strafvorschriften

aa. Straftaten mit Bezug zum Straßenverkehr

Ein erster Blick muss sich, unabhängig davon, ob es sich um gemeingefährliche und/oder konkrete Gefährdungsdelikte handelt, auf all diejenigen Delikte richten, die inhaltlich mit dem Straßenverkehr in Zusammenhang stehen. Das Ergebnis einer solchen Betrachtung könnte sein, dass der Tatbeteiligte in all diesen Delikten „gleich

770 Vgl. nur Sch/Sch-*Stree/Hecker*, § 257 Rn. 27 und NK-*Altenhain*, § 257 Rn. 38.

771 Vgl. Sch/Sch-*Stree/Hecker*, § 257 Rn. 27 und *Lackner/Kühl*, § 257 Rn. 8.

772 Ganz herrschende Meinung, vgl. nur *Fischer*, § 223 Rn. 2; MüKo-*Joecks*, § 223 Rn. 56 und NK-*Paeffgen*, § 223 Rn. 21.

773 Vgl. nur BGH NJW 1984, 2639, 2640 und *Lackner/Kühl*, Vor zu § 211 ff., Rn. 9 f.

774 *Otto*, in FS für Lange, S. 197, 199 mit weiteren Beispielen zur straflosen Teilnahme.

behandelt" werden muss, um eine Einheitlichkeit der Auslegung bei allen Straßenverkehrsdelikten (i.w.S.) zu gewährleisten. Eine genaue Betrachtung verdienen dabei die § 142 StGB und § 316 a StGB, da hier das Vorliegen einer Tatbeteiligung für die Auslegung des jeweiligen Tatbestandes relevant werden könnte.

(1) § 142 StGB

Im Hinblick auf § 142 StGB soll folgender Beispielsfall 8 zur Illustration dienen:

> A überredet den B, der eine Alkoholkonzentration von 1,6 Promille BAK aufweist, Ihn, den A, mit einem Kraftfahrzeug nach Hause zu fahren. Während B dieser Überredung Folge leistet, geht A zu Fuß nach Hause. Im weiteren Verlauf wird A von B aufgrund seiner Fahruntüchtigkeit angefahren und schwer verletzt. A erkennt wegen der Dunkelheit nicht, dass es B war, der ihn anfuhr. B, der den Unfall bemerkt hat, fährt, ohne anzuhalten, weiter, wobei er nicht weiß, dass es sich beim Unfallopfer um A handelt.

Subsumiert man den Fall unter § 142 StGB, muss man zu dem Ergebnis kommen, dass der objektive Tatbestand[775] im Hinblick auf die Person des B erfüllt ist. Insbesondere kann das Tatbestandsmerkmal „Unfall" bejaht werden, da es sich insbesondere für A – und auch für B – um ein ungewolltes Ereignis handelt. Man könnte jedoch darüber nachdenken, den Tatbestand deshalb teleologisch zu reduzieren, weil es sich bei der feststellungsberechtigten Person, um einen Tatbeteiligten handelt, wobei zu beachten ist, dass sich die Tatbeteiligung nicht auf § 142 StGB bezieht, sondern auf die Tat, die § 142 StGB vorausgegangen ist.[776] (Rechtsdogmatischer) Anknüpfungspunkt für eine Reduktion könnte das Feststellungsinteresse bzw. ein Verzicht auf eine Feststellung sein.[777] Vornehmlich in der Kommentarliteratur wird eine teleologische Reduktion des Tatbestandes immer dann versucht, wenn nach der Lage der Dinge Feststellungen zu Gunsten des Geschädigten oder

---

775 Vorliegend geht es – in Anlehnung an die Problematik bei den §§ 315 b, 315 c StGB – nur um den objektiven Tatbestand. Ob die Weiterfahrt des B von einer mutmaßlichen Einwilligung gedeckt ist (vgl. dazu Sch/Sch-*Sternberg-Lieben*, § 142 Rn. 75/76 ff. m.w.N.) kann dahingestellt bleiben, erscheint aber unter dem Gesichtspunkt, dass weder A noch B den jeweils anderen als Unfallbeteiligten wahrnahmen, zweifelhaft. Siehe dazu auch die sogleich folgenden Ausführungen im (Haupt-) Text zum mutmaßlichen Feststellungsverzicht.

776 Ausgeklammert werden soll vorliegend der Aspekt, dass eine teleologische Reduktion des § 142 Abs. 1 Nr. 1 StGB bei einem alkoholisierten Täter deshalb in Betracht kommen könnte, weil die Annahme einer Wartepflicht bzw. die Bestrafung bei Verletzung der Pflicht gegen den nemo-tenetur-Grundsatz verstoßen könnte.

777 Die Verneinung des Feststellungsinteresses hat den Ausschluss der Tatbestandsmäßigkeit zur Folge (vgl. *Burmann*/Heß/Hühnermann/Jahnke/Janker, § 142 Rn. 19; *Maurach/Schroeder/Maiwald*, BT 1, § 49 Rn. 40). Dies gilt auch für einen eventuellen Verzicht (umstr., vgl. LK-*Geppert*, § 142 Rn. 71 ff., der die Möglichkeit einer teleologischen Reduktion damit erklärt, dass es sich bei § 142 StGB um ein abstraktes Vermögensgefährdungsdelikt handelt).

anderen Unfallbeteiligten ersichtlich nicht erforderlich sind und deshalb das Feststellungsinteresse durch ein Sich-Entfernen nicht beeinträchtigt werden kann.[778] Eine (eigene) Fallgruppe „Unfall mit einem Tatbeteiligten der vorausgegangenen Tat" wird – soweit ersichtlich – weder in der Rechtsprechung noch in der Literatur anerkannt oder diskutiert.

Jedoch verbliebe die Möglichkeit, die Fallgruppe des mutmaßlichen Feststellungsverzichts[779] auf die Fälle der (Voraus-) Beteiligung anzuwenden. Ein Feststellungsverzicht kann grundsätzlich vor allem dann in Betracht kommen, wenn der Geschädigte und der potentielle Täter in einem (engen) persönlichen Verhältnis zueinander stehen.[780] Da sich das Institut des mutmaßlichen Feststellungsverzichts jedoch aus dem von § 142 StGB verfolgten Rechtsgüterschutz (Aufklärung der Unfallursachen zwecks Klarstellung der privat- und strafrechtlichen Verantwortlichkeit der Beteiligten) herleitet,[781] ist – und insoweit ist es vorliegend unerheblich, welche Voraussetzungen an das Vorliegen eines mutmaßlichen Feststellungsverzichts zu stellen sind – eine Relevanz für die §§ 315 b, 315 c StGB nicht zu verzeichnen.

(2) Der räuberische Angriff auf Kraftfahrer gemäß § 316 a StGB

Bezüglich § 316 a StGB, der den räuberischen Angriff auf Kraftfahrer unter Strafe stellt, kann die Frage aufgeworfen werden, ob eine Bestrafung aus § 316 a StGB dann entfällt, wenn der alkoholisierte – im Übrigen von seinem Beifahrer zur Fahrt angestiftete – Führer eines Fahrzeugs sich entschließt, den Beifahrer zu berauben.[782] Weder in der Literatur noch in der Rechtsprechung wird – soweit ersichtlich – der Versuch unternommen, den Mitfahrer[783], der an einer Straßenverkehrsgefährdung beteiligt ist,[784] aus dem Anwendungsbereich des § 316 a StGB auszuschließen. Dies dürfte richtig sein und lässt sich mit einer normzweckorientierten Argumentation begründen. Eine von Rechts wegen eingeschränkte Schutzbedürftigkeit für den

778 LK-*Geppert*, § 142 Rn. 71 und in den Rn. 72 ff. mit Kasuistik.

779 Vgl. dazu LK-*Geppert*, § 142 Rn. 92 ff.

780 *Fischer*, § 142 Rn. 32; OLG Hamburg NJW 1960, 1482, 1483. In derartigen Fällen kann nämlich davon ausgegangen werden, dass eine einvernehmliche Klärung der Unfallfolgen an einem anderen Ort als der Unfallstelle (dazu: *Janiszewski*, NStZ 1987, 113; LK-*Geppert*, § 142 Rn. 94) oder ein gänzlicher Verzicht auf Feststellungen für die beteiligten Parteien hinnehmbar ist.

781 Vgl. nur OLG Hamburg NJW 1960, 1482, 1483; BayObLG NZV 1992, 413, 414.

782 Vgl. für die grundsätzliche Konstellation, dass der Täter auch der Fahrzeugführer sein kann, der einen Mitfahrer angreift, BGH NJW 1971, 765; Hentschel-*König*, § 316 a StGB Rn. 3 f.

783 Grundsätzlich werden als Mitfahrer im Sinn des § 316 a StGB alle am Verkehrsgeschehen beteiligten Insassen des Fahrzeugs angesehen, wobei es unerheblich ist, ob die Mitfahrt freiwillig, aufgrund einer Täuschung oder infolge einer Nötigung erfolgt. Vgl. dazu LK-*Sowada*, § 316 a Rn. 24 m.w.N.

784 Im Folgenden wird dieser Mitfahrer „Tatbeteiligter" genannt, obwohl eine Tatbeteiligung im Verhältnis zu § 316 a StGB nicht vorliegt.

„Tatbeteiligten" lässt sich insbesondere nicht aus dem Umstand ableiten, dass er sich freiwillig in eine potentiell gefahrenträchtige Situation begeben hat.[785] Auch der Verwirkungsgedanke greift hier – ebenso wie bei den §§ 315 b, 315 c StGB – nicht ein.[786]

Vielmehr rechtfertigt das von § 316 a StGB geschützte Rechtsgut eine Einbeziehung: Primär schützt die Vorschrift das Vermögen und verfolgt damit einen Individualrechtsgüterschutz. Aus diesem Blickwinkel wäre es nicht verständlich, wenn „Tatbeteiligte" vom Schutz des § 316 a StGB grundsätzlich ausgeschlossen sein sollen. Nach umstrittener Meinung schützt § 316 a StGB daneben aber noch die Funktionsfähigkeit des Kraftverkehrs[787] dergestalt, dass der Angriff auf einen am Straßenverkehr Beteiligten erhebliche Risiken durch Fehlreaktionen – z. B. infolge von Ablenkung oder Erschrecken – beinhaltet.[788] Diese Funktionsfähigkeit kann aber auch immer dann tangiert sein, wenn ein „Tatbeteiligter" Opfer eines Angriffs wird, so dass es vordergründig unerheblich erscheint, ob dieser oder ein Dritter beraubt wird. Mit Blick auf das Individualrechtsgut ist tendenziell davon auszugehen, Tatbeteiligte als taugliche Mitfahrer im Sinne des § 316 a StGB anzusehen;[789] obgleich dieses Ergebnis aufgrund der rechtsgüterbezogenen Auslegung für die §§ 315 b, 315 c StGB keine Relevanz besitzt.

(3) Zwischenergebnis

Damit bleibt festzuhalten, dass aufgrund der notwendigen rechtsgüterbezogenen Auslegung[790] ein zwingendes einheitliches Verständnis im Rahmen der Auslegung der §§ 142, 316 a StGB und der §§ 315 b, 315 c StGB nicht möglich ist. Trotz des gemeinsamen Anknüpfungspunktes des Bezuges zum Straßenverkehr ist je nach Straftatbestand und verfolgtem Rechtsgüterschutz zu differenzieren. Weitere Argumente, die entweder für oder gegen eine Einbeziehung von Tatbeteiligten in den Kreis der tauglichen Gefährdungsopfer sprechen und darüber hinaus gleichsam für die Betrachtung bei den §§ 315 b, 315 c StGB von Relevanz gewesen wären, konnte die Untersuchung dieser Delikte nicht hervorbringen.

---

785 Vgl. *von Danwitz*, NZV 2002, 551, 553 für den „Auto-Surfer".

786 Vgl. dazu die Ausführungen und Argumente unten unter D.IV.3.

787 *Günther*, JZ 1987, 369, 377; *Fischer*, § 316 a Rn. 2 m.w.N: Gleichzeitiger Schutz der Sicherheit des Straßenverkehrs.

788 Für einen doppelten Rechtsgüterschutz: *von Danwitz*, NZV 2002, 551, 553.

789 So wohl auch *von Danwitz*, NZV 2002, 551, 554, der „Auto-Surfer" unter Bezugnahme auf die Entscheidung des OLG Düsseldorf (NZV 1998, 76 f. = NStZ-RR 1997, 325 = NJW 1998, 770; siehe dazu unter B.II.2.b.) als taugliche Mitfahrer ansieht.

790 So auch Sch/Sch-*Eser/Hecker*, § 1 Rn. 48 m.w.N.

bb. Auslegung bei anderen gemeingefährlichen Straftaten

(1) Konkrete Gefährdungsdelikte

Ein Blick auf die Auslegung des Begriffs bei anderen Delikten des 28. Abschnitts[791] könnte Aufschluss darüber geben, welches Verständnis bei den §§ 315 b, 315 c StGB heranzuziehen ist. An dieser Stelle sollen einige[792] ausgewählte konkrete Gefährdungsdelikte des oben bezeichneten Abschnitts genauer betrachtet werden. Ein derartiger systematischer Vergleich könnte zeigen, dass für alle gemeingefährlichen Delikte im Ergebnis (doch) *eine* gültige Auslegung der Wendung existiert, an welche sich auch diejenige in den §§ 315 b, 315 c StGB anzupassen hat (was dann zwar nicht dem Aspekt der einheitlichen Auslegung an sich geschuldet wäre, sondern – lediglich – dem Umstand, dass bei allen anderen Delikten die Auslegung in eine bestimmte Richtung vorgenommen wird). Dies kann freilich nur dann Geltung beanspruchen, wenn der existierenden einheitlichen Auslegung (im Rahmen der zu untersuchenden Delikte) ein gewisser Anspruch auf Allgemeingültigkeit innewohnt.

---

791 Hinsichtlich der im Rahmen des 29. Abschnitts eingestellten Straftaten gegen die Umwelt soll keine umfassende Darstellung und Untersuchung vorgenommen werden. Denn für die hier zu untersuchende Frage können daraus keine Erkenntnisse gewonnen werden. Soweit es sich nämlich um konkrete Gefährdungsdelikte handelt (wie z.B. §§ 325 a Abs. 2; 328 Abs. 3 Nr. 1 und 330 Abs. 2 StGB) wird in der Literatur z.B. in der Regel mit einem Verweis auf die §§ 315 b, 315 c StGB davon ausgegangen, dass Tatbeteiligte keine tauglichen Gefährdungsopfer darstellen (z.B. *Lackner/Kühl* § 328 Rn. 4 i.V.m. § 325 a Rn. 6 i.V.m. § 315 c Rn. 22, 23; anders *Steindorf*, § 330 Rn. 3, der zumindest bei der Mittäterschaft mit dem Gesetzeszweck argumentiert). Handelt es sich dagegen um potentielle Gefährdungsdelikte (Eignungsdelikte) wie etwa §§ 324 a Abs. 1 Nr. 1, 325, 325 a Abs. 1 StGB, bei denen solche Handlungen Voraussetzung sind, die geeignet sind, das jeweils geschützte Rechtsgut zu schädigen bzw. bei denen geprüft werden muss, ob das Verhalten oder der Zustand die Schädigung des jeweils geschützten Rechtsguts befürchten lässt, muss die Frage nach der Tauglichkeit von Tatbeteiligten anhand des Rechtsgüterschutzes vorgenommen werden. Die Bestimmung des Rechtsgüterschutzes kann bei den Umweltdelikten nicht einheitlich erfolgen, jedoch verdienen die ökologischen Güter als eigenständig geschützte Rechtsgüter Anerkennung (*Rengier*, NJW 1990, 2506). So ist es beispielsweise bei § 325 StGB umstritten, ob neben dem Schutzgut der menschlichen Gesundheit auch die Luft als geschütztes Rechtsgut anzusehen ist (dazu: *Rudolphi*, NStZ 1984, 248, 249 und *Rengier*, NJW 1990, 2506, 2511).

792 Eine Gesamtbetrachtung findet sich bei *Schmädicke*, S. 35 ff.

(a) Gefährliche Eingriffe und Gefährdung des Bahn- Schiffs- und Luftverkehrs gemäß § 315 StGB und § 315 a StGB

In systematischer Hinsicht lohnt ein Blick auf die Normen der §§ 315, 315 a StGB. Inhaltlich befasst sich § 315 StGB mit dem gefährlichen Eingriff[793] in den Bahn-, Schiffs- und Luftverkehr, während § 315 a StGB die Gefährdung dieser Verkehrsarten unter Strafen stellt. Die Normen decken sich von ihrer Struktur im Wesentlichen mit denen der §§ 315 b, 315 c StGB. Gerade aufgrund dieser strukturellen und inhaltlichen Ähnlichkeit existieren Ansätze, die zu den §§ 315 b, 315 c StGB entwickelten Ansichten und Argumente sowie die Rechtsprechung zum Ausschluss der Tatbeteiligten aus dem geschützten Personenkreis auf die §§ 315, 315 a StGB zu übertragen.[794] Diese Bestrebungen werden dadurch begünstigt, dass im Zusammenhang mit der Gefährdung von Tatbeteiligten eine Entscheidung des BGH im Hinblick auf die §§ 315, 315 a StGB – soweit ersichtlich – noch aussteht. Da es sich im Ergebnis allerdings so verhält, dass in aller Regel die im Rahmen der Betrachtung der §§ 315 b, 315 c StGB gewonnenen Auslegungsergebnisse (unreflektiert) auf die §§ 315, 315 a StGB übertragen werden oder zumindest die Auslegung gemeinhin an die §§ 315, 315 a StGB angelehnt wird, ergeben sich unter dem Blickwinkel des Versuchs einer identischen Auslegung insoweit keine neuen Erkenntnisse.

Demgegenüber stellt sich *König* auf den Standpunkt, dass eine Übertragung der zu den Straßenverkehrsdelikten entwickelten Gedanken auf §§ 315, 315 a StGB zweifelhaft sein könnte. Nach ihm könnte die Tendenz bei §§ 315, 315 a StGB (eher als bei den §§ 315 b, 315 c StGB) dahin gehen, Mittäter oder Teilnehmer nicht als geeignete Gefährdungsopfer anzusehen.[795] Anknüpfungspunkt seines Ansatzes ist die Rechtsprechung des BGH zur Gefährdung des vom Täter selbst geführten Fahrzeuges im Anwendungsbereich der §§ 315, 315 a StGB. Der BGH nimmt dort aufgrund der Besonderheiten des Bahn-, Schiff-, und Luftverkehrs eine differenzierende Betrachtung im Vergleich zu § 315 c StGB vor. In den oben ausführlich dargestellten Entscheidungen[796] führt der BGH aus, dass der Ausschluss des vom Täter geführten Fahrzeugs aus dem Schutzbereich der tauglichen Gefährdungsobjekte nicht für die §§ 315, 315 a StGB gilt, weil die von diesen Verkehrsvorschriften geschützten Verkehrsarten solche mit hohen Sachwerten und entsprechend hohen Gefahren sind.[797] Bei den §§ 315, 315 a StGB gehe es darum, im Allgemeininteresse den Erhalt und den Betrieb der dort genannten Beförderungsmittel zu schützen. Dieser Schutz sei aber schon dann tangiert, wenn nur ein einzelnes Beförderungsmittel beschädigt

793 Zu beachten ist, dass § 315 StGB nach h.M. auch für Inneneingriffe gilt; vgl. exemplarisch LK-*König*, § 315 Rn. 19.

794 So *Lackner/Kühl*, § 315 Rn. 7; Sch/Sch-*Sternberg-Lieben/Hecker*, § 315 Rn. 14; *Joecks*, § 315 a Rn. 5 i.V.m. § 315 c Rn. 21 i.V.m. vor § 306 Rn. 12 f.

795 LK-*König*, § 315 Rn. 68.

796 Siehe dazu die Ausführungen oben unter B.I.1.c. und B.I.2.b.

797 BGHSt 11, 148, 151; 27, 40, 44.

oder zerstört wird, unabhängig davon, ob es das vom Täter geführte Fahrzeug ist.[798] Im Ergebnis geht es dem BGH um den Schutz des Beförderungsmittels,[799] und er stellt zur Begründung damit insoweit (unausgesprochen) auf den Gemeinschädlichkeitsaspekt ab.

Ausgehend davon, dass diese Ansicht der Sache und der Argumente nach richtig ist, ergibt sich für die Gefährdung von Tatbeteiligten Folgendes: Wenn der Täter (ausschließlich) das von ihm geführte Fortbewegungsmittel gefährdet bzw. beschädigt, geht damit eine Gefährdung bzw. Beschädigung gerade dieses Fortbewegungsgegenstandes als Beförderungsmittel einher. Wird demgegenüber nur ein Tatbeteiligter gefährdet, kann man schwerlich davon sprechen, dass unmittelbar ein Beförderungsmittel gefährdet wird.[800] Dies dürfte *König* zwar nicht meinen, wenn er ausführt, „die dafür durch den BGH angeführten Gründe (Schutz der Beförderungsmittel etc.) treffen auf den Tatbeteiligten nicht zu“[801], obwohl doch zuzugeben ist, dass die Wendung „zutreffen“ leicht missverständlich wirkt. Vielmehr dürfte darunter zu verstehen sein, dass aufgrund der Orientierung am Rechtsgüterschutz eine Gefährdung des Tatbeteiligten den Schutzzweck – Erhalt des Beförderungsmittels – nicht tangieren kann. Somit schließt *König* aus dieser Erkenntnis, dass die Tatbeteiligten, anders als bei §§ 315 b, 315 c StGB nicht in den Schutzbereich mit einzubeziehen sind. Ob dem zuzustimmen ist oder ob, gerade weil der Schutz vor einer Betriebsstörung im Vordergrund steht, dass Schutzinteresse bei der Gefährdung einer beliebigen Person – also auch dem Tatbeteiligten – tangiert ist, kann offen bleiben. Denn die §§ 315, 315 a StGB schützen anders als die §§ 315 b, 315 c StGB vor Betriebsstörungen im engeren Sinn.[802] Insoweit sind die Deliktsgruppen nicht vergleichbar, obwohl die §§ 315 b, 315 c StGB den Aspekt der Gemeinschädlichkeit – wenn auch in anderer Ausprägung als die §§ 315, 315 a StGB – in sich tragen.[803] Entscheidend ist auch hier das konkrete Rechtsgutsverständnis. Damit können keine Rückschlüsse[804] auf die Einbeziehung von Tatbeteiligten in den von den §§ 315, 315 a StGB geschützten Personenkreis gezogen werden.

---

798 Zustimmend: *Lackner/Kühl*, § 315 Rn. 7. In diese Richtung auch: MüKo-*Pegel*, § 315 Rn. 74. Ablehnend: *Maurach/Schroeder/Maiwald*, BT 2 § 50 Rn. 25.

799 So auch LK-*König*, § 315 Rn. 68.

800 Zu beachten ist, dass mit der Gefährdung eines Tatbeteiligten im Rahmen des § 315 a StGB in aller Regel eine Gefährdung des für den Täter fremden (die wenigsten Täter werden Eigentümer einer Schienenbahn, eines Schiffes oder eines Flugzeugs sein) Beförderungsmittels einhergeht, so dass es in den meisten Fällen auf die alleinige Gefährdung des Tatbeteiligten gar nicht ankommen wird. Dies dürfte auch erklären, warum der BGH mit der Frage der Gefährdung von Tatbeteiligten im Rahmen der §§ 315, 315 a StGB noch nicht befasst war.

801 LK-*König*, § 315 Rn. 68.

802 Vgl. dazu die Ausführungen unter D.IV.5.b.bb.(3)(c) und dort unter (dd).

803 Siehe dazu die Ausführungen unter C.III.3.e.

804 Gleiches gilt, wenn man versucht, historische Entscheidungen heranzuziehen. Historisch dürfte die Entscheidung des Reichsgerichtes in RGSt 68, 430 von Bedeutung

Es spricht darüber hinaus vieles dafür, im Rahmen der §§ 315, 315 a StGB hinsichtlich der Gefährdung von Tatbeteiligten argumentativ nicht darauf abzustellen, dass es bei diesen Delikten inhaltlich um solche mit hohen Sachwerten und Gefahren geht. Diesem Ansatz widerspricht der Wille des Gesetzgebers, die Verkehrsarten grundsätzlich gleich zu behandeln und sie einer qualitativ gleichen Bewertung zu unterziehen.[805] Dem durchaus anzuerkennenden Gefahrenpotential, das den §§ 315, 315 a StGB innewohnt, ist durch den im Vergleich zu §§ 315 b, 315 c StGB höheren Strafrahmen Rechnung getragen worden.[806] Insoweit verbleibt durchaus die Möglichkeit, auf die im Rahmen der Straßenverkehrsgefährdungsdelikte vorgebrachten Argumente und Ansichten zurückzugreifen. Diesen Weg geht vornehmlich die Kommentarliteratur, die damit alle Verkehrsdelikte gleichbehandelt.[807] Soweit ein Rückgriff erfolgt, ergibt sich demnach für die Bestimmung der Tauglichkeit von Tatbeteiligten als Gefährdungsopfer naturgemäß kein zusätzliches Argument.

(b) Schwere Brandstiftung: § 306 a Abs. 2 StGB

Im Rahmen der Brandstiftungsdelikte wird die Frage nach der Tauglichkeit von Tatbeteiligten als Gefährdungsopfer, vornehmlich[808] bei der schweren Brandstiftung gemäß § 306 a Abs. 2 StGB und bei der Brandstiftung mit Todesfolge gemäß § 306 c StGB virulent. § 306 a Abs. 2 StGB ist seiner Ausgestaltung nach ein konkretes Gefährdungsdelikt und fordert unter anderem, dass durch ein In-Brand-Setzen

---

sein. Diese erging zum § 323 StGB a.F. (1934). Diese Norm bestrafte denjenigen, der vorsätzlich die Strandung oder das Sinken eines Schiffes bewirkt und dadurch Gefahr für das Leben eines anderen herbeiführt. Dort stellte das Reichsgericht ohne weitere Begründung fest, dass die Versenkung nur dann strafbar ist, wenn dadurch „das Leben anderer – d.h. an der Tat nicht beteiligter Personen –" auf dem Spiel steht. Diese Entscheidung wurde nach der Novelle des § 315 StGB a.F. (1935), auch unter Geltung des Merkmals der Gemeingefahr vereinzelt, so z.B. von *Dalcke*, § 315 Nr. 33, dafür angeführt, dass die Gefährdung eines Tatbeteiligten nicht zu einer Gemeingefahr führen kann. Obwohl das Merkmal der Gemeingefahr gestrichen wurde und somit de facto die damalige Wendung des § 323 StGB a.F. (1934) wieder aktuell ist, findet diese Entscheidung in der heutigen Kommentarliteratur (soweit ersichtlich) keinerlei Beachtung. Dies mag daran liegen, dass ihr wegen ihres Bezuges zum Schiffsverkehrs die Gültigkeit für den Bereich des Straßenverkehrs abgesprochen wird oder aber daran, dass sie mangels Begründung argumentativ nicht viel zu taugen vermag.

805 So schon: BT-Drucksache IV, Nr. 651, S. 21, 25 linke Spalte Abs. 1 a.E.

806 MüKo-*Barnickel* (2006), § 315 Rn. 67.

807 Vgl. nur MüKo-*Pegel*, § 315 Rn. 69 ausdrücklich für die Herausnahme der Tatbeteiligten bei § 315 StGB.

808 Darüber hinaus spielt die Frage noch bei § 306 b Abs. 1 und Abs. 2 Nr. 1 StGB eine Rolle.

oder eine Brandlegung ein *anderer Mensch* in die Gefahr einer Gesundheitsschädigung gebracht wird.[809]

Das Meinungsbild hinsichtlich der Tauglichkeit von Tatbeteiligten als Gefährdungssubjekte im Rahmen des § 306 a Abs. 2 StGB ist geteilt. Nach einer Ansicht scheiden Tatbeteiligte als Gefährdungsopfer aus.[810] Dies wird damit begründet, dass Tatbeteiligte nicht die Allgemeinheit repräsentieren und damit nicht Schutzobjekte des gemeingefährlichen Delikts des § 306 a Abs. 2 StGB sein könnten.[811] Des Weiteren wird angeführt, dass die Brandstiftungsdelikte nur unbeteiligte Dritte schützen wollen und gerade nicht solche Personen, die in die Pläne des Täters involviert waren und die Brandgefahr mit begründet haben.[812] § 306 a Abs. 2 StGB schütze demnach gerade vor solchen Tatbeteiligten, nicht aber diese Tatbeteiligten.[813] Andere gehen davon aus, dass Tatbeteiligte dem Schutzbereich unterfallen.[814] Dies wird damit begründet, dass bei § 306 a Abs. 2 StGB nicht die abstrakte Gemeingefahr maßgebend sei, sondern die konkrete Gemeingefahr, so dass nicht nur der „quivis ex populo“ erfasst ist.[815] Das Tatunrecht des § 306 a Abs. 2 StGB wird auch durch die

---

809 Die Norm ist im Rahmen der systematischen Neuordnung der Brandstiftungsdelikte durch das 6. Strafrechtsreformgesetz von 1998 neu entstanden und war dem früheren Recht unbekannt (MüKo-*Radtke*, § 306 a Rn. 1). Die Norm ersetzte die mittelbare Brandstiftung gemäß § 308 Abs. 1 2. Alt. StGB a. F. Im Gegensatz zu § 308 Abs. 1 StGB a. F. stellt die Neufassung nicht mehr auf eine Eignung zur Übertragung des Feuers auf andere geschützte Tatobjekte, sondern auf die Herbeiführung einer konkreten Gefahr ab (vgl. BE-*Bayer*, § 306 a Rn. 5). Dabei sollte nach dem Willen des Gesetzgebers der Gesichtspunkt der Gemeingefährlichkeit durch eine Kasuistik von Tatobjekten konkretisiert werden (BT-Drucksache 13/8587, S. 87). Umstritten ist, ob § 306 a Abs. 2 StGB an § 308 Abs. 1 2. Alt. StGB a. F. bewusst angelehnt worden ist (so *Geppert*, Jura 1998, 597, 602), so dass die hinter dem Delikt in seiner alten Fassung stehenden Überlegungen weiterhin gelten, oder ob beide Delikte nicht zu vergleichen sind, weil § 306 a Abs. 2 StGB insoweit neuartig ist (so LK-*Wolff*, § 306 a Rn. 1, 26).

810 *Lackner/Kühl*, § 306 a Rn. 7, der anstatt von Tatbeteiligten von Komplizen spricht; wohl auch: *Murmann*, Jura 2001, 258, 259 f.; *Otto*, BT, § 79 Rn. 15, dessen Ausführungen sich explizit nur auf § 306 b Abs. 2 Nr. 1 StGB beziehen, aber Allgemeingültigkeit für alle Brandstiftungsdelikte haben dürften. Differenzierend: MüKo-*Radtke*, der einerseits bei § 306 a Rn. 54 täterschaftliche Beteiligte als taugliche Gefährdungsopfer ausscheiden lassen will, in der Kommentierung vor §§ 306 ff. Rn. 2 andererseits davon spricht, dass bei den konkreten Gefährdungsdelikten des 28. Abschnitts auch Tatbeteiligte in den Schutzbereich mit einbezogen werden müssen. Unklar: LK-*Wolff*, § 306 a Rn. 29.

811 *Müller/Hönig*, JA 2001, 517, 521; *Schmidt/Priebe*, BT I, Rn. 527.

812 *Otto*, BT, § 79 Rn. 15; *Murmann*, Jura 2001, 258, 259.

813 *Otto*, BT, § 79 Rn. 15.

814 *Geppert*, Jura 1998, 597, 603; Sch/Sch-*Heine*, § 306 a Rn. 21; einschränkend hinsichtlich der Art der Tatbeteiligung: MüKo-*Radtke*, § 306 a Rn. 54.

815 Vgl. Sch/Sch-*Heine*, § 306 a Rn. 21.

konkrete Rechtsgutsgefahr für das Individualrechtsgut Gesundheit konstituiert.[816] Letztlich hängt die Einbeziehung der Tatbeteiligten wiederum vom Verständnis des geschützten Rechtsguts bei § 306 a Abs. 2 StGB ab. Dient § 306 a Abs. 2 StGB dazu, die Gesundheit von Menschen[817] und dadurch Individualinteressen zu schützen[818], kann durchaus davon ausgegangen werden, dass Tatbeteiligte taugliche Gefährdungsopfer darstellen können. Soweit bei § 306 a Abs. 2 StGB an die generelle (Gemein-)Gefährlichkeit der Tathandlungen bzw. des Taterfolges für die Schutzgüter angeknüpft wird – ohne § 306 a Abs. 2 StGB als abstraktes Gefährdungsdelikt anzusehen – und aus diesem Aspekt *stets* hergeleitet wird, dass Tatbeteiligte nicht als Repräsentanten der Allgemeinheit anzusehen sind, stellt sich die Frage, welche Funktion dem Merkmal der konkreten Gefahr einer Gesundheitsschädigung eines anderen Menschen zukommt. Denkbar wäre, das Merkmal so zu interpretieren, dass es als Anweisung zu einer generell einschränkenden Auslegung zu verstehen ist:

Das Tatbestandsmerkmal der konkreten Gefährdung könnte die (notwendige) Verknüpfung zwischen Schutzgut des gemeingefährlichen § 306 a Abs. 2 StGB und tatbestandlich geschützten Rechtsgut (Schutz der Gesundheit von Menschen) herstellen. Insoweit würde das Inbrandsetzen bzw. die Brandlegung als ein Angriff auf das Rechtsgut vermittelndes Verhalten unter Strafe gestellt.[819] Eine ausreichende Verknüpfung wäre nur dann zu bejahen, wenn es sich bei der individuell gefährdeten Person um einen Repräsentanten der Allgemeinheit handelt, so dass dem Merkmal eine gewisse Auslesefunktion zukommen würde. Die Individualgefährdung wäre insoweit als Indikator bzw. Manifestation der abstrakt gefährlichen Verhaltensweise bzw. typisierende Umschreibung der Gemeingefährlichkeit anzusehen, die sich gegenüber einer besonderen Personengruppe realisieren muss und damit die besondere Gefährlichkeit für die schutztaugliche Gemeinschaft ausprägt. Insoweit drückt die hinzukommende Individualgefahr auch die besondere Gefährlichkeit der Tat aus, die eine höhere Strafandrohung rechtfertigt, so dass das Merkmal (auch) als Legitimation für die erhöhte Strafandrohung zu verstehen ist.

Jedoch kann vorliegend dahingestellt bleiben, welches Verständnis im Rahmen des § 306 a Abs. 2 StGB anzusetzen ist, weil eine solche Feststellung für das Verständnis im Rahmen der §§ 315 b, 315 c StGB ohne Belang wäre, da dort eine eigene Rechtsgutsbestimmung durchzuführen ist,[820] die dazu führt, dass der Begriff des „anderen“ dort eine zu § 306 a Abs. 2 StGB unterschiedliche Auslegung erfährt.

---

816 MüKo-*Radtke*, § 306 a Rn. 54.

817 So MüKo-*Radtke*, § 306 a Rn. 4; Sch/Sch-*Heine*, § 306 a Rn. 16; *Lackner/Kühl*, § 306 a Rn. 7; LK-*Wolff*, § 306 a Rn. 26.

818 So *Wirsch*, JuS 2006, 400, 401.

819 Vgl. MüKo-*Radtke*, § 306 a Rn. 4, der allerdings eine Einbeziehung von Tatbeteiligten in den Kreis der tauglichen Gefährdungsopfer bejaht (siehe MüKo-*Radtke*, § 306 a Rn. 54).

820 LK-*Dannecker*, § 1 Rn. 319.

(c) Baugefährdung gemäß § 319 StGB

Die Baugefährdung gemäß § 319 StGB bestraft denjenigen, der bei der Planung, Leitung oder Ausführung eines Baues oder des Abbruchs eines Bauwerks gegen die allgemein anerkannten Regeln der Technik verstößt und dadurch Leib oder Leben eines anderen Menschen gefährdet. Im Rahmen des § 319 StGB besteht überwiegend Einigkeit darüber, dass die Gefährdung eines Mittäters oder eines Tatbeteiligten nicht ausreichend ist.[821] Diese Einigkeit dürfte aber weniger das Resultat einer übereinkommenden Rechtsüberzeugung als vielmehr den Ausführungen des Gesetzgebers geschuldet sein. In der Gesetzesbegründung[822] heißt es: „Als anderer ist mit der bisherigen Rechtsprechung jeder anzusehen, der nicht Täter oder Teilnehmer der Tat ist."

Vorliegend „ordnet" der Gesetzgeber ausdrücklich an, dass die Gefährdung eines Tatbeteiligten nicht ausreichend ist und sieht sich dabei durch die bisherige Rechtsprechung bestätigt. Eine dahingehende Rechtsprechung existierte aber nicht.[823] Unabhängig davon, ob trotz dieses „Fehlers" der gesetzgeberischen „Anweisung" gefolgt werden kann oder nicht, spielt sie im Rahmen der Auslegung der §§ 315 b, 315 c StGB keine Rolle. Die Anweisung hat, wenn überhaupt, nur Gültigkeit für § 319 StGB. Sie kann auch nicht für einen Umkehrschluss herangezogen werden: Nur weil der Gesetzgeber im Rahmen der Gesetzesbegründung zur Baugefährdung eine Aussage zu Ungunsten der Einbeziehung von Tatbeteiligten getroffen hat, heißt das nicht, dass er dort, wo er keine Aussage getroffen hat, das Gegenteil regeln wollte. Wie oben[824] ausgeführt sind solche Umkehrschlüsse wenig stichhaltig, insbesondere dann, wenn die beiden Gesetzesbegründungen unterschiedliche Delikte betreffen und die Änderung des § 319 StGB zeitlich nach dem Zweiten Gesetz zur Sicherung des Straßenverkehrs datiert ist. Hinsichtlich des letztgenannten Umstands stellt sich in der Tat die Frage, wie der Gesetzgeber des Zweiten Gesetzes zur Sicherung des Straßenverkehrs sein Schweigen in Ansehung der Novelle des § 319 StGB überhaupt hätte ins richtige Licht rücken sollen.

(d) Zwischenergebnis

Obwohl sich § 315 StGB und § 315 a StGB in der Struktur im Wesentlichen mit denen der §§ 315 b, 315 c StGB decken und es daher nahe liegen könnte, die Tauglichkeit von Tatbeteiligten als Gefährdungsopfer bei beiden Deliktsgruppen identisch zu

---

821 MüKo-*Wieck-Nodt*, § 319 Rn. 28; LK-*Wolff*, § 319 Rn. 15; *Lackner/Kühl*, § 319 Rn. 1;. Für eine Einbeziehung SK-*Wolters*, Vor § 306 Rn. 10; Sch/Sch-*Sternberg-Lieben/Hecker*, § 319 Rn. 7.

822 BT-Drucksache 7/550, S. 268.

823 Vgl. *Schmädicke*, S. 36, der davon ausgeht, dass sich der Gesetzgeber an der Kommentarliteratur orientiert hat; in diesem Sinne: LK-*Rohde* (1951), § 330 Rn. 8. Anders z.B.: *Frank*, § 330 unter III.: „Wer die gefährdete Person ist, erscheint gleichgültig".

824 Vgl. dazu die Ausführungen unter D.II.2.d.aa.

beurteilen, kann einem solchen Ansatz nicht gefolgt werden. Schon alleine der Umstand, dass die von den §§ 315, 315 a StGB geschützten Verkehrsarten Massentransportmittel darstellen und dort jeweils der Schutz vor Betriebsstörungen im engeren Sinne im Vordergrund steht, macht die unterschiedlichen Schutzrichtungen der Deliktsgruppen deutlich. Diese Unterschiedlichkeit wirkt sich gerade und insbesondere auf die Frage nach der Einbeziehung von Tatbeteiligten als Gefährdungsopfer aus. Eine einheitliche Auslegung ist nicht möglich. Gleiches gilt für die § 306 a StGB und § 319 StGB: Entscheidend ist eine rechtsgüterbezogene Auslegung. Soweit im Rahmen der untersuchten Delikte Argumente vorgebracht werden, die für oder gegen die Einbeziehung von Tatbeteiligten sprechen, sind diese entweder aufgrund ihrer Deliktsspezialität nicht übertragbar oder sie sind mit denjenigen übereinstimmend, die im Rahmen der §§ 315 b, 315 c StGB ausgetauscht werden. Ersteres gilt insbesondere für das geäußerte gesetzgeberische Verständnis bei § 319 StGB.

(2) Erfolgsqualifikation der §§ 250, 251 StGB

Darüber hinaus lohnt eine Betrachtung der Erfolgsqualifikationen der §§ 250, 251 StGB, obwohl die vorgenannten Delikte nicht dem Bereich der gemeingefährlichen Straftaten zugeordnet werden können. Denn im Rahmen der dort geführten Diskussion werden vielfältige Argumente ausgetauscht, die – in einem ersten Schritt – eventuell auch bei der Auslegung des Begriffs des „anderen" bei den Erfolgsqualifikationen herangezogen werden können, die ein konkretes und gemeingefährliches Gefährdungsdelikt als Grundtatbestand haben. Insbesondere kommt eine Übertragung auf §§ 315 b Abs. 3 i.V.m. 315 Abs. 3 Nr. 2 StGB in Betracht. In einem zweiten Schritt kann es dann von Nöten sein, das gefundene Ergebnis auf § 315 b Abs. 1 bzw. § 315 c Abs. 1 StGB zu übertragen, wenn ein Gleichlauf zwischen dem „anderen" in Absatz 1 und dem „anderen" in Absatz 3 geboten oder sogar zwingend ist.

Bei den §§ 250 Abs. 1 Nr. 1 c, Abs. 2 Nr. 3, 251 StGB ist umstritten, ob der Tatbeteiligte eine „andere" Person im Sinne der Qualifikation sein kann. Während ein Großteil der Literatur dies verneint,[825] vertreten andere,[826] dass Tatbeteiligte durchaus taugliche Opfer sein können. Auch an dieser Stelle kann demnach nicht von einer einheitlichen Auslegung gesprochen werden. Argumentativ wird von der ersten Ansicht darauf zurückgegriffen, dass Tatbeteiligte als Adressaten der Verbotsnorm nicht gleichzeitig deren Schutzobjekte sein können.[827] Diese Sicht

825 Sch/Sch-*Eser/Bosch*, § 251 Rn. 3, § 250 Rn. 22; *Lackner/Kühl*, § 251 Rn. 1; *Joecks*, § 251 Rn. 10; *Fischer*, § 250 Rn. 13, § 251 Rn. 2; SK-*Sinn*, § 251 Rn. 4; NK-*Kindhäuser*, § 251 Rn. 2; *Schünemann*, JA 1980, 393, 394.

826 *Geilen*, Jura 1979, 501, 557. Der für diese Ansicht häufig zitierte Aufsatz von *Kunath* in JZ 1972, 199, 201 (mit Fn. 20) bezieht sich nur auf den damaligen § 316 c Abs. 2 StGB (jetzt § 316 c Abs. 3 StGB) und enthält zu den §§ 250, 251 StGB keine ausdrückliche Aussage.

827 *Joecks*, § 251 Rn. 9.

ist für die §§ 315 b, 315 c StGB mit den an anderer Stelle dieser Arbeit genannten Argumenten abzulehnen.[828] Wenn einstweilen das Argument vorgebracht wird, Tatbeteiligte seien aufgrund einer Strafrechtsschutzverwirkung und Friedlosigkeit nicht dem Schutz der Vorschriften unterstellt, so ist diese Auffassung – wie an anderer Stelle ausgeführt – (ebenfalls) schon im Ansatz abzulehnen.[829] Letztlich wird vorgetragen, dass es unangemessen erscheine, die gewaltige Strafschärfung des § 251 StGB auch dann anzuwenden, wenn einer der Verursacher der Gefahren selbst zu Tode kommt.[830] § 250 Abs. 1 StGB sieht eine Freiheitsstrafe nicht unter drei, Abs. 2 eine Freiheitsstrafe nicht unter fünf und § 251 StGB eine Freiheitsstrafe nicht unter zehn Jahren vor. Unabhängig davon, ob solch eine „Gerechtigkeitserwägung" richtig ist, lässt sie sich nicht auf § 315 b Abs. 3 StGB übertragen, weil diese Qualifikation einen Strafrahmen von einem bis zu zehn, in minder schweren Fällen eine Freiheitsstrafe von sechs Monaten bis zu fünf Jahren vorsieht. Damit kann man im Vergleich mit dem Grundtatbestand nicht von einer gewaltigen Strafschärfung sprechen. Danach bleib festzuhalten, dass die vorgebrachten Argumente, die eine Herausnahme der Tatbeteiligten aus dem Kreis der tauglichen Gefährdungsopfer rechtfertigen sollen, entweder der Sache nach nicht überzeugen oder nicht auf § 315 b Abs. 3 StGB übertragbar sind.

(3) Erfolgsqualifikation im Rahmen gemeingefährlicher Delikte

(a) § 315 b Abs. 3 i.V.m. § 315 Abs. 3 Nr. 2 StGB

Zu beleuchten ist die Situation im Rahmen des Anwendungsbereichs der Erfolgsqualifikation des § 315 Abs. 3 Nr. 2 StGB, die kraft Verweis des § 315 b Abs. 3 StGB auch bei gefährlichen Eingriffen in den Straßenverkehr Anwendung findet. Danach ist auf Freiheitsstrafe nicht unter einem Jahr zu erkennen, wenn der Täter durch die Tat eine schwere Gesundheitsschädigung eines anderen Menschen oder eine Gesundheitsschädigung einer großen Zahl von Menschen verursacht. Die Qualifikation des § 315 Abs. 3 i.V.m. § 315 Abs. 3 Nr. 2 StGB enthält damit genau wie der Grundtatbestand des § 315 b Abs. 1 StGB die Wendung ein „anderer". Verhält es sich nun so, dass das Merkmal dort unstreitig in eine Richtung ausgelegt wird, könnte man überlegen, diese Auslegung auch auf den Grundtatbestand zu übertragen.

Untersucht man jedoch die Ansichten in der Literatur, kommt man zu dem Ergebnis, dass eine deliktsspezifische Diskussion um die Tauglichkeit eines Tatbeteiligten als Qualifikationsopfer im Rahmen des § 315 b Abs. 3 StGB nicht stattfindet.[831]

828 Vgl. dazu die Ausführungen unten unter F.IV.1.

829 Vgl. dazu die Ausführungen unten unter D.IV.3.

830 *Joecks*, § 251 Rn. 10; vgl. auch: *Schmidt/Priebe*, BT II, Rn. 433.

831 Hierbei ist jedoch zu beachten, dass auch diejenigen Autoren, die eine Einbeziehung der Tatbeteiligten in den Grundtatbestand ablehnen, diese Problematik nicht von der Hand weisen können: Denn es kann ja durchaus sein, dass der Fahrzeugführer (bei einem unter den Tatbestand des § 315 b StGB zu subsumierenden

Lediglich einige Autoren[832] verweisen auf die Kommentierung zu den § 306 b StGB und § 306 a StGB, ohne eine eigene, tatbestandsspezifische Diskussion anzustoßen. Im Rahmen der Brandstiftungsdelikte wiederum ist die Tauglichkeit von Tatbeteiligten als Gefährdungsopfer jedoch umstritten.[833] Insoweit ist eine entsprechende Anwendung einer gängigen Auslegung bei § 315 b StGB ausgeschlossen, wobei – wie oben gezeigt – sowieso zu berücksichtigen ist, dass sich die Auslegung bei § 306 a StGB zu Recht an dem vom Tatbestand verfolgten Rechtsgüterschutz orientiert. Welche Rückschlüsse aus dem „Schweigen" des anderen (Groß-) Teils der Literatur gezogen werden können, vermag nicht beurteilt zu werden. Ob dies bedeutet, dass – unausgesprochen – ihre Ausführungen zu § 315 b Abs. 1 bzw. § 315 Abs. 1 StGB gelten oder ob – ebenfalls unausgesprochen – die Ausführungen im Rahmen der Brandstiftungsdelikte zu übertragen sind, kann nicht geklärt werden.

Indes dürfte es nur zwei Möglichkeiten geben, das Merkmal im Rahmen des § 315 b Abs. 3 i.V.m. § 315 Abs. 3 Nr. 2 StGB korrekt auszulegen: Entweder tut man dies so wie im Grundtatbestand oder aber man nimmt eine eigenständige, vom Grundtatbestand losgelöste Auslegung vor.[834] Geht man davon aus, dass die Auslegung in Anlehnung an den Grundtatbestand vorzunehmen ist, bedingt dies zuvörderst, dass sich die von § 315 b Abs. 1 StGB und von § 315 b Abs. 3 i.V.m. § 315 Abs. 3 Nr. 2 StGB geschützten Rechtsgüter decken, weil nur so ein Gleichlauf zu rechtfertigen wäre. Dies dürfte durchaus vertretbar sein, insbesondere mit Blick darauf, dass der Grundtatbestand und die Qualifikation eine Einheit bilden, so dass sich, gerade auch um die straferhöhende Funktion der Qualifikation dem Grunde nach zu rechtfertigen, beide Schutzbereiche decken müssen. Unterstellt man einerseits, dass dem so ist und andererseits, dass § 315 b StGB einen Universalrechtsgüterschutz verfolgt[835], so ist die Auslegung im Ergebnis wie unten[836] dargestellt vorzunehmen.

Nimmt man dagegen eine eigenständige, vom Grundtatbestand unabhängige Auslegung vor, dürfte der Tatbeteiligte generell als geschütztes Opfer im Sinne des Abs. 3 (aber in dieser Generalität nur dort!) angesehen werden. Unterstellt, dass § 315 b Abs. 3 i.V.m. § 315 Abs. 3 Nr. 2 StGB einen eigenständigen, von § 315 b StGB unabhängigen Rechtsgüterschutz verfolgt, dürfte es nahe liegen, den Individualrechtsgüterschutz als für die strafrechtliche Pönalisierung maßgeblich zu erachten, so dass die Qualifikation dem Schutz der körperlichen Integrität dient. Eine derartige Sicht ließe sich insbesondere mit Blick auf den von § 226 StGB unstreitig

---

Inneneingriff) einen Dritten gefährdet, die schwere Gesundheitsschädigung aber beim mitfahrenden Anstifter eintritt.

832 *Joecks*, § 315 Rn. 9 i.V.m. § 306 b Rn. 7; OK-StGB-*Kudlich*, § 315 Rn. 25 i.V.m. § 306 b Rn. 7 i.V.m. § 306 a Rn. 21.

833 Siehe zu § 306 a StGB Kapitel D.III.2.a.bb.

834 Nicht richtig dürfte es sein, sich unbesehen an den §§ 306 ff. StGB zu orientieren. Verfährt man so, verkennt man, dass die bei jeder Norm eigenständig zu ermittelnden geschützten Rechtsgüter das Auslegungsergebnis bestimmen.

835 Siehe dazu die Ausführungen unter D.IV.5.

836 Siehe unter FI.

verfolgten Individualrechtsgüterschutz nachvollziehbar erklären. Aufgrund des insoweit identischen Regelungsinhalts beider Tatbestände liegt es nahe, den Rechtsgüterschutz beider Qualifikationstatbestände einheitlich zu bestimmen. Darüber hinaus kann man sicherlich darüber diskutieren, dass gerade erst die Herbeiführung einer schweren Gesundheitsschädigung die erhöhte Strafandrohung rechtfertigt, so dass – wegen der straferhöhenden Funktion – ein Individualrechtsgüterschutz hier anzunehmen ist. Diese vorgenannten Erwägungen können jedoch für § 315 b Abs. 1 StGB bzw. § 315 c Abs. 1 StGB keine Geltung beanspruchen, da dort ein anderes Rechtsgüterverständnis als das eines Individualrechtsgüterschutzes vorherrscht und gerade dieses für eine sinngemäße Auslegung entscheidend ist.[837]

(b) § 316 c Abs. 3 StGB

Auch bei § 316 c Abs. 3 StGB kann von einer übereinkommenden Rechtsanwendung nicht gesprochen werden. Dies überrascht allerdings umso mehr, als hier Materialien vorliegen, die eine Gefährdung von Tatbeteiligten als ausreichend für die Anwendung der Norm ansehen. § 316 c Abs. 1 StGB stellt den Angriff auf den Luft- und Seeverkehr unter Strafe und enthält in seinem Absatz 3 eine Erfolgsqualifikation, die die leichtfertige Verursachung des Todes eines anderen Menschen durch die Tat mit lebenslanger Freiheitsstrafe oder Freiheitsstrafe nicht unter zehn Jahren bestraft. Die Vorschrift reiht sich systematisch in den 28. Abschnitt des StGB ein und ist ein abstraktes Gefährdungsdelikt.[838] Rechtsgut ist nach übereinkommender Meinung neben den im Luft- und Seeverkehr beförderten Personen die Sicherheit des Luft- und Seeverkehrs.[839] Die herrschende Meinung[840] sieht den Tod eines Tatbeteiligten als nicht ausreichend an, obwohl Mitglieder des Sonderausschusses für die Strafrechtsreform den Fall, dass mehrere Täter eine Flugzeugentführung versuchen (und dabei die Anwesenheit bewaffneten Sicherheitspersonals und die Möglichkeit eines Feuergefechts an Bord in Kauf nehmen), in deren Verlauf dann einer der Entführer ums Leben kommt, unter den damaligen § 316 c Abs. 2 StGB (= § 316 c Abs. 3 StGB n.F.) subsumieren wollten.[841] Begründet wird die zu diesen Ausführungen konträre Ansicht der herrschenden Meinung damit, dass eine Einbeziehung eines Tatbeteiligten dem der Norm inhärenten Gefährdungsgedanken zuwiderläuft.[842] Weitere

---

837 Vgl. nur Sch/Sch-*Eser/Hecker*, § 1 Rn. 48.

838 Sch/Sch-*Sternberg-Lieben/Hecker*, § 316 c Rn. 1; MüKo-*Wieck-Noodt*, § 316 c Rn. 3.

839 LK-*König*, § 316 c Rn. 3; *Fischer*, § 316 c Rn. 2; *Lackner/Kühl*, § 316 c Rn. 1; MüKo-*Wieck-Noodt*, § 316 c Rn. 1. Vgl. auch *Kunath*, JZ 1972, 199, 200, der ausführt, dass es um einen Sonderschutz der dem Luftverkehr anvertrauten Menschen geht.

840 *Lackner/Kühl*, § 316 c Rn. 12; MüKo-*Wieck-Noodt*, § 316 c Rn. 41; einschränkend: *Fischer*, § 316 c Rn. 17. A.A. LK-*König*, § 316 c Rn. 47; Sch/Sch-*Sternberg-Lieben/Hecker*, § 316 c Rn. 31; NK-*Zieschang*, § 316 c Rn. 32.

841 So wohl *Kunath*, JZ 1972, 199, 201 Fn. 20 mit Verweis auf die Ausführungen im Protokoll VI der 32. Sitzung des Sonderausschusses, S. 1171.

842 MüKo-*Wieck-Noodt*, § 316 c Rn. 41.

Argumente für diese Meinung werden nicht ausgetauscht, doch dürfte wiederum die hohe Strafdrohung (lebenslange Freiheitsstrafe oder Freiheitsstrafe nicht unter zehn Jahren) der Norm als Grund für die Herausnahme der Tatbeteiligten herangezogen werden. Die Gegenansicht erachtet die Tötung irgendeines Menschen als ausreichend, also auch den Tod eines Tatbeteiligten. Begründet wird dies damit, dass auch – wie bei den §§ 315 b, 315 c StGB – im Rahmen des § 316 c StGB eine „Lagertheorie" nicht anzuerkennen sei.[843]

Versucht man aus der im Rahmen des § 316 c StGB geführten Diskussion etwas für die §§ 315 b, 315 c StGB zu gewinnen, bleibt Folgendes festzuhalten: Geht es um eine Nichtanwendbarkeit aufgrund der hohen Strafandrohung, gilt dies – wie oben gezeigt – nicht für die §§ 315 b, 315 c StGB. Wird die „Lagertheorie" angeführt, kann auf die Ausführungen zu dieser im Rahmen der §§ 315 b, 315 c StGB verwiesen werden.[844] Wenn man die Auslegung primär an der Feststellung des Schutzobjektes orientieren will,[845] hat dies für die §§ 315 b, 315 c StGB keine Bewandtnis.[846] Ob vorliegend die herrschende Meinung das von § 316 c StGB geschützte Rechtsgut einwandfrei bestimmt und wenn ja, ob dann dieses Rechtsgut eine Einbeziehung von Tatbeteiligten verlangt oder nicht, kann daher dahingestellt bleiben.

Allerdings zeigt die in der Literatur geführte Diskussion um die Einbeziehung von Tatbeteiligten bei § 316 c StGB eines deutlich auf: Ein Teil der Literatur hat sich entgegen den Ausführungen des Gesetzgebers in der Gesetzesbegründung oder anderweitiger Stellungnahmen im Vorfeld oder im Rahmen des Gesetzesvorhabens nicht daran gehindert gefühlt, Tatbeteiligte nicht als taugliche Gefährdungsopfer anzusehen. Die teilweise vollzogene Einbeziehung von Tatbeteiligten zeigt, dass der oben[847] vertretene Vorschlag, die subjektive und objektive Auslegungsmethode zu vereinigen, auch in praxi innerhalb der Bestimmung der Tauglichkeit eines Gefährdungsopfers zur Anwendung gelangt. Dem Willen des historischen Gesetzgebers wird hier keine absolute und insbesondere keine abschließende Geltung

---

843 LK-*König*, § 316 c Rn. 47 mit dem gleichzeitigen Hinweis, dass aus der Entstehungsgeschichte keinerlei Erkenntnisse gewonnen werden können; SK-*Wolters*, § 316 c Rn. 31.

844 Vgl. die Ausführungen unter D.IV.3 (dort insbesondere unter d) sowie unter G, dort auch mit weiteren Nachweisen.

845 So zu Recht Sch/Sch-*Eser/Hecker*, § 1 Rn. 48 m.w.N.

846 Letztlich bliebe allein das – eventuell auf die §§ 315 b, 315 c StGB übertragbare – Argument, dass eine Einbeziehung eines Tatbeteiligten dem der Norm inhärenten Gefährdungsgedanken zuwiderläuft. Eine kritische Auseinandersetzung mit diesem Argument scheitert daran, dass sich der Sinngehalt dieses Ansatzes nicht eindeutig erschließen lässt. Soweit damit ausgedrückt werden soll, der Schutz der Luft- und Seefahrt sei bei einer Gefährdung eines Tatbeteiligten nicht tangiert, weil der Schutzbereich auf den Tatbeteiligten nicht „zutrifft", mag dies vielleicht bei § 316 c StGB so sein. Für die §§ 315 b, 315 c StGB gilt dies wegen des unterschiedlichen Rechtsgüterschutzes nicht.

847 Siehe D. vor I.

beigemessen, sondern er bildet lediglich den Ausgangspunkt der Überlegungen. Im Rahmen des § 316 c StGB – und gleiches gilt für § 319 StGB[848] – wird das Verständnis des Gesetzgebers bzw. der Sonderkommission korrigiert und – aus unterschiedlichen Gründen – eine andere Auffassung vertreten. Unabhängig davon, ob die vorgebrachten Gründe bei § 316 c StGB und § 319 StGB überzeugend sind, steht fest, dass das, was im Vorfeld und im Rahmen eines Gesetzesvorhabens vorgebracht wird, stets kritisch gewürdigt werden muss, da auch diesem Vorbringen offensichtliche Unrichtigkeiten wie z. B. Redaktionsversehen oder ein anderweitiges Fehlverständnis inne wohnen können, die ihrerseits berichtigungsfähig sind.

(c) Zwischenergebnis

Bei § 315 b Abs. 3 i.V.m. § 315 Abs. 3 Nr. 2 StGB wird eine eigenständige Diskussion um die Tauglichkeit eines Tatbeteiligten als Opfer nicht geführt. Ein Erkenntnisgehalt ist daher nicht gegeben. Entsprechendes gilt für § 316 c StGB: Hier wird das Problem zwar diskutiert, jedoch wiederum vor dem Hintergrund der rechtsgüterbezogenen Auslegung. Das Erfordernis einer rechtsgüterbezogenen Sicht lässt es vorliegend wenig aussichtsreich erscheinen, weitere Erfolgsqualifikationen zu untersuchen. Denn auch dort wird die Behandlung von Tatbeteiligten als Opfer entweder gar nicht erörtert oder regelmäßig streitig sein[849] und sich im Endeffekt nach dem von der jeweiligen Norm geschützten Rechtsgut und den davon ausgehenden

---

848 Vgl. die Ausführungen bei D.III.2.a.bb.(1) und dort unter (c).

849 So z. B. bei § 306 c StGB: Im Rahmen des § 306 c StGB wird vertreten, dass an der Tat Beteiligte nicht zwangsläufig aus dem Anwendungsbereich der Vorschrift ausgeschlossen sind (vgl. MüKo-*Radtke*, § 306 c Rn. 8; Sch/Sch-*Heine*, § 306 c Rn. 2). Dies wird damit begründet, dass der Wortlaut für eine solche Begrenzung keinerlei Anhalt böte und dass das Tatunrecht durch den Eintritt des qualifizierten Individual-Erfolgs gekennzeichnet ist (vgl. MüKo-*Radtke*, § 306 c Rn. 8; *ders.* in Brandstiftungsdelikte, S. 320). Eine andere Meinungsgruppe ist demgegenüber der Ansicht, dass Tatbeteiligte als die für in § 306 c StGB in Frage kommenden Opfer ausscheiden (vgl. *Joecks*, § 306 c Rn. 3 i.V.m. vor § 306 Rn. 12 f; LK-*Wolff*, § 306 c Rn. 4), weil es bei konkreten Gefährdungsdelikten darum geht, dass jemand eine Verhaltensweise an den Tag legt, die abstrakt für eine Vielzahl von Personen gefährlich ist und deren (abstrakte) Gefährlichkeit sich in einer Individualgefahr konkretisieren muss. Wer aber die Gefahr mit herbeiführe, gehöre nicht zu Masse derer, um deren abstrakten Schutz es in der konkreten Situation geht (vgl. *Joecks*, § 306 c Rn. 3 i.V.m. vor § 306 Rn. 13, der diese Begründung auch im Rahmen der §§ 315 b, c StGB verwendet). Diejenigen, die eine Einbeziehung bejahen, könnten eine Stütze in der Neufassung gefunden haben. Die Neufassung verzichtet nämlich auf die in § 307 Nr. 1 StGB a. F. enthaltene Einschränkung der Anwesenheit des Opfers in einer der in Brand gesetzten Räumlichkeiten zur Tatzeit. Aus der Aufgabe der Tatzeit-/Tatortformel ließe sich folgern, dass damit eine Einschränkung des Kreises der tauglichen Brandopfer insoweit entfallen ist, wie eine Einbeziehung von Tatbeteiligten gerechtfertigt erscheint.

Implikationen auf die Bestimmung eines Tatbeteiligten als geeigneten „anderen“ richten.

cc. *Auslegung bei §§ 211, 212, 223, 229 StGB*

Zuletzt soll noch ein Blick darauf geworfen werden, wie die Wendung ein „anderer Mensch“ bei den Delikten gegen die Persönlichkeitswerte ausgelegt wird. Zu fragen ist also, ob dort der Tatbeteiligte als taugliches Gefährdungsopfer angesehen wird. Zur Verdeutlichung folgender Beispielsfall 9 (sogenannter *Verfolger*-Fall)[850]:

> Die Komplizen A, B und C hatten versucht, nachts in ein Lebensmittelgeschäft einzudringen. Jeder von ihnen war dabei mit einer geladenen Pistole bewaffnet. Bezüglich der Verwendung der Pistolen hatten sie ausgemacht, dass auch auf Menschen gefeuert werden solle, wenn die Gefahr der Festnahme eines der Komplizen drohe. Nachdem die drei vom Ladeninhaber überrascht wurde, flüchteten sie. A, der zusammen mit B wegrannte, bemerkte, dass sie verfolgt wurden. Dies war der Komplize C. Dieser wurde von A aber für einen Verfolger gehalten, der sie entdecken und die Festnahme einleiten könnte. A schoss auf die ihnen folgende Person. Die Kugel verfing sich, ohne den C zu verletzen, in dessen aufgekrempelten Hemdsärmel.

Die im Rahmen dieses Falles geführte Diskussion war dergestalt, dass fraglich war, ob C wegen versuchten Mordes zu verurteilen war. Es war zu entscheiden, ob sich C die Tat des A aufgrund der Mittäterschaft gemäß § 25 Abs. 2 StGB zurechnen lassen muss, so dass er wegen versuchten Mordes an sich selbst zu verurteilen war. Der BGH bestätigte in BGHSt 11, 268 eine solche Verurteilung.[851] Demgegenüber war es völlig unstreitig[852], dass A wegen versuchten Mordes zu verurteilen war, obwohl das Gefährdungsopfer in Gestalt des C eine mittäterschaftliche Begehungsweise aufwies.[853] Der BGH führte aus, dass die Annahme der Strafkammer, dass der Angeklagte des versuchten Mordes schuldig ist, rechtlich nicht zu beanstanden ist.[854]

Unter Berücksichtigung dieser Entscheidung wird vertreten, dass es im Rahmen der §§ 211, 212, 223, 229 StGB ausreichend ist, wenn (lediglich) ein Tatteilnehmer bzw. Tatbeteiligter verletzt wird.[855] Nach der dargestellten Ansicht soll auch

---

850 Nach BGHSt 11, 268 = NJW 1958, 836.

851 Näher zum Verfolger-Fall: *Spendel*, NJW 1969, 314; *Scheffler*, JuS 1992, 920.

852 *Hillenkamp*, JuS 1977, 166, 169 mit Fn. 26; *Graul*, JuS 1992, 321, 324 Fn. 38.

853 Zustimmend: *Spendel*, NJW 1969, 314.

854 BGH NJW 1958, 836, 837.

855 Eine Einbeziehung von Tatbeteiligten im Rahmen der §§ 211, 212, 223, 229 StGB bejahen: OK-StGB-*Eschelbach*, § 211 Rn. 10; *Kudlich/Pragal*, JuS 2004, 791, 792 f. (für die Anstiftung); OLG Stuttgart NJW 1976, 1904; *Rengier*, BT II, § 44 Rn. 17; SK-*Wolters*, Vor § 306 Rn. 10. Eine generelle Einbeziehung von Tatbeteiligten im Rahmen der §§ 211, 212, 223, 229 StGB aus dem Verfolger-Fall zu schlussfolgern wäre bei genauerer Betrachtung im Kern jedoch nicht zwingend. Dies ergibt sich vorliegend daraus, dass in der vom BGH entschiedenen Konstellation ein Verletzungs- bzw. Tötungserfolg nicht eingetreten ist, so dass – bezogen auf A – von

derjenige, der zu einer Körperverletzung an sich selbst anstiftet, taugliches Tatobjekt bleiben.[856] Dies ergebe sich, zumindest für die Anstiftung, argumentativ aus dem Strafgrund der Teilnahme.[857] Daraus, dass der Tatbeteiligte im Rahmen der oben genannten Delikte als geschützt angesehen wird, wird vielfach schlicht gefolgert, dass dies bei den §§ 315 b, 315 c StGB genauso sein müsse.[858] Das OLG Stuttgart meint in Ergänzung dazu, dass es keinen allgemeinen Grundsatz gibt, dass Teilnehmer nicht Objekt einer Straftat sein könnten.[859] Zumindest letzterer Erwägung ist zuzustimmen, wenn auch nicht mit der Konsequenz, dass Teilnehmer stets taugliche Gefährdungsopfer darstellen.

Soweit die Notwendigkeit eines Gleichlaufs zwischen den §§ 211, 212, 223, 229 StGB und §§ 315 b, 315 c StGB postuliert wird, ist ein solcher abzulehnen, da beide Deliktsgruppen einen unterschiedlichen Schutzbereich aufweisen. Die §§ 211, 212, 223, 229 StGB schützen unstreitig nur Individualrechtsgüter[860], während die §§ 315 b, 315 c StGB die Sicherheit des Straßenverkehrs schützen.[861] Diesem rein individualschützenden Charakter ist es geschuldet, dass eine Gefährdung von Tatbeteiligten zur Bejahung einer Strafbarkeit ausreichend ist.[862] Solange es *nicht* darum geht, Allgemeininteressen zu schützen, gibt es – wenn man nicht den im Übrigen

---

vornherein – (nur) eine Versuchsstrafbarkeit in Betracht kam. Da A jedoch im Moment der Abgabe der Schüsse nicht die Vorstellung hatte, es handle sich bei dem Verfolger um einen Tatbeteiligten – es jedoch im Rahmen der Versuchsstrafbarkeit auf die Vorstellung der Tatbestandsverwirklichung des Täters ankommt – ist der Umstand, dass es sich bei dem Verfolger tatsächlich um einen Komplizen handelt, für die sachgerechte Beurteilung der Strafbarkeit des A wegen versuchten Mordes unerheblich. Da sich jedoch – unabhängig von einer Herleitung aus dem Verfolger-Fall – durchaus Konstellationen ergeben können, in denen die streitgegenständliche Frage virulent wird (z.B. für den Fall, dass im vorgestellten Verfolger-Fall A seinen Komplizen C durch den Schuss verletzt hätte), soll im (Haupt-) Text auf die vorgebrachten Erwägungen in der gebotenen Kürze eingegangen werden.

856 *Wirsch*, JuS 2006, 400, 402; *Graul*, JuS 1992, 321, 324; *Sternberg-Lieben*, JuS 1998, 428, 431.

857 So *Kudlich/Pragal*, JuS 2004, 791, 792. Dieser Sicht dürfte die herrschende Förderungs- oder Verursachungstheorie zu Grunde liegen, wonach der Teilnehmer nicht selbst die im Deliktstatbestand liegende Norm verwirklicht, sondern sein Unrecht vielmehr darin besteht, dass er an der Normverletzung durch einen anderen (mithin den Täter) mitwirkt. Siehe dazu ausführlich unter D.I.2.b.cc.

858 NK-*Zieschang*, § 315 c Rn. 26; *Rengier*, BT II, § 44 Rn. 17; SK-*Wolters*, Vor § 306 Rn. 10; *Trüg*, JA 2002, 214, 217; *Ellbogen/Richter*, JuS 2002, 1192, 1196.

859 OLG Stuttgart NJW 1976, 1904.

860 Siehe dazu nur *Graul*, JuS 1992, 321, 324 für § 223 StGB.

861 Siehe dazu unten D.IV.5.

862 Vgl. *Graul*, JuS 1992, 321, 324, die aber davon ausgeht, dass der ihrer Ansicht nach im Rahmen der §§ 315 b, 315 c StGB ebenfalls vorliegende Individualrechtsgüterschutz dazu führen muss, eine Einbeziehung der Tatbeteiligten zu bejahen.

abzulehnenden Gedanken der Verwirkung[863] ins Feld führen will – keinen Grund, Tatbeteiligte von vornherein aus dem geschützten Personenkreis auszuschließen. Zwar kann es im Ergebnis dann durchaus sein, dass im Rahmen der Beurteilung ein und desselben Sachverhalts eine Strafbarkeit hinsichtlich der ersten Deliktsgruppe grundsätzlich[864] zu bejahen, hinsichtlich §§ 315 b, 315 c StGB jedoch zu verneinen sein wird.[865] Dieses Ergebnis ist aber hinzunehmen und gerade nicht zu korrigieren. Denn es findet seinen Grund in der Unterschiedlichkeit des Rechtsguts. Aufgrund des jeweiligen Abstellens auf die betreffende Norm im Einzelfall verhält es sich daher tatsächlich so, dass ein allgemeiner Grundsatz nicht existiert. Danach kann eine Einbeziehung der Tatbeteiligten in den Kreis der tauglichen Gefährdungsopfer bei den §§ 315 b, 315 c StGB nicht mit dem Hinweis gerechtfertigt werden, dass dies bei den §§ 211, 212, 223, 229 StGB der übereinkommenden Meinung entspricht. Dieses doch vielfach vorgetragene Argument verkennt die Bedeutung des geschützten Rechtsguts für die Auslegung. Davon, dass ein stetiger Gleichlauf zwingend ist, kann vor diesem Hintergrund nicht gesprochen werden.

dd. Zwischenergebnis

Zusammenfassend lässt sich hinsichtlich der systematisch-vergleichenden Betrachtung feststellen, dass der Blick auf die Auslegung in anderen Strafvorschriften wenig aufschlussreich ist. Ergiebige Erkenntnisse für die Auslegung des Merkmals „ein anderer" in §§ 315 b, 315 c StGB konnten nicht gewonnen werden. Grund hierfür ist der bei jedem Delikt im Einzelfall festzustellende Rechtsgüterschutz. Der Normzweck lässt die Auslegung je nach Straftatbestand variieren und eine Übertragung der Ergebnisse insoweit nicht zu. Weiterhin liegt die Unergiebigkeit darin begründet, dass es vielmals die identischen Argumente wie im Rahmen der §§ 315 b, 315 c StGB sind, die vorgetragen werden. Weichen sie mal ausnahmsweise von diesen ab, so passen die Argumentationsmuster nicht auf die Straßenverkehrsdelikte, weil es sich bei ihnen in aller Regel um deliktsspezifische Argumente handelt.

---

863 Siehe dazu unter D.IV.3.

864 In aller Regel wird jedoch zumindest bei den Körperverletzungsdelikten einer Strafbarkeit eine rechtfertigende Einwilligung entgegenstehen, wenn nicht § 228 StGB eingreift.

865 Anders wohl SK-*Wolters*, Vor § 306 Rn. 10, der der Ansicht ist, dass mit dem Versagen des Schutzbereiches für den Tatbeteiligten hinsichtlich § 315 c StGB gleichzeitig ein Versagen des Schutzbereiches hinsichtlich §§ 229, 222 StGB einhergehen müsse.

b. Das Überraschungs- und Zufallsmoment als allgemeiner Grundgedanke?

Die Anzahl der Fälle, bei denen Zusammenstöße mehrerer KFZ verabredet[866] werden, um dann (unberechtigter) Weise Versicherungsleistungen zu erlangen, hat in den letzten Jahren stetig zugenommen.[867] Das zeigt sich daran, dass sich die Rechtsprechung in letzter Zeit vielfach mit Problemen aus diesem Bereich zu beschäftigen hatte.[868] Vornehmlich ging es dabei jedoch nicht um die Klärung strafrechtlicher Fragen; vielmehr standen solche des Zivil- oder Zivilprozessrechts im Vordergrund.[869] Die strafrechtliche Komponente von verabredeten Zusammenstößen wurde in all diesen Fällen nur selten beleuchtet. Dennoch hatte sich auch der jeweils zuständige Strafsenat des BGH mit diesen Fällen zu beschäftigen und darüber zu befinden, ob diejenigen, die den Zusammenstoß absichtlich herbeiführten, nach § 315 b StGB strafbar sind.[870]

In der oben bereits dargestellten Entscheidung vom 12.12.1990[871] fällte der BGH eine Grundsatzentscheidung: Die Beteiligten eines (von allen Beteiligten) absichtlich herbeigeführten Unfalls machen sich nicht nach § 315 b StGB strafbar, solange sie nur sich und ihre Sachen gefährden. Dies wurde wie folgt begründet: Die bei einem verabredeten Zusammenstoß involvierten Fahrzeugführer sind Tatteilnehmer. Werden nur lediglich sie und ihre Sachen gefährdet, muss eine Anwendung des § 315 b StGB ausscheiden. Argumentativ führte der BGH aus: „Da der Angeklagte und der Fahrzeugführer einverständlich gehandelt haben, sie somit beide den „Unfall" selbst herbeiführten und keiner von *ihnen*[872] dadurch *überrascht* wurde, die Verkehrsgefahr also nicht vom *Zufall*[873] bestimmt wurde, konnte durch diese Zusammenstöße die Sicherheit des Straßenverkehrs nicht gefährdet werden."[874]

---

866 Anders sind diejenigen Fälle zu beurteilen, in denen ein Fahrzeugführer einen Unfall mit einem Unbeteiligten provoziert, um Versicherungsleistungen zu erlangen.

867 Es scheint, als sei es nunmehr diese Fallkonstellation, die als tatsächliches Fallbeispiel „aus dem Leben" der Frage nach der Tauglichkeit der Tatbeteiligten als taugliche Gefährdungsopfer eine gewisse Praxisrelevanz verleiht.

868 Vgl. exemplarisch nur KG NZV 2006, 89; OLG Hamm NZV 2001, 374.

869 Als Hauptschwerpunkt tauchen dabei in der Regel Fragestellungen hinsichtlich des Beweises und der Beweiswürdigung gemäß § 286 ZPO auf, vgl. exemplarisch KG NZV 2006, 89. In den meist versicherungsrechtlich geprägten Fällen stellt sich überdies oftmals die Frage, ob der Unfall tatsächlich verabredet war.

870 BGH NJW 1991, 1120; NStZ 1992, 233; NZV 2008, 639.

871 BGH NJW 1991, 1120, siehe dazu auch oben unter B.II.2.a.

872 Kursive Hervorhebungen vom Verfasser.

873 Hinsichtlich des Begriffs „Zufall" verweist der BGH an dieser Stelle der Entscheidung auf BGH NJW 1970, 1380 (= BGHSt 23, 261); dazu sogleich.

874 BGH NJW 1991, 1120. Zu den weiteren vom BGH ausgeführten Aspekt des „Einverstandenseins" siehe unten unter D.IV.4.a.bb.

aa. Analyse des Beschlusses

(1) Die Gefährdung des Straßenverkehrs als eigenständiges Merkmal

Im Ergebnis muss nach Ansicht des BGH eine Anwendung des § 315 b StGB dann ausscheiden, wenn die Sicherheit des Straßenverkehrs nicht gefährdet werden kann. Es scheint, als sehe der BGH die Gefährdung des Straßenverkehrs als zentrales Element für den Ausschluss von Tatbeteiligten als Gefährdungsopfer an. Vorab ist zu klären, in welchem Verhältnis die Gefährdung des Straßenverkehrs zum Überraschungs- und Zufallsmoment wirklich steht. Denn so eindeutig die Ausführungen des BGH erscheinen, so wenig sind sie es tatsächlich. Fest steht nur, dass das Erfordernis der Gefährdung der Sicherheit des Straßenverkehrs nicht so verstanden werden kann, dass der BGH damit – mithin als eine Art ungeschriebenes Tatbestandsmerkmal – fordert, dass der Straßenverkehr *konkret* gefährdet werden muss. Nach dem klaren Gesetzeswortlaut wird eine konkrete Gefährdung von Leib und Leben eines anderen Menschen bzw. von Sachen von bedeutendem Wert vorausgesetzt. Auf die konkrete Gefährdung des Straßenverkehrs kommt es nicht an. Das zeigt sich schon daran, dass der Gefährdete gar kein Straßenverkehrsteilnehmer im klassischen Sinn zu sein braucht, um dem Schutzbereich des Tatbestandes zu unterfallen. Gerade diese Erweiterung des geschützten Personenkreises war – zumindest bei § 315 c StGB – vom Gesetzgeber gewollt. Wäre die konkrete Gefährdung des Straßenverkehrs von Nöten, könnte man solche Personen, die außerhalb des Straßenverkehrs stehen, nie in den Schutzbereich mit einbeziehen, weil es in solchen Fällen gerade an einer konkreten Gefährdung des Straßenverkehrs fehlt. Ergänzend zu den vorgenannten Erwägungen ist zu konstatieren, dass das Erfordernis der Gefährdung des Straßenverkehrs an anderer Stelle dergestalt ausdrücklichen Niederschlag in § 315 b StGB gefunden hat, als es einer *abstrakten* Gefährdung des Straßenverkehrs bedarf. Warum darüber hinaus noch eine *konkrete* Gefährdung des Straßenverkehrs von Nöten sein soll, ist nicht ersichtlich, so dass es dem BGH nicht darauf ankommen konnte, noch ein zusätzliches eigenständiges Merkmal im Zusammenhang mit der Gefährdung des Straßenverkehrs zu fordern.

Verbliebe die Möglichkeit, dass der BGH damit ausdrücken wollte, dass es in den Fällen des gestellten Unfalls am Merkmal der bei § 315 b StGB im Tatbestand vorgesehenen *abstrakten* Gefährdung des Straßenverkehrs per se fehlen soll, da in diesen Fällen – und so wäre dieser Gedanke unter Heranziehung der Rechtssätze der Rechtsprechung[875] zur Bestimmung des Vorliegens einer abstrakten Gefahr für die Sicherheit des Straßenverkehrs zu komplettieren – für (andere) Dritte eine gefahrlose Teilnahme am Straßenverkehr möglich ist, weil das Verhalten der Beteiligten keine Steigerung der normalen Betriebsgefahr hervorruft und der Verkehr folglich in seinem ungestörten Ablauf nicht gefährdet wird. Ob es das war, was der BGH wollte, kann vorliegend dahingestellt bleiben, weil auch bei verabredeten Zusammenstößen regelmäßig eine abstrakte Gefahr für die Sicherheit des Straßenverkehrs

875 Vgl. nur BGH NJW 1968, 456; OLG Düsseldorf NJW 1982, 2391.

bestehen kann,[876] so dass eine gefahrlose Teilnahme am Straßenverkehr durch andere Verkehrsteilnehmer nicht mehr möglich ist. *König* bemerkt dazu zu Recht: „Die Konstellationen, in denen es im Rahmen solcher Vorgänge zur Drittgefährdung/-verletzung mit teils tragischem Ausgang gekommen ist und in denen auch der BGH zur Annahme des Tatbestandes gelangt, liefern dafür [für die abstrakte Gefährdung des Straßenverkehrs] Zeugnis."[877] Aufgrund der potentiellen Gefährdung kann gerade nicht davon gesprochen werden, dass es bei verabredeten Unfällen stets an einer abstrakten Gefährdung fehlt. Insoweit kann – aufgrund der fehlenden Allgemeingültigkeit dieser Tatsache – nicht von einem derartigen absoluten Verständnis auf Seiten des BGH ausgegangen werden.

(2) Zusammenhang und Zuordnung der Merkmale

Vielmehr zeigt der BGH mit seiner Ausführung „konnte durch diese Zusammenstöße die Sicherheit des Straßenverkehrs nicht gefährdet werden" das Resultat auf, ohne dabei ein für die Tatbestandserfüllung zu verwirklichendes Merkmal determinieren zu wollen: Wenn das Überraschungsmoment verwirklicht ist und die Tatbeteiligten als geeignete Gefährdungsopfer qualifiziert worden sind, dann folgt daraus (quasi als eine Art Annex), dass die Verkehrsgefahr vom Zufall bestimmt wurde. In diesen Fällen liegt dann auch eine Gefährdung der Sicherheit des Straßenverkehrs vor. Neben den soeben unter (1) ausgeführten Argumenten wird dieses Verständnis auch durch die Ausführungen des BGH deutlich. Der BGH verwendet in der maßgeblichen Passage der Entscheidung die Wendungen „dadurch" und „durch". Dies macht den soeben beschriebenen Zusammenhang der einzelnen Faktoren offensichtlich. Des Weiteren führt der BGH aus: „[...] und keiner von ihnen [den Beteiligten] dadurch überrascht wurde [...]". Damit postuliert der BGH, dass ein taugliches Gefährdungsopfer[878] nur dann vorliegt, wenn es (im konkreten Fall)

---

876 So auch LK-*König*, § 315 b Rn. 74. A.A. wohl *Fleischer*, NJW 1976, 878, 880, bei dessen Ausführungen nicht klar ist, ob er die Hervorrufung einer konkreten Gefahr oder das Vorhandensein einer abstrakten Gefahr verneinen will. Geht es ihm um letzteres, ist seine Sicht zu beschränkt. Ausgehend von der allgemeinen Definition, dass es für die abstrakte Gefährdung des Straßenverkehrs ausreichend ist, dass eine gefahrlose Teilnahme anderer am Straßenverkehr nicht mehr möglich ist, sieht er als „anderen" im Sinne der soeben genannten Definition nur den Mittäter des verabredeten Zusammenstoßes an. Diesen nimmt er aus dem Anwendungsbereich heraus, weil es ihm an dem Willen fehlt, am Straßenverkehr teilzunehmen. Auf die Tatbeteiligten kommt es aber im Rahmen der Bestimmung der abstrakten Gefahr nicht an. Zu fragen ist vielmehr nach anderen, potentiellen Verkehrsteilnehmern, die gefährdet werden könnten.

877 LK-*König*, § 315 b Rn. 74. Dies bedeutet aber nicht, dass bei jeder abstrakten Gefahr die Tatbestände über die Straßenverkehrsgefährdung eingreifen sollen.

878 Auf welcher Ebene der BGH hier eine Strafbarkeit verneinen will, wird unterschiedlich beurteilt: M.E. will der BGH das Tatbestandsmerkmal ein „anderer Mensch" (teleologisch) reduzieren, es geht ihm also um die Bestimmung eines

durch den Unfall überrascht wurde. Denn das Merkmal des „Überraschtseins" wird in den Ausführungen des BGH eindeutig auf die Beteiligten bezogen: *Sie* müssen vom Unfall überrascht werden. Abzustellen ist also auf das Gefährdungsopfer. Fehlt es an einem solchen Überraschungsmoment hat dies nach dem BGH konsequenterweise zur Folge, dass zum einen die Verkehrsgefahr nicht vom Zufall bestimmt und zum anderen, dass dadurch die Sicherheit des Straßenverkehrs nicht gefährdet sei. Somit wird klar, dass sich das Überraschungsmoment auf die Beteiligten und sich das Zufallsmoment auf die Verkehrsgefahr bezieht.[879]

bb. Das Überraschungsmoment

(1) Herkunft des Überraschungsmoments

Im Anschluss ist zu untersuchen, woraus der BGH ein solches Überraschungsmoment ableitet. Seine Herkunft lässt sich weder aus § 315 b StGB direkt ersehen, da ein solches Erfordernis dort im Tatbestand ausdrücklich nicht normiert ist, noch gibt der BGH Auskunft darüber, woher er dieses (ungeschriebene) Merkmal nimmt. Versucht man, die Herkunft zu ergründen, muss festgestellt werden, dass es dogmatisch keinen zwingenden Grund gibt, die Tauglichkeit eines Gefährdungsopfers an einem Überraschtsein zu messen. Im Einzelnen:

(a) Herleitung aus der Definition der konkreten Gefahr

Zwar spielt im Rahmen des § 315 b StGB das Zufalls- bzw. Überraschungsmoment tatsächlich eine Rolle, nämlich bei der Bestimmung der konkreten Gefahr. Diese liegt nach allgemeiner Definition immer dann vor, wenn das Schadensereignis in so bedrohliche Nähe gerückt ist, dass seine Vermeidung sich nur noch als Zufall darstellt.[880] Es muss zu einem „Beinahe-Unfall" gekommen sein.[881] Aufgrund der Verwendung des Zufallsaspekts im Rahmen der Feststellung des Vorliegens einer konkreten Gefahr darauf zu schließen, dass der BGH dies als (dogmatischen) Anknüpfungspunkt für das verwendete Überraschungsmoment ansieht und insoweit das Überraschungsmoment aus der Definition der konkreten Gefahr ableitet sowie

---

tauglichen Gefährdungsopfers. So zumindest für das Überraschungsmoment auch LK-*König*, § 315 b Rn. 74. *Otto*, Jura 1991, 443, 445 geht demgegenüber davon aus, dass die verabredete Herbeiführung des „Unfalls" „in Wirklichkeit" dazu führt, dass eine eigenverantwortliche Selbstgefährdung vorliegt, die eine Strafbarkeit ausschließt. Denn nach seiner Ansicht ist der Teilnehmer zweifelsohne ein anderer. So wohl auch *Zimmermann*, JuS 2010, 22, 25: zurechenbare Mitverursachung des „Zufalls". SK-*Wolters*, Vor § 306 Rn. 10 wertet das Urteil so, dass der BGH eine Einwilligung bejahen will.

879 So auch LK-*König* § 315 b Rn. 74.

880 Im Rahmen der Bestimmung der konkreten Gefahr ist das Zufallsmoment so zu verstehen, dass der Täter vernünftiger Weise erwarten oder darauf vertrauen durfte, dass sich die Gefahr nicht realisiert, *Fischer*, § 315 c Rn. 15 a.

881 Ganz h.M, vgl. nur *Fischer*, § 315 c Rn. 15 a.

zusätzlich im Rahmen der Bestimmung der Tauglichkeit des Gefährdungsopfers anwenden will, erscheint doch zu weit hergeholt. Denn es ist vielmehr das Zufalls- und gerade nicht das Überraschungsmoment, das bei der Bestimmung der konkreten Gefahr eine Rolle spielt.

(b) Herleitung aus dem Rechtsgutsbegriff

Zu überlegen wäre dagegen, ob sich das Überraschungsmoment aus dem von § 315 b StGB geschützten Rechtsgut herleiten lässt. Wenn sich aus diesem tatsächlich ein solches Erfordernis ergeben sollte, wäre die Rechtsprechung des BGH und eine Berücksichtigung des Überraschungsmoments durchaus stichhaltig, da sich die Auslegung primär am Schutzgut zu orientieren hat. Jedoch kann aus dem von § 315 b StGB geschützten Rechtsgut – gleich ob die Norm Individualinteressen oder die Sicherheit des Straßenverkehrs schützt – ein Überraschungsmoment nicht abgeleitet werden. Soweit man Individualinteressen als geschützt ansieht, würde die Schlussfolgerung, dass sich die Bestimmung der Eignung als Gefährdungsopfer an einem Überraschtsein zu messen hat, geradezu absurde Ergebnisse produzieren: Betroffene tätlicher Auseinandersetzungen mit vorausgegangenen Wortgefechten hätten ihren Schutz verloren, nur weil sie vom Angriff nicht überrascht waren. Vertritt man die Ansicht, das Universalinteresse der Sicherheit des Straßenverkehrs sei geschützt, so impliziert dieser Schutz gerade nicht das „Nichtüberraschtwerden". Denn wenn § 1 StVO ausführt, dass die Teilnahme am Straßenverkehr ständige Vorsicht und gegenseitige Rücksicht erfordert, wird damit deutlich, dass gerade mit Überraschungen gerechnet werden muss. Mögen die Verhaltensweisen, die als Eingriff im Sinn des § 315 b StGB angesehen werden, vielleicht gerade aufgrund des Unvorhergesehenen für die Verkehrsteilnehmer überraschend sein,[882] so wenig gilt dies für das System der Sicherheit des Straßenverkehrs.

(c) Herleitung aus dem Tatbestandsmerkmal „Eingriff"

Ein weiterer dogmatischer Anknüpfungspunkt für das Überraschungsmoment könnte das in § 315 b StGB normierte Tatbestandsmerkmal des Eingriffs sein. Nach hiesiger Lesart der Entscheidung will der BGH zwar nicht das Vorliegen eines Eingriffs verneinen, sondern den Begriff des „anderen" unter Anwendung des Überraschungsmoments entsprechend auslegen. Jedoch könnte es sich so verhalten, dass der BGH das Merkmal des Überraschungsmoments aus seinem Verständnis des in § 315 b StGB geforderten Tatbestandsmerkmals des Eingriffs gewinnen und dann in die Bestimmung der Tauglichkeit des Gefährdungsopfers mit einfließen lassen will. Anknüpfungspunkt ist zuvörderst grundsätzlich die Frage, ob dem Begriff „Eingriff" überhaupt ein Überraschungsmoment implizit ist. Grundsätzlich ist dies unter dem Umstand denkbar, dass die Strafwürdigkeit der von § 315 b StGB strafbewehrten Tathandlungen sich gerade aus dem Umstand rechtfertigt, dass ein Verkehrsteilnehmer

882 Dazu dann sogleich im (Haupt-) Text.

(der seinerseits selbst die erforderliche Sorgfalt nach § 1 StVO an den Tag legt) mit solchen verkehrswidrigen Verhaltensweisen anderer Verkehrsteilnehmer nicht zu rechnen braucht.

(aa) Keine direkte Anknüpfung an das Tatbestandsmerkmal „Eingriff"

Warum der Senat dann nicht direkt an das Tatbestandsmerkmal „Eingriff" anknüpft, sondern eine teleologische Reduktion des Tatbestandsmerkmals „anderer Mensch" bemüht, wäre wenig verständlich, wenn der BGH tatsächlich den vorgenannten dogmatischen Ansatz verfolgen würde. Eine mögliche Erklärung für eine derart „umständliche" Konstruktion könnte sein, dass der BGH das Merkmal „Eingriff" objektiv versteht, so dass subjektiv-geprägte Elemente (wie ein Überraschtsein) im Rahmen der Bestimmung eines strafrechtlich relevanten Eingriffs keine Rolle spielen können. Vorliegend lässt sich aufzeigen, dass der BGH das Merkmal „Eingriff" tatsächlich grundsätzlich objektiv versteht, ohne dass subjektiv-geprägte Elemente eine gewisse Maßgeblichkeit besitzen sollen. Insoweit erscheint die fehlende direkte Anknüpfung des BGH an das Tatbestandsmerkmal durchaus verständlich:

Untersucht man nämlich die einschlägige „Eingriffs-Rechtsprechung" des BGH zeigt sich, dass ein Überraschungsmoment nicht gefordert wird. Dies liegt daran, dass in nahezu sämtlichen Sachverhalten, in denen der BGH zu einer Strafbarkeit nach § 315 b StGB gelangte, das Überraschungsmoment auf Seiten des Gefährdungsopfers erfüllt war, so dass nicht davon ausgegangen werden kann, ein Überraschungsmoment wäre per se nicht berücksichtigungsfähig. Dennoch lassen sich auch Entscheidungen finden, in denen auf Seiten des Gefährdungsopfers das Überraschungsmoment nicht erfüllt war und dementsprechend der Eingriff nicht „aus heiterem Himmel" kam. Kann man bei dem BGH VRS 69, 125 zu Grunde liegenden Sachverhalt – Zufahren mit einem Fahrzeug auf einen Beteiligten nach vorausgegangener tätlicher Auseinandersetzung – noch darüber streiten, ist die Lage bei BGH NJW 1975, 656 eindeutig, wenn der Senat ausführt: „Zwar hat der Angeklagte diesen Straftatbestand [§ 315 b Abs. 1 Nr. 3 StGB] nicht bereits dadurch erfüllt, daß er langsam auf Ch. zufuhr und dieser dann schließlich auf die Kühlerhaube des Fahrzeugs geriet [...] Jedenfalls ist es [das Vorliegen eines Eingriffs im Sinn des § 315 b Abs. 1 Nr. 3 StGB] mit dem Schwurgericht zu bejahen für die Fahrt ab Ortsausgang K [...]."Vorliegend kann schwerlich davon gesprochen werden, dass das Gefährdungsopfer Ch. von dem tatbestandlichen Eingriff, der erst ab der Ortsausfahrt begann, überrascht wurde. Denn durch das vorausgegangene „Verweilen" auf der Motorhaube war er mit der Situation „vertraut" und vom weiteren Verhalten des Angeklagten nicht überrascht. Dies gilt zumindest dann, wenn ein subjektives Verständnis der Gefährlichkeit als Maßstab für die Bewertung des Überraschtseins zu Grunde gelegt wird, da objektiv gesehen das Verhalten des Angeklagten in puncto Gefährlichkeit den in § 315 b Abs. 1 Nr. 1 und Nr. 2 StGB umschriebenen Verhaltensweisen gleichsteht. Obwohl das subjektive Überraschungsmoment also nicht erfüllt war, bejahte der Senat die Anwendung des § 315 b Abs. 1 Nr. 3 StGB; dies – vermutlich – aufgrund des objektiven Vorliegens eines Eingriffs.

(bb) Keine Herleitung des Überraschungsmoments aus dem Tatbestandsmerkmal „Eingriff"

Da nach hiesigem – oben aufgezeigtem – Verständnis der BGH im Rahmen der Fälle der verabredeten Zusammenstöße aber eine personale Beziehung des Überraschungsmoments zum jeweiligen konkreten Gefährdungsopfer fordert, muss es in den Fälle der verabredeten Zusammenstöße notwendigerweise auf eine subjektive Sicht ankommen. Es kann bei verabredeten Zusammenstößen auch gar nicht auf das Empfinden und die Wahrnehmung eines objektiven Dritten abgestellt werden. Denn für diesen stellt sich ein solches Geschehen objektiv stets als Unfall dar, da ihm die für die korrekte Beurteilung der vorliegenden Situation notwendigen Hintergründe nicht bekannt sind.

Das unter (aa) besprochene Urteil des BGH in NJW 1975, 656 zeigt aber, dass ein subjektives Überraschungsmoment nicht notwendigerweise erfüllt sein muss, um das Tatbestandsmerkmal des Eingriffs bejahen zu können. Es kann also nicht davon ausgegangen werden, dass dem Merkmal „Eingriff" nach der Rechtsprechung des BGH ein subjektives Überraschungsmoment stets implizit ist. Dies hat zur Folge, dass mangels Erheblichkeit eines Überraschungsmoments bei der Eingriffsdefinition und -bestimmung eine Anwendung (naturgemäß) auch im Rahmen der Bestimmung der Eignung des Gefährdungsopfers keine Rolle spielen kann. Insoweit ist die Rechtsprechung zum Eingriffsverständnis im Rahmen des § 315 b StGB nicht kompatibel mit der Rechtsprechung des BGH zum Überraschungs- und Zufallsmoment, so dass dem Tatbestandsmerkmals des Eingriffs gar kein Überraschungsmoment (das dann als Parameter für die Bestimmung der Tauglichkeit des Gefährdungsopfers heranzuziehen ist) innewohnen kann.

(d) Herleitung aus dem Unfallbegriff des § 142 StGB

Vielmehr ist davon auszugehen, dass das Überraschungsmoment dem § 142 StGB entlehnt ist. Denn dort kommen dem Begriff Überraschung[883] (und Zufall) entscheidende Bedeutung zu: Im Rahmen des § 142 StGB spielen die Begriffe bei der Definition des Tatbestandsmerkmals „Unfall" eine Rolle. Unter Unfall ist jedes, zumindest für einen der Beteiligten, plötzliches und ungewolltes Ereignis zu verstehen.[884] Im Rahmen der Anwendbarkeit des § 142 StGB wird der Fall des verabredeten Zusammenstoßes insoweit diskutiert, als fraglich ist, ob in derartigen Konstellationen ein Unfall im Sinne der Vorschrift vorliegt. Ein Großteil der Literatur und auch die Rechtsprechung vertreten die Meinung, dass ein gemeinsam verabredeter Unfall

---

883 Keine Rolle spielt das Überraschungsmoment bei der Bestimmung des Unglücksfalles im Rahmen des § 323 c StGB, weil es Fälle gibt, in denen ein Gefahrenabwendungsbedarf besteht, obwohl jederzeit mit dem Gefahreneintritt zu rechnen ist, vgl. MüKo-*Freund*, § 323 c Rn. 23.

884 Vgl. MüKo-*Zopfs*, § 142 Rn. 25; LK-*Geppert*, § 142 Rn. 20.

nicht von § 142 StGB erfasst wird, da es an einem plötzlich eintretenden Ereignis fehlt.[885]

(2) Das Überraschungsmoment im Lichte des § 142 StGB

Da sich – wie gezeigt – der Verdacht aufdrängt, dass der BGH den im Rahmen des § 142 StGB vorgetragenen Argumenten hinsichtlich der Bewertung des Vorliegens eines Unfalls im Rahmen von verabredeten Zusammenstößen bediente und diese auf § 315 b StGB übertrug, ist es angebracht, zu überprüfen, ob die Definition des „Unfalls" in § 142 StGB so heruntergebrochen werden kann, dass ihr Inhalt gleichsam dazu geeignet ist, dem Überraschungsmoment eine Kontur zu verleihen. Dazu folgender Beispielsfall 10:

> A und B planen einen verabredeten Zusammenstoß, um Versicherungsleistungen zu erlangen, die dann geteilt werden sollen. Als sich beide Fahrzeuge schon in Bewegung setzten und kurz vor dem Zusammenstoß standen, bekam A Bedenken an der Wirksamkeit seines Versicherungsvertrages. Deshalb bremste er stark ab und konnte gerade so einen Zusammenstoß noch vermeiden.

Bei dieser Sachverhaltskonstellation hätte der BGH unter Heranziehung der Grundsätze des § 142 StGB eine Anwendbarkeit des § 315 b StGB mit folgender Argumentation problemlos ablehnen können: Das Hervorrufen einer konkreten Gefahr wäre zu verneinen, weil vorliegend kein „Beinahe-Unfall" gegeben war. Da der Begriff der „konkreten Gefahr" durch das Vorhandensein eines „Beinahe-Unfalls" ausgefüllt wird, dieser „Beinahe-Unfall" in Anlehnung an § 142 StGB wiederum ein plötzliches Ereignis voraussetzt, wäre hier – da es sich um ein verabredetes Ereignis handelt – eine konkrete Gefahr zu verneinen gewesen. Gerade den Eintritt der konkreten Gefahr wollte der Senat jedoch nicht in Frage stellen, wenn er ausführt, „zwar wurden hierbei auch die beiden Beteiligten und Sachen von bedeutendem Wert *gefährdet*, mit dieser Gefährdung waren sie aber einverstanden."[886] Damit geht der Senat davon aus, dass eine konkrete Gefahr in den Fällen des verabredeten Zusammenstoßes gegeben ist. Die Merkmale Überraschung und Zufall sollen demnach auf die Bestimmung der konkreten Gefahr keinen Einfluss haben. Wenn nun die Auslegung des Merkmals „Unfalls" im Rahmen des § 142 StGB noch nicht einmal geeignet ist, die Bestimmung der konkreten Gefahr in die vom BGH verstandene Richtung zu lenken, so können die Grundsätze des § 142 StGB erst Recht nicht im Wege einer Art „Gesamtanalogie" auf die Bestimmung des „anderen" übertragen werden. Insoweit muss dem Überraschungsmerkmal ein eigenes, von § 142 StGB losgelöstes, Verständnis zu Grunde gelegt werden.

885 Vgl. nur MüKo-*Zopfs*, § 142 Rn. 35; LK-*Geppert*, § 142 Rn. 26; BayObLG VRS 71, 277.
886 BGH NJW 1991, 1120.

(3) Die Lesart des Überraschungsmoments im Lichte der gesetzgeberischen Intention

Zu klären ist nun, wann nach dem Willen des BGH davon gesprochen werden kann, dass das Gefährdungsopfer „überrascht" ist. Klar ist lediglich, dass der BGH im Rahmen von verabredeten Zusammenstößen das Überraschungsmoment verneint, wenn es tatsächlich zu einer Kollision kommt. *König* versucht das Überraschungsmoment dadurch handhabbar zu machen, indem er fragt, ob § 315 b StGB ein ungeschriebenes Heimtücke- oder Hinterlisterfordernis enthält.[887]

Dass ein Erfordernis einer Hinterlist nicht zutreffend sein kann, zeigen folgende Überlegungen: Hinterlist setzt voraus, dass der Täter bzw. der Fahrzeugführer seine wahren Absichten planmäßig verbirgt.[888] Betrachtet man nun das nachfolgende Beispiel, kann gezeigt werden, dass – würde man eine Hinterlist fordern – die Fälle des Zufahrens auf bestimmte Personen im Sinne einer gezielten Individualgefährdung nicht erfasst werden können, obwohl der Gesetzgeber gerade diese erfassen wollte: Wird ein Polizeibeamter absichtlich angefahren und somit sehenden Auges einem Angriff ausgesetzt, ist dieses Verhalten nicht hinterlistig, da bei einem gezielten Zufahren auf eine Person der Fahrzeugführer gerade nicht seine wahre Absicht verdeckt, sondern offensichtlich handelt.

Wenn man darauf abstellt, dass das Heimtückeerfordernis bei den Straßenverkehrsgefährdungsdelikten voraussetzt, dass der Polizeibeamte aus dem obigen Beispiel arg- und wehrlos sein muss, ist dies zwar ohne Probleme zu bejahen: Er ist deshalb arglos, weil er bei Beginn des Angriffs – auf diesen Zeitpunkt kommt es an[889] – mit einem ernsthaften Angriff nicht rechnet.[890] Dass dem so ist, wird man schwerlich in Abrede stellen können, denn das gezielte Zufahren auf einen Polizisten ist nicht als alltäglicher Akt zu werten. Gerade aufgrund dieser Arglosigkeit ist der Polizeibeamte auch wehrlos, weil bei ihm die Möglichkeit, ein geeignetes Abwehrverhalten an den Tag zu legen, mithin also zu reagieren, stark eingeschränkt ist. Somit wäre das Heimtückeerfordernis beim gezielten Zufahren (auf einen Polizeibeamten) gegeben und damit die gesetzgeberische Intention durch die Einbeziehung solcher Fälle gewahrt. Jedoch versagt die Formel, wenn es sich beim Gefährdungsopfer um einen Tatbeteiligten handelt. Als Fallbeispiel soll Beispielsfall Nr. 7[891] dienen. Zweifelsohne wurde hier gegenüber A heimtückisch gehandelt. A rechnete nicht damit, dass B die Steine in seine Richtung werfen würde. Aufgrund dessen war er in seiner Reaktionsmöglichkeit auch stark eingeschränkt; er war mithin wehrlos. Wenn davon auszugehen ist, dass beim Vorliegen des Heimtückeerfordernisses

887 LK-*König*, § 315 b Rn. 74.

888 Siehe zur Definition des Merkmals nur *Fischer*, § 224 Rn. 10 m.w.N.

889 Ganz h.M, siehe nur *Fischer*, § 211 Rn. 35 m.w.N.

890 Nicht maßgeblich ist, ob das Opfer mit dem Angriff rechnen *konnte* oder *musste*, sondern dass es damit tatsächlich in der konkreten Situation rechnete, vgl. *Fischer*, § 211 Rn. 37 a f.

891 Unter D.I.2.a.aa.

eine Einbeziehung stattzufinden hätte, müsste A vorliegend als taugliches Gefährdungsopfer angesehen werden, obwohl er Tatbeteiligter ist. Danach würde sich das Heimtückeerfordernis in diesen Fällen nicht mit dem Grundsatz des BGH vertragen, dass Tatbeteiligte per se nicht in den Anwendungsbereich der §§ 315 b, 315 c StGB fallen. Demnach kann es (ebenfalls) kein Heimtückeerfordernis sein, dass der BGH normieren wollte, denn es ist nicht davon auszugehen, dass der BGH seine eigene Rechtsprechung konterkarieren wollte.

(4) Die Lesart des Überraschungsmoments als „Unvorbereitetsein"

Letztlich verbliebe die Möglichkeit, den Begriff anhand seines Gegenteils zu bestimmen. Eine Person wäre also dann nicht überrascht, wenn sie auf die Situation vorbereitet wäre, wenn sie dementsprechend „weiß, was kommen wird". Demnach wäre eine Person immer dann unvorbereitet, wenn es sich bei der Gefährdungssituation um plötzliches Ereignis handelt, welches ihr unerwartet zustößt und somit unvorhergesehen bzw. unvorhersehbar ist. Die bei einem verabredeten Zusammenstoß involvierten Fahrzeugführer sind gemäß der oben genannten Definition danach auf den Unfall vorbereitet, weil er vorher abgesprochen wurde. Der Polizeibeamte ist demgegenüber genauso wenig wie A aus Beispielsfall 7[892] auf eine Gefährdungssituation vorbereitet. Beide werden „aus heiterem Himmel" mit der Gefährdungssituation konfrontiert und sind insoweit unvorbereitet. Unter Bezugnahme auf Beispielsfall 7 würde daher eine Lesart des Überraschungsmoments als „Unvorbereitetsein" dazu führen, dass auch Tatbeteiligte als taugliche Gefährdungsopfer angesehen werden müssten und demnach dem Anwendungsbereich der §§ 315 b, 315 c StGB unterfallen würden, weil auch A auf diese (Gefahren-) Situation nicht vorbereitet und demnach überrascht ist. Danach würde sich eine derartige Lesart nicht mit dem Grundsatz des BGH vertragen, dass Tatbeteiligte per se nicht in den Anwendungsbereich der §§ 315 b, 315 c StGB fallen. Folglich kann es (ebenfalls) nicht das Merkmal des Unvorbereitetseins sein, dass der BGH normieren wollte, denn es ist nicht davon auszugehen, dass der BGH beabsichtigt, seine eigene Rechtsprechung zu konterkarieren.

Ergänzend dazu ist Folgendes festzuhalten: Bei konsequenter Anwendung des Überraschungsmoments als „Unvorbereitetsein" müssten Fälle mit einbezogen werden, die nach Ansicht des BGH gerade nicht erfasst sein sollen. Außerdem wären Fälle nicht abgedeckt, die erfasst werden sollten: Gerade die (gesetzgeberische) Absicht, jegliche Fallkonstellationen der Mitfahrer-Fälle in den Tatbestand mit aufzunehmen, zeigt, dass es auf ein Überraschungsmoment nicht ankommen kann, da es durchaus Fälle gibt, in welchen der Mitfahrer damit rechnet, dass es zu einer konkreten Gefährdung kommen kann, und es andererseits Fälle gibt, in welchen die Gefährdung des Mitfahrers „aus heiterem Himmel" kommt.

892 Unter D.I.2.a.aa.

(5) Ergebnis

Im Ergebnis spricht vieles dafür, dass dieser Beschluss des BGH eine Leitentscheidung für die Fallgruppe des verabredeten Zusammenstoßes darstellt, eine darüber hinausgehende Allgemeingültigkeit kann aus den oben genannten Erwägungen daraus nicht abgeleitet werden. Was diese Fallgruppe betrifft, ist ihr, mit Blick auf das Ergebnis – keine Einbeziehung dieser Tatbeteiligten – zuzustimmen.[893] Wenngleich die Begründung nicht überzeugt, weil zum einen nicht deutlich wird, woraus das Überraschungsmoment (dogmatisch) abzuleiten ist, und es zum anderen inhaltlich nicht sinnig und ohne Schwächen definiert und ausgefüllt werden kann.[894] Auch deshalb muss die Bestimmung des Gefährdungsopfers unter dem Blickwinkel des Schutzzwecks der Normen erfolgen[895] und nicht anhand eines diffusen Überraschungsmoments. Verfährt man richtigerweise so, kann es durchaus vorkommen, dass ein durch den Schutzzweck bestimmtes taugliches[896] Gefährdungsopfer auf den Gefahreneintritt vorbereitet sein kann, ohne aus dem Anwendungsbereich der Normen herauszufallen. Unter Beibehaltung des Überraschungsmoments würde dieses Merkmal ihm die Tauglichkeit als Gefährdungsopfer nehmen, so dass bei konsequenter Anwendung Fälle nicht mit einbezogen werden, die jedoch zwingend einzubeziehen sind. Insoweit sind die vom BGH in dieser Entscheidung aufgeworfenen Erwägungen abzulehnen und als (allgemeines) Differenzierungskriterium nicht heranzuziehen.

cc. Das Zufallsmoment

Nach dem hiesigen Verständnis der BGH-Entscheidung hat das Fehlen des Überraschungsmoments zur Folge, dass somit die Verkehrsgefahr nicht zufällig ist. Da das hier gefundene Ergebnis zu einer Ablehnung der Anwendung des Überraschungsmoments führt, kommt es auf die Zufälligkeit der Verkehrsgefahr schon gar nicht mehr an, weil bereits der „Auslöser“ für die fehlende zufällige Verkehrsgefahr nicht sinnvoll hergeleitet werden kann.[897] Trotzdem soll kurz gezeigt werden, dass der

---

893 Vgl. zum absichtlich herbeigeführten Unfall und dessen sachgerechte Würdigung im Hinblick auf die Frage der Tauglichkeit der Gefährdungsopfer die Ausführungen unter F.III.6.b.

894 Darüber hinaus würde es auch grundsätzlich Probleme bereiten zu bestimmen, in welchen Fällen ein Überraschungsmoment (im Sinn eines Unvorbereitetseins) verwirklicht sein soll. Probleme ergeben sich schon dann, wenn die Beteiligten verabreden, eine Kollision mit knapp 25 km/h durchzuführen und einer der Beteiligten entgegen dieser Absprache 50 km/h fährt. Ist der andere Beteiligte auf diesen Zusammenstoß vorbereitet oder ist er nicht viel eher von dieser Wucht überrascht?

895 Siehe dazu insbesondere die Ausführungen unter F.III.

896 Zum Beispiel seien hier die Fälle der bloßen Mitfahrt genannt.

897 A.A. *Zimmermann*, JuS 2010, 22, 25, der davon ausgeht, dass die Gefährdung eines Tatteilnehmers deshalb zufallsbedingt sein muss, weil § 315 c StGB dies regelmäßig voraussetzt.

hervorgerufene Verkehrsgefahr auch ein Zufallselement nicht innewohnt: Wie *König*[898] bemerkt, konstituiert sich die Verkehrsgefahr gerade nicht durch ein Zufallselement, wie die Existenz des § 315 b Abs. 3 StGB i.V.m. § 315 Abs. 3 Nr. 1 a StGB beweist. Hier rechtfertigt sich die höhere Strafdrohung gerade daraus, dass der Täter absichtlich einen Unglücksfall herbeiführt. Einer absichtlichen Herbeiführung haftet aber sicherlich nichts Zufälliges an. Das gleiche gilt in den Fällen, in welchen das Fahrzeug zur Pervertierung des Verkehrsvorgangs, mithin als Waffe, benutzt wird. Voraussetzung dafür ist gerade, dass die Verkehrssicherheit gezielt und nicht zufällig beeinträchtigt wird. Die Bemerkungen von *König* sind richtig, solange man die Zufälligkeit auf die Verkehrsgefahr bezieht. Legt man die Sicht so fest, ist die Setzung der Gefahr in der Tat nicht zufällig und gerade der BGH lässt durch seine Ausführungen auch erkennen, dass er die Zufallskomponente auf die Verkehrsgefahr beziehen will.

Wechselt man dagegen die Sicht und versteht das Zufallsmoment so, dass dem Betroffenen bzw. der Gefährdeten das Ereignis zufällig widerfahren muss, wird vertreten, dass eine zurechenbare Mitverursachung des „Zufalls" die Tauglichkeit als Gefährdungsopfer ausschließt.[899] Soweit man dieses Verständnis zu Grunde legt und hinsichtlich des Zufallsmoments also an die Sicht des Betroffenen anknüpft, gelten die zum Überraschungsmoment gemachten Ausführungen entsprechend: Weder ist klar, woraus sich das Erfordernis ableiten lässt, noch ist es klar zu definieren und (praxistauglich) nachvollziehbar zu bestimmen. Darüber hinaus – und dies dürfte auch hier entscheidend sein – würde – wie im Rahmen des Überraschungsmoments – auch die Anwendung des Zufallsmoments dazu führen, dass bei konsequenter Anwendung einerseits Fälle (insbesondere im Rahmen der Gefährdung von Tatbeteiligten) mit einbezogen werden müssten, die nach Ansicht des BGH gerade nicht erfasst sein sollen, und andererseits Fälle nicht abgedeckt werden, die erfasst werden sollen.

Abschließend ist der in diesem Zusammenhang vom BGH getätigte Verweis auf die Entscheidung in NJW 1970, 1380 aufzugreifen, der jedoch die Notwendigkeit einer zufälligen Verkehrsgefahr auch nicht erklären kann.[900] Dort setzt sich der BGH dogmatisch mit der Frage der rechtfertigenden Einwilligung in eine Straßenverkehrsgefährdung auseinander und kommt zu dem Schluss, dass die generelle Unbeachtlichkeit einer Einwilligung den Vorzug der Praktikabilität habe, weil es dann nicht auf die Frage ankäme, ob es sich um eine Leibes- oder Sachgefahr handelt, bei der eine Einwilligung möglich wäre, oder um eine Lebensgefahr, in die nicht eingewilligt werden kann. Welche – so der BGH weiter – Verkehrsgefahr dann tatsächlich vorliegt, nachdem schon zu Fahrtbeginn die Einwilligung erklärt

898 In LK, § 315 b Rn. 74.

899 Zustimmend – ohne Bezugnahme auf den BGH – wohl *Zimmermann*, JuS 2010, 22, 25.

900 So auch: LK-*König*, § 315 b Rn. 74 Fn. 145.

wurde, hängt vom Zufall ab.[901] Nicht mehr und nicht weniger wird vom BGH in dieser Entscheidung ausgesprochen; mit einer Verkehrsgefahr, der ein Zufallsmoment innewohnt, hat dies nichts zu tun.

IV. Teleologische Auslegung

Die Frage nach dem Sinn und Zweck (Teleos) der Normierung eines gesetzlichen Tatbestandsmerkmals bildet letztlich den Schluss des Auslegungsvorgangs und sichert gegebenenfalls – durchaus auch unter Modifikationen – das davor gefundene Auslegungsergebnis.[902] Im Verlauf dieser Arbeit konnte auf der einen Seite bisher einigen Ansätzen des BGH entgegengetreten werden, die nach Vorstellung des BGH einen generellen Ausschluss der Tatbeteiligten rechtfertigen sollen. Auf der anderen Seite geben die bis hierher vorgenommenen Auslegungsmethoden wenig bis keine Anhaltspunkte, wie bei der Gefährdung von Tatbeteiligten zu verfahren ist, so dass insoweit nicht abschließend geklärt werden konnte, ob, und wenn ja, warum und wann Tatbeteiligte als geeignete Gefährdungsopfer angesehen werden können und/oder ob ein solches Verständnis sogar zwingend ist. Daher bedarf es abschließend noch einer teleologischen Untersuchung. Die sich in diesem Zusammenhang zu stellende Frage nach dem Sinn und Zweck lässt sich vorliegend wie folgt konkretisieren: Sollen bei der Gefährdung von Tatbeteiligten die §§ 315 b, 315 c StGB zur Anwendung kommen? Auf den Punkt gebracht: Es ist zu überprüfen, ob es sich bei Tatbeteiligten um solche Personen[903] handelt, die als taugliche Gefährdungsopfer der Tatbestände angesehen werden *sollen*.[904] Mithin geht es im Kern um die Frage, ob Tatbeteiligte in den Anwendungsbereich der vorgenannten Normen aufgenommen werden müssen, da sich die Schutzrichtung der Delikte auch auf Tatbeteiligte erstreckt.

1. Abgrenzung zur Schutzbedürftigkeit

Die Frage nach der Tauglichkeit einer Person als Gefährdungsopfer ist nicht mit der Frage nach der Schutz*bedürftigkeit* zu verwechseln.[905] In Anlehnung an das Urteil des OLG Stuttgart, wirft *Blei* die Frage auf, ob der durch die Tat selbst gefährdete und alkoholisierte Teilnehmer des von § 315 c StGB gewährten Strafrechtsschutzes nicht minder bedürftig ist, als jeder andere (Dritte), der in den Wirkungsbereich

901 BGH NJW 1970, 1380, 1381 = BGHSt 23, 261, 265.

902 Vgl. *Exner*, JuS 2009, 990, 991, der in diesem Zusammenhang allerdings von einem „Zurechtschneiden“ spricht.

903 *Hillenkamp*, JuS 1977, 166, 169 stellt insoweit die Frage der Schutzwürdigkeit der Tatbeteiligten. Vgl. dazu auch Fußnote 13 sowie die Ausführungen unter F.III.1.

904 *Hillenkamp*, Opferverhalten, S. 93, 94.

905 Zur Abgrenzung zwischen Tauglichkeit und Schutzwürdigkeit vgl. die Ausführungen unter F.III.1.

einer solchen Fahrt gelangt.[906] Diese Schutzbedürftigkeit soll sich gerade aus dem Umstand ergeben, dass der Gefährdete alkoholisiert ist. Dass er dabei Tatbeteiligter ist, soll danach unerheblich sein. Insoweit hätte diese Sicht in letzter Konsequenz zur Folge, dass der *alkoholisierte* Tatbeteiligte immer ein taugliches Gefährdungsopfer darstellt. Es muss jedoch entgegen der Ansicht *Bleis* bezweifelt werden, ob das Argument der Schutzbedürftigkeit als taugliches Abgrenzungsmerkmal herangezogen werden kann.[907] Zum einen ist insoweit im Gegensatz zum Begriff der Tauglichkeit – deren restriktive Wirkung sich aus rechtsdogmatischen Erwägungen herleiten lässt (und sich im Ergebnis maßgeblich aus dem Rechtsgutsverständnis rechtfertigt) – nicht klar, woraus sich das Erfordernis der Schutzbedürftigkeit ableiten soll. Zum anderen ist nicht zu vergessen, dass grundsätzlich jeder, der einer konkreten Gefahr ausgesetzt ist, schutzbedürftig ist, so dass es unerheblich wäre, ob der Gefährdete tatbeteiligt oder alkoholisiert ist, und sich dementsprechend die Schutzbedürftigkeit (als rein faktischer Umstand) nicht als Differenzierungsmerkmal eignet.

Wollte man allerdings die Schutzbedürftigkeit aus dem Alkoholkonsum dergestalt herleiten, dass der Tatbeteiligte aufgrund des Alkoholkonsums „nicht mehr wusste, was er tat", so wäre dies wenig stichhaltig, denn dadurch würde man stets den Alkoholkonsum bei Tatbeteiligten (mittelbar) „belohnen", während man ihn beim Fahrzeugführer als strafbegründenden Anknüpfungspunkt (für die §§ 315 c, 316 StGB) heranzieht. Es ist nicht der Belohnungscharakter, der stört, sondern die Ungleichbehandlung. Darüber hinaus ist bei solch einem Ansatz unklar, wo die Grenzen der Schutzbedürftigkeit zu ziehen wären: Ist jemand, der als Tatbeteiligter Drogen konsumiert hat, schutzbedürftig? Ist ein leichtgläubiger oder naiver Anstifter schutzbedürftig? Klare Kriterien lassen sich nicht ersehen und es ist offensichtlich, dass die Frage nach der Schutzbedürftigkeit im Einzelfall schwierige Abgrenzungen erfordert, die in der täglichen Praxis nur schwerlich zu leisten wären.

2. Die Tatbeteiligung des Gefährdungsopfers als Anwendungsfall des Viktimodogmatik im Wege der Tatbestandsrestriktion?

Ein oftmals und insbesondere vom BGH vorgetragenes Argument zu Gunsten des Ausschlusses der Tatbeteiligten (im Rahmen des § 315 c StGB) ist, dass der Tatbeteiligte auf Seiten des Unrechts stehe und somit den durch den Tatbestand bezweckten Schutz nicht verdient habe. Dadurch, dass er sich in strafrechtlich relevanter Weise beteiligt habe, habe er sein Strafrechtsschutz verwirkt, den das Gesetz gerade denjenigen zugedacht habe, die durch den Tatbeteiligten gefährdet worden sind.[908] Dass unter dem Anknüpfungspunkt „Tatbeteiligung und Tatbestandsrestriktion" behandelte Problem knüpft mit dieser Argumentation an viktimologische Ansätze

906 *Blei*, JA 1976, 205, 206.
907 So wohl auch *Hillenkamp*, Opferverhalten, S. 94.
908 BGHSt 11, 199, 203.

an und berührt diese,[909] ohne dass eine völlige Kongruenz der beiden Themenkreise hergestellt werden kann. Denn der ursprüngliche viktimologische Ansatz kann im Rahmen von Universalrechtsgütern keine Anwendung finden.

Als Viktimologie bezeichnet man die kriminologische Lehre vom Einfluss des Opferverhaltens auf die Delinquenz. Dabei steht die Frage im Mittelpunkt, wie sich eine Mitverantwortung des Opfers hinsichtlich des Geschehens auf das (verwirklichte) Unrecht auswirkt und gegebenenfalls zu einem Ausschluss des Tatbestands führen kann.[910] Dass die Frage nach der Tauglichkeit von Tatbeteiligten als (Gefährdungs-) Opfer überhaupt Eingang in die Beeinflussung der materiellen Rechtswidrigkeit gefunden hat, soll gerade ein Verdienst des viktimodogmatischen Ansatzes sein. Danach soll der viktimodogmatische Ansatz – wenn auch außerhalb seines originären Anwendungsbereichs – bei der Auslegung der übrigen für den strafrechtlichen Schutzbereich virulenten Umstände und Merkmale mit berücksichtigungsfähig sein; in der Hauptsache sollen dabei jedoch – d.h. unter Verzicht auf eine einseitige Betrachtungsweise – die spezifischen Schutzinteressen einzubeziehen sein.[911] Dementsprechend sollen alle rechtspolitisch relevanten Gesichtspunkte abzuwägen sein, wobei die „Interessen des Opfers" genauso zu berücksichtigen sind, wie das „Sicherheitsinteresse der Allgemeinheit".[912] Dass es alleine der Verdienst des viktimodogmatischen Ansatzes ist, die Frage nach einer entsprechenden Tauglichkeit überhaupt zu stellen, darf bezweifelt werden. Dennoch ist der Gedanke der Opfermitwirkung als ein Teilaspekt der zu behandelnden Frage nach der Erstreckung des Anwendungsbereichs in die Überlegungen mit einzubeziehen.

Die Opfermitwirkung kann vielschichtig sein und sich auf den Allgemeinen wie auch auf den Besonderen Teil des StGB auswirken. Eine dem Opfer anzulastende – aber als unvorsätzlich oder ungewollt einzustufende – Mitwirkung im Rahmen des hier interessierenden[913] Besonderen Teils kommt insbesondere dann in Betracht, wenn das Opfer möglichen und zumutbaren Selbstschutz unterlassen hat,[914] oder

---

909 *Hillenkamp*, Opferverhalten, S. 90 f.

910 *Roxin*, AT I, § 14 Rn. 15. Zusammenfassend zur Viktimo-Dogmatik: *Sowada*, S. 31 ff. Ablehnung dieses Ansatzes bei Sch/Sch-*Lenckner/Eisele*, vor §§ 13 ff. Rn. 70 b.

911 *Roxin*, AT I, § 14 Rn. 22.

912 *Schünemann*, in FS für Faller, S. 369.

913 Zum viktimologischen Ansatz im Rahmen des Allgemeinen Teils siehe *Roxin*, AT I, § 14 Rn. 17 und *Schünemann*, 1982, S. 409, wobei letzterer darauf hinweist, dass sich ein viktimologisch begründetes Zurechnungssystem zwar in den geschriebenen Normen des Allgemeinen Teils des StGB nicht auffinden lässt, dies aber seine Anerkennung nicht von vornherein ausschließt, da zahlreiche Grundsätze des Allgemeinen Teils ungeschriebenes Recht sind. Darüber hinaus streite zu Gunsten einer Anwendung, dass das viktimologische Prinzip zu Gunsten des Täters wirke.

914 *Hillenkamp*, Opferverhalten, S. 90. Dies wird erstmals von *Amelung* in GA 1977, 1 ff. am Beispiel des Betrugs gemäß § 263 StGB für die Fälle diskutiert, in denen das Opfer konkrete Zweifel an den Angaben des Täters hat. Siehe zu der Untersuchung *Amelungs* auch *Schünemann*, in FS für Faller, S. 357, 362 ff.

wenn es (bei den §§ 146 ff. StGB) auf „plumpe", leicht erkennbare Fälschungen hereinfällt.[915] Darüber hinaus gibt es Einzelvorschriften, die schon de lege lata die Strafbarkeit bei einer qualifizierenden Mitwirkung des Opfers entfallen lassen.[916] So soll im Rahmen des sexuellen Missbrauchs von Schutzbefohlenen gemäß § 174 Abs. 1 Nr. 2 StGB der Tatbestand entfallen, wenn die sexuell oder emotional motivierte Initiative vom Opfer ausgeht. Auch beim Provokationstotschlag gemäß § 213 StGB wie auch bei der Tötung auf Verlangen gemäß § 216 StGB spielt die Opfermitwirkung eine Rolle.[917]

Die soeben dargestellte Aufzählung zeigt, dass eine Berücksichtigung des aus der Täter-Opfer-Beziehung resultierenden Opferverhaltens nur fragmentarisch stattfindet und es daher durchaus diskussionswürdig erscheint, ob damit nicht im Sinne eines argumentum e contrario die Irrelevanz spezieller viktimologischer Konstellationen in allen anderen, gesetzlich nicht (ausdrücklich) geregelten Fällen statuiert wird.[918] Im Gegensatz zu diesem Ansatz könnte man durchaus auch die These aufstellen, dass immer dann, wenn ein wirksamer Selbstschutz des Opfers möglich und zumutbar ist, keine sozialgefährliche Rechtsgüterverletzung vorliegt. Damit würde es an einer Schutzwürdigkeit des bedrohten Rechtsguts fehlen, so dass – aufgrund der ultima ratio Funktion des Strafrechts – das Strafrecht dort nicht legitimerweise eingreifen kann, wo „mildere Mittel" zur Abwehr des Sozialschadens zur Verfügung standen.[919] Das mildere Mittel wäre eben der Selbstschutz. Eine deduktive Ableitung eines dem deutschen Strafrecht zugrunde liegenden viktimologischen Prinzips erscheint danach grundsätzlich möglich: Nämlich dann, wenn der normative Gedanke der Verwirkung des Rechtsgüterschutzes mit dem aus dem Subsidiaritätsprinzip folgenden Erforderlichkeitskriterium gekoppelt wird.[920] Andere[921] sind der Meinung, dass dem deutschen Strafrecht ein viktimologisches Prinzip nicht zugrunde liegt, weil es keine Anhaltspunkte dafür gebe, dass der Gesetzgeber die Strafbedürftigkeit von zumutbaren Selbstschutzmaßnahmen hätte abhängig machen wollen.[922]

Es spricht vieles dafür, dass es einen solchen generellen Grundsatz nicht gibt und dass das Mitverschulden des Opfers vielmehr innerhalb der Strafzumessung und bei

---

915 *Schünemann*, 1982, S. 418.

916 *Schünemann*, 1982, S. 409.

917 *Schünemann*, 1982, S. 410.

918 *Schünemann*, 1982, S. 410.

919 *Roxin*, AT I, § 14 Rn. 18; *Schünemann*, 1982, S. 410 f.; *Gropp*, § 2 Rn. 17.

920 *Schünemann*, 1982, S. 411. Interessant sind auch die Ausführungen *Schünemanns* in der FS für Faller, S. 357, 359 ff., wonach zur Einschränkung der Strafrechts-Hypertrophie letztlich die Strafrechtsdogmatik in Gestalt der Anwendung der Viktimo-Dogmatik „berufen" sei.

921 Grundlegend dazu *Hillenkamp*, Opferverhalten. Gegenkritik zu *Hillenkamp* findet sich bei *Schünemann*, in FS für Faller, S. 364 ff. Ebenfalls ablehnend: LK-*Walter*, Vor § 13 Rn. 20. Zusammenfassend bezüglich Kritik und Antikritik: *Schünemann*, NStZ 1986, 439, 441 ff.

922 *Roxin*, AT I, § 14 Rn. 19.

den §§ 153 ff. StPO zu berücksichtigen ist.[923] Der Grundsatz ist weder dogmatisch zwingend noch führt er zu einer annehmbaren Rechtsanwendung. Sei es, um das Beispiel des Betruges gemäß § 263 StGB heranzuziehen, aufgrund des Umstandes, dass das Strafrecht auch und gerade leichtgläubige Opfer schützen muss und das Hervorrufen eines Irrtums gerade zeigt,[924] dass eben diese Personen auch schutzbedürftig sind. Gleiches gilt aufgrund der unten genannten Argumente bezüglich der Verwerflichkeit des Handlungsunrechts.[925] Oder sei es deshalb, weil ein solches Prinzip kriminalpolitisch als nicht wünschenswert erscheint, da es Argwohn, Misstrauen und ängstliches Sicherungsdenken hervorrufen[926] und zu einer „Einigelung" der Gesellschaft führen kann.[927]

Jedoch stellt der BGH mit seinen rechtslogischen Erwägungen[928] nicht auf den viktimologischen Gedanken ab, so dass erst einmal offen bleiben kann, ob dem StGB ein solcher Ansatz immanent ist. Wie eingangs erwähnt, zielt der viktimologische Ansatz nämlich darauf ab, dass ein Eingreifen des Staates im Wege einer strafrechtlichen Ahndung dann nicht notwendig ist, wenn das Opfer keinen Schutz verdient hat, weil es sich hätte einfacher und ohne weiteres in zumutbarer Weise selbst schützen können.[929] Im Gegensatz dazu knüpfen die rechtslogischen Erwägungen des BGH in BGHSt 11, 199 an ein missbilligendes und strafwürdiges Verhalten des Opfers an.[930] Damit wird dem Opfer ein über eine bloße Mitwirkung hinausgehendes Verhalten – nämlich eine strafrechtlich relevante Beteiligung – angelastet. Für solche Verhaltensweisen ist der viktimodogmatische Ansatz nicht konzipiert. Es ist nicht der pflichtwidrig unterlassene Selbstschutz, der den Gedanken des BGH trägt, sondern vorsätzliches, aktives Handeln des Gefährdungsopfers.

Des Weiteren – und dies unabhängig vom soeben Ausgeführten – ist nicht klar, welche Art eines Opfermitverhaltens überhaupt berücksichtigungsfähig wäre. Welche Qualität das Verhalten aufweisen müsste, ist nicht definiert und wohl auch nicht generell definierbar. Zu dieser augenscheinlichen Schwäche kommt noch der Umstand, dass in einer Vielzahl von Fällen stets eine irgendwie geartete Opfermitwirkung bestehen wird. Die Fälle, in denen eine Täter-Opfer-Beziehung – sei es persönlicher Art oder nur der Umstand, dass das Opfer den

---

923 LK-*Walter*, Vor § 13 Rn. 20 mit dem Verweis, dass so auch die Praxis verfahren würde.

924 Siehe dazu BGH NStZ 2003, 313.

925 Siehe dazu die Ausführungen unter D.IV.3.c.aa.

926 *Roxin*, AT I, § 14 Rn. 21; LK-*Walter*, Vor § 13 Rn. 20.

927 *Hillenkamp*, Opferverhalten, S. 206 ff.

928 Vgl. BGHSt 11, 199, 203 und unter B.I.1.d.

929 *Schünemann*, NStZ 1986, 439; *ders.* in FS für Faller, S. 357, 362.

930 Sicherlich könnte man auch mit einem maiore ad minus Argument vertreten, dass solch ein Verhalten erst Recht der Viktimo-Dogmatik unterfallen muss. Die auf den Verwirkungsgedanken zugeschnittenen Argumente bleiben allerdings die gleichen. Siehe zu diesen Argumenten die kommende Darstellung im (Haupt-) Text unter 3.

Täter beeinflusst – vorliegt, dürften nicht weniger selten vorkommen, als die Konstellationen, in denen gar keine Opfermitwirkung existiert. Weil dem jedoch so ist, müsste der viktimodogmatische Ansatz – unterstellt das Verhalten des Opfers ist insoweit ausreichend – in einem Großteil der strafrechtlich relevanten Fälle zu einem gesetzlich nicht vorgesehenen Ausschluss der Strafbarkeit des Täters führen. Dies würde den Anwendungsbereich des Strafrechts über Gebühr und ohne Not stark verkürzen. Darüber hinaus ist der viktimologische Ansatz mit dem hiesigen Verständnis der von den §§ 315 b, 315 c StGB geschützten Rechtsgüter nicht vereinbar. Wie noch zu zeigen sein wird, verfolgen die Normen gerade keinen Individualrechtsgüterschutz, sondern haben ein Kollektivrechtsgut zum Gegenstand. Mithin liegt auch bei einer Opfermitwirkung grundsätzlich eine sozialgefährliche Rechtsgüterverletzung vor, selbst oder gerade dann, wenn der Einzelne ein im Sinne der Viktimodogmatik relevantes Verhalten an den Tag legt. Das bedrohte Rechtsgut bleibt, weil es kollektivistisch ist, unabhängig davon schutzbedürftig, ob eine irgendwie geartete „Opfermitwirkung" vorliegt oder nicht. Der Einzelne kann zumindest aufgrund eines unterlassenen Selbstschutzes – dessen Berücksichtigung sich dogmatisch auch kaum sicher herleiten lässt – nicht die Geltung eines an sich unverbrüchlichen Allgemeinrechtsguts aushebeln. Gerade in diesen Fällen der „Opfermitwirkung" muss das „scharfe Schwert" des Strafrechts eingreifen, um das Schutzbedürfnis der Allgemeinheit sicherzustellen.

3. Ausschluss der Tauglichkeit als Gefährdungsopfer aufgrund des Verwirkungsgedankens

a. Konkretisierung des Verwirkungsgedankens

Die vom BGH verfolgten rechtslogischen Erwägungen weisen – wie dargestellt – zwar eine Parallelität zu den viktimologischen Ansätzen dadurch auf, das es gerade ein bestimmtes Opferverhalten ist, dass der Tatbestandsrestriktion dient.[931] In den Erwägungen der Rechtsprechung steckt jedoch nicht der Gedanke, das Opfer habe einen zumutbaren Selbstschutz unterlassen. Vielmehr geht es darum, dass der Strafrechtsschutz durch eigenes missbilligendes Verhalten verwirkbar sei.[932] Argumentativ wird darauf abgestellt, dass das Opfer aufgrund seiner deliktischen Verstrickung den Strafrechtsschutz nicht verdient habe.[933]

Der Verwirkungsgedanke lässt sich, um es pointierter auszudrücken, durch folgende Fragen ausdrücken: Geschieht es dem Opfer nicht vielleicht „ganz recht", dass es nunmehr gefährdet wird? Ist dies nicht sozusagen eine ausgleichende Gerechtigkeit?[934] Weg von den Fragen hin zu einer These bleibt die Behauptung: „Wer sich in Gefahr begibt, kommt darin um, d.h. er wird von der Rechtsordnung

931 *Hillenkamp*, Opferverhalten, S. 93.
932 *Hillenkamp*, Opferverhalten, S. 93.
933 *Sowada*, S. 35.
934 *Bruns*, in FS für Mezger, S. 335, 336.

nicht mehr geschützt."[935] Um dem Verwirkungsgedanken eine Kontur zu verleihen, stellt sich die Frage, ob die Strafrechtsordnung auch für und gegen „Verbrecher" untereinander gilt oder ob es gerade im Strafrecht ein Institut der Verwirkung eines Strafrechtsschutzes gibt.

Nicht zu bestreiten ist, dass die Strafrechtsordnung in bestimmten strafrechtlich relevanten Fällen nach übereinkommender Meinung auch und gerade im Verhältnis von Straftätern untereinander Geltung beansprucht.[936] So kann auch der Dieb bestohlen werden.[937] Und eine Sache ist nach herrschender Meinung auch dann „anvertraut" i.S.d. § 246 Abs. 2 StGB, wenn das zu Grunde liegende Übertragungsgeschäft sittenwidrig oder aus anderen Gründen unwirksam ist.[938] Weiterhin ist auch das Vermögen, das der Betrüger erlangt hat – unter Aufgabe des rein juristischen Vermögensbegriffs – gegen Straftaten geschützt, so dass das durch Betrug rechtswidrig erlangte Eigentum und der durch Diebstahl erlangte rechtswidrige Besitz geschütztes Vermögen sind.[939] Es ist zu überlegen, ob es sich im Rahmen des Anwendungsbereichs der §§ 315 b, 315 c StGB anders verhält und demnach zu Gunsten einer Herausnahme des Opfers in derartigen Fällen der Verwirkungsgedanke heranzuziehen ist?

Insoweit stellt sich – gerade im Zusammenhang mit den einen Universalrechtsgüterschutz verfolgenden §§ 315 b, 315 c StGB – die Frage, inwieweit ein Einzelner den Rechtsschutz für alle anderen vom Rechtsgutsschutz umfassten Personen verwirken kann. Dementsprechend muss der Verwirkungsgedanke nachfolgend unter zwei Gesichtspunkten näher beleuchtet werden: a) Kennt das deutsche Strafrecht überhaupt ein Institut der Verwirkung und b) kann der Verwirkungsgedanke überhaupt eine tragende Rolle spielen und dem Einzelnen einen Strafrechtsschutz versagen, wenn es um den Schutz von Kollektivrechtsgütern geht?

Da dem Gesetz keine greifbaren Anhaltspunkte zur Klärung der beiden Fragen zu entnehmen sind, spielen gerade rechts- und kriminalpolitische Überlegungen eine Rolle.[940] Ausgangspunkt der Überlegung muss sein, dass es tatsächlich widersprüchlich erscheint, wenn eine Strafnorm auf der einen Seite dazu dient, den Tatbeteiligten von der Begehung einer Straftat abzuhalten,[941] sie auf der anderen Seite aber, wenn sie denn begangen wurde, den Tatbeteiligten schützen soll.[942] Durchaus diskussionswürdig erscheint, ob es richtig ist, dafür, dass sich der Tatbeteiligte nicht

---

935 *Bruns*, in FS für Mezger, S. 360.

936 *Sowada*, S. 37. Zu dieser Aussage im Rahmen der §§ 212, 223, 229 StGB siehe oben unter D.III.2.cc.

937 *Geppert*, Jura 1996, 47, 48 mit Fn. 12.

938 *Wessels/Hillenkamp*, Rn. 322 m.w.N. auch zur Gegenansicht. Siehe zu diesem Themenkreis auch *Fischer*, § 246 Rn. 17.

939 Ausführlich dazu *Fischer*, § 263 Rn. 101 ff. Und exemplarisch für die Rechtsprechung BGH NStZ-RR 2008, 76.

940 *Bruns*, in FS für Mezger, S. 335.

941 Zu dieser Wirkung siehe *Heghmanns*, GA 2000, 473, 479.

942 *Wirsch*, JuS 2006, 400, 402.

von der Begehung einer Straftat hat abbringen lassen, ihn auch noch (mit einem Strafrechtsschutz) zu „belohnen". Im Gegensatz dazu ist aber Folgendes zu beachten: Zwar mag es sein, dass der Gesetzgeber bei Schaffung der §§ 315 b, 315 c StGB primär an den Schutz von unbeteiligten Dritten gedacht hat. Dies rechtfertigt es jedoch nicht, den Tatbeteiligten den Strafrechtsschutz – und insoweit sei das Ergebnis bereits an dieser Stelle vorweggenommen – zumindest aufgrund einer Verwirkung zu versagen. Im Einzelnen lässt sich in Anlehnung an die oben aufgeworfenen Fragen dies wie folgt begründen:

b. Verwirkungsgedanke und Kollektivrechtsgüterschutz

Unter Anknüpfung an die soeben unter b) aufgeworfene Frage ist festzuhalten, dass der Verwirkungsgedanke (unabhängig von der Frage, ob ein derartiger Grundsatz überhaupt existiert) dann keine tragende Rolle spielen kann, wenn – wie bei den §§ 315 b, 315 c StGB – ein Universalrechtsgüterschutz im Raum steht. Der Verwirkungsgedanke ist genauso wie der viktimologische Ansatz nicht geeignet, die Tauglichkeit eines Einzelnen samt seinem durchaus zu missbilligenden Verhalten zu „beseitigen", weil ein solches allgemeines Verständnis gerade den Gedanken des Kollektivrechtsguts – Geltung unabhängig vom Einfluss eines Einzelnen – konterkariert. Die aus dem Verwirkungsgedanken folgende Anerkennung einer generellen „strafrechtsfreien Exklave" ist in dieser Allgemeinheit nicht mit dem Rechtsgut des Allgemeininteresses an der Sicherheit des Verkehrs zu vereinbaren.[943] Dies ergibt sich auch und insbesondere aus historischen Erwägungen: Durch das Zweite Gesetz zur Sicherung des Straßenverkehrs sollte die Sicherheit auf der Straße gehoben werden. Voraussetzung dafür ist aber gerade, dass die Sicherheit des Straßenverkehrs unabhängig vom Verhalten eines einzelnen Verkehrsteilnehmers gewährleistet werden muss. Um dies gewährleisten zu können, ist es eben unabdingbar, dass die Sicherheit des Straßenverkehrs nicht zur Disposition des Einzelnen steht, solange es dafür keine zwingenden Gründe gibt.

c. Das Institut der Verwirkung als Grundsatz des deutschen Strafrechts?

Unabhängig von dem soeben Ausgeführten, ist ganz allgemein eine Verwirkung des Strafrechtsschutzes durch die Beteiligung an einer Tat weder dogmatisch noch aus dem Gesamtzusammenhang ableitbar und daher unserer heutigen[944] Rechtsordnung

943 So auch LK-*König*, § 315 b Rn. 74. Zu beachten ist aber, dass dies nur hinsichtlich des Verwirkungsgedankens gilt. Existieren dagegen dogmatisch zwingende Gründe – und das dem so ist, wird noch gezeigt werden – kann der Strafrechtsschutz in dieser Absolutheit freilich keine Geltung beanspruchen.

944 Anders noch das germanische Recht, das eine generelle Friedlosigkeit des Rechtsbrechers kannte. Die Schutzlosigkeit begründete sich aus dem atavistischen Bild vom friedlos gelegten Germanen, dessen Fluchtfrist abgelaufen war (vgl. dazu m.w.N. *Hillenkamp*, JuS 1977, 166, 170; *Geppert*, Jura 1996, 47, 48) bzw. aus der

fremd.[945] Mit den nachfolgenden Ausführungen lässt sich zeigen, dass sich ein Institut der Verwirkung nicht herleiten lässt und es insoweit aufgrund rechts- und kriminalpolitischer Überlegungen nicht tragfähig ist, jemanden einen Strafrechtsschutz nur deshalb zu versagen, weil er ein strafrechtlich zu missbilligendes Verhalten an den Tag gelegt hat. Im Einzelnen:

aa. Legitimationszweck der Strafe und Verwirkungsgedanke

Der zu Gunsten der Möglichkeit der Verwirkung soeben angesprochene und herangezogene Belohnungsgedanke wirft die Frage auf, ob es richtig ist, die Frage nach der Strafwürdigkeit des Täters ausschließlich und einseitig an die Schutzwürdigkeit des Opfers zu koppeln. Folge eines solchen Ansatzes wäre, dass der Erfolgsunwert stark beleuchtet und der Handlungsunwert stark in den Hintergrund gedrängt wird.[946] Es muss hinterfragt werden, ob es vernünftig ist, die am Rechtsgut orientierte Schutzfunktion des Strafrechts derart in den Mittelpunkt zu stellen, dass eine eventuelle Schutzunwürdigkeit des Verletzten in der Lage ist, die Strafbarkeit des Täters aufheben zu können.[947] Dabei stellt sich zwangsläufig die zu klärende Frage, welche Legitimation und welchen Sinn die Strafe hat.

Während die Aspekte der Legitimation staatlichen Strafens Aufschluss darüber geben, warum Strafe als solche gesellschaftlich erforderlich ist, beschäftigt sich die Frage nach dem Sinn der Strafe damit, ob diese dem einzelnen Straftäter gegenüber angebracht ist.[948] Die Aufgabe und damit die Legitimation des Strafrechts ist es, den Schutz des Zusammenlebens der Menschen in einer Gemeinschaft über die gegebene soziale Ordnung hinaus durch eine insoweit ergänzende Rechtsordnung zu gewährleisten. Rechtsverletzungen müssen deshalb entgegengetreten werden, um letztlich die Unverbrüchlichkeit der Rechtsordnung sicherzustellen.[949] Dabei ist es Aufgabe des Strafrechts, die elementaren Werte des Gemeinschaftslebens dadurch zu schützen, dass rechtsgüterverletzende Verhaltensweisen durch das Aufstellen von Verhaltensgeboten und -verboten gesteuert werden, so dass das Verbrechen zu einer Rechtsguts- und Pflichtverletzung wird.[950] Die Rechtfertigung für die Pönalisierung bestimmter Verhaltensweisen liegt damit darin, ein freies und friedliches Zusammenleben zu sichern, wobei dies durch einen Rechtsgüterschutz

---

Friedloslegung wegen begangener Untaten (vgl. *Hillenkamp*, Opferverhalten, S. 95).

945 So auch: *Geppert*, Jura 1996, 47, 48; *ders.*, Jura 1996, 639, 646; *Sternberg-Lieben*, JuS 1998, 428, 431; *Hillenkamp* JuS 1977, 166, 169, der davon spricht, dass ansonsten derjenige, der das Gesetz missachte, „vogelfrei“ werde; *Ellbogen/Richter*, JuS 2002, 1192, 1196; SK-*Wolters*, Vor § 306 Rn. 10; *Wirsch*, JuS 2006, 400, 402.

946 *Bruns*, in FS für Mezger, S. 336.

947 *Bruns*, in FS für Mezger, S. 355.

948 *Gropp*, § 1 Rn. 168.

949 *Jescheck/Weigend*, § 1 I 1; *Maurach/Zipf*, AT 1, § 7 Rn. 5.

950 *Maurach/Zipf*, AT 1, § 7 Rn. 4 m.w.N.

erreicht wird.[951] Während umstritten ist, ob der *Schwerpunkt* auf dem Schutz der Rechtsgüter oder dem des Handlungsunwertes liegt[952], legitimieren beide Elemente in *verschränkter* Weise das Strafrecht.

Deshalb ist es richtig, wenn *Bruns*[953] ausführt, dass der Staat nicht nur um der ihm obliegenden Schutzaufgabe bestraft, sondern auch deshalb, weil eine Tat „sittlich böse und subjektiv verwerflich, damit strafwürdig ist“: Da es – so *Bruns* weiter – primär um den Schutz solcher Werte gehe, die die Basis eines jeden staatlichen Zusammenlebens bilden, könne die „sittliche Minderwertigkeit“ des Angegriffenen sowie die Tatsache, dass das Gefährdungsopfer eventuell schutzunwürdig erscheint, eine Strafbarkeit nicht hindern. Da es daher das Ziel des Strafrechts ist, in erster Linie die allgemeine Rechtsordnung zu sichern und es nicht nur darum geht, Einzelbelange zu schützen, muss die aus dem Legitimationszweck der Strafe resultierende Absolutheit und Unverbrüchlichkeit des strafrechtlichen Schutzes – konsequenterweise – dazu führen, dass ein Gedanke der Verwirkung nicht anzuerkennen ist.

bb. Vermeidung eines rechtsfreien Raumes

Das – durchaus zu missbilligende – Opferverhalten kann nicht dazu führen, dass durch einen so bedingten Rückzug des Strafrechts aufgrund einer Verwirkung die Schädigungsfreiheit wächst.[954] Anderenfalls würde ein „bestrafungsfreier“ Raum entstehen. Dies ist in keinem Fall wünschenswert[955] und auch nicht angebracht, solange keine (aufgrund des Rechtsgüterschutzes vermittelten) zwingenden dogmatischen Gründe dafür sprechen. Bei Anerkennung des Verwirkungsgedankens würde die Befriedungsfunktion des Strafrechts in einem sowieso schon von seinen Schranken befreiten Raum aufgegeben und Freiräume für strafbares Verhalten geschaffen werden. Denn es bleibt zu beachten, dass die Rechtswidrigkeit einer Handlung (und die daraus resultierende Strafbarkeit des Täters) nicht *alleine*[956] dadurch ausgeschlossen werden kann, dass das Opfer selbst gegen Strafgesetze verstoßen hat: Denn auch in einem solchen Fall lehnt sich der Täter – da er in aller Regel unabhängig vom Opfer agiert – gegen die allgemeine Rechtsordnung auf. Dass dabei dem Opfer ein vermeintlich unverdienter Strafrechtsschutz[957] zuerkannt wird, ist unerheblich, denn

---

951 *Roxin*, AT I, § 2 Rn. 7.

952 Siehe dazu *Maurach/Zipf*, AT 1, § 7 Rn. 4 m.w.N., wo von einer Gleichrangigkeit ausgegangen wird.

953 In FS für Mezger, S. 356 f., 361. *Bruns* vertritt im Übrigen die Ansicht, dass der unmittelbare Schutz von Rechtsgütern nur sekundärer Natur ist.

954 *Wessels/Hillenkamp*, Rn. 322.

955 *Wirsch*, JuS 2006, 400, 402.

956 Eine andere Frage ist jedoch, ob eine Versagung des Strafrechtsschutzes nicht aus anderen Gründen in Betracht kommt.

957 Dieser Aspekt wäre im Zusammenhang mit der Frage nach der Tauglichkeit von Tatbeteiligten als Gefährdungsopfer der §§ 315 b, 315 c StGB argumentativ ohnehin zu vernachlässigen. Da die Zuerkennung eines Strafrechtsschutzes in letzter Konsequenz auch eine Strafbarkeit des Tatbeteiligten zur Folge hätte, ist davon

Sinn und Zweck des Strafrechts ist es auch, bestimmten gesellschaftsfeindlichen Verhaltensweisen sühnend entgegenzutreten und die Bewährung der allgemeinen Rechtsordnung im Sinne einer positiven Generalprävention sicherzustellen.[958] Deshalb kann und darf es nicht sein, dass ein an sich normgeschütztes Rechtsgut alleine wegen eines strafwürdigen Verhaltens friedlos gelegt, dadurch schutzunwürdig und aus dem Rechtsschutz des Staates ausgewiesen wird.[959] Mit solch einem auf dem Verwirkungsgedanken basierten Verständnis ginge gerade eine ungewollte Schwächung der Normgeltung einher.[960]

cc. Institut der Einwilligung als Lösungsansatz

Letztlich verbleibt noch ein einfaches, jedoch stichhaltiges Argument, welches zeigt, dass eine Verwirkung nicht ipso iure zu einer Versagung des Strafrechtsschutzes führen kann: Ohne große Schwierigkeiten lässt sich systematisch zeigen, dass das Institut der Einwilligung rechtsdogmatisch der Schlüssel ist, um die Fälle der vermeintlichen Verwirkung zu lösen.

Aus dieser Erkenntnis ergibt sich, dass dem StGB der Verwirkungsgedanke insoweit fremd ist, als der Gesetzgeber dies – wenn auch in einem anderen Gewand – zumindest mittelbar positiv rechtlich, nämlich durch § 228 StGB, geregelt hat. Wenn sich aber die fraglichen Fälle mit dem geltenden Recht lösen lassen, ist für eine Verwirkung kein Raum und auch kein Bedürfnis mehr vorhanden.

Dabei ist die Einwilligung nicht als Alternative zum Verwirkungsgedanken zu verstehen. Nach den Grundsätzen der Verwirkung soll für den Verlust des Strafrechtsschutzes alleine das Verhalten des Betroffenen maßgeblich sein. Dagegen ist der Einwilligung ein Element des Bewusstseins inhärent: Die durch die Zustimmungserklärung erklärte Willensaufgabe hat nur dann rechtfertigende Wirkung, wenn dieser eine eigenverantwortliche Willensbildung zu Grunde liegt. Demnach ist nur die bewusste und freiwillige Gestattung der tatbestandsmäßigen Rechtsgutsverletzung von Relevanz.[961] Die Einwilligung verlangt daher mehr als bloßes (passives) Verhalten im Sinne eines Geschehenlassens oder Duldens.[962] Insoweit ist zu konstatieren, dass die (wenigstens mittelbare) positiv rechtliche Normierung der Einwilligung als bewusste Entscheidung des Gesetzgebers dahin verstanden werden muss, dass gerade nur die überlegte und willentliche Rechtsaufgabe Wirkung entfalten soll.

---

auszugehen, dass der Tatbeteiligte auf eine Anwendungserstreckung in Bezug auf seine Person verzichten würde, wenn er denn könnte. Vgl. dazu auch die Ausführungen unter F.IV.

958 *Bruns*, in FS für Mezger, S. 341 f., 351.

959 *Bruns*, in FS für Mezger, S. 356.

960 *Sowada*, S. 37.

961 Vgl. OLG Oldenburg NJW 1966, 2132.

962 Vgl. Sch/Sch-*Lenckner/Sternberg-Lieben*, Vorbemerkungen zu den §§ 32 ff. Rn. 45.

d. *Die Würdigung der rechtslogischen Erwägungen des BGH unter Beachtung des „Postulats der Rechtsmacht“*

Im Übrigen würde ein Verständnis der rechtslogischen Erwägungen dahingehend, dass darin die Anerkennung eines Verwirkungsgedankens durch den BGH zu sehen ist, das vom BGH aufgestellte Postulat der Indisponibilität des Universalrechtsguts der Sicherheit des Straßenverkehrs konterkarieren. Der BGH hat ausgeführt, dass durch das Zweite Gesetz zur Sicherung des Straßenverkehrs die Sicherheit auf der Straße allgemein gehoben werden sollte. Dies, so der BGH weiter, ist ein gesetzgeberisches Vorhaben, dessen Verwirklichung man keineswegs dem *Willen* des Einzelnen überlassen wollte.[963] Wenn der BGH dies ausführt, dann steckt dahinter die Aussage, dass die Sicherheit des Straßenverkehrs unabhängig vom Verhalten eines einzelner Personen gewährleistet werden soll und muss; weder kann der Einzelne die Sicherheit des Straßenverkehrs positiv garantieren noch soll er über die Sicherheit des Straßenverkehrs durch sein verkehrsfremdes Verhalten disponieren können. Um aber dies gewährleisten zu können, ist es unabdingbar, dass die Sicherheit des Straßenverkehrs nicht zur Disposition des Einzelnen steht, solange es dafür keine zwingenden Gründe gibt. Das Interesse an der Verkehrssicherheit macht das Rechtsgut für den Einzelnen insoweit indisponibel, als es um den Verwirkungsgedanken geht.

Würde man die Tatbeteiligten aus dem Anwendungsbereich herausnehmen, hätte man ihnen gerade eine solche Rechtsmacht zuerkannt, die der BGH nicht statuieren und mit dem Grundsatz der Unwirksamkeit der Einwilligung (nachhaltig) manifestieren wollte.[964] Daher wird zu Recht vertreten, dass sich solch eine Sicht nicht mit der vom BGH vertretenen Bestimmung des Schutzguts vereinbaren ließe. Denn richtigerweise sieht der BGH – trotz mancher Unklarheiten[965] – im Rahmen der §§ 315 b, 315 c StGB die Sicherheit des Verkehrs als geschützt an. Daraus kann aber kaum folgen, dass generell eine aus dem Verwirkungsgedanken herrührende „strafrechtsfreie Exklave“ für Tatbeteiligte existiert,[966] die jedoch bei Anerkennung des Verwirkungsgedankens zwangsläufig entstehen würde. Eine solche Exklave widerspricht dem Verständnis des BGH vom insoweit absoluten Strafrechtsschutz, der vom Willen des Einzelnen unabhängig ist. Daraus folgt, dass der BGH nach seinem eigenen Verständnis konsequenterweise nicht mit dem Verwirkungsgedanken operieren kann, weil dies Widersprüche und Ungereimtheiten zur Folge hätte.[967] Insoweit scheidet eine solche an anderer Stelle[968] vorgeschlagene Interpretation der vom BGH aufgeworfenen rechtslogischen Erwägungen aus.

963 BGHSt 23, 261, 263.
964 *Hillenkamp*, JuS 1977, 166, 169; *ders.*, Opferverhalten, S. 94.
965 Siehe dazu unten unter D.IV.5.b.bb.(1).
966 LK-*König*, § 315 b Rn. 74.
967 *Saal*, NZV 1998, 49, 50.
968 Siehe dazu oben unter B.I.1.d.cc.

Wenn es dem BGH darum gegangen sein sollte, die nach ihm notwendige Repräsentanz des Gefährdeten dann zu verneinen, wenn sich das Gefährdungsopfer (lediglich) im Lager der Täters befindet, dann ist das – über die Gründe hinaus, die gegen eine Verwirkung sprechen – zu weitgehend. Dies allein schon aus dem Grund, weil ein solches „Lagerverhalten“ vor dem Zweiten Gesetz zur Sicherung des Straßenverkehrs bereits bei einem nicht strafbewehrten Verhalten (z.B. die bloße Mitfahrt) vorliegen sollte. Dem hat der Gesetzgeber durch die Novelle einen Riegel vorgeschoben. Die durch die vormalige BGH-Rechtsprechung hervorgerufene „Sippenhaft“ soll danach nicht mehr möglich sein.

e. *Ergebnis*

Im Ergebnis gibt es aus den oben genannten Gründen somit keinen allgemeinen Grundsatz, wonach Tatbeteiligte aufgrund einer Verwirkung nicht selbst Opfer einer Straftat sein können.[969] Weder ist der Verwirkungsgedanke dogmatisch herleitbar noch ist er aufgrund der Existenz des Instruments der Einwilligung notwendig. Im Zusammenhang mit den §§ 315 b, 315 c StGB kommt entscheidend dazu, dass aufgrund des von den vorgenannten Normen verfolgten Universalrechtsgüterschutzes das missbilligende Verhalten eines Einzelnen nicht zur Aufhebung des kollektiven Strafrechtsschutzes führen kann. Da der Verwirkungsgedanke die fehlende Einbeziehung in den Rechtsgutsbereich nicht zu begründen vermag, bleibt zu überprüfen, ob nicht andere, dann dogmatisch zwingende, Ansatzpunkte zu beachten sind, die die Frage nach der Tauglichkeit eines Tatbeteiligten als Gefährdungsopfer beantworten können.

4. Fehlende Tauglichkeit aufgrund des Autonomiegedankens

Als Begründung für eine fehlende (Schutz-) Eignung könnte der Umstand herangezogen werden, dass sich das Opfer bewusst in die Gefahrensituation begeben hat und deshalb keines Schutzes würdig ist, weil es das Risiko im Ergebnis selbst zu verantworten hat. Der durch eine Strafnorm vor Eingriffen Dritter vermittelte Schutz könnte nämlich dort enden, wo der eigene Verantwortungsbereich des tatbeteiligten Opfers beginnt.[970] Anknüpfungspunkte könnten der Autonomiegedanke und das Prinzip der straflosen Selbst- bzw. Fremdgefährdung sein.[971] In Betracht kommen hier gerade die Fallgruppen der eigenverantwortlichen Selbstgefährdung und der einverständlichen Fremdgefährdung. Konkret ist zu fragen, ob sich der Gefährdungserfolg in einer Person objektivieren kann, die sich bewusst und eigenverantwortlich in den Gefahrenbereich begeben hat[972] bzw. ob eine Person, die die

969 Dies gilt auch für den in diesem Zusammenhang immer wieder anklingenden „allgemeinen Grundsatz“, dass Tatbeteiligte nicht Objekt einer Straftat sein können. Siehe dazu die Ausführungen unter D.III.2.a.cc.

970 *Wirsch*, JuS 2006, 400, 402.

971 *Sowada*, S. 35, der allerdings von „Schutzbedürftigkeit“ spricht.

972 *Otto*, Jura 1991, 443, 444.

Hervorrufung einer Gefahr (mit-) verursacht hat, gleichzeitig Opfer des aus dieser Gefahr resultierenden Rechtsgutseingriffs sein kann.[973] Während beiden Fallgruppen gemeinsam ist, dass sie an eine Eigenverantwortlichkeit des späteren Opfers anknüpfen, unterscheiden sie sich dadurch, dass das spätere Opfer bei der Selbstgefährdung selbst Inhaber der Tatherrschaft ist, wobei ein anderer die Selbstschädigung oder Selbstgefährdung des Opfers (lediglich) ermöglicht, veranlasst oder fördert. Bei der Fremdgefährdung lässt sich das Opfer im Bewusstsein des Risikos von einem Dritten gefährden, der die Tatherrschaft inne hat.[974] Maßgeblich für die Abgrenzung ist also die Trennungslinie zwischen Täterschaft und Teilnahme in Form der Herrschaft über den Geschehensablauf.[975]

An diesen strafrechtsdogmatischen Ansatz könnte auch der BGH gedacht und ihn (dogmatisch nicht korrekt) im Rahmen der Auslegung des Tatbestandsmerkmals „anderer" geprüft haben, als er in seinem Urteil zu § 315 b StGB ausführte, dass die Gefährdung der Tatbeteiligten deshalb unerheblich sei, weil sie mit der Gefährdung einverstanden gewesen seien.[976] Ausgeschlossen ist diese Vermutung nicht, denn auch die Rechtsprechung erkennt zumindest die eigenverantwortliche Selbstgefährdung als Kriterium der objektiven Zurechnung an.[977] Nicht richtig wäre es dagegen, in den Ausführungen des BGH die Zulassung einer Einwilligung zu sehen. Der BGH hat einer Einwilligungsmöglichkeit an anderer Stelle ausdrücklich und mehrfach widersprochen,[978] da der Schutz der Sicherheit des Straßenverkehrs vom Gesetzgeber als ein Unterfangen angesehen worden ist, dessen Verwirklichung man nicht dem Willen des Einzelnen überlassen wollte.[979]

a. Die einverständliche Fremdgefährdung bei den §§ 315 b, 315 c StGB

In den meisten Fällen[980] werden im Rahmen der §§ 315 b, 315 c StGB (lediglich) die Voraussetzungen einer einverständlichen Fremdgefährdung vorliegen. Dies gilt nach der maßgeblichen Abgrenzung zumindest dann, wenn das Gefährdungsopfer (lediglich) als Tatteilnehmer anzusehen ist. In den Fällen einer Risikofahrt, zu der der Beifahrer entweder angestiftet hat oder Beihilfe leistet, lenkt nämlich der Fahrzeugführer – und nicht der Beifahrer – das Fahrzeug und damit auch das

---

973 *Tepperwien*, in FS für Nehm, S. 427, 434 f.

974 Vgl. *Geppert*, Jura 1996, 47, 49; *Saal*, NZV 1998, 49, 53.

975 BGH NJW 2009, 1155, 1156.

976 BGH NJW 1991, 1120 f. Siehe dazu die Ausführungen oben unter B.II.2. Dieser Interpretation folgen auch *Geppert*, Jura 1996, 47, 48 mit Fn. 15 und *Otto*, Jura 1991, 443, 445. Anders: MüKo-*Pegel*, § 315 b Rn. 59 i.V.m. § 315 Rn. 96, der davon ausgehet, dass der BGH die Gefährdung von Tatbeteiligten aufgrund einer rechtfertigenden Einwilligung als unerheblich ansieht.

977 Vgl. die Nachweise bei *Saal*, NZV 1998, 49, 53.

978 Exemplarisch: BGHSt 23, 261 und aktuell BGH NJW 2009, 1155, 1157.

979 BGHSt 23, 261, 263.

980 Zu den anderen Fällen siehe unter b.

Tatgeschehen.[981] Allein der Fahrzeugführer hat die Bestimmung der Geschwindigkeit in der Hand und hat Einfluss auf die Lenkbewegungen, während der Beifahrer keine (ernsthafte) Möglichkeit hat, die Gefährdung durch eine eigene Handlung abzuwenden. Er ist den Wirkungen des Fahrverhaltens des Fahrzeuglenkers ausgesetzt.[982] Gleiches gilt für die Situation beim sog. „Auto-Surfen": Auch dort kontrolliert der Fahrzeugführer das Fahrzeug, während die Autosurfer lediglich durch Gesten und Laute (kaum erfolgversprechend) versuchen könnten, den Fahrer zum Anhalten oder zur Reduzierung der Geschwindigkeit zu bewegen.[983] Während demnach die Abgrenzung zur eigenverantwortlichen Selbstgefährdung ohne größere Schwierigkeiten erfolgen kann, sind die Rechtsfolgen bei einer einverständlichen Fremdgefährdung umstritten: Eine Ansicht tendiert dazu, die einverständliche Fremdgefährdung bei gewissen Voraussetzungen wie die eigenverantwortliche Selbstgefährdung zu behandeln (im Ergebnis also eine Unterbrechung des Zurechnungszusammenhang anzunehmen).[984] Andere gehen demgegenüber davon aus, dass eine einverständliche Fremdgefährdung an den Parametern der Einwilligung zu messen ist.[985]

aa. Anwendung der Rechtsfolgen der eigenverantwortlichen Selbstgefährdung bei der einverständlichen Fremdgefährdung

Vornehmlich *Roxin* ist der Ansicht, dass eine Unterbrechung des Zurechnungszusammenhangs dann zu erfolgen hat, wenn die einverständliche Fremdgefährdung der eigenverantwortlichen Selbstgefährdung „unter allen relevanten Aspekten gleichsteht".[986] Zur Ermittlung sollen folgende Grundsätze gelten: Erstens muss der Gefährdete das Risiko im selben Maße übersehen wie der Gefährdende, zweitens muss der Schaden bzw. die Gefährdung die Folge des eingegangenen Risikos und nicht anderer Fehler sein und drittens müssen beide – der Gefährdete und

981 *Geppert*, Jura 1996, 47, 49. Dort auch mit dem Hinweis, dass dies auch dann gilt, wenn der alkoholisierte Fahrzeuglenker einen nüchternen Beifahrer mitnimmt. Dies begründet er damit, dass zumindest bei § 315 c StGB eine mittelbare Täterschaft wegen Eigenhändigkeit des Delikts nicht in Betracht kommt. Ergänzend dazu kann auch bei solch einer Situation kaum von einem Beherrschen gesprochen werden, weil auch hier der Fahrzeuglenker die Tatherrschaft inne hat und eine Beeinflussung mit Worten oder ähnlichem kaum dazu ausreichen wird, den Geschehensablauf zu kontrollieren. Für die Annahme einer Selbstgefährdung im Rahmen der Risikofahrt spricht sich – allerdings ohne Begründung – *Sternberg-Lieben*, JuS 1998, 428, 431 aus.

982 BGH NJW 2009, 1155, 1156.

983 *Saal*, NZV 1998, 49, 53.

984 *Geppert*, Jura 2001, 559, 565 m.w.N.; *Roxin*, AT 1, § 11 Rn. 123 ff. Siehe zum Meinungsstand hinsichtlich der Folgen der einverständlichen Fremdgefährdung auch: *Roxin*, AT 1, § 11 Rn. 135, dort m.w.N.

985 OLG Düsseldorf NZV 1998, 76, 77; *Wessels/Beulke/Satzger*, Rn. 274, dort m.w.N.

986 *Roxin*, AT 1, § 11 Rn. 123.

der Gefährdende – die gleiche Verantwortung für das gemeinsame Tun tragen.[987] Unterstellt, man erkennt eine Gleichstellung an und die soeben genannten Voraussetzungen liegen vor, dürfte eine Unterbrechung des Zurechnungszusammenhangs im Rahmen der einverständlichen Selbstgefährdung trotzdem ausgeschlossen sein. Denn das entscheidende Kriterium für die Abgrenzung danach, ob der Zurechnungszusammenhang ausgeschlossen ist oder nicht, muss die Frage sein, ob der letztlich Gefährdete es In-den-Händen-hält, dass er *konkret* gefährdet wird.[988]

Dagegen ist es nicht richtig, eine Unterbrechung des Zurechnungszusammenhangs bereits dann anzunehmen, wenn sich der später Gefährdete (eigenverantwortlich) in den potentiell, abstrakt gefährlichen Bereich begeben hat, ohne bereits konkret gefährdet zu werden. Die potentielle Möglichkeit einer konkreten Gefährdung durch das bloße Begeben in einen Gefahrenbereich reicht (für eine konkrete Gefahr) eben nicht aus.[989] Dies ergibt sich daraus, dass es für das Entstehen der konkreten Gefahr (als Erfolg) noch einer weiteren Handlung bedarf, auf die der Gefährdete jedoch – mangels Tatherrschaft (dies ist im Rahmen der einverständlichen Fremdgefährdung schon kraft Abgrenzung zur Selbstgefährdung immer der Fall) – keinen Einfluss hat. Da aber dem Gefährdeten nur solch ein Geschehensablauf als Erfolg zugerechnet werden kann, den er auch maßgeblich beeinflussen kann und dies aber hier gerade nicht der Fall ist, ist eine Unterbrechung des Zurechnungszusammenhangs abzulehnen, weil es der Gefährdende ist, der den Eintritt der konkreten Gefahr – in den meisten Fällen als verantwortlicher Fahrzeuglenker – bestimmt.[990]

---

987 Vgl. *Roxin*, AT 1, § 11 Rn. 123 ff. und die zusammenfassende Darstellung bei *Saal*, NZV 1998, 49, 53.

988 *Wirsch*, JuS 2006, 400, 403; vgl. dazu auch *Wessels/Hettinger*, Rn. 65 a. Siehe dazu auch *Hecker/Witteck*, JuS 2005, 397 ff.

989 So aber: *Ranft*, Jura 1987, 608, 614; *Otto*, Jura 1991, 443, 445; *Geppert*, Jura 1996, 47, 49.

990 Vgl. *Wirsch*, JuS 2005, 400, 403. So im Ergebnis auch *Schroeder*, JuS 1994, 846, 848. Die Vertreter, die eine Unterbrechung des Zurechnungszusammenhangs bereits bejahen, wenn sich der Betroffene in den Gefahrenbereich begeben hat, sehen sich mit einem (weiteren) Problem konfrontiert. Es fragt sich nämlich, ob die Annahme einer einverständlichen Fremdgefährdung nicht an der Dispositionsbefugnis des Betroffenen, namentlich an § 216 StGB, scheitern kann. Während von einigen Autoren eine allgemeine Sperrwirkung hinsichtlich lebensbedrohlicher Fremdgefährdungen unter Hinweis auf die Handlungsfreiheit des Einzelnen abgelehnt wird (*Geppert*, Jura 1996, 47, 49 f, der § 216 StGB ausdrücklich bei der Unterbrechung des Zurechnungszusammenhangs bei § 315 c StGB anspricht), dürften andere Literaten (z. B. *Saal*, NZV 1998, 49, 54 m.w.N.) und der BGH (BGH NJW 2009, 1155, 1157 zu § 228 StGB als Einwilligungssperre; kritisch zum BGH: *Kühl*, NJW 2009, 1158 f.) so zu verstehen sein, dass sie dem § 216 StGB als gesetzgeberische Wertung eine allumfassende Sperrwirkung zuerkennen wollen. Dies, weil „216 StGB der Sicherung der Achtung fremden Lebens dient" (*Saal*, NZV 1998, 49, 54). Zum Verhältnis der Einwilligung zu § 216 StGB siehe auch die Ausführungen bei *Ranft*, Jura 1987, 608, 615.

Maßgeblich ist also die tatsächliche Situation im Moment des Schadenseintritts[991] und nicht schon das vorherige Verhalten.

Es dürfte bei der einverständlichen Fremdgefährdung richtig sein, das Institut der Einwilligung zur Lösung des Problems heranzuziehen. Denn dieses Rechtsinstitut bildet das geeignete Instrument zur Täterentlastung.[992] Dieser Vorrang ist dem Umstand geschuldet, dass die Einwilligung zumindest partiell eine einfach gesetzliche Normierung in § 228 StGB erfahren hat. Zwar regelt § 228 StGB direkt lediglich die Unbeachtlichkeit die Einwilligung in bestimmten Fällen. Jedoch ist damit eine indirekte gesetzliche Normierung und somit eine allgemeine Anerkennung der Einwilligung verbunden. Deshalb besteht kein Bedürfnis für ein „nichtssagendes Institut" der einverständlichen Fremdgefährdung.[993] Darüber hinaus gilt es noch Folgendes zu bedenken: Würde man auf die diskutierten Fälle nicht die Grundsätze und Regeln der Einwilligung anwenden, so würde man deren Voraussetzungen und insbesondere die Einschränkungen des § 228 StGB umgehen und somit ohne Not geltendes Recht außer Kraft setzen.

bb. Behandlung der einverständlichen Fremdgefährdung nach den Regeln der rechtfertigenden Einwilligung

Wenn man entweder davon ausgeht, dass die einverständliche Fremdgefährdung nach den Regeln der rechtfertigenden Einwilligung zu behandeln ist oder – unter Ablehnung des Instituts der einverständlichen Fremdgefährdung – gleich zur rechtfertigenden Einwilligung kommt, stellt sich die Frage nach der Wirksamkeit einer Einwilligung im Rahmen des Anwendungsbereichs der §§ 315 b, 315 c StGB. Ob die Möglichkeit einer rechtfertigenden Einwilligung besteht, hängt vom Verständnis des von den §§ 315 b, 315 c StGB geschützten Rechtsguts ab. Diejenigen, die bei den §§ 315 b, 315 c StGB – zu Recht – die allgemeine Verkehrssicherheit (ausschließlich) als geschütztes Rechtsgut ansehen,[994] schließen – konsequenterweise – eine Einwilligung deshalb aus, weil dem vermeintlich Einwilligenden aufgrund des Universalrechtsgüterschutzes eine Dispositionsbefugnis über das Rechtsgut fehlt.[995] Die Vertreter, die (vornehmlich) von einem Individualrechtsgüterschutz ausgehen, bejahen dagegen die Möglichkeit einer rechtfertigenden Einwilligung gerade aufgrund der gegebenen Dispositionsbefugnis bei (lediglich) individuell geschützten Rechtsgütern, soweit von einer Anwendung der §§ 216, 228 StGB abgesehen wird.[996] Nach einer dritten Meinung verfolgen die §§ 315 b, 315 c StGB einen kumulativen

---

991 BGH NJW 2009, 1155, 1156.

992 *Krüger*, S. 136; *Schroeder*, JuS 1994, 846, 848.

993 Vgl. *Schroeder*, JuS 1994, 846, 848.

994 Vgl. dazu die Ausführungen unten unter D.IV.5.b.bb.

995 Vgl. nur: BGHSt 23, 261 = NJW 1970, 1380; OLG Stuttgart NJW 1976, 1904; LK-*König*, § 315 b Rn. 74 a. Zudem wird argumentativ auf die §§ 216, 228 StGB abgestellt. Siehe dazu auch Fußnote 990.

996 Vgl. nur: OLG Hamburg NJW 1969, 336, 337; *Krey*, BT I, Rn. 1124 f.

Rechtsgüterschutz, was zwangsläufig die Frage aufwirft, welche Wirkung einer erklärten Einwilligung zukommt.[997]

Basierend darauf, dass – wie aufgezeigt – die Fälle der einverständlichen Fremdgefährdung nach den Regeln der rechtfertigenden Einwilligung zu lösen sind, kann mit dem Institut der einverständlichen Fremdgefährdung eine Versagung des Anwendungsbereich für tatbeteiligte Gefährdungsopfer nicht erklärt und begründet werden, da die §§ 315 b, 315 c StGB einen insoweit indisponiblen Universalrechtsgüterschutz verfolgen.

b. Die eigenverantwortliche Selbstgefährdung bei §§ 315 b, 315 c StGB

Die Sachverhalte, die eine eigenverantwortliche Selbstgefährdung im Rahmen der Straßenverkehrsdelikte beschreiben, sind seltener. Lediglich die Fälle des verabredeten Zusammenstoßes dürften als Konstellationen mit Praxisbezug angesehen werden. Aufgrund der Tatherrschaft beider Fahrzeugführer, die regelmäßig zu einer Mittäterschaft führt, sind diese Fallgestaltungen unter das Institut der eigenverantwortlichen Selbstgefährdung subsumierbar.[998] Wenn die Voraussetzungen einer eigenverantwortlichen Selbstgefährdung bejaht werden können, könnte eine Unterbrechung des Zurechnungszusammenhangs vorliegen, so dass das Unrecht der §§ 315 b, 315 c StGB nicht verwirklicht wäre.[999] Unabhängig davon, ob das Institut der eigenverantwortlichen Selbstgefährdung generell geeignet ist, eine Unterbrechung des Zurechnungszusammenhangs herbeizuführen oder ob hierfür ebenfalls die §§ 216, 228 StGB Geltung beanspruchen können, muss vorliegend aufgrund des vorrangigen Allgemeinrechtsgüterschutz der §§ 315 b, 315 c StGB die Selbstgefährdung und der Zurechnungsausschluss zur Individualgefährdung – ähnlich wie die Einwilligung aus den oben dargestellten Gründen – als unbeachtlich angesehen werden.[1000]

---

997 Siehe zu diesem Problemkreis die Ausführungen unter D.IV.5.b.bb.(2).

998 Die sogleich folgende Argumentation gilt auch dann, wenn in der konsentierten Trunkenheitsfahrt einen Fall bloßer Beteiligung an eigenverantworteter Selbstgefährdung gesehen wird (so wohl *Otto*, Jura 1991, 443, 444). Im Übrigen ist es nicht richtig, solche Trunkenheitsfahrten als Fälle der Beteiligung an eigenverantwortlichen Selbstgefährdungen anzusehen, da es der Fahrzeugführer und gerade nicht das Opfer ist, der das Tatgeschehen steuert.

999 *Otto*, Jura 1991, 443, 445; *Wirsch*, JuS 2006, 400, 402; *Geppert*, Jura 1996, 47, 49.

1000 So auch *Hillenkamp*, Probleme BT, S. 85 f; vgl. dazu auch *Schmidt/Priebe*, BT I, Rn. 627.

5. Maßgeblichkeit des Schutzbereichs für die teleologische Auslegung und die Frage nach der Tauglichkeit von Tatbeteiligten als Gefährdungsopfer

a. *Wesen des Schutzguts*

Da sich die Auslegung letztlich am Normzweck orientiert, ist für diese und für die Frage nach der Tauglichkeit von Tatbeteiligten als Gefährdungsopfer das von den §§ 315 b, 315 c StGB verfolgte Schutzgut entscheidend. Die Feststellung des zu schützenden Rechtsguts und die daraus resultierende Klarheit ist die wichtigste Voraussetzung für eine sinngemäße Auslegung und Anwendung des Gesetzes.[1001] Denn das Resultat einer Auslegung ist nur dann sinnhaft, wenn es im Ergebnis dazu führt, dass das Rechtsgut tatsächlich bestmöglich – jedoch in den Grenzen des dogmatisch Zulässigen – geschützt wird.[1002] Gleichzeitig darf durch eine zu weite Auslegung nicht der Zustand eintreten, dass solche Handlungen als tatbestandsmäßig eingestuft werden, die das durch den Tatbestand geschützte Rechtsgut gar nicht angreifen.[1003] Insoweit muss also stets ein Mittelweg gefunden werden, der diese Vorgaben beiderseitig im notwendigen Maß berücksichtigt.

Ein Rechtsgut lässt sich definieren als rechtlich geschützter ideeller Wert der Sozialordnung, mithin als ein solches Gut, das für das menschliche Zusammenleben wichtig ist und deshalb die Aufnahme in den Schutzbereich der Rechtsordnung gefunden hat.[1004] Das tatbestandlich geschützte Rechtsgut „bildet den ideellen Wertanruf und Achtungsanspruch, der den Straftatbestand ausfüllt und legitimiert."[1005] Im Rahmen der Bestimmung des Rechtsguts unterscheidet man zwischen Individual- oder Einzelrechtsgütern und Allgemeinrechtsgütern. Wenn das Gut einem einzelnen zugeordnet ist, liegt ersteres vor, geht es allerdings um ein Gut der Allgemeinheit, handelt es sich um ein Kollektiv-, Universal-, Allgemein- oder Gemeinrechtsgut, wobei allerdings zu beachten ist, dass solche Gemeinrechtsgüter im Ergebnis dem Einzelnen nützen und keinen Selbstzweck verfolgen.[1006]

Als eine Aufgabe des Rechtsguts kann es angesehen werden, die Auslegung der Tatbestandsmerkmale zu leiten, um so die notwendige Geltung zu sichern (sogenannte auslegungsleitende Funktion).[1007] Insoweit ist vorliegend zweierlei von Interesse: Geklärt werden muss zum einen – da nur solche Handlungen bestraft werden, die sich gegen das betroffene Rechtsgut richten –, welche Verhaltensweisen unter

---

1001 Sch/Sch-*Eser/Hecker*, § 1 Rn. 48; *v. Hippel*, S. 15; *Baumann/Weber* (1985), S. 143, 153; *Mezger*, S. 81, 200.
1002 *Baumann/Weber* (1985), S. 143.
1003 *Baumann/Weber* (1985), S. 143.
1004 LK-*Walter*, vor § 13 Rn. 8.
1005 *Gropp*, § 4 Rn. 25.
1006 LK-*Walter*, vor § 13 Rn. 13; MüKo-*Freund*, Vorbemerkung zu den §§ 13 ff. Rn. 49.
1007 LK-*Walter*, vor § 13 Rn. 8 m.w.N.

die hier maßgeblichen Tatbestände fallen sollen. Zum anderen – da das Schutzgut dazu dient, den Kreis der Gefährdungsopfer zu bestimmen – muss geklärt werden, welche Qualität Gefährdungsopfer haben müssen, um dem Tatbestand unterfallen zu können. Die Antwort auf die Frage, ob Tatbeteiligte taugliche Gefährdungsopfer darstellen, ergibt sich danach maßgeblich aus dem Substrat des Schutzguts der jeweiligen Norm.[1008] Daher gilt es in einem ersten Schritt zu ermitteln, was durch die §§ 315 b, 315 c StGB[1009] geschützt wird. Danach ist in einem zweiten Schritt zu untersuchen, wie die soeben beschriebene auslegungsleitende Funktion vorliegend umzusetzen ist.[1010]

b. Schutzgut der §§ 315 b, 315 c StGB

aa. Ausschließlicher Schutz von Individualrechtsgütern

(1) Darstellung und Argumentation

Eine Meinungsgruppe sieht im Rahmen der § 315 b, 315 c StGB ausschließlich Individualrechtsgüter als geschützt an.[1011] Begründet wird dies unter anderem damit, dass die Bestimmungen schon ihrer Fassung nach Delikte gegen Individualrechtsgüter

---

1008 So auch *Tepperwien*, in FS für Nehm, S. 427, 433.

1009 Eingangs soll kurz festgestellt werden, dass die Schutzgutbestimmung bei § 315 b und § 315 c StGB einheitlich erfolgen kann, so dass eine gemeinsame Betrachtung gerechtfertigt ist. Dieser Ansatz wird von einer herrschende Meinung (vgl. nur BGH NJW 1989, 2550; BGH NJW 1995, 1766, 1767; LK-*König*, § 315 Rn. 4; *Schmidt/Priebe*, BT I, Rn. 557; zweifelnd: *Wessels/Hettinger*, Rn. 978) verfolgt und verdient Zustimmung. Die Anerkennung eines solchen Ansatzes resultiert daraus, dass die §§ 315 b und 315 c StGB von ihrem Aufbau und ihrer Deliktsnatur nahezu identisch sind und historisch betrachtet demselben Delikt entstammen (§ 315 a StGB a. F.). Gegen eine gemeinsame Betrachtung spricht auch nicht, dass bei § 315 c StGB nicht mehr vorausgesetzt wird, dass die Sicherheit des Straßenverkehrs beeinträchtigt wird. Dieses Merkmal ist nach der amtlichen Begründung (BT-Drucksache IV, Nr. 651, S. 28) nur weggelassen worden, um nicht nur Verkehrsteilnehmer selbst, sondern auch die neben dem öffentlichen Verkehrsraum befindlichen Personen zu erfassen (vgl. BGHSt 23, 261, 263; Möhl/Rüth-*Rüth*, § 315 c Rn. 1). Der Gesetzgeber ist ersichtlich davon ausgegangen, dass die Tathandlungen generell geeignet sind, eine abstrakte Gefährdung der Verkehrssicherheit herbeizuführen (vgl. Sch/Sch-*Sternberg-Lieben/Hecker*, § 315 c Rn. 1 m.w.N.).

1010 Vgl. dazu die Ausführungen unter F.III.

1011 OLG Hamburg NJW 1969, 336, 337; *Krüger*, S. 159 ff; *Krey*, BT 1, Rn. 1125; *Maurach/Schroeder/Maiwald*, BT 2, § 53 Rn. 22; SK-*Wolters*, § 315 b Rn. 2 f., der die Wendung „Beeinträchtigung der Sicherheit des Straßenverkehrs" als eine Anweisung zur einschränkenden Auslegung ansieht. Für Individualrechtsgüterschutz wohl auch *Kindhäuser*, LPK-StGB, § 315 b Rn. 1, § 315 c Rn. 1; MüKo-*Pegel*, § 315 b Rn. 1. Unklar: *Joecks*, § 315 b Rn. 1, § 315 c Rn. 1, dort jeweils für einen Individualrechtsgüterschutz. Bei § 315 c Rn. 23 führt er aus, dass dem BGH zuzugeben ist, dass § 315 c StGB auch die Sicherheit des Straßenverkehrs als solchen schützt.

beschreiben würden,[1012] insbesondere weil ausdrücklich eine konkrete Individualgefährdung verlangt wird.[1013] Das geschützte Rechtsgut sei daher gerade nicht das Interesse der Gemeinschaft am geordneten und gesetzmäßigen Ablauf des Verkehrs überhaupt, denn der Schutz allgemeiner Interessen sei der Sinn des ganzen Strafrechts.[1014] Die Verkehrssicherheit als Allgemeininteresse sei danach kein Rechtsgut, sondern statuiere lediglich einen Ausdruck normgerechten Verhaltens.[1015] Zudem liege der Unrechtsschwerpunkt bei den §§ 315 b, 315 c StGB nicht bei der Tathandlung, sondern bei der schuldhaften Verursachung der konkreten Gefahr, denn erst letztere hebt das grundsätzlich straflose Verhalten über die Grenze der Strafbarkeit,[1016] so dass der (konkreten) Gefährdung eines Individualrechtsguts strafbarkeitsbegründende Funktion zukomme. Daher müsse – so diese Ansicht weiter – man bei solch einer Wirkung davon ausgehen, dass diese Individualrechtsgüter die geschützten Rechtsgüter seien.

Gegen die Annahme eines Individualrechtsgüterschutzes spreche auch nicht das in § 315 b StGB normierte Merkmal der Beeinträchtigung des Straßenverkehrs, da dies schon gar kein eigenständiges Glied des Delikts sei. Dies ergebe sich aus Abs. 4 und 5 des § 315 b StGB, wonach die subjektiven Anforderungen nur in Bezug auf die gefährliche Handlung und hinsichtlich des Gefährdungserfolgs und gerade nicht hinsichtlich der Beeinträchtigung der Sicherheit des Straßenverkehrs verlangt werden.[1017] Wenn die Beeinträchtigung des Straßenverkehrs aber noch nicht mal ein eigenständiges Glied des Delikts sei, so könne es keinesfalls ein geschütztes Rechtsgut widerspiegeln.[1018]

Darüber hinaus werden historische Argumente vorgebracht[1019]: Im Rahmen der Neufassung der Tatbestände durch das Zweite Gesetz zur Sicherung des Straßenverkehrs ist die Formel der „Gemeingefahr" auf der einen Seite sowie – zumindest bei § 315 c StGB – das Merkmal der „Beeinträchtigung der Sicherheit des Straßenverkehrs" auf der anderen Seite entfallen. Konnten die beiden Merkmale als Ausdruck eines kollektivistischen Verständnisses wenigstens vormals noch zu Gunsten eines Universalrechtsguts der Sicherheit des Straßenverkehrs herangezogen werden, sei dies aufgrund des Wegfalls nunmehr nicht mehr möglich.

Des Weiteren wird angeführt, dass die Sicherheit des Straßenverkehrs speziell durch § 316 StGB[1020] und die Vorschriften der StVO geschützt würden, so dass den

---

1012 *Langrock*, MDR 1970, 982, 984.
1013 *Roxin*, AT I, § 13 Rn. 35.
1014 *Hoffmann*, NJW 1954, 1676 zu § 315 a StGB a. F.
1015 So SK-*Wolters*, Vor § 306 Rn. 2.
1016 *Krey*, BT 1, Rn. 1125 zu § 315 c StGB.
1017 *Maurach/Schroeder/Maiwald*, BT 2, § 53 Rn. 22.
1018 Diese Argumentation dürfte sinngemäß erst Recht für § 315 c StGB gelten, da dort das Merkmal schon gar nicht existent ist.
1019 Vgl. exemplarisch: OLG Hamburg NJW 1969, 336, 337.
1020 Vgl. nur *Fischer*, § 316 Rn. 2, 3: § 316 StGB schützt die Sicherheit des öffentlichen (Straßen-) Verkehrs.

§§ 315 b, 315 c StGB dieser dort gewährte Schutz nicht gleichzeitig immanent sein könne. Ginge es nur darum, die Sicherheit des öffentlichen Straßenverkehrs auch bei den konkreten Straßengefährdungsdelikten zu schützen, wäre § 315 c Abs. 1 Nr. 1 a Alt. 1 StGB überflüssig, denn dem Schutzauftrag, den diese Handlungsweise enthält, habe man mit § 316 StGB genüge getan.[1021] Der Unterschied zwischen § 316 StGB und § 315 c StGB bestünde gerade in der hinzutretenden Individualgefahr,[1022] woraus eben ein Individualrechtsgüterschutz folge.

(2) Kritik am Individualrechtsgüterverständnis

Die historisch begründeten Argumentationsversuche verfangen – wie oben[1023] dargestellt – nicht.[1024] Die Streichung des Merkmals der Gemeingefahr hatte danach andere – oben beschriebene – Gründe. Eine Verschiebung des Unrechtskerns ging – wie aufgezeigt – damit nicht einher. Vielmehr waren und sind – auch unter vergleichender Berücksichtigung des Schutzes der anderen Verkehrsarten – die Straßenverkehrsgefährdungsdelikte solche, die die Sicherheit des Straßenverkehrs schützen. Genauso spielt der Wegfall des Merkmals „der Beeinträchtigung der Sicherheit des Straßenverkehrs" bei § 315 c StGB – wie gezeigt – keine Rolle für das Rechtsgutsverständnis: Die Irrelevanz dieses Arguments ergibt sich – und daran sei hier noch einmal erinnert – schon daraus, dass die in § 315 c StGB pönalisierten Gefährdungshandlungen typische Verkehrsbeeinträchtigungen darstellen und ihre jeweilige Verwirklichung bereits unmittelbar die Sicherheit des Straßenverkehrs tangiert.[1025] Eine Veränderung des Schutzzwecks der Delikte hat der Gesetzgeber mit der Maßnahme nicht bewirken wollen.[1026]

Darüber hinaus wird verkannt, dass es gerade das Handlungsunrecht ist, welches die Delikte charakterisiert. Der Schwerpunkt der Straßenverkehrsdelikte liegt im Unwert der Handlung und gerade nicht in dem herbeizuführenden Erfolg der Gefährdung. Die Pönalisierung der (versuchten) Körperverletzung gemäß den §§ 223 ff. StGB und der (versuchten) Sachbeschädigung gemäß den §§ 303 ff. StGB verleihen dem verwirklichten Erfolg der Gefährdung ausreichende strafrechtliche Geltung. Daher ist es sachgerecht, bei den Straßenverkehrsdelikten den Handlungsunwert in den Vordergrund zu stellen und ihnen daher richtigerweise einen Individualrechtsgüterschutz abzusprechen. Konsequenterweise werden die §§ 315 b, 315 c StGB – gerade weil sie die Sicherheit des Straßenverkehrs schützen – durch Verletzungs- oder Sachbeschädigungsdelikte im Rahmen der Konkurrenzlehre

---

1021 So auch *Graul*, JuS 1992, 321, 324; *Joecks*, § 315 c Rn. 23; *Ellbogen/Richter*, JuS 2002, 1192, 1197, die aber auf S. 1197 auch der Ansicht sind, dass der Eigentumsschutz des § 315 c StGB allenfalls ein Reflex der Regelung ist.

1022 *Blei*, JA 1976, 205, 206.

1023 Siehe dazu die ausführliche Darstellung unter C.III.3.

1024 So auch *Schneider*, S. 239.

1025 Vgl. dazu *Cramer*, § 315 c Rn. 2.

1026 Vgl. MüKo-*Groeschke* (2006), § 315 c Rn. 1.

nicht verdrängt. Dies wäre jedoch der Fall, wenn die §§ 315 b, 315 c StGB den Schutz bestimmter Individualinteressen im Auge hätten.[1027] Insoweit muss im Urteilstenor gerade zum Ausdruck kommen, dass der Täter durch die Gefährdung das Interesse der Allgemeinheit an der verkehrsspezifischen Sicherung der dem Straßenverkehr ausgesetzten Individualrechtsgüter nachhaltig gefährdet bzw. verletzt hat, so dass eine erhöhte Betroffenheit der Allgemeinheit gegeben ist.[1028]

Anknüpfend daran ist nicht ersichtlich, warum die Existenz des § 316 StGB zumindest für § 315 c StGB[1029] das Schutzgut der Sicherheit des Straßenverkehrs in seiner Gesamtheit nicht zur Anwendung bringen soll. Davon abgesehen, dass dieses Argument von vornherein nur für § 315 c Abs. 1 Nr. 1 a StGB Geltung beanspruchen könnte, überzeugt es auch der Sache nach nicht. Denn aufgrund gesetzlicher Anordnung in § 316 Abs. 1 letzter Halbsatz StGB tritt § 316 StGB konkurrenzrechtlich hinter § 315 c StGB zurück. Eine derartige gesetzliche Anordnung ist aber nur deshalb möglich, weil beiden Delikten der identische Normzweck innewohnt. Würden die Delikte dagegen einen unterschiedlichen Rechtsgüterschutz verfolgen, wäre die formelle Subsidiaritätsklausel wenig verständlich. Unabhängig davon gibt es keinen allgemeinen Grundsatz, dass der Schutz eines bestimmten Rechtsguts nur an einer einzigen Stelle im Gesetz verwirklicht werden kann. Ein derartiges Verständnis wird aber suggeriert, wenn ausgeführt wird, der Straßenverkehr sei ja durch § 316 StGB geschützt. Dies gilt insbesondere deshalb, weil § 316 StGB zeitlich nach § 315 c Abs. 1 Nr. 1 a StGB in das StGB – und dies auch „nur" zur Lückenschließung – eingefügt wurde. Die § 316 StGB und die Vorschriften der StVO sind – im untechnischen Sinne – als Grundtatbestände anzusehen,[1030] so dass die hinzukommende Individualgefahr lediglich die besondere Gefährlichkeit der Tat ausdrückt, die eine höhere Strafdrohung rechtfertigt. Diese Art von „Qualifikation" ist nicht überflüssig, sondern sogar geboten, um die Verkehrssicherheit durch die Bekämpfung solcher Verhaltensweisen zu erhöhen. Der Gedanke des ausreichenden und exklusiven Schutzes der Sicherheit des Straßenverkehrs durch § 316 StGB und der StVO geht auch insoweit fehl, als der Gesetzgeber die Sicherheit des Straßenverkehrs durch die StVO gerade als nicht ausreichend angesehen hat. Sonst hätte er wohl kaum die verkehrswidrigen Verhaltensweisen in Straftatbeständen sanktioniert und damit ein „Mehr" an Normen zu Gunsten des Schutzes der Sicherheit des Straßenverkehrs geschaffen.

Zudem spricht die Strafandrohung der §§ 315 b, 315 c StGB gegen einen ausschließlichen Individualrechtsgüterschutz: Denn nur durch die Gefährdung von Allgemeininteressen können die im Verhältnis zu den §§ 229, 223, 303 StGB erhöhten

1027 *Cramer*, § 315 c Rn. 2.
1028 *Horn/Hoyer*, JZ 1987, Rn. 965.
1029 Für § 315 b StGB kann das genannte Argument der „Überflüssigkeit" schon von vornherein keine Geltung beanspruchen.
1030 *Burmann*/Heß/Hühnermann/Jahnke/Janker, § 315 c Rn. 1.

Sanktionen (im Übrigen für eine bloße Gefährdung) gerechtfertigt werden.[1031] Das teilweise beachtliche Strafrahmengefälle wäre hingegen nicht erklärlich, wenn die §§ 315 b, 315 c StGB ausschließlich oder vorrangig einem Individualrechtsgüterschutz dienen würden. Dies zeigt auch der nachfolgende Vergleich: Die Strafandrohung bei einer Vorsatz-Fahrlässigkeits-Kombination nach § 315 b Abs. 4 StGB (fahrlässige Herbeiführung einer Sachgefährdung) liegt bei drei Jahren, während § 303 StGB lediglich eine Strafdrohung von zwei Jahren normiert, obwohl eine Vorsatztat und die Beschädigung oder Zerstörung der Sache Voraussetzung für die Strafbarkeit ist.

Dass es erst die konkrete Gefährdung ist, die die Tathandlung über die Schwelle der Strafbarkeit hebt – also für diese mitkonstitutiv ist – ist grundsätzlich richtig, hat aber für das Verständnis des Rechtsgüterschutzes keine Auswirkungen. Denn zum einen ist § 316 StGB (als eine Art Grundtatbestand) für § 315 c Abs. 1 Nr. 1 a StGB selbst schon ein Straftatbestand. Damit ist für eine Vielzahl von Taten dieses Argument nicht haltbar, weil es an einer konstitutiven Wirkung fehlt. Wenn weiter ausgeführt wird, erst die Herbeiführung der konkreten Gefahr rechtfertigt die *erhöhte* Strafandrohung der §§ 315 b, 315 c StGB (gegenüber § 316 StGB)[1032] stimmt auch dies, hat aber für die Bestimmung des Rechtsguts wiederum keine Bedeutung, weil die Herbeiführung der konkreten Gefahr letztlich einen Indikator[1033] darstellt. Unter Anerkennung der *insoweit* konstitutiven Wirkung der konkreten Gefahr, liegt der Sinn der konkreten Gefährdung von Individualinteressen darin begründet, besonders gefährliche Verhaltensweisen herauszudeuten und im Interesse der Verkehrssicherheit mit schärferer Strafe – nämlich mit den Sanktionen des Strafrechts – zu bedrohen, um der hinter den Normen stehenden abstrakten Vielgefahr Ausdruck zu verleihen. Da es sich bei der konkreten Individualgefährdung lediglich um eine Manifestation der abstrakten Verkehrsgefahr handelt und insoweit die Individualgefährdung als Indikator für die abstrakte Verkehrsgefahr anzusehen ist, ist es alleine das verkehrswidrige Verhalten, an das die Strafbarkeit anknüpft und gerade nicht die Gefährdung von Individualinteressen.

Nicht überzeugend ist auch die Überlegung, aus der im Tatbestand geforderten konkreten Gefährdung zwingend – da andernfalls das Merkmal der konkreten Gefährdung funktionslos wäre[1034] – eine Neuakzentuierung hin zum Individualrechtsgüterschutz abzuleiten. Denn: In der Herbeiführung einer konkreten Gefahr für fremde Individualrechtsgüter prägt sich (lediglich) die besondere Gefährlichkeit für die Gemeinschaft aus, so dass dem Gefahrenerfolg auch eine Auslesefunktion

---

1031 *Dreher*, Niederschriften, VIII, 420; LK-*König*, § 315 Rn. 4.

1032 *Langrock*, MDR 1970, 982, 984; *Oellers*, NJW 1970, 2121. Es zeigt sich damit, dass beide Meinungsgruppen das Argument der erhöhten Strafandrohung für sich beanspruchen.

1033 Siehe dazu sogleich die Ausführungen im (Haupt-) Text.

1034 *Oellers* in NJW 1970, 2121 spricht davon, dass andernfalls das Tatbestandsmerkmal der Körpergefährdung „völlig negiert“ wird.

zukommt, damit also eine Grenze für die Strafbarkeit gesetzt wird.[1035] Es geht gerade darum, mit der konkreten Individualgefahr die Manifestation einer zunächst nur vermuteten (abstrakten) Gefahr aufzuzeigen. Die individuell betroffenen Personen stehen nur stellvertretend für die zu schützende Allgemeinheit; allein diese Wirkung – und nicht die Normierung eines Individualrechtsgüterschutzes – kann der insoweit ausreichenden Gefährdung einer individuellen Person zugeschrieben werden.[1036] Die Gefährdung ist somit (nur) ein unwiderlegbarer Maßstab für die Höhe der Gefahr.[1037] In ihr ist ein bloßes Indiz für die besondere Gefährlichkeit der Beeinträchtigung der Verkehrssicherheit, mithin also ein Nachweis für die Gefährdung der Allgemeinheit zu sehen.[1038] Die Straßenverkehrssicherheit wird also durch die konkrete Verkehrsgefahr für Sachen und Personen in einem besonderen Maße einer Gefahr ausgesetzt. Die Funktion der konkreten Individualgefahr geht somit dahin, aus der Vielzahl der Zuwiderhandlungen gegen bestehende Verkehrsregeln diejenigen herauszufiltern, die tatsächlich ein besonderes Gefahrenpotential aufweisen und deshalb im Interesse der Verkehrssicherheit strafrechtlich geahndet werden müssen.[1039] Daher ist das Merkmal der Gefährdung eines Individualrechtsguts im Rahmen der konkreten Straßengefährdungsdelikte keineswegs überflüssig und funktionslos.[1040] Die Wendung dient dazu, dem Schutzgut des Universalinteresses am Straßenverkehr ein „Gesicht zu geben", ohne dass dabei Rückschlüsse zu Gunsten eines Individualrechtsgüterschutz zu ziehen sind.[1041]

Auch die These, dass die Wendung „Beeinträchtigung der Sicherheit des Straßenverkehrs" bei § 315 b StGB kein eigenständiges Glied des Delikts darstelle, überzeugt nicht. Denn selbst wenn man der Ansicht sein sollte, die Wendung wäre eine Aufforderung zur einschränkenden Auslegung,[1042] hieße das nicht, dass das Allgemeininteresse an der Sicherheit des Verkehrs nicht geschütztes Rechtsgut sein kann und soll. Das Merkmal würde dann lediglich dazu dienen, solche Verhaltensweisen aus dem tatbestandlichen Schutzbereich der Vorschrift auszuscheiden, die sich gegen Objekte richten, die nicht zum öffentlichen Straßenverkehr gehören oder die keine typischen Verkehrsbeeinträchtigungen darstellen.[1043] Gerade diese Funktion zeigt jedoch, dass eine Konnexität mit dem Straßenverkehr besteht. Zwar

1035 LK-*König*, § 315 Rn. 5; *Dedes*, MDR 1984, 100, 101. A.A. *Langrock*, MDR 1970, 982, 984, der es für nicht vertretbar hält, in der konkreten Individualgefährdung eine bloße Indizwirkung für die abstrakte Gefährdung zu sehen.

1036 Vgl. dazu exemplarisch *Janiszewski*, Rn. 262.

1037 *Otto*, BT § 80 Rn. 1.

1038 Vgl. LK-*König*, § 315 b Rn. 74 a; *Dedes*, MDR 1984, 100, 101.

1039 *Lackner*, S. 13.

1040 So der Vorwurf von *Ranft*, Jura 1987, 608, 614.

1041 Vgl. *Dedes*, MDR 1984, 110, 101.

1042 So *Geppert*, Jura 1996, 639, 640 f. m.w.N. A.A. OLG Düsseldorf NJW 1982, 2391; LK-*König*, § 315 b Rn. 58: vollwertiges Tatbestandsmerkmal, das vom Gericht gesondert festzustellen ist.

1043 Vgl. dazu *Geppert*, Jura 1996, 639, 641 m.w.N.

mag die Wendung kein *eigenständiges* Glied sein, jedoch dürfte es unstreitig sein, dass es sich überhaupt um ein Teil des Tatbestands handelt. Weiterhin ist Folgendes zu beachten: Da eine fahrlässige Begehungsweise zur Verwirklichung der §§ 315 b, 315 c StGB ausreichend ist, wäre dann, wenn die vorgenannten Delikte einen Individualrechtsgüterschutz verfolgen würden, im Falle der Gefährdung von Sachwerten, im Ergebnis faktisch eine fahrlässige Sachgefährdung strafbewehrt. Dies stünde aber im Gegensatz zu § 303 StGB, der noch nicht einmal eine fahrlässige Sach*beschädigung* unter Strafe stellt.[1044] Gerade erst das Hinzukommen des Universalrechtsguts der Sicherheit des Straßenverkehrs „hebt" die fahrlässige Sachgefährdung über die Schwelle der Strafbarkeit.

Auf ein weiteres Argument, welches gegen den ausschließlichen Schutz von Individualrechtsgütern spricht, weist *Puhm* hin[1045]: Wird im Falle einer fahrlässigen Straßenverkehrsgefährdung gleichzeitig das Opfer verletzt, so ist der Tatbestand der fahrlässigen Körperverletzung gemäß § 229 StGB erfüllt. Die fahrlässige Körperverletzung wird gemäß § 230 StGB jedoch nur auf Antrag oder bei der Bejahung eines besonderen öffentlichen Interesses verfolgt, während § 315 c StGB ein Offizialdelikt darstellt, welches von Amts wegen verfolgt wird. Würden beide Delikte den identischen Rechtsgüterschutz verfolgen, wäre nicht verständlich, dass für die Verfolgung beider Delikte unterschiedliche Anforderungen gelten sollen, wenn sie doch im Kern gleiches – nämlich das Individualrechtsgut Leib und Leben – zu schützen suchen. Daher liegt der Schluss nahe, dass die Delikte wider den Straßenverkehr Rechtsgüter vor Beeinträchtigungen schützen wollen, die der Disposition des Einzelnen – vorliegend ausgedrückt durch das Antragserfordernis – entzogen sind.

bb. Allgemeininteresse an der Sicherheit des Verkehrs

(1) Darstellung und Begründung

In Rechtsprechung und Literatur wird auf der anderen Seite die Ansicht vertreten, Schutzgut der §§ 315 b, 315 c StGB sei ausschließlich die Sicherheit des öffentlichen Straßenverkehrs,[1046] wobei teilweise angenommen wird, dass die in der Norm aufgeführten Individualrechtsgüter faktisch mit geschützt seien.[1047] Dem folgend wird die Allgemeinheit als ein von verbotenen und gefährlichen Handlungen freizuhaltendes System geschützt, was – in Bezug auf den Straßenverkehr – meint, dass ein

---

1044 Dazu *Geppert*, NStZ 1989, 320, 321; *Geerds*, BA 3 (1965), 124, 133.

1045 *Puhm*, S. 130 f.

1046 OLG Düsseldorf NJW 1982, 2391; LK-*König*, § 315 Rn. 4; *Otto*, BT § 80 Rn. 1, 16, 21; *Janiszewski*, Rn. 262; *Geppert*, Jura 2001, 559, 560 wohl in Abkehr zu Jura 1996, 639, 640, in welcher er eher einem doppelten Rechtsgüterschutz zuneigt. Wohl auch: *Saal*, NZV 1998, 49, 50. Unklar: *Fischer*, § 315 b Rn. 2 und § 315 c Rn. 2; SSW-StGB-*Ernemann*, § 315 b Rn. 1 und § 315 c Rn. 1; HK-GS/*Quarch*, § 315 b Rn. 1 und § 315 c Rn. 1. Ebenfalls nicht ganz eindeutig: *Gössel/Dölling*, § 42 Rn. 1, Rn. 29, Rn. 51, wo der Individualrechtsgüterschutz als „Nebenzweck" ansehen wird.

1047 LK-*König*, § 315 Rn. 5; wohl auch *Geppert*, Jura 2001, 559, 560.

störungsfreies Subsystem „Sicherheit des Straßenverkehrs" gewährleistet werden soll.[1048] Es wird betont, dass es gerade Ziel der Normen sei, Handlungen im Rahmen des Straßenverkehrs zu pönalisieren, um dessen Sicherheit zu gewährleisten.[1049] Ein Grund für das Eingreifen der strafrechtlichen Normen sei die Gefährdung der Sicherheit des Straßenverkehrs durch den Eingriff als solchen.[1050] Zwar diene die Pflicht zur Einhaltung der Verkehrsvorschriften (mittelbar) dem Schutz von Leib und Leben aller übrigen Verkehrsteilnehmer.[1051] Jedoch, und dies ist entscheidend, verpönen die Vorschriften ihrer Natur nach gemeingefährliches Verhalten im Interesse der Sicherheit des Verkehrs schlechthin.[1052] Die Tatbestände seien demnach „durch und durch Tatbestände zum Schutze der Allgemeinheit."[1053] Die individuell betroffenen Personen stünden (lediglich) stellvertretend für die gegen Verkehrsgefahren zu schützende Allgemeinheit.[1054]

Nicht ganz eindeutig[1055] ist die Ansicht des BGH und von einigen Obergerichten.[1056] Einmal geht der BGH davon aus, dass die Vorschrift (hier § 315 c StGB) nicht nur Leib und Leben des einzelnen Verkehrsteilnehmer schütze, sondern *vor allem* die Sicherung des Straßenverkehrs und damit der Allgemeinheit bezwecke, wobei der mitverwirklichte Schutz des einzelnen nur eine Nebenwirkung von untergeordneter Bedeutung darstelle.[1057] Dies könnte genauso für die Annahme eines januskopfigen Rechtsguts mit nachrangigem Individualschutz wie auch für die Annahme eines bloß faktischen Mitschutzes der Individualinteressen (dann als Rechtsreflex) sprechen, letzteres vor allem deshalb, weil der BGH auf die Ausführungen *Lackners* verweist und dieser eindeutig den Allgemeinrechtsgüterschutz hervorhebt. In einer Entscheidung zu § 315 b Abs. 1 Nr. 3 StGB geht der BGH dagegen explizit davon aus, dass die Vorschrift nur die Sicherheit des Straßenverkehrs schützen soll.[1058] An anderer Stelle wiederum lässt der BGH eine Tendenz erkennen, dass die Rechtsgüter der einzelnen Verkehrsteilnehmer nachgeordnet vom Schutz erfasst sind, indem er ausführt, dass in § 315 c StGB allgemein die Sicherheit des Straßenverkehrs geschützt wird, welche durch das Führen eines Fahrzeuges in fahruntüchtigen Zustand gefährdet wird. Dem lässt er dann folgen: „Zwar sollen *daneben*[1059] auch die

1048 *Radtke*, 1998, S. 142; Sch/Sch-*Cramer* (1997), § 315 Rn. 1.
1049 NK-*Herzog* (2010), § 315 c Rn. 1.
1050 BGH NJW 1989, 2550; BGH VRS 61, 122, 123 zu § 315 b StGB.
1051 *Krumme* zu BGHSt 6, 232 in: BGH LM Nr. 2 zu §§ 315 a Abs. 1 Ziff. 4.
1052 OLG Karlsruhe NJW 1967, 2321.
1053 *Lackner*, S. 12 f.
1054 *Geppert*, NStZ 1989, 320, 321.
1055 So auch *Langrock* in MDR 1970, 982.
1056 Für letztere vgl. OLG Stuttgart NJW 1976, 1904: „315 c StGB schützt außer der im Einzelfall gefährdeten Person die allgemeine Sicherheit des Straßenverkehrs."
1057 BGHSt 23, 261, 263, 264.
1058 BGH VRS 61, 122, 123.
1059 Kursive Hervorhebung durch den Verfasser.

konkret gefährdeten Rechtsgüter geschützt werden."[1060] Diese in den dargestellten Ausführungen zum Ausdruck kommende Sicht überträgt der BGH auch auf § 315 b StGB.[1061] Dies spricht eher für das Verständnis als janusköpfiges Rechtsgut. In einer anderen Entscheidung[1062] zu § 315 b StGB führt der BGH aus: „Geschütztes Rechtsgut dieser Strafnorm ist zwar ebenso wie bei § 315 c StGB die Sicherheit des Straßenverkehrs"; aber auch: „dem [der Einstufung der §§ 315 b, 315 c StGB als Dauerstraftaten] steht schon entgegen, daß sie *auch*[1063] dem Schutz der konkret gefährdeten Rechtsgüter dienen." Aus diesen Ausführungen dürfte wiederum eine Tendenz hin zu einem kumulativen Rechtsgüterschutz im Sinne eines janusköpfigen Rechtsguts zu erkennen sein.

Der Ansicht, dass die §§ 315 b, 315 c StGB die Sicherheit des Straßenverkehrs schützen, ist zuzustimmen. Sie lässt sich mit den bereits oben im Rahmen der historischen Ausführungen getroffenen Feststellungen begründen.[1064] Besonders verdeutlicht das die amtliche Begründung im Rahmen des Zweiten Gesetzes zur Sicherung des Straßenverkehrs. Dort wird explizit davon gesprochen, dass hinter der Ausgestaltung der Tatbestände als konkrete Gefährdungsdelikte der Gedanke der abstrakten Gefahr für eine unbestimmte Zahl von Menschen und Sachen als gesetzgeberischer Grund stehe.[1065] Dass daraus ein Allgemeinrechtsgüterschutz folgt, wurde oben[1066] dargestellt und ausführlich aufgezeigt.

Neben den Argumenten, die bereits in der Kritik der These vom Individualrechtsgüterschutz (oben unter aa.(2)) erhoben wurden, sprechen die folgenden Überlegungen für ein Rechtsgut der Sicherheit des Straßenverkehrs: Außer dem Wortlaut des Gesetzes selbst („wer die Sicherheit des *Straßenverkehrs* ...")[1067] streitet für die Geltung eines Kollektivrechtsgutes die systematische Stellung der §§ 315 b, 315 c StGB im Rahmen der gemeingefährlichen Straftaten.[1068] Entgegen anderer Stimmen in der Literatur[1069] (mit-) bestimmt vorliegend die gesetzliche Einordnung in einen Abschnitt des StGB den materiellen Gehalt einer Norm, so dass aus der Beziehung der systematischen Stellung im Gesetz zu dem im Tatbestand pönalisierten Verhalten das Rechtsgut ermittelt wird.[1070] Wie oben im Rahmen der historischen Betrachtung

---

1060 BGH NJW 1989, 1227, 1228.

1061 BGH NJW 1989, 2550.

1062 BGH NJW 1995, 1766, 1767.

1063 Kursive Hervorhebung durch den Verfasser.

1064 So auch *Janiszewski*, Rn. 262; BGHSt 6, 261, 263; OLG Karlsruhe NJW 1967, 2321, 2322.

1065 BT-Drucksache IV, Nr. 651, S. 23.

1066 Vgl. die Ausführungen unter C.III.3.f.

1067 *Geppert*, Jura 1996, 639, 640; *ders.*, Jura 2001, 559, 560; NK-*Herzog* (2010), § 315 c Rn. 1; *Hohmann/Sander*, § 36 Rn. 22; BGHSt 23, 261, 264.

1068 Vgl. exemplarisch LK-*König*, § 315 Rn. 4 und *Burmann*/Heß/Hühnermann/Jahnke/Janker, § 315 c Rn. 1.

1069 Exemplarisch *Horn/Hoyer*, JZ 1987, 965.

1070 Siehe dazu *Oehler*, S. 307 f.

bereits ausführlich dargestellt,[1071] sind die hier zu untersuchenden Normen trotz Aufgabe des Tatbestandsmerkmals der Gemeingefahr gemeingefährliche Delikte geblieben, so dass eine Einordnung entgegen des legislatorischen Zusammenhangs hier nicht in Betracht kommt, sondern vielmehr festgestellt werden kann, dass eine systematisch korrekte Rubrizierung erfolgte.

(2) Janusköpfiger Rechtsgüterschutz?

Die §§ 315 b, 315 c StGB verfolgen auch keinen doppelten Rechtsgüterschutz in Form des Schutzes der Sicherheit des Straßenverkehrs einerseits und des Individualrechtsgüterschutzes andererseits.[1072] Dies ergibt sich auch nicht aus der (hohen) Strafandrohung der §§ 315 b, 315 c StGB, die – wie nach Meinung der Befürworter dieser Ansicht vorgebracht – nur bei einer Kombination aus beiden Rechtsgütern gerechtfertigt erscheinen soll. Die Gefährdung von Leib, Leben und bedeutenden Sachwerten mag zwar mitkonstitutiv für das Unrecht der §§ 315 b, 315 c StGB sein.[1073] Dies könnte sich daran zeigen lassen, dass sich nach § 315 c Abs. 1 i.V.m. Abs. 3, § 315 b Abs. 4 und 5 StGB der Vorsatz oder die Fahrlässigkeit auch auf die Gefährdung beziehen muss.[1074] Dagegen rechtfertigt gerade erst das Allgemeininteresse an der Sicherheit des Straßenverkehrs, eine bloße Gefährdung (mithin ohne Eintritt eines Leibes- oder Sachschadens) als strafrechtlich relevant anzusehen. Die strafbarkeitsbegründende Wirkung ergibt sich daher vornehmlich aus diesem Allgemeininteresse. Dass die konkrete Individualgefahr mitkonstitutiv sein mag, hat dagegen, wie oben[1075] gezeigt, demgegenüber keine Relevanz für die Bestimmung des geschützten Rechtsguts. Denn die §§ 315 b, 315 c StGB verkoppeln gerade nicht das Universalrechtsgut mit den Individualrechtsgütern zu einem eigenständigem Rechtsgut, vielmehr verhält es sich so, dass der konkreten Gefahr lediglich indizielle Bedeutung für die Beeinträchtigung des Straßenverkehrs zukommt. Die Bestrafung aus §§ 315 b, 315 c StGB erfolgt danach nicht deshalb, weil andere Individualrechtsgüter in Gefahr geraten sind, sondern weil sich das Verhalten als besonders gefährlich für die Allgemeinheit erwiesen hat, so dass – anders als bei § 316 StGB – das Verhalten nicht nur *typischerweise* die Sicherheit im Straßenverkehr gefährdet.

1071 Vgl. die Ausführungen unter C.III.3.f.

1072 So aber *Bickelhaupt*, NJW 1967, 713, 714; *Langrock*, MDR 1970, 982, 984; *Graul*, JuS 1992, 321, 325; *Rengier*, BT II, § 44 Rn. 1; Sch/Sch-*Sternberg-Lieben/Hecker*, § 315 b Rn. 1, § 315 c Rn. 2; *Eisele*, JA 2007, 168; *Ellbogen/Richter*, JuS 2002, 1192, 1197; *Oellers*, NJW 1970, 2121; *Roxin*, AT I, § 13 Rn. 35; *Schulz*, JA 1994, 217, 221 f.; NK-*Zieschang*, § 315 b Rn. 7, § 315 c Rn. 6 und *Lackner/Kühl*, § 315 b Rn. 1 i.V.m. § 315 Rn. 1, § 315 c Rn. 1, wobei dort die Sicherheit des Straßenverkehrs als vorrangig vom Schutz erfasst angesehen wird. Unklar: *Preisendanz*, § 315 c Rn. 1, 8.

1073 So *Hillenkamp*, JuS 1977, 166, 170.

1074 *Graul*, JuS 1992, 321, 325.

1075 Vgl. die Ausführungen unter D.IV.5.b.aa.(2).

Vielmehr bringt die konkrete Individualgefährdung von Personen oder Sachen zum Ausdruck, dass eine besonders gefährliche Fahrweise *tatsächlich* gegeben war.

Zu Gunsten eines janusköpfigen Rechtsguts wird weiter vorgebracht, es handle sich zwar um Delikte, die sich gegen die Allgemeinheit richten, aber eines „privaten" Angriffsobjekts bedürfen[1076], so dass – so ist der Gedanke weiterzuführen – aufgrund dessen ein zumindest gleichwertiger Individualrechtsgüterschutz *zwingend* sein müsse. Dies ist aber nicht richtig: Vielmehr dient das „private" Angriffsobjekt nur dazu, den Umgang mit den Tatbeständen handhabbar zu machen, denn eine Gefährdung der abstrakten Allgemeinheit ohne Bezugsgröße ist schwer vorstellbar. Insoweit steht die Individualgefährdung (mithin die Gefährdung des „privaten" Angriffsobjekts) stellvertretend für die besondere Allgemeingefährlichkeit der vollzogenen Handlung. Eine Erweiterung des Rechtsgüterschutzes geht mit dem Erfordernis eines (bestimmten) Handlungsobjektes freilich nicht einher. Denn es gilt zu beachten, dass das Handlungsobjekt vom Schutzobjekt, d. h. vom dem Rechtsgut, zu unterscheiden ist und das normmotivierende Rechtsgut sowie das Handlungsobjekt gerade nicht übereinstimmen müssen.[1077] Zwar kann es (wie bei § 211 StGB) Fälle geben, in denen beide Objekte zusammenfallen.[1078] Zwingend ist der Rückschluss vom Handlungs- auf das Schutzobjekt indes nicht. Dies gilt vorliegend insbesondere deshalb, weil die maßgeblichen Tatbestände der §§ 315 b, c StGB ein Gefährdungserfordernis statuieren.

Letztlich spricht noch ein entscheidendes Argument gegen die Annahme eines janusköpfigen Rechtsguts: Während bei der Annahme eines Kollektivrechtsgüterschutzes die Möglichkeit einer rechtfertigenden Einwilligung ausscheiden muss und bei der Annahme eines Individualrechtsgüterschutzes die Möglichkeit einer solchen eher zu bejahen sein dürfte, stellt sich bei der Kumulation von Schutzobjekten zwingend und zwangsläufig die Frage, welche Wirkung einer erklärten Einwilligung zukommt. Insoweit wäre bei der Annahme eines janusköpfigen Rechtsguts die Bestimmung der Zulässigkeit einer Einwilligung problematisch und praktisch kaum handhabbar, wie sich durch die nachfolgenden verschiedenen Beurteilungsmöglichkeiten deutlich zeigen lässt:

- Möglich ist, eine Einwilligung immer nur in den Fällen zuzulassen, in denen der Einwilligende alleiniger Träger beider angegriffenen Rechtsgüter ist.[1079] Unterstellt, die §§ 315 b, 315 c StGB würden tatsächlich einen kumulativen Rechtsgüterschutz verfolgen, kann vorliegend aufgrund des mitverfolgten Universalrechtsgüterschutzes des Allgemeininteresses an der Sicherheit des

1076 *Langrock*, MDR 1970, 982, 984.
1077 Dazu vgl. *Mezger*, S. 188 f., 199 f. sowie *Schmädicke*, S. 82 und *Puhm*, S. 127 m.w.N.
1078 Aufgrund des bei § 211 StGB vorherrschenden Individualrechtsgüterschutzes ist der Getötete derjenige, dessen menschliches Leben durch die Norm geschützt werden soll. Gleichzeitig ist er aber auch derjenige, an dem sich tatbestandliche Handlung – die Tötung – vollzieht.
1079 Vgl. BGHSt 6, 232, 234; *Hohmann/Sander*, § 36 Rn. 22.

Straßenverkehrs nicht davon gesprochen werden, dass der die pönalisierte Verhaltensweise an den Tag legende Person eine Dispositionsbefugnis hinsichtlich beider Rechtsgüter zusteht.

- Darüber hinaus könnte man der Ansicht sein, dass bei einem kumulativen Rechtsgüterschutz eine Einwilligung möglich ist,[1080] da die nach der Einwilligung in die konkrete Individualgefährdung übrig bleibende abstrakte Gefährdung nicht mehr für die Tatbestandserfüllung ausreiche.[1081] Diese Sicht beruht also auf dem Gedanken, dass die Strafbarkeit gerade kumulativ die Verletzung der beiden geschützten Rechtsgüter voraussetzt.[1082]

  Diese Ansicht ist jedoch abzulehnen. Das ergibt sich aus dem verfolgten Rechtsgüterschutz der Sicherheit des Straßenverkehrs und hält auch einer Ergebnisprüfung stand. Eine Bestrafung aus den §§ 315 b, 315 c StGB resultiert – wie dargelegt – nämlich nicht daraus, dass andere Individualrechtsgüter in Gefahr geraten sind. Vielmehr ist das Verhalten nach den §§ 315 b, 315 c StGB deshalb strafbewehrt, weil es sich als *besonders* gefährlich für die Allgemeinheit erwiesen hat und eine besondere Gefährlichkeit für die Verkehrsgemeinschaft indiziert. Der „Verzicht" des Einzelnen auf den Schutz seines Individualrechtsguts wäre demnach irrelevant, weil dieser die zum Ausdruck gekommene Gefährlichkeit des Verkehrsverhaltens nicht beseitigen kann. Durch die Einwilligung würde die konstitutive Beziehung zwischen dem Inhaber – hier also der Allgemeinheit – und dem Rechtsgut gerade nicht unterbrochen werden, weil der Einzelne nicht alleiniger Inhaber des Rechtsguts der Straßenverkehrssicherheit ist.[1083] Die Ansicht ist darüber hinaus deshalb abzulehnen, weil ansonsten der Einzelne die Rechtsmacht hätte, den auch im Rahmen der Annahme eines kumulativen Rechtsgüterschutzes anerkannten (Mit-) Schutz der Sicherheit des Straßenverkehrs durch seine (Individual-) Einwilligung für alle aufzuheben und somit die Indisponibilität des Universalrechtsguts zu konterkarieren.

- Weiter erscheint es möglich, bei einem kumulativen Rechtsgüterschutz dann eine rechtfertigende Wirkung der Einwilligung anzunehmen, wenn das Rechtsgut der allgemeinen Sicherheit des Straßenverkehrs durch andere Strafvorschriften ausreichend geschützt ist. Insoweit wäre dann z.B. § 316 StGB als „Auffangtatbestand" anzusehen.[1084]

1080 *Langrock*, MDR 1970, 982, 984; *Roxin*, AT I, § 13 Rn. 35.

1081 Vgl. MüKo-*Schlehofer*, Vorbemerkungen zu den §§ 32 ff. Rn. 135; so auch *Roxin*, AT I, § 13 Rn. 35, nach dessen Ansicht ein Einverständnis vorliegt. Siehe auch OK-StGB-*Kudlich*, § 315 c Rn. 68. In diese Richtung auch *Eisele*, JA 2007, 168, 172.

1082 *Gropp*, § 5 Rn. 79.

1083 *Marx*, S. 82.

1084 Vgl. zu diesem Ansatz: *Graul*, JuS 1992, 321, 325; *Ellbogen/Richter*, JuS 2002, 1192, 1197; *Hillenkamp*, JuS 1977, 166, 170 f.

Gegen die vermittelnde Lösung, die eine Einwilligung nur dann zulassen will, wenn ein Auffangtatbestand „zur Verfügung steht“ spricht, dass derjenige Fahrzeugführer, der eine Trunkenheitsfahrt oder eine Fahrt unter dem Einfluss anderer berauschender Mittel begeht und einen Einwilligenden mitnimmt, besser gestellt wird, als alle anderen Täter im Rahmen der §§ 315 b, 315 c StGB. Dies gilt umso mehr, als der Gesetzgeber die Trunkenheit im Verkehr letztlich als besonders strafwürdig erachtet und sie deshalb neben der Aufnahme in § 315 c Abs. 1 Nr. 1 a StGB noch in § 316 StGB als abstraktes Gefährdungsdelikt unter Strafe gestellt hat. Mit dieser Intention dürfte eine Besserstellung im oben genannten Sinne kaum zu vereinbaren sein.

Zudem ist die Intensität der Beeinträchtigung der Sicherheit des Straßenverkehrs keineswegs mit der in § 315 c Abs. 1 Nr. 1 a StGB umschriebenen vergleichbar: Bei § 316 StGB verbleibt es bei einem abstrakt gefährlichen Verhalten, während sich bei § 315 c Abs. 1 Nr. 1 a StGB das abstrakt gefährliche Verhalten durch den geforderten Zurechnungszusammenhang zumindest in der konkreten Gefahr verdichten muss. Aus dem Blickwinkel der Sicherheit des Straßenverkehrs hat sich der Täter allein deshalb schon weitaus gefährlicher Verhalten.

- Umgekehrt könnte man sich überlegen, bei Annahme einer Janusköpfigkeit des Rechtsguts, die rechtfertigende Wirkung einer Einwilligung dann zu versagen, wenn man das Rechtsgut der Sicherheit des Straßenverkehrs so akzentuiert, dass es das primäre Rechtsgut darstellt. Werden kumulativ sowohl Allgemeininteressen wie auch disponible Individualinteressen geschützt, ist es denkbar, eine Gleichrangigkeit oder ein Vorrangverhältnis des einen oder des anderen Schutzobjekts anzunehmen. Entscheidend für eine Rangordnung ist das Maß der einzelnen Rechtsgutsverletzung innerhalb des deliktischen Gesamtunrechts.[1085] Es muss gefragt werden, welchem der beiden Schutzzwecke der Vorrang einzuräumen ist, mithin ist eine Wertentscheidung zu treffen.[1086] Diese hätte sich – wenn sich denn, was schon an anderer Stelle bejaht wurde,[1087] die gesetzgeberisch vorgenommene Rubrizierung als richtig darstellt – zuvörderst an der systematischen Stellung des Delikts zu orientieren. Unabhängig davon, dass danach der Sicherheit des Straßenverkehrs der Vorrang einzuräumen wäre, ist nicht zu verkennen, dass die Bestimmung des Rangverhältnisses aufgrund der zu treffenden Wertentscheidung schwierig und problematisch ist.

Allein der aufgezeigte Meinungsstreit hinsichtlich der Frage nach der Zulässigkeit einer Einwilligung im Rahmen eines kumulativen Rechtsgüterschutzes und die daraus resultierenden (Rechts-) Unsicherheiten sprechen gegen ein janusköpfiges Rechtsgut, und es zeigt sich deutlich, dass das Nebeneinander zweier Schutzobjekte bei der Straßenverkehrsgefährdung nicht praktikabel ist.

1085 Siehe dazu im Rahmen der Schutzgutbestimmung bei § 164 StGB *Langer*, S. 31.
1086 Siehe dazu im Rahmen der Schutzgutbestimmung bei § 164 StGB *Langer*, S. 41.
1087 Siehe unter C.III.3.e.

Somit verbleibt es dabei, dass es die Sicherheit des Straßenverkehrs (als Abwesenheit von chaotischen und Schaffung von unbedrohten Zuständen) ist, die geschützt wird. Das in §§ 315 b, 315 c StGB pönalisierte Unrecht ist wegen des individuellen Handlungsobjekts zwar reflexartig ambivalenter Natur.[1088] Neben das Unrecht, welches daraus folgt, dass durch die strafrechtlich relevante Verhaltensweise die Sicherheit des Straßenverkehrs tangiert ist, tritt das Unrecht, welches gegenüber dem Angriffsobjekt verwirklicht wird. Dennoch ist es nur das Universalinteresse der Sicherheit des Straßenverkehrs, welches geschützt wird; wenn auch nicht zu verkennen ist, dass Individualrechtsgüter rein faktisch mitgeschützt werden, diesem Schutz aber nur eine Nebenwirkung von untergeordneter Bedeutung zukommt.[1089] Denn die Anerkennung eines Universalrechtsgüterschutzes setzt stets dahinterstehende Individualinteressen voraus. Insoweit ist die dienende Funktion des Universalrechtsgüterschutzes nicht zu bestreiten: Denn auch der „öffentlichen Veranstaltung" Straßenverkehr kann letztlich nur der Zweck der Sicherung einzelner (potentieller) Verkehrsteilnehmer und deren Integrität vor möglichen Verkehrsgefahren zukommen.[1090] Diese führt zwangsläufig zu einem faktischen Mitschutz des Einzelnen innerhalb der Verkehrsgemeinschaft, so dass zum einen aktuell teilnehmende Personen und deren Rechtsgüter und zum anderen potentielle Teilnehmer (lediglich) reflexartig geschützt sind.

(3) Deutung des Begriffs des Universalinteresses an der Sicherheit des Straßenverkehrs – zugleich ein Beitrag über die Notwendigkeit eines Kollektivrechtsguts

Wie soeben aufgezeigt, wird (zu Recht) die Sicherheit des Straßenverkehrs dem Grunde nach als schutzwürdiges Rechtsgut angesehen und anerkannt. Bei genauerer Untersuchung der in diesem Zusammenhang veröffentlichten Literatur und Rechtsprechung wird jedoch deutlich, dass dieses Rechtsgut inhaltlich weder näher beschrieben noch ihm eine Kontur verliehen wird. Während es nach dem oben Ausgeführten nicht in Abrede zu stellen ist, dass die Institution Straßenverkehr und seine Sicherheit geschützt werden müssen, fehlt es dagegen an einer belastbaren inhaltlichen Definition von dem, was in concreto vom Schutzumfang umfasst sein soll. Es ist nicht zu verkennen, dass das Rechtsgut insoweit etwas „farblos" erscheint:[1091] Ob dies daran liegen mag, dass es gar keiner Kontur fähig ist,[1092] wird zu untersuchen sein. Bevor sich jedoch dieser Frage adäquat angenommen werden kann, muss in einem ersten Schritt geklärt werden, ob es – wovon die Befürworter eines Universalrechtsgüterschutzes stillschweigend ausgehen – eines Kollektivrechtsguts der Sicherheit des Straßenverkehrs überhaupt bedarf oder ob nicht

1088 *Schaffstein*, in FS für Welzel, S. 557, 574.
1089 *Lackner*, S. 13; LK-*König*, § 315 Rn. 5; *Krumme*, § 315 c Rn. 5.
1090 *Horn/Hoyer*, JZ 1987, 965.
1091 Arzt/Weber/Heinrich/*Hilgendorf*, § 1 Rn. 27.
1092 So *Krüger*, S. 110.

vielmehr die „Konstruktion“ eines Universalrechtsguts bei den §§ 315 b, 315 c StGB einer sachlichen Grundlage entbehrt.[1093]

(a) Notwendigkeit eines Universalrechtsgüterschutzes

An der grundsätzlichen Notwendigkeit eines strafrechtlichen Universalrechtsgüterschutzes[1094] und der daraus resultierenden Berechtigung der Pönalisierung von Verletzungen von Rechtsgütern der Allgemeinheit dürften keine Zweifel bestehen. Denn auch – und gerade – Gemeinschaftswerte haben eine nicht zu unterschätzende, geradezu zentrale Bedeutung für das menschliche Zusammenleben: Ohne die Gewährung eines strafrechtlichen Schutzes derselben wäre ein friedliches Zusammenleben de facto unmöglich.[1095] Bedingung für die Berechtigung und Anerkennung von Kollektivrechtsgütern muss aber sein, dass diese letztlich auch dem einzelnen Bürger dienen. Notwendig ist mithin, dass sie einen Individualbezug aufweisen: Die Existenz von Kollektivrechtsgütern muss für ein ungestörtes Funktionieren des Zusammenlebens der Menschen in der Gesellschaft als grundlegendes Element notwendig sein. Gerade die freie Entfaltung des Einzelnen in der Gesellschaft stellt das Interesse des Individuums dar, das als Verknüpfungspunkt taugt[1096] und insoweit der soeben angesprochenen Dienungsfunktion Rechnung tragen kann. Es verbleibt jedoch die Frage, wie ein bestimmter für die Gemeinschaft wichtiger Wert zum strafrechtlich geschützten Rechtsgut wird und – letztlich entscheidend – nach welchen Kriterien dies zu geschehen hat. Dahingehend ist festzuhalten, dass die Anerkennung eines Rechtsguts nicht nur von der Struktur der Gesellschaft, sondern auch von historischen und epochalen Umständen und Einflüssen abhängig ist.[1097] Daneben ist die Entwicklung von Rechtsgütern stets als das Resultat einer gesellschaftlichen Verständigung anzusehen,

---

1093 So *Krüger*, S. 161, der im Ergebnis bei § 315 c StGB ein Universalrechtsgut der Sicherheit des Straßenverkehrs ablehnt. Ebenso: *Deichmann*, S. 193 f.

1094 Eine andere – hier nicht zu behandelnde Frage – ist es, wie weit eine Unterscheidung zwischen Individual- und Universalrechtsgütern reicht und wie sie auszusehen hat. Dazu haben sich die monistische und die dualistische Lehre herausgebildet. Siehe dazu AK-*Hassemer*, vor § 1 Rn. 269 ff.

1095 Vgl. Arzt/Weber/Heinrich/*Hilgendorf*, § 1 Rn. 31; *Roxin*, AT I, § 2 Rn. 9 f.

1096 *Roxin*, AT 1, § 2 Rn. 11 m.w.N. und Hinweis auf den “personalen Rechtsgüterbegriff”. Gegen die Kreation von Allgemeinrechtsgütern ohne anthropozentrischen Bezug insbesondere zur Bewältigung von Beweisschwierigkeiten, siehe *Weigend*, in FS für Triffterer, S. 695, 700 f, 708 f.

1097 *Maurach/Zipf*, AT 1, § 19 Rn. 6 ff. Zum Beispiel wurde aufgrund des seit Ende der 1980iger Jahre auch in Deutschland vermehrt auftretenden „Stalkings“ im Jahr 2007 der § 238 in das StGB eingefügt. Nach Auffassung des Gesetzgebers bestand aufgrund der Entwicklung der gestiegenen Opferzahlen Handlungsbedarf, um einen noch effektiveren Opferschutz zu gewährleisten. Auf der anderen Seite können Rechtsgüter in bestimmten Strafnormen durch epochale Ereignisse obsolet werden: Der die Aufgabenerfüllung und Funktionsfähigkeit der Bundeswehr schützende § 109 StGB (Wehrpflichtentziehung durch Verstümmelung) dürfte

so dass durchaus davon gesprochen werden kann, dass diese gesellschaftlich „hergestellt“ werden.[1098] Gerade und insbesondere die Gegenwartsaufgabe des Strafrechts kann dazu führen, dass neuartigen und mitunter gefährlichen Entwicklungen strafrechtlich entgegengesteuert werden muss.[1099] Dies vorausgeschickt, gilt es nunmehr zu untersuchen, inwieweit der Schutz der Sicherheit des Straßenverkehrs ein eigenständiges und insoweit „echtes“ Kollektivrechtsgut darstellt.

(b) Die Sicherheit des Straßenverkehrs als Fall eines klassischen Kollektivrechtsguts

Anhand der bisher entwickelten Strukturen kollektiver Rechtsgüter und deren Systematisierung ist herauszuarbeiten, ob auch die Sicherheit des Straßenverkehrs ein (solches) echtes Universalrechtsgut darstellt oder ob die Berufung auf „diffuse“[1100] Belange der Allgemeinheit nur zweckorientiert ist, um – exemplarisch – die Vorverlagerung der Strafbarkeit im Rahmen der Gefährdungsdelikte[1101] oder die Unwirksamkeit einer rechtfertigenden Einwilligung zu erklären und in Wahrheit das propagierte Universalrechtsgut nur eine Summierung vieler Individualrechtsgüter darstellt[1102] und es sich insoweit um eine nur scheinbar kollektive Rechtsgutskonstruktion handelt.[1103] Es stellt sich mithin die Frage, ob und wenn ja, *warum* die Sicherheit des Straßenverkehrs ein geschütztes kollektives Rechtsgut darstellt. In der Literatur[1104] haben sich unterschiedliche Strukturtypen kollektiver Rechtsgüter herausgebildet, die gleichzeitig dazu dienen, diese Art kollektiver Rechtsgüter zu legitimieren. Es muss nunmehr untersucht werden, ob das Allgemeininteresse an

---

durch die Aussetzung der Wehrpflicht zumindest vorerst seine Legitimation verloren haben.

1098 AK-*Hassemer*, vor § 1 Rn. 283.

1099 Zum Beispiel wurden die Straftaten gegen die Umwelt (29. Abschnitt des StGB) erst durch das 18. StrÄndG vom 28.3.1980 – teilweise unter Übernahme aus verwaltungsrechtlichen Spezialgesetzen – in das StGB eingefügt. Erst zu dieser Zeit wurde durch die Gesellschaft der Umweltschutz vorangetrieben. Auch dadurch hat der Gesetzgeber die Notwendigkeit gesehen, der „Umwelt“ aufgrund ihrer für den Menschen besonderen Wichtigkeit als Lebensgrundlage den Rang eines strafrechtlich geschützten (Universal-) Rechtsguts zuzuerkennen, während zuvor dem Schutz der Umwelt wie selbstverständlich keinerlei oder wenig Beachtung geschenkt wurde.

1100 *Roxin*, AT I, § 2 Rn. 75.

1101 Siehe dazu vertiefend *Krüger*, S. 1 ff. Im Übrigen sollen den Problemkreisen, die aus der Schaffung (konkreter) Gefährdungsdelikte überhaupt resultieren, nicht weiter nachgegangen werden.

1102 *Deichmann*, S. 193 f.

1103 So *Hefendehl*, GA 2002, 21, 26.

1104 Vor allem *Hefendehl*, 2001 und *ders.* in GA 2002, 21.

der Sicherheit des Straßenverkehrs unter eine diese Fallgruppen zu subsumieren ist, so dass es einer eigenständigen Legitimitätsbegründung nicht bedarf.[1105]

(aa) Die Sicherheit des Straßenverkehrs als Kumulationsdelikt

Eine Fallgruppe des bereits existenten Modells[1106] bilden die sogenannten *Kumulationsdelikte.*[1107] Dieser Form von Universalrechtsgütern liegt ein simpler Gedanke zu Grunde, dem ein generalpräventives Element innewohnt: Eine für sich selbst noch unwesentliche Beeinträchtigung soll deshalb strafrechtlich sanktioniert werden (können), um zu verhindern, dass andere Personen identische Verhaltensweisen – deren Beiträge in ihrer Gesamtheit (also kumuliert) einen erheblichen Schaden herbeiführen würden – an den Tag legen.[1108] Er lässt sich a) zum einen auf viele andere echte oder vermeintliche Universalrechtsgüter[1109] (neben dem „klassischen" Kumulationsdelikt der Gewässerverunreinigung) und b) zum anderen auch – noch weitergehend – auf solche Delikte übertragen, die gar keinen Universalrechtsgüterschutz verfolgen: Denn auch eine betrügerische Schädigung um einen Euro unterfällt dem Betrugstatbestand gemäß § 263 StGB, auch wenn das Vermögen des Opfers dadurch nur eine unwesentliche Schädigung erfährt und als Ganzes eigentlich unbeschädigt bleibt.[1110]

Der Umstand der „grenzenlosen" Übertragbarkeit gilt gleichsam als Hauptkritikpunkt der vorgeschlagenen Konstruktion von Kumulationsdelikten und der ihnen zu Grunde liegenden Rechtfertigung für einen Kollektivrechtsgüterschutz. Gegen dieses Argument (der grenzenlosen Übertragbarkeit) wird zwar eingewendet, dass ein Kumulationsdelikt nur dann vorliegen soll, wenn realistische synergetische Effekte unter Beachtung des Bagatellprinzips als kumulationsgeeignet angesehen werden. Der Anwendungsbereich soll nur da eröffnet sein, wo güterrespektierendes Verhalten und Alltagsleben in Widerspruch geraten können.[1111] Dieser Einwand

1105 Zu beachten ist Folgendes: Dass die Sicherheit auf den Straßen erhöht werden sollte, vermag die Begründung für die Einführung der §§ 315 b, 315 c StGB gewesen sein, liefert aber isoliert betrachtet keine Erklärung dafür, dass damit auch ein kollektives Rechtsgut statuiert werden sollte.

1106 Nach dem bereits existenten Modell sollen auch solche (kollektiven) Rechtsgüter schutzwürdig sein, die „aufzehrbar" sind und (gleichzeitig) eine Gesellschaftsrelevanz besitzen. Dazu zählen vornehmlich die Umweltressourcen, die wegen ihrer Beschränktheit und fehlenden Reproduzierbarkeit eines besonderen Schutzes bedürfen (vgl. *Hefendehl*, GA 2002, 21, 26). Dass diese Fallgruppe ein Kollektivrechtsgut der Sicherheit des Straßenverkehrs nicht legitimieren kann, liegt auf der Hand.

1107 *Kuhlen* GA 1986, 389, 399 ff. am Beispiel der Gewässerverunreinigung gemäß § 324 StGB.

1108 *Roxin*, AT I, § 2 Rn. 80.

1109 Beispiel bei *Roxin*, AT I, § 2 Rn. 81.

1110 Nach *Roxin*, AT I, § 2 Rn. 83.

1111 Vgl. Dazu und zum vorherigen: *Hefendehl*, GA 2002, 21, 27.

vermag jedoch nicht so recht zu überzeugen, denn die Voraussetzungen, die eine Eingrenzung bedingen sollen, sind konturlos und bieten keine griffige Abgrenzungsmöglichkeit, sondern transportieren das Problem (nur) auf eine andere Ebene. Denn nunmehr müsste – um eine Eingrenzung vornehmen zu können – eine Ermittlung der realistischen synergetischen Effekte erfolgen. Leicht zu definieren und zu bestimmen sind derartige Effekte aber in keinem Fall.

Als ein weiteres Argument gegen die Bildung von Kumulationsdelikten wird angeführt, dass sie zu einer Bestrafung ex inuria tertii führt.[1112] In concreto meint dies, dass der Einzelne nicht wegen einer von ihm herbeigeführten Rechtsverletzung, sondern wegen des unrechtmäßigen Verhaltens anderer bestraft wird. Gegner dieses Arguments weisen zwar darauf hin, dass ein haftungsbegründender Verweis auf das Unrecht Dritter im Rahmen der konkreten tatbestandlichen Ausformung gerade fehlt,[1113] so dass – um den Gedanken weiterzuführen – das Verhalten des Dritten für den Tatbestand irrelevant sei. Schlussendlich müssen sich die Vertreter des Kumulationsgedankens jedoch zu Recht den Einwand gefallen lassen, dass es sich nicht mit hinreichender Bestimmtheit angeben lässt, wann eine für eine ernstliche Rechtsgutsbeeinträchtigung notwendige Anzahl anderer Kumulationsbeiträge überhaupt zu erwarten ist.[1114] Damit ist eine eindeutige und nach den Grundsätzen des deutschen Strafrechts notwendige Bestimmtheit nicht gewährleistet.

Ungeachtet dieser generellen Kritik an der Fallgruppe der Kumulationsdelikte, stellen die §§ 315 b, 315 c StGB aber schon gar keine Kumulationstatbestände dar. Da ein Element der vorbezeichneten Delikte gerade die abstrakte Gefährdung ist, besteht diese völlig unabhängig davon, ob auch andere Personen ein durch die Tatbestände pönalisiertes Verhalten an den Tag legen, so dass es gar keiner Kumulation von Einzelhandlungen in großer Zahl bedarf, um eine Verletzung oder Gefährdung herbeizuführen.[1115]

(bb) Die Sicherheit des Straßenverkehrs als Vertrauensrechtsgut

Als andere Fallgruppe wird ein gesellschaftsrelevantes Vertrauensrechtsgut als Grundlage für die Bildung von Kollektivrechtsgütern angeführt:[1116] Das Vertrauen der Bevölkerung in eine bestimmte Institution soll danach ein Kollektivrechtsgut „entstehen" lassen. Klassischerweise unterfällt die Unbestechlichkeit des Beamtenapparats dieser Gruppe. Jedoch wird auch diese Fallgruppe kritisch gesehen. *Roxin*[1117] weist darauf hin, dass sozialpsychologische Befunde wie das Vertrauen einerseits zu vage sind, um aus ihnen ein Rechtsgüterschutz abzuleiten. Andererseits sei ein Vertrauen der Bevölkerung schwerlich forensisch feststellbar. Letztlich, so

1112 Vgl. *Roxin*, AT I, § 2 Rn. 82 m.w.N.
1113 Vgl. dazu und zum vorstehenden: *Hefendehl*, GA 2002, 21, 27.
1114 Vgl. *Roxin*, AT I, § 2 Rn. 82.
1115 Vgl. *Kuhlen*, GA 1986, 389, 399 f. für § 316 StGB.
1116 *Hefendehl*, GA 2002, 21, 25.
1117 In AT I, § 2 Rn. 84.

Roxin weiter, spricht gegen ein Vertrauensrechtsgut auch die Tatsache, dass es dann zu Problemen kommt, wenn die Bevölkerung das Vertrauen bereits verloren hat. In letzter Konsequenz hätte dies zur Folge, dass der Rechtsgüterschutz (automatisch) entfällt, weil der Normzweck insoweit nicht mehr existent ist.

Darüber hinaus wird speziell hinsichtlich des Kollektivrechtsguts der Sicherheit des Straßenverkehrs vertreten, dass ein Vertrauen der Verkehrsteilnehmer in bestimmte unabdingbare Regeln (die gewährleisten sollen, dass ohne eigenes Verschulden Verkehrsunfälle vermieden werden) nicht geeignet ist, ein Kollektivrechtsgut der Sicherheit des Straßenverkehrs zu legitimieren. Dies, weil zum einen die Parameter für ein Umschlagen von Vertrauen in Misstrauen unterschiedlich – und damit nicht allgemeingültig – definiert werden können. Zum anderen führe die Verringerung von Vertrauen hin zu einem Stadium des Misstrauens dazu, dass auf eine Teilnahme am Straßenverkehr gerade verzichtet wird, so dass die Risiken für Leib und Leben sogar noch verringert werden.[1118] Dieser Kritik ist insoweit zuzustimmen, als es nicht *alleine* das Vertrauen ist, das das Kollektivrechtsgut rechtfertigt, sondern – wie sogleich gezeigt wird – andere Gründe maßgeblich sind. Dennoch spielt der Vertrauensaspekt bei der Herausbildung des Kollektivrechtsguts der Sicherheit des Straßenverkehrs eine Rolle. Das Vertrauensbedürfnis der Gesellschaft nach einem intakten und ungefährlichen Straßenverkehr ist zwar nicht Grund für die Bildung des Kollektivrechtsguts. Vielmehr folgt aus dem Schutz der Sicherheit des Straßenverkehrs, dass Vertrauen aufgebaut wird, welches es möglich macht, die individuelle Mobilität auszuleben. Dass dann jedoch auch ein derartiges Vertrauen bei der Frage der Ermittlung der für einen zu entwickelnden Lösungsansatz maßgeblichen verkehrsspezifischen Parameter eine Rolle spielt, wird noch aufzuzeigen sein.

(cc) Zwischenergebnis

Damit bleibt festzuhalten, dass die Sicherheit des Straßenverkehrs keiner der oben genannten „klassischen" Fallgruppen unterfällt. Dies bedeutet jedoch nicht, dass es kein Kollektivrechtsgut der Sicherheit des Straßenverkehrs gibt, sondern vielmehr, dass eine eigene Legitimation im Sinn einer Berechtigung für die Annahme eines Universalrechtsguts herausgearbeitet werden muss. Im Anschluss daran kann der Wendung „Sicherheit des Straßenverkehrs" eine Kontur verliehen werden.

(c) Die Sicherheit des Straßenverkehrs als eigenes kollektives Rechtsgut und seine Konkretisierung

(aa) Rechtfertigung für ein Kollektivrechtsgut der Sicherheit des Straßenverkehrs

Nach hiesigem Verständnis können keine Zweifel daran bestehen, dass die Sicherheit des Straßenverkehrs als kollektives Rechtsgut angesehen werden muss. Dies

1118 Vgl. dazu – und zu dem vorstehenden – *Hefendehl*, 2002, S. 140.

beruht nicht zuletzt auf der überragenden Bedeutung eines sicheren Straßenverkehrs für die (heutige) Gesellschaft[1119] und legitimiert sich insbesondere durch den Umstand der (gelebten) individuellen Mobilität als Ausdruck der persönlichen (Fort) Bewegungsfreiheit.[1120] Diese so zu bewahren und sicherzustellen, dass ein von chaotischen Zuständen befreites Subsystem zur Verfügung steht, rechtfertigt die Statuierung einer geschützten Institution des sicheren Straßenverkehrs und damit eines Kollektivrechtsguts.

Soweit behauptet wird, die persönliche Fortbewegungsfreiheit sei über die Freiheitsberaubung gemäß § 239 StGB hinaus strafrechtlich nicht geschützt,[1121] wird ein derartiges Verständnis der Wichtigkeit und Notwendigkeit eines sicheren Straßenverkehrs für die heutige, zunehmend mobilere und globalisierte Gesellschaft nicht gerecht. Auch der Gesetzgeber hat das Schutzbedürfnis der individuellen Mobilität erkannt und mit § 248 b StGB eine Strafvorschrift geschaffen, die die nach § 903 BGB (grundsätzlich) uneingeschränkte Verfügungsmöglichkeit des Fahrzeugeigentümers (mithin also sein Gebrauchsrecht) schützt.[1122] Zwar dürfte der vorrangige Sinn und Zweck des § 248 b StGB darin bestehen, der mit der Gebrauchsanmaßung (furtum usus) verbundenen Gefährdung der öffentlichen Sicherheit durch das unberechtigte Führen des Fahrzeugs entgegen zu treten[1123] und somit die Verkehrssicherheit zu erhöhen.[1124] Dennoch ist die Herrschaftsbefugnis des Eigentümers[1125], sein Eigentum jeder Zeit nutzen und gebrauchen zu können, mitgeschützt.[1126] Hinter dieser Herrschaftsbefugnis in Form des Schutzes des Gebrauchsrechts steht jedoch gerade der Gedanke der individuellen Mobilität des Fahrzeugbesitzers, zu jedem Zeitpunkt seinen Aufenthaltsort unter Nutzung seines Kraftfahrzeugs potentiell verändern zu können. Insoweit lässt sich zeigen, dass die persönliche Fortbewegungsfreiheit nicht nur exklusiv in § 239 StGB geschützt ist.

1119 Dass die Verkehrssicherheit eine große Relevanz besitzt, erkennt auch *Hefendehl*, 2002, S. 140 an.

1120 Siehe zur individuellen Mobilität als Schutzzweck: BGH VRS 64, 267, 268 einerseits und BGH VRS 16, 126, 131 andererseits.

1121 *Hefendehl*, 2002, S. 141.

1122 SK-*Hoyer*, § 248 b Rn. 1; MüKo-*Hohmann*, § 248 b Rn. 1.

1123 BGHSt 11, 47, 49; *Franke*, NJW 1974, 1803. Zu § 248 b StGB siehe auch *Seibert*, DAR 1955, 298 ff.

1124 BGHSt 11, 47, 49. A.A.: *Franke*, NJW 1974, 1803, 1804, der den Schutz der Verkehrssicherheit durch § 248 b StGB mit den Argumenten ablehnt, dass einerseits die Pönalisierung des Fahrens ohne Fahrerlaubnis im StVG diesen Schutzgedanken in sich trägt und es – falls man bei § 248 b StGB ebenfalls die Sicherheit des Straßenverkehrs als geschützt ansehen würde – zu (zumindest partiellen) Überschneidungen kommt. Zudem sei § 248 b StGB andererseits ein Antragsdelikt, was (ebenfalls) gegen einen Universalrechtsgüterschutz spreche.

1125 *Franke*, NJW 1974, 1803, 1804.

1126 Vgl. exemplarisch: *Lackner/Kühl*, § 248 b Rn. 1.

Es mag etwas übertrieben sein zu behaupten, dass die freie Entfaltung des Einzelnen in der Gesellschaft von der individuellen Mobilität abhängt. Jedoch ist nicht zu verkennen, dass der Flexibilität und der Mobilität (mittlerweile) eine überragende Bedeutung, gerade für das Funktionieren einer modernen Volkswirtschaft,[1127] zukommen. Für die Ausübung der persönlichen (Fort-) Bewegungsfreiheit bedarf es aber einer „Plattform". Diese kann nur der Straßenverkehr und mit ihm die Sicherheit desselben sein. Daher ist der Straßenverkehr als eine herausragende „Institution" unserer Gesellschaft zu begreifen, dessen ungestörtes Funktionieren für das Zusammenleben in der Gesellschaft als notwendig angesehen werden muss. Der Straßenverkehr und seine Sicherheit können deshalb als „Lebensgut" bezeichnet werden.[1128] Der Straßenverkehr bedarf jedoch einer intakten und allseits respektierten Verkehrsordnung, um zu funktionieren. Solch eine Funktionsfähigkeit ist aber nur dann gegeben, wenn ein möglichst reibungsloser und risikoarmer Ablauf (des Straßenverkehrs) garantiert ist. Damit geht einher, dass gerade diejenigen Verkehrsverstöße vermieden werden müssen, denen erfahrungsgemäß ein hohes Risiko inhärent ist.[1129] Der Straßenverkehr muss mithin sicher sein, damit die individuelle Mobilität ausgelebt werden kann. Die Dichte und Anfälligkeit eines „Massenverkehrs" führen dazu, dass das Strafrecht das Funktionieren dieser notwendigen, aber für Störungen anfälligen Institution zu schützen und zu sichern hat.[1130]

Unbestreitbar ist, dass die Sicherheit des Straßenverkehrs dann nicht garantiert werden kann, wenn bloße Individualinteressen und Bedürfnisse der am Straßenverkehr teilnehmenden Individuen ausschlaggebend wären. Denn dann, wenn beispielsweise das individuelle Bedürfnis des schnellstmöglichen Fortkommens maßgeblich wäre, und daher keine Ampel und kein Tempolimit zu rechtfertigen wären, könnte von einer garantierten Sicherheit in keinem Fall gesprochen werden. Da aber die Sicherheit des Straßenverkehrs jeweils im Interesse aller Straßenverkehrsteilnehmer ist, müssen Individualrechtsgüter zu einem institutionellen Gesamtinteresse umbewertet werden.[1131] Diese Umbewertung ist deshalb notwendig, weil die Summierung der Einzelinteressen gerade nicht ausreichend ist, um die

1127 *Deichmann*, S. 193.

1128 AK-*Hassemer*, vor § 1 Rn. 255.

1129 Vgl. *Schneider*, S. 243.

1130 Vgl. AK-*Hassemer*, vor § 1 Rn. 268 bezeichnet die Bestrebungen, Institutionen zu schützen, als weiteren „Schritt zur Verflüssigung des Rechtsgutsbegriffs." Ähnlich: *Weigend*, in FS für Triffterer, S. 695, 700: „Verdünnung und Ent-Individualisierung des Rechtsgutsbegriffs." Zu dieser Entmaterialisierung des Rechtsguts siehe auch die Arbeit von *Krüger*. Gegen solche Bedenken muss angeführt werden, dass die im (Haupt-) Text angeführten Gründe einen Universalrechtsgüterschutz notwendig machen, so dass eine etwaige Entmaterialisierung hinzunehmen ist. Im Übrigen kann wohl kaum von einer Ent-Individualisierung gesprochen werden, denn – wie sogleich im (Haupt-) Text gezeigt wird – weisen auch die Universalrechtsgüter einen Individualbezug auf.

1131 Zu diesem Ansatz siehe *Hassemer*, 1973, S. 75 f.

Sicherheit des Straßenverkehrs zu gewährleisten. Denn bei der bloßen Summierung von Einzelinteressen wäre – gerade weil es sich um Einzelinteressen handelt – eine Rücksichtnahme auf Interessen der anderen Verkehrsteilnehmer nicht zu rechtfertigen, so dass eine (bloße) Zusammenführung in ein durch den Grundsatz des Miteinanders geprägtes Kollektivinteresse nicht möglich und auch nicht ausreichend wäre. Um bei dem Beispiel des schnellstmöglichen Fortkommens zu bleiben, wäre Chaos und Anarchie auf den Straßen programmiert, wenn lediglich die Einzelinteressen addiert werden würden. Daher müssen die grundsätzlich als isoliert zu betrachtenden Individualinteressen vielmehr gerade limitiert werden und/oder gegebenenfalls ganz zurücktreten: Dadurch werden sie umbewertet und zu einem Kollektivrechtsgut „verwoben" und „vereinigt" bzw. „verzahnt".[1132] Das Zurücktreten der Individualinteressen rechtfertigt sich daraus, dass durch die Teilnahme am Straßenverkehr ein für jedermann offenes Gut genutzt wird.[1133]

Das Bedürfnis nach einer solchen „Verzahnung" kann nicht abgestritten werden. Der garantierte Schutz der Sicherheit des Straßenverkehrs und die dadurch hervorgerufene Rechtssicherheit gewährt dem Einzelnen eine Art „Gewissheit des Rechts": Es werden Erwartungen an das Strafrecht gestellt, die es (unter anderem) deshalb zu erfüllen gilt, um es dem Einzelnen zu ermöglichen, einen Plan für seine Handlungsweisen zu entwerfen.[1134] Denn das Strafrecht erklärt solche Verhaltensweisen für falsch, auf deren Ausbleiben Verlass sein muss,[1135] damit ein nach rechtlichen Präferenzen geordnetes Zusammenleben ermöglicht wird. Das oben schon angesprochene Vertrauen in die Sicherheit des Straßenverkehrs kann an dieser Stelle gerade als Grundlage für die Ausübung der individuellen Mobilität angesehen werden. Zwar ist zuzugeben, dass bei der Sicherung der individuellen Mobilität auch der Gedanke der Verwirklichung von Individualinteressen eine Rolle spielt. Das als Risikostrafrecht zu verstehende Verkehrsstrafrecht muss sich jedoch als „Großsteuerungsstrafrecht" begreifen, das dem vorverlagerten Schutz von Universalrechtsgütern dient.[1136] Dies, weil die Schutzmöglichkeiten des einzelnen Rechtsgutsträgers selbst begrenzt sind,[1137] denn Verkehrsteilnehmer haben gerade nicht die Möglichkeit, sich vor Verkehrsverstößen anderer wirksam zu schützen. Vielmehr sind sie auf einen kollektiven Schutz angewiesen. Es ist gerade legitim und notwendig, wenn sich der Staat Gefahren, die aus dem mit der modernen Technik verbundenen Schädigungspotential resultieren, annimmt und damit im Ergebnis sicherstellt, dass unabdingbare Sicherheitsregeln gelten. Das wird getragen durch

1132 Vgl. auch *Hassemer*, 1973, S. 72: Keine Kongruenz mit der Summe der Einzelinteressen.
1133 A.A.: *Hefendehl*, 2002, S. 141 f.
1134 Vgl. dazu *Welzel*, in FS für Henkel, S. 11, 15.
1135 *Kindhäuser*, 1989, S. 30.
1136 So *Kuhlen* GA 1994, 347, 357.
1137 *Hefendehl* 2002, S. 142.

die Aufgabe, den immensen Mobilitätsgewinn durch die modernen Verkehrsmittel sicherzustellen.[1138]

Danach bleibt Folgendes festzuhalten: Dadurch, dass es aufgrund des öffentlichen Interesses eines allgemeinen Verkehrsschutzes und daher einer Großsteuerung bedarf, ist es notwendig, Individualrechtsgüter (partiell) zu einem kollektiven Rechtsgut zu bündeln. Der Verkehrsbetrieb (an sich) und dessen Sicherheit sind für die Rechtsgemeinschaft gerade deshalb ein wertvoller Zustand,[1139] weil die Wahrung und Verwirklichung von Individualinteressen vornehmlich in gesellschaftlichen Institutionen und/oder Systemen funktionieren. Die Gewähr eines solchen Schutzes einer derartigen notwendigen Institution verleiht dem Schutz der Sicherheit des Straßenverkehrs seine Qualität als kollektives Rechtsgut im vermittelnden Interesse der mit dieser Institution in Berührung kommenden Personen.[1140]

Freilich ist nicht zu verkennen, dass auch bei der Statuierung eines Kollektivrechtsguts stets ein Individualbezug gegeben sein muss.[1141] Dies ändert jedoch nichts daran, dass es sich bei der Sicherheit des Straßenverkehrs um ein eigenständiges kollektives Rechtsgut handelt. Denn: Die Legitimation durch Individualinteressen ist bei jedem Kollektivrechtsgut zu fordern und insoweit für die Frage unerheblich, inwieweit ein kollektives Rechtsgutsverständnis angezeigt ist. Universalrechtsgüter müssen daher immer in einem konstitutiven Bezug zum Menschen stehen, so dass Gegenstände oder Institutionen – zu denen man den Straßenverkehr nach dem oben Gesagten zählen muss – deshalb zu überindividualistischen, schutzwürdigen Rechtsgütern werden, weil sie für die personale Entfaltung des Menschen werthaft sind, und sie der Bevölkerung somit eine Selbstverwirklichung und eine freie menschliche Entfaltung ermöglichen.[1142] Denn nur um dieses gesetzgeberischen Zieles Willen sind die Vorschriften der §§ 315 b, 315 c StGB sachlich gerechtfertigt.[1143] Derartige Kollektivinteressen sind somit abhängig von Individualinteressen und rechtfertigen sich aus diesen. Notwendig ist insoweit eine bestehende Abhängigkeit bzw. eine Ableitungsbeziehung, so dass das Kollektivrechtsgut damit für die Individualinteressen eine dienende Funktion hat. Weil mit der Statuierung eines Kollektivrechtsguts keine Selbstzwecke verfolgt werden, weist der Straßenverkehr als gesellschaftliche Institution ein vermitteltes individuelles Schutzinteresse auf. Dieser so verfolgte mittelbare Schutz von Individualinteressen ist damit als eine Art Reflex des Universalrechtsgüterschutzes zu begreifen. All diejenigen Personen, die dem Universalrechtsgut unterfallen, sind Träger, mithin – um es untechnisch

---

1138 *Gössel/Dölling*, § 39 Rn. 2.

1139 *Deichmann*, S. 193.

1140 AK-*Hassemer*, vor § 1 Rn. 281.

1141 Arzt/Weber/Heinrich/*Hilgendorf*, § 1 Rn. 27. Man könnte auch von einer „Dienungsfunktion" sprechen.

1142 Vgl. dazu: *Marx*, S. 79 ff.

1143 Vgl. BayObLG, NJW 1968, 1732, 1733.

auszudrücken – Miteigentümer des Kollektivrechtsguts.[1144] Oder anders ausgedrückt: Es wird nicht Leben, Leib oder Vermögen eines bestimmten Bürgers, sondern Leben, Leib oder Vermögen als Komponente des Gemeinschaftslebens geschützt.[1145]

(bb) Die „Sicherheit" als taugliches Schutzgut

Mit der Feststellung, dass ein kollektives Rechtsgut notwendig ist, wurde noch nicht die Frage beantwortet, ob das Sicherheitsinteresse per se überhaupt ein taugliches Schutzgut darstellen kann. Vereinzelt werden dagegen Bedenken angebracht, weil die Sicherheit eines Rechtsguts nur die Negation der Rechtsgutsverletzung darstelle, so dass es sich beim Zustand der Sicherheit lediglich um die Abwesenheit von Gefahren handele.[1146] Der „Sicherheit" wird damit ihre Werthaftigkeit für einen Rechtsgüterschutz abgesprochen. Diese Bedenken können jedoch nicht überzeugen.[1147] Es lässt sich vielmehr zeigen, dass die „Sicherheit" des Straßenverkehrs als eigenständiges Rechtsgut schutzwürdig ist: § 125 StGB (Landfriedensbruch) schützt die öffentliche Sicherheit im Sinn eines objektiven Zustands der Rechtsgütersicherheit.[1148] Zu verstehen ist darunter ein unbedrohtes Dasein bzw. ein unbedrohter Zustand.[1149] Die Existenz des § 125 StGB zeigt gerade, dass ein Zustand der Sicherheit als strafrechtlich schützenswert anerkannt sein kann. Freilich kann dies nur dann gelten, wenn ein Bedürfnis nach einem solchen Schutz besteht. Gerade dies wird jedoch im Zusammenhang mit dem Straßenverkehr bezweifelt. Argumentativ wird darauf abgestellt, dass bei den Tötungsdelikten die Sicherheit des Lebens und bei den Eigentumsdelikten die Sicherheit des Eigentums auch keine geschützten Rechtsgüter seien.[1150]

Dieser Vergleich verkennt aber den wesentlichen Unterschied: Vom Verkehr bzw. von einem Kraftfahrzeug geht ein enormes Gefahrenpotential aus, dem ein Verkehrsteilnehmer ausgesetzt ist. Dies ist beim Eigentum oder dem Leben nicht der Fall, denn weder besteht ein Zustand der Gefahrenträchtigkeit noch bedarf es einer „Garantie" der Gefahrenfreiheit. Letzteres gilt gleichsam für das Leben und das Eigentum. Im Rahmen des Straßenverkehrs verhält es sich dagegen so, dass dort regelmäßig Regelverstöße begangen werden, so dass eine gewisse gewährleistete Grundsicherheit schon per se gar nicht vorhanden ist. Gerade durch die massenhafte Beteiligung am Verkehrsbetrieb und der dazugehörigen regelmäßig

---

1144 Vgl. zu dem und zum vorherigen LK-*Walter*, Vor § 13 Rn. 13; *Hefendehl*, S. 60 f; *Marx*, S. 82; AK-*Hassemer*, vor § 1 Rn. 275.

1145 *Dedes*, MDR 1984, 100, 101.

1146 *Deichmann*, S. 193; *Maurach/Schroeder/Maiwald*, BT 2, § 53 Rn. 22; *Langer*, S. 44.

1147 Zu beachten ist, dass die Sicherheit nicht als selbständig existierende „Sicherheit", sondern (nur) als Sicherheit des Straßenverkehrs schützenswert ist. Insoweit bedarf die „Sicherheit" eines rechtsgüterlichen Bezugsobjekts. Vgl. *Langer*, S. 44.

1148 Vgl. *Fischer*, § 125 Rn. 2 m.w.N.

1149 *Krüger*, S. 110.

1150 *Deichmann*, S. 193.

auftretenden verkehrswidrigen Verhaltensweisen werden ein allgemeines Gefühl der Unsicherheit (in Bezug auf das reibungslose und gefahrenfreie Funktionieren des Straßenverkehrs) und damit ein Unsicherheitsdenken hervorgerufen.[1151] Daher muss hier eine „Garantie" der Gefahrenfreiheit – in Anlehnung an das Verständnis bei § 125 StGB: ein unbedrohlicher Zustand für die Allgemeinheit – erst geschaffen werden. Denn die Teilnahme am Straßenverkehr ist und bleibt ein (erlaubtes) Risiko. Ein Bedürfnis nach einem expliziten Schutz der Sicherheit des Straßenverkehrs durch Bekämpfung besonders schwerwiegender Verhaltensweisen im Interesse der Verkehrssicherheit[1152] ist daher nicht abzustreiten. Diesem kollektiven Schutzbedürfnis kommen die §§ 315 b, 315 c StGB durch ihre Ausgestaltung nach. Ausgehend davon, dass die Sicherheit des Straßenverkehrs[1153] immer dann tangiert ist, wenn das (sichere) Funktionieren des Verkehrs nicht mehr gewährleistet ist,[1154] soll durch die Pönalisierung besonders gefährlicher[1155] Verkehrsarten ein Beitrag zum sicheren Funktionieren des Straßenverkehrs geleistet werden.[1156] Denn gerade bei den pönalisierten Verhaltensweisen ist das Funktionieren des Verkehrs beeinträchtigt, weil eine gefahrlose Teilnahme anderer Verkehrsteilnehmer am Straßenverkehr nicht möglich ist.[1157]

1151 Arzt/Weber/Heinrich/*Hilgendorf*, § 1 Rn. 31.

1152 *Lackner*, S. 13.

1153 Der Verkehr ist dabei als Ortsveränderung von Personen und Gütern anzusehen. Vgl. *Deichmann*, S. 193, der einwendet, dass bloße Verkehrsbehinderungen nicht geeignet sind, eine Strafbarkeit zu begründen. Dem ist zuzustimmen, weil es – was er verkennt – noch einer konkreten Individualgefahr für eine Strafbarkeit bedarf.

1154 BGHSt 23, 261, 264; *Geerds*, BA 3 (1965), 124, 133. Weitergehend *Schmidt/Priebe*, BT I, Rn. 589, wo die Leichtigkeit des Verkehrs als Schutzzweck ansehen wird.

1155 Nicht stichhaltig wäre der Einwand, dass der Gesetzgeber bei einem solchen Verständnis des Sicherungszwecks mehr als die in § 315 c StGB pönalisierten Verhaltensweisen unter Strafe hätte stellen bzw. eine Generalklausel hätte mit aufgenommen werden müssen. Der Gesetzgeber hat sich bei § 315 a StGB a. F. und bei den §§ 315 b, 315 c StGB bewusst dafür entschieden, nur besonders gefährliche Verhaltensweisen mit aufzunehmen, weil er andere Verhaltensweisen nicht für strafwürdig erachtet hat. Die Verfolgung im Wege der Bußgeldtatbestände war für ihn ausreichend (siehe dazu unter C.III.3.b.). Vgl. auch *Lackner* in JZ 1965, 120, 123 f., wo ausgeführt wird, dass die in § 315 c StGB aufgenommenen Fahrfehler immer wieder zu schweren Unfällen führen, so dass diese intensiv bekämpft werden müssen und *ders.* in: Das konkrete Gefährdungsdelikt, S. 13, wo er davon spricht, dass eine kriminalpolitisch sinnvolle Auswahl getroffen wurde.

1156 *Gössel/Dölling*, § 42 Rn. 1.

1157 Vgl. nur: Arzt/Weber/Heinrich/*Hilgendorf*, § 35 Rn. 89 und *Krüger*, S. 160. Siehe auch: *Geppert*, ZStW 83 (1971), 986. Zutreffend sind auch die Ausführungen des OLG Karlsruhe in NJW 1967, 2321, 2322: „Da somit der im konkreten Einzelfall individuell Gefährdete oder Verletzte nicht der alleinige Träger des durch § 315 c StGB geschützten Rechtsguts ist, das tatbestandliche Handeln vielmehr wegen seiner generellen Gefährlichkeit stets auch andere Menschen oder Sachen

(cc) Aspekt der Gemeinschädlichkeit

Soweit über Individualinteressen hinausgehend die Forderung nach einem notwendigen Kollektivrechtsgut unabdingbar ist, lässt sich aufzeigen, dass auch die Aspekte der *Gemeingefährlichkeit* und *Gemeinschädlichkeit* die Notwendigkeit der Statuierung des Universalrechtsguts unterstreichen. Die Wirkung der Gemeingefährlichkeit der §§ 315 b, 315 c StGB zu Gunsten eines Allgemeinrechtsgüterschutzes wurde an anderer Stelle[1158] bereits festgestellt.

Aber auch der Aspekt der Gemeinschädlichkeit zeigt – und dies sogar in einem noch stärkeren Maße – auf, dass das Verständnis hin zu einem Kollektivrechtsgut zwingend ist. Beide Aspekte sind, auch wenn sie oftmals synonym verwendet werden, auseinander zu halten: Während nämlich die §§ 315 b, 315 c StGB als gemeingefährliche Delikte anzusehen sind, weil die in ihnen pönalisierten Verhaltensweisen eine solche gemeingefährliche *Handlungstendenz* aufweisen,[1159] ist der Gemeinschädlichkeitsaspekt in Zusammenhang mit dem (Gefährdungs-) *Erfolg* zu sehen. Insoweit ist als Anknüpfungspunkt nicht ein konkreter (Gefährdungs-) *Erfolg* heranzuziehen, als vielmehr auf einen potentiellen abzustellen. Denn die Gemeinschädlichkeit liegt nicht nur dann vor, wenn die Gefährdung des Straßenverkehrs offensichtlich wird. Vielmehr soll gerade die Möglichkeit einer gefahrlosen Teilnahme am Straßenverkehr geschützt werden, so dass schon potentielle Gefahrenlagen die notwendige Grundsicherheit beeinträchtigen können. Dabei geht es jedoch nicht nur um den „einfachen" potentiellen Gefährdungserfolg, sondern vielmehr aufgrund der Beeinträchtigung einer unabdingbaren und *werthaften* Institution um eine darüber hinausgehende Wirkung auf kollektiver Ebene. Denn der *Gemeinschädlichkeitsaspekt* ist so zu verstehen, dass es um die Beeinträchtigung solcher Einrichtungen und Zustände geht, deren unbeeinträchtigte Verfügbarkeit über individuelle Interessen hinaus von Bedeutung ist. Dass der Straßenverkehr und dessen Sicherheit eine schützenswerte Institution darstellt, der für die personale Entfaltung des Einzelnen von herausragender Bedeutung ist, wurde festgestellt.[1160] Da Beeinträchtigungen dieser Institution von einigem Gewicht die Straßenverkehrsteilnehmer in ihrer persönlichen (Fort-) Bewegungsfreiheit einschränken, sind diese Beeinträchtigungen – gemessen am oben geäußerten Verständnis – gemeinschädlich. Immer dann, wenn das StGB an eine Gemeinschädlichkeit anknüpft, wie etwa bei der gemeinschädlichen Sachbeschädigung gemäß § 304 StGB, werden

---

mindestens allgemein (abstrakt) gefährdet, fehlt einer etwaigen Einwilligung des Verletzten im Rahmen des § 315 c Abs. 1 Nr. 1 a, Abs. 3 StGB die rechtfertigende Wirkung."

1158 Vgl. C.III.3.f.aa.

1159 Siehe dazu die Ausführungen unter C.III.3.e.aa.

1160 Daran zeigt sich auch ein weiterer Unterschied zwischen den beiden Aspekten: Zur Feststellung einer Gemeinschädlichkeit bedarf es eines werthaften und zu schützenden Zustandes, und es ist gerade nicht jedwede Entfesselung von Naturgewalten und unbeherrschbaren Kräften ausreichend.

Interessen der Allgemeinheit geschützt.[1161] Nichts anderes kann vorliegend für die §§ 315 b, 315 c StGB gelten: Da auch hier der Aspekt der Gemeinschädlichkeit eine tragende Rolle spielt, folgt daraus ein Kollektivrechtsgüterschutz.

(dd) Betriebsschutz im engeren Sinne

Um an dieser Stelle Unklarheiten aus dem Weg zu räumen, sei noch Folgendes angemerkt: Zwar geht es beim Schutz der Institution „Straßenverkehr" darum, einen reibungslosen Ablauf des Straßenverkehrs zu gewährleisten, nicht aber darum, den Betrieb des *einzelnen* Fahrzeugs als Verkehrsmittel zum *Dienste der Allgemeinheit* zu schützen.[1162] Dies ergibt sich schon daraus, dass ein Automobil kein Massentransportmittel ist und somit regelmäßig nicht zum Dienst der Allgemeinheit eingesetzt werden kann. Gerade dies wollte der BGH ausdrücken, als er unter Geltung des § 315 a StGB a.F. vertrat, dass es beim Schutz des Betriebes der Eisenbahn darum geht, den reibungslosen Bahnverkehr zu gewährleisten, so dass die Erhaltung des (einzelnen) Beförderungsmittels (Betriebsmittel) zur Benutzung für jedermann – also für die Allgemeinheit – gesichert werden sollte. Im Rahmen des Straßenverkehrs ist – so der BGH weiter – dieser Sicherungszweck aber nicht tangiert, wenn der Täter nur das von ihm geführte Fahrzeug gefährde, beschädige oder zerstöre, denn der Betrieb der Fahrzeuge als Verkehrsmittel ist nicht geschützt.[1163] In Anlehnung daran ist festzuhalten, dass es sich beim Automobil dagegen (nur) um ein massenhaft individuell verwendetes Verkehrsmittel handelt. Zwar resultiert aus diesem Umstand (auch) ein Ordnungs- und Steuerungsinteresse, jedoch – um exakt zu sein – handelt es sich dabei nicht stets um den Schutz des Betriebs im engeren Sinne, sondern um die Sicherung des reibungslosen und störungsfreien Ablauf des Straßenverkehrs. Denn – um es einfacher auszudrücken – wenn der Täter z.B. *sein* Fahrzeug beschädigt, kommt der *Straßenverkehr als Ganzes* regelmäßig – außer vielleicht in den Fällen, in denen der Täter die Straße oder Anlagen beschädigt – nicht zum Erliegen, während dies bei der Beschädigung der vom Täter geführten Lok aufgrund der Schienengebundenheit oftmals bejaht werden muss, da ein Überholvorgang oder ein Vorbeifahren dort typischerweise unmöglich sein wird.

Auf der Grundlage des soeben Ausgeführten ist auch das vorgebrachte Argument außer Acht zu lassen, die Existenz des § 316 b StGB[1164] lasse für den Schutz vor Betriebsstörungen bzw. Betriebsverhinderungen außerhalb des § 316 b StGB

1161 Vgl. LK-*Wolf*, § 304 Rn. 1: „Maßgebend ist bei § 304 [...] das Gemeininteresse an der allgemeinen Nutzung bestimmter Güter."

1162 So OLG Schleswig NJW 1967, 1727. Dies hat nichts mit der Frage nach dem Funktionieren des Straßenverkehrs als Legitimation zu tun.

1163 BGHSt 11, 148, 151 f. Ausführlich dazu oben unter B.I.1.c.

1164 § 316 b StGB wurde durch das 1. StrÄndG vom 30.8.1951 in das Strafgesetzbuch eingefügt. Die Vorschrift dient der Ahndung von Sabotageanschlägen unter anderem auf Verkehrsbetriebe und schützt damit den Betrieb bestimmter Unternehmen, Einrichtungen und Anlagen, die dem Wohl der Allgemeinheit dienen und nicht

keinen Raum.[1165] Denn die §§ 315 b, 315 c StGB haben gerade nicht das Ziel, den Schutz des Transportbetriebs in engeren, ökonomischen Sinne zu gewährleisten, sondern – wie oben gezeigt – die Sicherung des störungsfreien Ablaufs, mithin die Leichtigkeit des dynamischen Verkehrs zum Gegenstand. Insoweit fehlt es schon an einer Kongruenz der verfolgten Zielrichtungen. Darüber hinaus wäre auch der Umkehrschluss nicht tragfähig, *allein* § 316 b StGB sei es vorbehalten, Verkehrsunternehmen und Verkehrseinrichtungen zum Wohl der Allgemeinheit zu schützen, so dass – weil der Straßenverkehr eben dort nicht geschützt ist – dieser nicht an anderer Stelle geschützt sein könne. Eine solch abschließende Wirkung ist § 316 b StGB nicht inhärent. Systematisch zeigt dies schon § 316 b Abs. 1 Nr. 1 StGB, der unter anderem solche Anlagen schützt, die dem öffentlichen Verkehr – also auch dem Straßenverkehr – dienen. Die Beschädigung oder Zerstörung von Anlagen ist aber auch in § 315 b Abs. 1 Nr. 1 StGB unter Strafe gestellt, so dass von einer Exklusivität des § 316 b StGB gar keine Rede sein kann. Dazu kommt Folgendes: Gerade weil § 316 b StGB den Straßenverkehr als Institution nicht schützt und auch nicht schützen kann, weil das Subsystem Straßenverkehr, anders als z. B. die Deutsche Bahn AG, kein Unternehmen und auch keine körperliche Einrichtung des öffentlichen Verkehrs als vielmehr ein wertvoller Zustand im Sinne einer Institution sui generis ist, kann aus der Existenz der Norm und deren inhaltlicher Ausgestaltung hinsichtlich des Rechtsguts der Sicherheit des Straßenverkehrs nichts hergeleitet werden.

Auch ist es nicht richtig, aus der Nichtaufnahme in den Tatbestand (des § 316 b StGB) auf die mangelnde Schutzwürdigkeit des Straßenverkehrs zum Wohl der Allgemeinheit zu schließen. Dies ergibt sich schon daraus, dass die Art von Schutz, die im Zusammenhang mit der Sicherung des Straßenverkehrs notwendig ist – also gerade nicht der Betrieb im engeren Sinne –, nicht unter § 316 b StGB einzustellen gewesen wäre, weil dieser ausschließlich den Schutz der Versorgung der Bevölkerung mit wichtigen Gütern im Auge hatte und hat.[1166] Aus der Ablehnung einer irgendwie gearteten „Sperrwirkung“ folgt, dass dem anzuerkennenden Universalrechtsgut der Sicherheit des Straßenverkehrs an anderer Stelle im Gesetz Geltung verschafft werden kann und muss.

(4) Kritik am Universalrechtsgüterschutz

(a) Die außerhalb stehenden Personen

Als Argument[1167] gegen den Schutz des Allgemeininteresses an der Sicherheit des Straßenverkehrs im Sinne eines Kollektivrechtsguts wird vorgebracht, dass gerade durch die Zuerkennung eines Schutzes für Personen, die nicht am Verkehr beteiligt

---

selten lebenswichtige Bedeutung haben, gegen störende Eingriffe (allgemeine Meinung, vgl. nur MüKo-*Wieck-Noodt*, § 316 b Rn. 1; LK-*König*, § 316 b Rn. 3).

1165 Vgl. MüKo-*Pegel*, § 315 Rn. 2.

1166 Vgl. LK-*König*, § 316 b Rn. 3.

1167 Weitere Argumente gegen den Allgemeinrechtsgüterschutz finden sich unter D.IV.5.b.aa.

sind[1168] – so wie der auf dem Feld pflügende Bauer –, den Tatbeständen (zwangsläufig) auch ein Individualschutz eingeräumt wird. Denn durch die Gefährdung solcher Personen werde die Sicherheit des Straßenverkehrs gerade nicht tangiert und angesprochen. Da – so diese Ansicht weiter – der Schutzbereich gerade erweitert werden sollte, um die Sicherheit für andere außerhalb des Straßenverkehrs stehende Rechtsgüter zu gewährleisten,[1169] ist es zwingend, dass diese Personen in den Schutzbereich aufgenommen werden. Dies habe jedoch zur Folge, dass gerade nicht die Sicherheit des Straßenverkehrs geschützt sein könne, weil diese außenstehenden Personen dem Straßenverkehr nicht inhärent seien.

Diese Ansicht verkennt jedoch, dass auch der als Beispiel herangezogene Bauer, der das Feld pflügt, *nicht* ohne Bezug zum Straßenverkehr steht; vielmehr ist er gerade nicht als beliebiger und unbeteiligter Dritter anzusehen. Denn die §§ 315 b, 315 c StGB setzen nach ihrer Deliktsstruktur jeweils voraus, dass die konkrete Gefahr gerade durch eine der in den Delikten jeweils genannten Tathandlungen („und dadurch“) hervorgerufen wird. Dadurch, dass die konkrete Gefahr auf einen regelwidrig ablaufenden Verkehrsvorgang zurückzuführen sein muss, wird ein zwingender Bezug zwischen der außerhalb stehenden Person und dem Verhalten eines Verkehrsteilnehmers hergestellt. Somit führt die Hervorrufung einer solchen Gefährdung, die (gerade) aus dem Straßenverkehr herrühren muss, dazu, dass eine ursprünglich außenstehende Person zum inhärenten Teil des Straßenverkehrs – und insoweit zum „integrierenden“ Element desselben – wird. Im Übrigen ist zu konstatieren, dass eine aktive Teilnahme gerade nicht notwendig, um den Status eines Mitglieds der Verkehrsgemeinschaft begründen zu können. Denn auch innerhalb des öffentlichen Straßenverkehrs parkende Kraftfahrzeuge sind vom Schutzbereich zweifelsohne umfasst, obwohl hier – wie beim pflügenden Bauern – von einer Aktivität sicherlich nicht gesprochen werden kann.

(b) Die nicht tatbestandsmäßige Selbstgefährdung und Gefährdung tätereigener Sachen

Des Weiteren soll gegen ein Schutzgut der Sicherheit des Straßenverkehrs sprechen, dass es vor dem Hintergrund dieses Schutzgutverständnisses unverständlich sei, warum die tätereigene Gefährdung oder die Gefährdung von tätereigenen Sachen nicht strafbewehrt ist. Denn auch durch solch eine Gefährdung werde gleichsam die Sicherheit des Straßenverkehrs tangiert, da es für die Beeinträchtigung der Sicherheit des Straßenverkehrs einerlei sei, ob der Täter bzw. tätereigene Sache oder ein Dritter bzw. Sachen im Fremdeigentum gefährdet werden. Anders ausgedrückt: Anderen Verkehrsteilnehmern ist gleichgültig, wer Urheber der Gefährdung ist;

1168 Dass die Gefährdung von Personen, die nicht am Verkehr beteiligt sind, ausreichend ist, wird durch die Gesetzesbegründung genauso bestätigt wie durch die Tatsache, dass die Normen keine Beschränkung auf verkehrsinterne Gefährdungsobjekte enthält; vgl. dazu *Deichmann*, S. 192.

1169 NK-*Herzog* (2010), § 315 c Rn. 1.

entscheidend für sie ist vielmehr, dass überhaupt keine Gefahr begründet wurde. Daher sollen (auch) die Gefährdung des Täters und diejenige eigener Sachen für eine Allgemeingefährdung ebenso indiziell sein.[1170] Dies habe zur Folge, dass diese Fälle vom Gesetzgeber hätten mit einbezogen werden müssen,[1171] wenn tatsächlich der ausschließliche und selbstständige Schutz des Straßenverkehrs normmotivierend gewesen wäre.

Das Argument der Irrelevanz der Urheberschaft für die Beeinträchtigung der Sicherheit des Straßenverkehrs mag nicht falsch sein. Gleichwohl hat sich der Gesetzgeber im Rahmen des Zweiten Gesetzes zur Sicherung des Straßenverkehrs ausdrücklich dazu entschieden, die Fälle der Selbstgefährdung und der Gefährdung tätereigener Sachen dem Anwendungsbereich der §§ 315 b, 315 c StGB zu entziehen. Diese Entscheidung ist zwar letztlich nicht näher erläutert worden. Jedoch sprechen überzeugende Argumente dafür, die Fälle der (bloßen) Selbstgefährdung und der Gefährdung tätereigener Sachen tatsächlich nicht in den Anwendungsbereich der §§ 315 b, 315 c StGB fallen zu lassen. Dass die reine Eigengefährdung straflos ist, findet sich im geltenden Strafgesetzbuch durchgängig – es sei nur an § 223 StGB erinnert – wieder. Auch § 211 StGB geht diesen Weg. Der Einwand, bei diesen Delikten geht es ausschließlich um den Schutz von Individualrechtsgütern, ist berechtigt. Daher stellt sich die Frage, inwieweit durch eine Selbstgefährdung die Güter der Allgemeinheit beeinträchtigt werden können und – in einem nächsten Schritt – ob dies ausreicht, um die Strafnorm zur Anwendung bringen zu können. Dass durch die Selbstgefährdung die Sicherheit des Straßenverkehrs beeinträchtigt werden kann, ist grundsätzlich nicht in Zweifel zu ziehen, wenngleich zu konstatieren ist, dass eine (bloße) Selbstgefährdung in ihrer Art, ihrem Umfang und ihrer Wirkungsweise nicht mit einer Drittgefährdung vergleichbar ist.

Entscheidend ist vielmehr, dass der Gesetzgeber nicht gewillt war, um „jeden Preis", die Anwendung eines erhöhten Strafmaßes „zu erzwingen". Diese Entscheidung dürfte – wie *König* zu Recht feststellt – aus der Überzeugung resultieren, dass sich die abstrakte Gefährdung der allgemeinen Verkehrssicherheit „über die eigene Rechtssphäre des Täters hinaus nach außen hin verdichtet haben muss, um der (höheren) Strafe würdig und bedürftig zu sein".[1172] Diese gesetzgeberische Überzeugung dürfte sich mit dem Gedanken der Inkompatibilität[1173] wie folgt erklären lassen: Der Täter ist in jedem Fall als derjenige anzusehen, der durch seine Handlung erst die Gefahr in den Straßenverkehr hereinträgt. Ohne seine Handlung würde eine Gefahr überhaupt nicht begründet werden. Da er Urheber der Gefahr ist, kann er nicht gleichzeitig Rezipient des Schutzbereichs sein. Die Stellungen als Urheber

1170 Vgl. dazu und zum Vorherigen: *Maurach/Schroeder/Maiwald*, BT 2, § 50 Rn. 3.

1171 So auch *Hoffmann*, NJW 1957, 211.

1172 So zu Recht: LK-*König*, § 315 Rn. 5.

1173 A.A. *Dedes*, MDR 1984, 100, 104, der nicht mit dem Gedanken der Inkompatibilität operiert, sondern davon ausgeht, dass der Täter nicht die Allgemeinheit repräsentieren kann. Vgl. zum Gedanken der Inkompatibilität die Ausführungen unter F.III.5.b.

der Gefahr auf der einen Seite und gleichzeitig als der vor der Gefahr Geschützter auf der anderen Seite sind nicht kompatibel, denn das, was die Urheberschaft kennzeichnet – der Täter höchst selbst und in der Regel gleichsam sein eigenes Fahrzeug – kann auf der anderen Seite nicht geschützt sein. Dies ergibt sich dogmatisch aus dem von den §§ 315 b und 315 c StGB verfolgten Schutz der Sicherheit des Straßenverkehrs, wonach es geradezu absurd wäre, eine Einbeziehung in den Schutzbereich zu bejahen, wenn der Straßenverkehr „attackiert" wird.

Darüber hinaus ist das Vertrauen der Verkehrsteilnehmer bei einer Drittbetroffenheit noch nachhaltiger tangiert. Da dem geschützten Rechtsgut auch und gerade die Sicherstellung der Funktionsfähigkeit des Straßenverkehrs inhärent ist, ist die Komponente einer möglichst gefahrlosen Teilnahme von elementarer Bedeutung. Bei einer potentiell eigenen Betroffenheit ist die Erschütterungswirkung bezüglich des Vertrauens in die Sicherheit des Straßenverkehrs aufgrund der spürbaren Wirkung durch die unmittelbare Wahrnehmung der möglichen Gefahrenlage ungleich höher als in den Fällen der bloßen Selbstgefährdung ohne „Außenwirkung".

Daher bleibt in diesem Zusammenhang festzuhalten, dass die Irrelevanz der Selbstgefährdung bzw. die Gefährdung tätereigener Sachen nicht wirklich auf einer gewillkürten (und damit zu Ungunsten eines Kollektivrechtsgüterschutzes zu wertender) Entscheidung des Gesetzgebers beruht(e), sondern aufgrund des Inkompatibilitätsgedanken dogmatisch naheliegend ist bzw. war. Gerade wegen dieser dogmatisch bedingten Vorgaben ist die vom Gesetzgeber „angeordnete" Unbeachtlichkeit der Selbstgefährdung bzw. Gefährdung tätereigener Sachen umso verständlicher, und sie ist vielmehr als deklaratorischer Hinweis des (ohnehin) geltenden strafrechtlichen Verständnisses zu interpretieren. Vielleicht hätte der Gesetzgeber diese Fälle – dann durch die Implementierung einer anders formulierten Gefahrenformel – gern aufgenommen, um dem verfolgten Rechtsgüterschutz vollauf Rechnung zu tragen, sah sich aber durch die angesprochenen Gründe daran gehindert. Für eine Befassung mit dieser Materie und zu Gunsten dieser Sicht spricht zumindest der Umstand, dass dem Gesetzgeber im Rahmen der Begründung zum Zweiten Gesetz zur Sicherung des Straßenverkehrs die Feststellung der Nicht-Einbeziehung der Gefährdung des Täters wenigstens ein paar Zeilen wert war.

6. Ergebnis

Das teleologische Verständnis bietet Raum für verschiedene Ansatzpunkte: die *Viktimodogmatik* sowie der *Verwirkungs- und Autonomiegedanke.* Jedoch konnte gezeigt werden, dass es keinem dieser Ansätze gelingt, die Tauglichkeit von Tatbeteiligten als Gefährdungsopfer der §§ 315 b, 315 c StGB auszuschließen: Betreffend des *viktimologischen* Ansatzes bleibt festzuhalten, dass dieser schon von seiner Grundkonzeption her auf die vorliegend zu untersuchenden Fälle nicht passt. Denn im Rahmen der Bewertung der Tauglichkeit eines Tatbeteiligten als Gefährdungsopfer bei den §§ 315 b, 315 c StGB geht es nicht lediglich um die Frage nach einem unterlassenen Selbstschutz. Vielmehr steht die Bewertung einer darüber hinausgehenden, grundsätzlich strafrechtlich relevanten, Mitwirkung im Vordergrund. Für solche Verhaltensweisen ist der viktimodogmatische Ansatz jedoch nicht konzipiert.

Anders als dem viktimodogmatischen Ansatz wird in der Literatur im Zusammenhang mit der Bestimmung der Tauglichkeit von Tatbeteiligten als Gefährdungsopfer im Rahmen der §§ 315 b, 315 c StGB dem *Gedanken der Verwirkung* mehr Beachtung geschenkt. Jedoch teilt er das gleiche Schicksal wie der viktimodogmatische Ansatz: Er schafft es nicht, den Tatbeteiligten ihre Stellung als taugliche Gefährdungsopfer zu nehmen. Denn es existiert kein allgemeiner Grundsatz, wonach Tatbeteiligte aufgrund einer Verwirkung nicht selbst Opfer einer Straftat sein können. Weder ist der Verwirkungsgedanke dogmatisch herleitbar noch ist er aufgrund der Existenz des Instruments der Einwilligung notwendig. Im Zusammenhang mit den §§ 315 b, 315 c StGB kommt entscheidend dazu, dass aufgrund des von den vorgenannten Normen verfolgten Universalrechtsgüterschutzes das missbilligende Verhalten eines Einzelnen nicht zur Aufhebung des kollektiven Strafrechtsschutzes führen kann. Und: Eine durch die Anwendung des Verwirkungsgedankens entstehende strafrechtsfreie Exklave widerspräche dem Verständnis des BGH vom absoluten und vom Willen des Einzelnen unabhängigen Strafrechtsschutz, so dass nicht davon auszugehen ist, dass der BGH mit den rechtslogischen Erwägungen an den Verwirkungsgedanken anknüpfen wollte.

Soweit aus dem Autonomiegedanken in Form der *eigenverantwortlichen Selbst- und der einverständlichen Fremdgefährdung* die fehlende Tauglichkeit hergeleitet werden soll, ist auch dieser Ansatzpunkt abzulehnen. Dies ergibt sich letztlich aus dem von den §§ 315 b, 315 c StGB geschützten Universalrechtsgut der Sicherheit des Straßenverkehrs: Aufgrund des Allgemeinrechtsgüterschutzes kann weder eine Einwilligung noch eine Unterbrechung des Zurechnungszusammenhangs als beachtlich angesehen werden. Wenn mithin der BGH – basierend auf dem Ausschlussgrund des Einverstandenseins – für die Bestimmung der Tauglichkeit von tatbeteiligten Gefährdungsopfern den Autonomiegedanken und das Prinzip der straflosen Selbst- bzw. Fremdgefährdung herangezogen haben sollte, ist dieser Ansatz also abzulehnen.

Im Hinblick auf den von den §§ 315 b, 315 c StGB verfolgten Rechtsgüterschutz konnte aufgezeigt und argumentativ belegt werden, dass die vorgenannten Delikte weder einen Individualrechtsgüterschutz verfolgen noch als janusköpfige Strafnormen anzusehen sind, sondern es vielmehr die Sicherheit des Straßenverkehrs (als Abwesenheit von chaotischen und Schaffung von unbedrohten Zuständen zur Entfaltung der individuellen Mobilität) ist, die als Kollektivrechtsgut geschützt wird. Obwohl die Sicherheit des Straßenverkehrs kein „klassisches" Kollektivrechtsgut darstellt, muss sie dennoch – dann als eigenes – Kollektivrechtsgut angesehen werden. Die Sicherheit des Straßenverkehrs taugt als eigenständiges Allgemeinrechtsgut genauso wie ein Bedürfnis nach einer Statuierung eines derartigen Universalrechtsgutes besteht. Dadurch, dass es aufgrund des öffentlichen Interesses eines allgemeinen Verkehrsschutzes und insoweit einer Großsteuerung bedarf, ist es notwendig, Individualrechtsgüter (partiell) zu einem kollektiven Rechtsgut zu bündeln. Der Verkehrsbetrieb (an sich) und dessen Sicherheit sind für die

Rechtsgemeinschaft gerade deshalb ein wertvoller Zustand, weil die Wahrung und Verwirklichung von Individualinteressen vornehmlich in gesellschaftlichen Institutionen und/oder Systemen funktioniert.

Diese Rechtfertigung kann durch die von der Rechtslehre vorgebrachten Argumente nicht erschüttert werden: Weder hindert die Existenz des § 316 b StGB die Statuierung eines (erneuten) Betriebsschutzes (im engeren Sinne). Noch ist a) die Begründung, dass die Einbeziehung von außerhalb des Straßenverkehrs stehenden Personen einen Individualrechtsgüterschutz zwingend notwendig mache, sowie b) die Bezugnahme auf die fehlende Tatbestandsmäßigkeit der Selbstgefährdung und Gefährdung tätereigener Sachen stichhaltig, um einen Individualrechtsgüterschutz unter Negierung eines Universalrechtsgüterschutzes zu proklamieren. Vielmehr sprechen die Aspekte der Gemeingefährlichkeit und der Gemeinschädlichkeit gerade für die Implementierung eines Kollektivrechtsguts der Sicherheit des Straßenverkehrs.

E. Der Gedanke der Stellvertretung in der neueren Literatur und in der Rechtsprechung

Bevor im kommenden Kapitel geklärt wird, welche Auswirkungen das Rechtsgut der §§ 315 b, 315 c StGB in Form der Sicherheit des Straßenverkehrs auf die Frage nach der Tauglichkeit der tatbeteiligten Gefährdungsopfer hat, soll an dieser Stelle den Ansichten Gehör verschafft werden, die sich ebenfalls umfassend mit der Frage der Einbeziehung von Tatbeteiligten in den taugliche Personenkreis von Gefährdungsopfer auseinandersetzen, ohne dabei jedoch direkt auf die Sicherheit des Straßenverkehrs als maßgebenden Richtpunkt der Auslegung abzustellen. Insoweit ist vorliegend der von *Ranft* anklingende Repräsentationsgedanke genauso näher zu untersuchen wie der Ansatz des BGH zur verkehrsbezogenen Beteiligung.

I. Der Repräsentationsgedanken nach *Ranft*

Ranft vertritt die Ansicht, dass für die Beurteilung der Tauglichkeit als Gefährdungsopfer auf den Aspekt der Repräsentanz[1174] (auch heute noch) nicht verzichtet werden kann.[1175] Ausgangspunkt seines Ansatzes ist die Überlegung, dass sich die abstrakte Gefahr für die Sicherheit des Straßenverkehrs in einer konkreten Individualgefahr objektivieren müsse. Dies, so *Ranft* weiter, erlaubt die Prüfung, ob eine konkret eingetretene Individualgefahr ihrer Art nach eine die Sicherheit des Straßenverkehrs beeinträchtigende Gefahr ist. Dies sei dann der Fall, wenn die Gefahr von der Art ist, dass der gefährdete Einzelne mit seinen Gütern die Allgemeinheit im Straßenverkehr repräsentiere. Eine solche Repräsentanz liege aber (von vornherein) bei der gezielten Gefährdung eines einzelnen Menschen (um ihn individuell zu treffen) nicht vor, so dass in derartigen Fällen die Anwendung des § 315 b StGB ausscheiden müsse.

1174 Ähnlich, aber missverständlich: *Geilen*, Jura 1979, 201, 206 f., der davon ausgeht, dass „die Gefährdung eines [...] Gehilfen [...] für die Beeinträchtigung der Verkehrssicherheit genauso wenig (wie für den Täter) repräsentativ (ist)." Die Missverständlichkeit seiner Aussage resultiert aus dem (von ihm gewählten) Anknüpfungspunkt der Repräsentativität. Es bleibt unklar, ob *Geilen* die Wendung „repräsentativ" auf die Gefährdung oder auf den Gehilfen beziehen will. Ist der Bezugspunkt die Gefährdung, haftet dem ein Element der Gemeingefährlichkeit an, so dass sie wegen dieses Umstands und deshalb abzulehnen ist, weil nunmehr nur noch ein konkrete Individualgefahr von Nöten ist. Verhält es sich jedoch so, dass es auf eine Repräsentanz des Gehilfen ankommt, gilt das zu *Ranft* nachfolgend im (Haupt-) Text Ausgeführte.

1175 *Ranft*, Jura 1987, 608, 611.

Das letztlich von *Ranft* präsentierte Ergebnis kann *so* nicht überzeugen. Denn der von ihm vorgenommene *generelle* Ausschluss von gezielt gefährdeten Personen aus dem Schutzbereich steht ganz eindeutig im Widerspruch zu der mit der Gesetzesänderung bezweckten *möglichen* Einbeziehung von individuell ausgesuchten Person in den Kreis der tauglichen Gefährdungsopfer. Würde man *Ranft's* Repräsentationsgedanken konsequent verfolgen, wäre eine Einbeziehung solcher individuell ausgesuchter Personen *nie* möglich, so dass somit die Intention des Gesetzgebers letztendlich konterkariert würde. Mit einer derartigen Wirkungsweise des Repräsentationsgedankens lehnt *Ranft* seine Überlegungen an das klassische, vom BGH geprägte Verständnis des Merkmals der Repräsentanz an, welches aber – wie gezeigt – nicht mehr entscheidend sein soll.[1176] Darüber hinaus – und dies spricht gegen das von *Ranft* vermittelte Verständnis – stellt sich die Frage, woher dieses letztlich für den Begriff der Individualgefahr einschränkende Merkmal der Repräsentation kommen soll. Alleine diese fehlende (dogmatische) Herleitung macht es schwierig, sich mit dem Ansatz von *Ranft* näher und in adäquater Weise auseinandersetzen zu können.

Jedoch ist zuzugeben, dass – wie sogleich gezeigt wird – dieser Gedanke ungeachtet der fehlenden dogmatischen Herleitung durchaus in die richtige Richtung geht. Es ist aber nicht der Begriff der Gefahr, der eingeschränkt ausgelegt werden muss, sondern vielmehr ist es die Person des Gefährdungsopfers, deren Tauglichkeit einer restriktiven Betrachtung bedarf. Denn das Verständnis des Begriffs Gefahr ist durch die gesetzgeberische Intention in der Weise klar vorgezeichnet, als eine Gemeingefahr nicht mehr notwendig sein soll, um dem Tatbestandsmerkmal „Gefahr" zu genügen. Es reicht vielmehr gerade die Hervorrufung einer konkreten Individualgefahr an einer im Übrigen noch näher zu bestimmenden tauglichen Person. Die Wendung „konkrete Gefahr" lässt dabei keinen Spielraum für eine (anderweite) Auslegung. Die Gefährdung sollte nach dem Willen des Reformgesetzgebers nicht mehr unter ein Merkmal einer „Gemeingefahr" gepresst werden. Dass damit gleichzeitig eine Einschränkung hinsichtlich der Beurteilung der Tauglichkeit einer Person als Gefährdungsopfer verbunden sein sollte, war damit – wie an anderer Stelle noch aufgezeigt werden wird[1177] – allerdings nicht bezweckt. Ein restriktives Verständnis ist möglich, so dass es – insbesondere basierend auf dem Umstand, dass sich die abstrakte Gefahr in einem konkreten Gefährdungsopfer manifestieren muss, um der abstrakten Vielgefahr (ausreichend) Ausdruck zu verleihen – zulässig ist, eine nach verkehrsspezifischen Parametern zu bestimmende Tauglichkeit des Gefährdungsopfers als Voraussetzung für eine Einbeziehung in den Anwendungsbereich der §§ 315 b, 315 c StGB zu fordern.

Denn selbst, wenn aus dem gesetzgeberischen, kriminalpolitischen Zweck, die Sicherheit auf den Straßen zu erhöhen, gefolgert werden könnte, dass die abstrakte Gefahr für die Sicherheit des Straßenverkehrs bei der Bestimmung der

1176 So auch explizit gegen *Ranft*: LK-*König*, § 315 b Rn. 60.
1177 Siehe dazu die Ausführungen unter F.II.

Individualgefahr eine relevante Rolle spielen soll, kann diese Relevanz aber nicht so weitreichend sein, um einen der Hauptzwecke der Gesetzesreform (Einbeziehung von individuell-bestimmt Gefährdeten) von *vornherein* auszuhebeln. Dies gilt umso mehr, weil § 315 b StGB vom Normtext her ausdrücklich voraussetzt, dass die Sicherheit des Straßenverkehrs beeinträchtigt wird, so dass diese abstrakte Gefahr für die Sicherheit des Straßenverkehrs als gesetzgeberischer Grund in der Norm ausreichend Ausdruck gefunden hat. Ein Bedürfnis, ihr ein weiteres Mal insoweit eine Relevanz zuzuschreiben, als er für die Bestimmung des Gefahrenbegriffs maßgeblich sein soll, besteht damit nicht.[1178]

II. Der Ansatz des BGH zur verkehrsbezogenen Beteiligung

1. Darstellung des Ansatzes zur verkehrsbezogenen Beteiligung

Ob aus der Verschiebung des Verständnisses des Wesens der Straßenverkehrsgefährdungsdelikte als gemeingefährliche Delikte und der damit verbundenen Unerheblichkeit der Repräsentantentheorie im klassischen Sinne Rückschlüsse auf die vom BGH[1179] im Anwendungsbereich des § 315 c StGB postulierte Erforderlichkeit eine verkehrsbezogenen Beteiligung gezogen werden können, richtet sich danach, was der BGH mit diesem Erfordernis bezwecken und letztlich darunter verstanden haben wissen wollte. Die Erforderlichkeit einer verkehrsbezogenen Beteiligung ist hier insoweit von Bedeutung, als der BGH davon ausgeht, dass eine solche bei einem tatbeteiligten Insassen nicht (oder besser: nie) vorliegen soll. Das Merkmal ist damit als ein absolutes Ausschlussmerkmal zu verstehen.

Ausgangspunkt der vom BGH vorgenommenen Implementierung des Erfordernisses einer verkehrsbezogenen Beteiligung ist die vom BGH in BGHSt 27, 40 ff. vertretene Auffassung, dass § 315 c Abs. 1 StGB auch nach dem Zweiten Gesetz zur Sicherung des Straßenverkehrs verlangt, dass die Sicherheit des Straßenverkehrs beeinträchtigt wird. Dies gelte unabhängig davon, dass dieses Merkmal im Rahmen des Zweiten Gesetzes zur Sicherung des Straßenverkehrs gestrichen wurde. Die Streichung ist nach Ansicht des BGH ohne Bedeutung, weil der Entwurf schon nach seiner Bezeichnung die Sicherheit des Straßenverkehrs bezweck(t)e.[1180] Richtig ist – und soweit ist dem BGH zuzustimmen –, dass die Vorschrift – nachdem der Gesetzgeber das Merkmal der Beeinträchtigung des Straßenverkehrs willentlich gestrichen hatte – eine Beeinträchtigung der Sicherheit des Straßenverkehrs ausdrücklich nicht mehr voraussetzt, so dass § 315 c StGB (letztendlich) nur noch

1178 LK-*König*, § 315 b Rn. 60 geht abweichend wohl davon aus, dass *Ranft* die erforderliche Repräsentanz im Rahmen des Merkmals „Beeinträchtigung des Straßenverkehrs“ zur Anwendung kommen lassen will.

1179 BGHSt 27, 40. Siehe dazu oben unter B.I.2.b.

1180 BGHSt 27, 40, 42.

zweistufig aufgebaut ist. Der Gesetzgeber ist nämlich ersichtlich (und zu Recht) davon ausgegangen, dass die Tathandlungen nach § 315 c StGB generell geeignet sind, eine abstrakte Gefährdung der Verkehrssicherheit herbeizuführen.[1181] Damit geht gleichsam einher, den Ausgangspunkt des Gesetzgebers dahingehend zu determinieren, dass die Verhaltensweisen des § 315 c StGB per se eine abstrakte Gefährdung der Sicherheit des Straßenverkehrs hervorrufen. Zurückkommend zum Ansatz des BGH zur verkehrsbezogenen Beteiligung, folgert dieser in BGHSt 27, 40 ff. weiter, dass die Vorschrift des § 315 c StGB aber weiterhin voraussetzt, dass die Sicherheit des Straßenverkehrs beeinträchtigt wird, weil die Gesetzesänderung nur das Ziel hatte, Personen, die sich außerhalb des Verkehrsvorgangs befinden, mit in den Schutzbereich einzubeziehen. Daraus würde aber nicht folgen, dass es in Zukunft an einer (irgendwie gearteten) Beeinträchtigung der Sicherheit des Straßenverkehrs gänzlich fehlen solle, damit die Norm eingreift.

Der Grund für das Aufrechterhalten dieses „Merkmals“ ist leicht zu erkennen: Dem BGH ging es ersichtlich darum, das vom Täter geführte Fahrzeug aus dem Schutzkreis der Norm zu eliminieren. Fokussiert auf das Ansinnen, § 315 c StGB nicht zur Anwendung kommen zu lassen, verfolgte der BGH eine tatbestandliche Reduktion in Form einer richterlichen Rechtsfortbildung.[1182] Um dieses Ergebnis zu erreichen, ersann der BGH unter anderem den nachfolgenden Ansatz: Durch § 315 c StGB werde das Allgemeininteresse an der Sicherheit des Straßenverkehrs geschützt, während eine Erhöhung des Eigentumsschutzes nicht gewollt war. Wenn nun jemand ohne eine verkehrsmäßige bzw. verkehrstypische Beteiligung eines Dritten lediglich eine Gefahr für das von ihm geführte, fremde Fahrzeug setze, würden die Vorschriften über die Straßenverkehrsgefährdung überhaupt nicht angesprochen. Wenn sich hingegen ein Dritter, der sich selbst in den Verkehrsbereich eingebracht hat, verkehrsbezogen am Verkehr beteilige, nehme dieser am besonderen verkehrsrechtlichen Schutz teil. Ein solcher Dritter könne auch der nicht tatbeteiligte Insasse eines Fahrzeugs sein. Darüber hinaus ist – so der BGH weiter – aus den §§ 315 Abs. 1 Nr. 1, 315 b Abs. 1 Nr. 1 und 315 c Abs. 1 Nr. 2 g StGB der allgemeine Grundsatz herzuleiten, dass es immer zu einer konkreten Gefährdung der Straßenverkehrs[1183] kommen müsse. Damit bleibt festzuhalten, dass der Aspekt der Sicherheit des Straßenverkehrs für den BGH in zweierlei Hinsicht eine Rolle spielt: Einmal dient er dazu, daraus die Tauglichkeit des Gefährdungsopfers abzuleiten. Zum anderen suggeriert das Urteil darüber hinaus, dass die Sicherheit des Straßenverkehrs konkret gefährdet werden muss, damit § 315 c StGB zur Anwendung gelangen kann.

1181 Sch/Sch-*Sternberg-Lieben/Hecker*, § 315 c Rn. 1; LK-*König*, § 315 c Rn. 2.

1182 LK-*König*, § 315 c Rn. 168. Zu der Frage, ob eine solche tatbestandliche Reduktion überhaupt zulässig ist, vgl. die Ausführungen unter D.I.4.

1183 Dieser Aspekt besitzt für die Frage nach der Tauglichkeit eines Tatbeteiligten als Gefährdungsopfer meines Erachtens keine unmittelbare Relevanz, jedoch bedarf es – da der BGH diesen Punkt in seiner Begründung für den Ausschluss der Tatbeteiligten aufgreift – insoweit trotzdem einer kritischen Würdigung.

2. Kritische Würdigung

a. Kritik an dem Erfordernis einer konkreten Gefährdung des Straßenverkehrs

Dem BGH ist zwar zuzustimmen, wenn er ausführt, dass trotz der Reform durch das Zweite Gesetz zur Sicherung des Straßenverkehrs durch die Straßenverkehrsgefährdungsdelikte auch weiterhin die Sicherheit des Straßenverkehrs und gerade nicht Individualinteressen geschützt sein sollen. Dass es im Rahmen des § 315 c StGB zur Tatbestandserfüllung jedoch zu einer konkreten Gefährdung des Straßenverkehrs kommen muss, ist nicht richtig. Auf eine konkrete Beeinträchtigung der Verkehrssicherheit kommt es (nach der Neufassung der Tatbestände und der Konzeption des Reformgesetzgebers) schlichtweg nicht an.[1184] Zur Verwirklichung des § 315 c StGB muss der Verkehr keineswegs tatsächlich in Mitleidenschaft gezogen worden sein.[1185] Vielmehr verhält es sich so, dass sich ein abstrakt gefährliches Verhalten zu einer konkreten Gefahr verdichten muss: Entscheidend ist die Manifestation einer zunächst nur vermuteten Gefahr. Die insoweit entstehende konkrete Gefahr drückt das Fortbestehen der abstrakten – ursprünglich nur vermuteten – Gefahr (für alle übrigen Verkehrsteilnehmer) aus, weil auch nach Eintritt der konkreten Gefahr unter Umständen nicht mehr gefahrlos am Straßenverkehr teilgenommen werden kann. Daran ändert auch die vom BGH angeführte Vorschrift des § 315 c Abs. 1 Nr. 2 g StGB nichts, da diese Norm eine Ausnahmestellung im Rahmen des § 315 c StGB einnimmt. Als einzige Norm knüpft sie nämlich nicht an das Führen eines Fahrzeuges und damit nicht an ein (fehlerhaftes) Fahrverhalten an, so dass dieser Vorschrift schon kein allgemeiner Rechtsgedanke entnommen werden kann.

b. Definitionsversuch der verkehrsbezogenen Beteiligung

Bevor darauf eingegangen wird, ob das Abstellen auf eine verkehrsmäßige bzw. verkehrstypische Beteiligung tragfähig ist, soll geklärt werden, was der BGH unter einer solchen Beteiligung verstanden wissen wollte:

- Nicht nachvollziehbar wäre es, anzunehmen, eine verkehrsbezogene Beteiligung erfordere, dass der Dritte *überhaupt irgendwie* in das Straßenverkehrsgeschehen involviert sein muss. Wenn dem so wäre, wäre eine Differenzierung nach tatbeteiligten Fahrzeuginsassen und nicht tatbeteiligten Fahrzeuginsassen – wie sei der BGH vornimmt – nicht möglich, da sich beide als Beifahrer in einem fortbewegenden Fahrzeug befinden und insoweit eine identische verkehrsbezogene Beteiligung aufweisen. Da der BGH an seiner strikten Differenzierung zwischen

1184 Vgl. nur LK-*König*, § 315 c Rn. 168 d; MüKo-*Groeschke* (2006), § 315 c Rn. 2.
1185 *Maurach/Schroeder/Maiwald*, BT 2, § 53 Rn. 29.

beiden Personengruppen (ausdrücklich) festhalten wollte, muss ein derartiges Verständnis ausscheiden.

- Es bleibt zu überlegen, ob der BGH daran anknüpfen wollte, dass der Dritte am Verkehrsvorgang *beteiligt* sein muss. Eine Verkehrsbeteiligung liegt klassischerweise immer dann vor, wenn die betreffende Person in den Verkehrsvorgang eingreift. Eine Verkehrsbeteiligung setzt zunächst eine Verkehrsteilnahme voraus. Von einer Verkehrsteilnahme ist dann auszugehen, wenn jemand öffentliche Wege im Rahmen des Gemeingebrauchs benutzt, wobei es weder auf den Benutzungszweck noch auf den Benutzungswillen ankommt. Ergänzend – und dies ist vorliegend von entscheidender Bedeutung – setzt eine Verkehrsbeteiligung ein verkehrserhebliches Verhalten voraus: Maßgeblich ist also, ob durch ein Handeln oder ein pflichtwidriges Unterlassen[1186] mit Beteiligungsabsicht auf einen Verkehrsvorgang eingewirkt wird.[1187] Mithin ist jeder, der körperlich und unmittelbar den Ablauf eines Verkehrsvorgangs beeinflusst, als Verkehrsbeteiligter anzusehen.[1188] Aber auch eine solche Interpretation hatte der BGH ersichtlich nicht im Sinn. Denn nach der vorgenannten Definition stellt das passive Mitfahren eines (nicht tatbeteiligten) Beifahrers keine Verkehrsbeteiligung dar, weil dieser nicht auf den Verkehrsvorgang einwirkt. Damit wären diese Mitfahrer – unterstellt der BGH hätte tatsächlich ein solches Beteiligungserfordernis statuieren wollen – keine Dritten im Sinne des Verständnisses des BGH und würden aus dem Schutzbereich herausfallen.[1189] Daran konnte dem BGH aber nicht gelegen sein, weil er selbst davon ausgeht, dass sich der Schutzbereich (zumindest von § 315 c StGB) auch auf an der Tat nicht beteiligte Insassen (also auf die passiven Mitfahrer) erstreckt.[1190]

- Auch ein *„Sich-Einbringen“* in dem Sinne, dass sich der Beifahrer aufgrund einer freien Entscheidung in das Fahrzeug begibt, taugt als Anknüpfungspunkt nicht, weil sonst der bewusstlose Kranke nicht in tatbestandsrelevanter Weise gefährdet werden könnte.[1191] Darüber hinaus wäre bei solch einem Verständnis die vom BGH vorgenommene Differenzierung nach tatbeteiligten Fahrzeuginsassen und nicht tatbeteiligten Fahrzeuginsassen nicht mehr durchführbar, da sich auch der passiv tatbeteiligte Mitfahrer bewusst in den Straßenverkehr einbringt und damit dem Schutzbereich unterfallen würde.

- Letztlich bliebe noch die Deutung, dass der BGH mit verkehrsmäßiger bzw. verkehrstypischer Beteiligung meint, dass der Dritte den Straßenverkehr in seinem ursprünglichen Sinne – Fortbewegung zur Ortsveränderung – nutzen wollte.

1186 Vgl. BGH NJW 1960, 924, 925.

1187 Burmann/*Heß*/Hühnermann/Jahnke/Janker, § 1 StVO Rn. 15 f.

1188 BayObLG NZV 1992, 326, 327.

1189 Vgl. LK-*König*, § 315 c Rn. 168 c.

1190 BGHSt 27, 40, 43.

1191 So auch LK-*König*, § 315 c Rn. 168 c.

Dem Dritten müsste es dann darum gegangen sein, selbst *tatsächlich* von A nach B zu kommen. Aber auch diese Interpretation kann vom BGH nicht beabsichtigt gewesen sein. Dies resultiert daraus, dass der BGH dann, wenn dem so sein sollte, bei jedem Sachverhalt eine Einzelfallprüfung vornehmen müsste, um herauszufinden, ob das tatbeteiligte Gefährdungsopfer einen entsprechenden Nutzungswillen hatte oder nicht. Erst im Anschluss an eine solche Prüfung könnte die Frage nach der verkehrsbezogenen Beteiligung beantwortet werden. Eine solche Einzelfallprüfung wird jedoch vom BGH gerade nicht gefordert. Vielmehr ist der BGH der Ansicht, dass alle tatbeteiligten Insassen per se die geforderte verkehrsbezogene Beteiligung nicht aufweisen und somit nicht als Dritte in Betracht kommen.[1192]

Der Begriff der verkehrsmäßigen bzw. verkehrstypischen Beteiligung Dritter hat durch den BGH keine Definition erfahren, und ihm kann auch nach dem oben Dargestellten keine stringente Kontur verliehen werden. Alleine dieser Umstand lässt das Merkmal der verkehrsbezogenen Beteiligung als für die weitere Untersuchung ungeeignet erscheinen. Mithin bleibt unklar, was der BGH unter dem Begriff verstanden haben wissen wollte. Darüber hinaus spricht noch ein weiteres Argument gegen die Ansicht des BGH: Dadurch, dass vorausgesetzt wird, eine verkehrsbezogene Beteiligung – ganz gleich wie sie zu verstehen ist – sei *immer* notwendig, um eine Tauglichkeit als Gefährdungsopfer bejahen zu können, verkürzt der BGH den Anwendungsbereich der Normen über Gebühr.[1193] Wie der BGH im Rahmen dieser Entscheidung selbst feststellt, war vom Gesetzgeber mit der Streichung des Merkmals der Beeinträchtigung der Sicherheit des Straßenverkehrs bezweckt, dass der pflügende Bauer auf dem angrenzenden Feld geschützt sein soll.[1194] Dieser Bauer bringt sich aber ersichtlich nicht (selbst) in den Verkehrsbereich ein,[1195] wie es der BGH für eine verkehrstypische Beteiligung verlangt, so dass der Bauer demnach kein taugliches Gefährdungsopfer sein könnte. Die Einbeziehung war aber ein primäres Ziel des Gesetzgebers.[1196] Insoweit konterkariert das Merkmal der verkehrsbezogenen Beteiligung ein – im Übrigen auch vom BGH anerkanntes – Ziel des Reformgesetzgebers.

Somit ist das Erfordernis der verkehrsmäßigen bzw. verkehrstypischen Beteiligung Dritter – zumindest so, wie es der BGH verstanden wissen will – abzulehnen, weil es die Formel nicht schafft, adäquate Ergebnisse hervorzubringen. Diese

---

1192 BGHSt 27, 40, 43.

1193 Vgl. dazu LK-*König*, § 315 c Rn. 168 c.

1194 BGHSt 27, 40, 42.

1195 Ähnlich das Beispiel von *Sternberg-Lieben* in JuS 1998, 428, 430 Fn. 31, das zeigt, dass es auf ein „Einbringen" nicht ankommen kann. Auch SK-*Wolters*, Vor § 306 Rn. 11 weist zu Recht darauf hin, dass die Formel der verkehrsbezogenen Beteiligung dann versagt, wenn es um den Schutz des Dritten als Eigentümer geht: Denn das Eigentum bringt sich ersichtlich nicht aktiv ein.

1196 So auch SK-*Wolters*, Vor § 306 Rn. 11.

Erkenntnis gilt – im Übrigen – unabhängig davon, ob aus der Verschiebung des Verständnisses des Wesens der §§ 315 b, 315 c StGB als gemeingefährliche Delikte und der damit verbundenen Unerheblichkeit der Repräsentantentheorie des BGH Rückschlüsse auf die von BGH postulierte Erforderlichkeit eine verkehrsbezogenen Beteiligung gezogen werden können, so dass darauf gerichtete, weitere Untersuchungen entbehrlich sind.

F. Eigene Ansicht

Ziel der vorausgegangenen Untersuchungen war es, die vom BGH vorgebrachten Erwägungen und Aussagen im Zusammenhang mit der Verneinung der Tauglichkeit von Tatbeteiligten als Gefährdungsopfer[1197] kritisch zu überprüfen, um herauszufinden, ob und inwieweit das Verständnis des BGH von der Notwendigkeit eines generellen Ausschlusses von Tatbeteiligten aus dem Bereich der tauglichen Gefährdungsopfer der §§ 315 b, 315 c StGB zutreffend ist. Nach umfassender Auslegung der Wendung „anderer Mensch" nach dem Wortlaut, historisch sowie systematisch und teleologisch bleibt festzuhalten, dass keiner der vom BGH vorgeschlagenen Ansätze einen generellen Ausschluss von Tatbeteiligten aus dem maßgeblichen Anwendungsbereich rechtfertigen und der Sache nach überzeugen kann. Einzig der – freilich nicht für den Ausschluss von Tatbeteiligten herangezogene – Aspekt der Notwendigkeit einer verkehrsspezifischen konkreten Gefährdung wird noch einmal aufzugreifen sein.

Daher muss nunmehr ein Ansatz gefunden werden, mit dem die auftretenden verschiedenen Konstellationen im Rahmen der §§ 315 b, 315 c StGB sachgerecht gelöst werden können. Wie bis hierher aufgezeigt, können – und dies gilt losgelöst von den vom BGH herangezogenen Erwägungen und Aussagen – weder die Auslegung nach dem Wortlaut noch die historische sowie die systematische Auslegung ein insgesamt befriedigendes Ergebnis liefern: Weder erscheint es angezeigt, Tatbeteiligte generell – de facto aufgrund ihrer strafrechtlichen Beteiligung – aus dem Anwendungsbereich auszuklammern noch ihnen per se eine Tauglichkeit zuzusprechen. Ziel muss es daher sein, einen Lösungsansatz zu finden, der gewährleistet, dass nur und ausschließlich diejenigen Personen in den Anwendungsbereich aufgenommen werden, die als taugliche Gefährdungsopfer angesehen werden können. Dabei müssen für einen derartigen stringenten Lösungsansatz solche verkehrsspezifischen Parameter maßgeblich sein, die einen (un-) mittelbaren Bezug zu den §§ 315 b, 315 c StGB deshalb aufweisen, weil sie sich aus der Historie, der Struktur und dem Wesen der vorgenannten Delikte ableiten lassen. Insoweit wird auf diejenigen Aspekte zurückzugreifen sein, die im Rahmen der vorausgegangenen Untersuchung definiert und entwickelt worden sind, namentlich insbesondere der Aspekt der Gemeinschädlichkeit, den sich aus dem Aspekt der abstrakten Gefahr ergebenden Manifestationsgedanken sowie – ausschlaggebend – der von den §§ 315 b, 315 c StGB verfolgte Kollektivrechtsgüterschutz der Sicherheit des Straßenverkehrs. Entscheidend für die Entwicklung eines sachgerechten Lösungsansatzes wird letztlich die Frage sein, ob die aufgezeigten maßgeblichen Parameter a) die Notwendigkeit eines spezifischen Bezuges zwischen Gefährdungsopfer und dem

1197 Vgl. zusammenfassend die Darstellung unter Kapitel D vor I.

Straßenverkehr bedingen und b) inwieweit sie es schaffen, einen für die Beurteilung der Tauglichkeit maßgeblichen Anknüpfungspunkt hervorzubringen.

Zuvor sollen jedoch noch zwei Aspekte näher beleuchtet werden, die für eine sachgerechte Entwicklung eines stringenten Lösungsansatzes von gewisser Relevanz sind: Basierend auf der vorgenannten – und im Übrigen im weiteren Verlauf dieses Kapitels noch näher darzulegenden – Erkenntnis, dass sich das von den §§ 315 b, 315 c StGB geschützte Rechtsgut maßgeblich auf die Bestimmung der Tauglichkeit von tatbeteiligten Personen als Gefährdungsopfer auswirkt, soll unter I. kurz aufgezeigt werden, ob und wenn ja, wie, in der Literatur und Rechtsprechung eine Verknüpfung zwischen Schutzgut und der Bestimmung der Tauglichkeit eines Gefährdungsopfers anerkannt ist. Darüber hinaus – und dieser Aspekt dürfte für die weitere Untersuchung von größerer Bedeutung sein – muss (unter II.) geklärt werden, inwieweit überhaupt ein Lösungsansatz, dem für die Frage nach der Tauglichkeit eine Differenzierung anhand verkehrsspezifischer Parameter zu Grunde liegen soll, aus einem historischem Blickwinkel statthaft ist.

I. Auswirkungen des Schutzguts auf die Einordnung von Tatbeteiligten als taugliche Gefährdungsopfer

Ausgehend von der oben gewonnenen Erkenntnis dahin, dass das Rechtsgut der §§ 315 b, 315 c StGB der Schutz des Straßenverkehrs im Interesse der Allgemeinheit ist, soll kurz aufgezeigt werden, welche Schlussfolgerungen aus dem vorgenannten Umstand für die Frage der Tauglichkeit von Tatbeteiligten als Gefährdungsopfer gezogen werden. Insoweit ist zu klären, inwieweit in der Literatur und Rechtsprechung anerkannt ist, dass es zur Bestimmung der Tauglichkeit maßgeblich einer Verknüpfung zwischen der konkret gefährdeten Person und dem Schutzgut bedarf. Kann nämlich eine der nachfolgenden Ansichten überzeugen, erscheint es durchaus überlegenswert, sich einer solchen anzuschließen und sie als Grundlage für die Entwicklung eines stringenten Lösungsansatzes heranzuziehen:

- Es wird vertreten, dass bei Annahme eines Allgemeinrechtsgüterschutzes Tatbeteiligte nicht vom Schutzzweck der Normen erfasst werden, weil in diesem Fall – Gefährdung eines Tatbeteiligten – nicht „mehr“ als nur die Täter- und Beteiligtensphäre betroffen ist.[1198]
- Andere schließen aus dem Schutzgut der allgemeinen Verkehrssicherheit ebenfalls, dass Tatbeteiligte nicht einzubeziehen seien, dies aber mit dem Argument, dass die allgemeine Verkehrssicherheit die Gefährdungsrichtung vorgebe.[1199]
- Wieder andere, die ebenfalls allein einen Universalrechtsgüterschutz anerkennen, bejahen demgegenüber die Einbeziehung von Tatbeteiligten in den geschützten

1198 Vgl. *Trüg*, JA 2002, 214, 217.
1199 Vgl. *Geilen*, Jura 1979, 201, 207.

Personenkreis gerade aufgrund des Universalrechtsgüterschutzes,[1200] weil der bezweckte Schutz der allgemeinen Verkehrssicherheit nicht gegen, sondern für die Einbeziehung von Tatbeteiligten in den Anwendungsbereich der Vorschrift sprechen würde.[1201] Dies wohl deshalb, weil es nicht einleuchten vermag, warum die besondere Gefahr nicht auch durch die Gefahr für Tatbeteiligte angezeigt werden kann. Denn es kann – so der Gedanke weiter – für die Gefährlichkeit des Fahrverhaltens keinen Unterschied machen, ob Tatbeteiligte oder (unbeteiligte) Dritte gefährdet werden. In beiden Fällen zeigt sich, dass eine besonders gefährliche Situation vorliegt. Mithin soll das Zusammentreffen von Gefahrmitverursachung und Gefahrverwirklichung in einer Person gerade als Indikator für eine Gefährdung der geschützten Verkehrssicherheit zu werten sein.[1202]

Im Ergebnis kann jedoch keine dieser Ansichten vollends überzeugen und als Grundlage für die Entwicklung eines stringenten Lösungsansatzes herangezogen werden. Mögen die vorgebrachten Argumente vielleicht noch eine gewisse Stichhaltigkeit aufweisen, so sind die daraus entwickelten Ergebnisse wenig überzeugend: Denn allen Ansichten ist gemeinsam, dass keine Möglichkeit besteht, die Frage nach der Erstreckung der Schutzrichtung auf Tatbeteiligte einer differenzierten Betrachtung zu unterziehen. Insoweit haftet ihnen die gleiche Schwäche an, wie den im Verlauf dieser Arbeit bereits dargestellten und gewürdigten hergebrachten Lösungsansätzen (des BGH und der Literatur): Hier wie da werden generell alle Tatbeteiligte entweder mit in den Schutzbereich aufgenommen oder von diesem ausgeschlossen. Ausgehend von den eingangs[1203] genannten relevanten Parametern ist es vielmehr – wie zugleich aufgezeigt wird – notwendig, dass die maßgebliche Manifestation einer zunächst nur vermuteten (abstrakten) Gefahr dem (aus den vorgenannten Parametern resultierenden) Symbolgedanken nur dann ausreichend Rechnung tragen kann, wenn das konkrete Gefährdungsopfer eine besondere Tauglichkeit aufweist, deren Bestimmung nach verkehrsspezifischen Parametern erfolgt. Dass dies dazu führt, eine differenzierte Einordnung der Tatbeteiligten vornehmen zu können, um sachgerechte Ergebnisse hervorzubringen, wird sogleich aufgezeigt werden.

II. Möglichkeit der Differenzierung unter dem Blickwinkel des Zweiten Gesetzes zur Sicherung des Straßenverkehrs

Bevor ein eigenständiger Lösungsansatz im Folgenden entwickelt wird, muss zuvörderst überprüft werden, ob die Vornahme einer Differenzierung überhaupt – und

1200 Vgl. LK-*König*, § 315 b Rn. 74 b. So auch – ohne dieser Ansicht zu folgen – lediglich darstellend MüKo-*Pegel*, § 315 Rn. 69.
1201 So ohne Begründung OLG Stuttgart NJW 1976, 1904; *Saal*, NZV 1998, 49, 50.
1202 *Tepperwien*, in FS für Nehm, S. 427, 435.
1203 Vgl. die Ausführungen unter F. vor I.

wenn ja, in welchem Umfang – in belastbarer Weise (rechtshistorisch) möglich ist. Dies hängt maßgeblich davon ab, ob ausgehend von der Intention des Zweiten Gesetzes zur Sicherung des Straßenverkehrs eine Differenzierung nicht (mehr) möglich sein soll(te). Die Ziele des Reformgesetzgebers lassen sich zusammenfassend wie folgt skizzieren:

Das Ansinnen des (historischen) Gesetzgebers bestand unter anderem darin, den Anwendungsbereich der §§ 315 b, 315 c StGB so zu erweitern, dass die Gefährdung eines bestimmten Einzelnen zukünftig ausreichend sein soll, um eine Deliktsverwirklichung annehmen zu können. Insoweit war beabsichtigt, die Rechtsprechung von der – nach Ansicht des Gesetzgebers nicht immer leichten – (Einzelfall-) Unterscheidung zu entbinden, ob der Täter einen anderen entweder als Repräsentanten der Allgemeinheit oder als eine individuell bestimmte Einzelperson gefährdet hat. Eine – vom Gesetzgeber als ungerecht empfundene – Unterscheidung danach, ob die Gefährdung im konkreten Fall a) eine – für eine Bejahung des Tatbestands nach der Ansicht des BGH nicht ausreichende – Sonder- bzw. Individualgefahr oder b) eine (für die Tatbestandserfüllung notwendig) Gemeingefahr darstellte, sollte nicht mehr maßgeblich sein. Dieses Ziel konnte nach Meinung des Reformgesetzgebers nur durch eine Änderung des Gesetzeswortlauts erreicht werden. Grundlage der Gesetzesreform war die Überlegung, die Möglichkeit zu schaffen, auch die nach Ansicht des Gesetzgebers schutzwürdigen (nicht tatbeteiligten)[1204] Mitfahrer und sonstige, individuell gefährdeten Personen sollten in Zukunft mit in den Schutzbereich aufgenommen werden *können,* ohne von *vornherein* an die bisherigen – sich aus der vorgenannten Differenzierung ergebenden – Restriktionen gebunden zu sein. Der Gesetzgeber erkannte insoweit, dass gerade solche individuell bestimmten Personen am Verkehr teilnehmen, ohne – aufgrund der vor der Gesetzesänderung vorherrschenden Rechtsprechung des BGH – dem Schutz des Straßenverkehrs teilhaftig werden zu können. Das insbesondere die Rechtsprechung im Zusammenhang mit den *Mitfahrer-Fällen* durch die Gesetzesänderung modifiziert werden sollte, ergibt sich aus der Bezugnahme des Gesetzgebers auf das Urteil des BGH in BGHSt 11, 199 ff.

Ausgehend davon stellt sich die Frage, wie weit die aufgezeigte „Bereinigungsabsicht" des historischen Gesetzgebers gehen sollte. Zwei Aspekte sind hier von entscheidender Bedeutung: Kann der Gesetzesänderung und den Ausführungen des Reformgesetzgebers – über den Regelungsbereich der individuell bestimmten Einzelpersonen und den Mitfahrer-Fälle hinaus – entnommen werden, dass die Bestimmung des geschützten Personenkreises überhaupt nicht mehr anhand gewisser (Qualitäts-) Merkmale erfolgen – insoweit also ein „Differenzierungsverbot" statuiert werden – sollte? Und anknüpfend daran: Verhält es sich so, dass gewisse (Qualitäts-) Merkmale aus dem historischen Kontext heraus für eine sachgerechte Differenzierung gänzlich als ungeeignet angesehen werden müssen?

1204 Dass der Reformgesetzgeber nur die nicht tatbeteiligten Mitfahrer im Sinn hat, wird unter D.II.2.d.(bb) und dort unter (1) dargelegt.

1. Kein allumfassendes Differenzierungsverbot

Jedoch – und insoweit ist das Ergebnis bereits an dieser Stelle vorwegzunehmen – kann nicht davon ausgegangen werden, dass aus historischer Sicht ein allumfassendes „Differenzierungsverbot" normiert werden sollte.[1205] Dass der „andere" nach der dem Zweiten Gesetz zur Sicherung des Straßenverkehrs zu Grunde liegenden Intention kein Repräsentant der gesamten Allgemeinheit mehr sein *muss*, heißt nicht, dass der „andere" überhaupt keine bestimmte „Qualität" mehr aufweisen *darf*. Vielmehr sollte (lediglich) die Möglichkeit eröffnet werden, unter Erweiterung des Anwendungsbereichs der §§ 315 b, 315 c StGB, individuell bestimmte Einzelpersonen einbeziehen zu können. Von einem allumfassenden „Differenzierungsverbot" oder einem Verbot der einschränkenden Auslegung kann aufgrund dieses beschränkten Gesetzeszwecks daher nicht gesprochen werden. Zwar war eine Erweiterung des Schutzbereichs aus kriminalpolitischen Gesichtspunkten erstrebt worden, doch diese sollte nicht uferlos sein. Insbesondere sollten die Straftatbestände nicht schon immer dann eingreifen, wenn eine abstrakte Gefährdung im Raum steht. Wie *Lackner* zu Recht feststellt, wäre es vor diesem Hintergrund nämlich unverständlich, dass die Normen nicht als abstrakte Gefährdungsdelikte ausgestaltet worden sind.[1206] Demnach kann dem Schutzgut der Sicherheit des Straßenverkehrs eine extensive Wirkung dahin, dass jeder, der irgendwie mit dem Straßenverkehr in Berührung kommt, geschützt sein soll, nicht beigemessen werden.

Auch der historische Gesetzgeber lässt erkennen, dass eine uferlose Ausdehnung des Schutzbereichs nicht beabsichtigt war. Zwei Gesichtspunkte stützen diese Ansicht nachhaltig: Dadurch, dass der Gesetzgeber gegenüber der Rechtsprechung des BGH – keine Einbeziehung der oben genannten Personengruppen trotz Beteiligung am Verkehr – sein Missfallen ausdrückt, zeigt er unmissverständlich, dass es die Beteiligung am Verkehr sein soll, die eine zentrale Rolle für die Frage einer

---

1205 Selbst wenn man vorliegend der – im Ergebnis nicht tragfähigen – Ansicht sein sollte, der historische Gesetzgeber habe für die Zukunft ein allumfassendes „Differenzierungsverbot" vorgesehen, wäre dieser subjektiv-historische Wille allein für eine korrekte Auslegung nicht ausschlaggebend. Diese Irrelevanz ließe sich auf Grundlage der hier vertretenen Ansicht, dass eine Synthese zwischen der subjektiven und der objektiven Methode stattzufinden hat (siehe dazu oben unter D.II.1.), wie folgt begründen: Vorliegend ist es nach den Ausführungen im (Haupt-) Text schon fraglich, ob überhaupt ein Wille bezüglich eines allumfassenden „Differenzierungsverbotes" des historischen Gesetzgebers, der als Ausgangspunkt der Synthese dienen könnte, (zweifelsfrei) festgestellt werden kann. Aber auch dann, wenn man einen solchen Willen annehmen würde, stellt dies kein Hindernis für eine objektiv-teleologische Auslegung dar. Gerade im Rahmen der §§ 315 b, 315 c StGB zeigt sich – wie durch die Beispiele des absichtlich herbeigeführten Unfalls und das des „Autosurfens" dokumentiert –, dass das Gesetz auf neue, einst unbekannte Fallgestaltungen reagieren können muss, um seine Gegenwartsaufgabe erfüllen zu können.

1206 Siehe dazu *Lackner*, S. 8.

Einbeziehung und demnach auch für eine sachgerechte Differenzierung spielen soll. Darüber hinaus hat sich der Gesetzgeber im Rahmen des Zweiten Gesetzes zur Sicherung des Straßenverkehrs ausdrücklich dazu entschieden, die Fälle der Selbstgefährdung und der Gefährdung tätereigener Sachen dem Anwendungsbereich der §§ 315 b, 315 c StGB zu entziehen. Diese Entscheidung dürfte – wie oben dargestellt[1207] – aus der naheliegenden dogmatischen Überzeugung resultieren, dass sich die abstrakte Gefährdung der allgemeinen Verkehrssicherheit über die eigene Rechtssphäre des Täters hinaus nach außen hin verdichtet haben muss, um eine deliktsrelevante Gefährdung darzustellen. Jedoch hätte der Gesetzgeber trotz der aus dem Inkompatibilitätsgedanken erwachsenden Bedenken die Gefahrenformel anders ausgestalten und formulieren können und damit – vielleicht ergänzt durch einen ausdrücklichen Hinweis in den Gesetzesmaterialien – „anordnen" können, dass die Fälle der Selbstgefährdung und der Gefährdung tätereigener Sachen für eine Tatbestandserfüllung ausreichend sein sollen. Dies zeigt, dass der Gesetzgeber gerade nicht gewillt war, um „jeden Preis" die Anwendung der §§ 315 b, 315 c StGB zu „erzwingen".

2. Untauglichkeit bestimmter Abgrenzungsparameter?

Es stellt sich nunmehr die Frage, ob aus der aufgezeigten gesetzgeberischen Intention geschlussfolgert werden kann, dass der historische Gesetzgeber ganz allgemein gewisse (Qualifizierungs-) Merkmale für eine sachgerechte Differenzierung als gänzlich ungeeignet erachtet. Um eine sachgerechte Betrachtung der aufgeworfenen Frage sicherstellen zu können, ist noch einmal die Gesetzesbegründung zu bemühen:

Der Gesetzgeber führt dort aus, dass sich der BGH (erst) in BGHSt 11, 199 ff. auf den Standpunkt gestellt hat, dass eine Gemeingefahr bei Gefährdung eines bestimmten Einzelnen nur dann anzunehmen sei, wenn dieser die Allgemeinheit vertrete bzw. repräsentiere. Diese Auffassung – so der Gesetzgeber weiter – führt zu schwierigen (und nicht immer befriedigenden) Unterscheidungen. Da die vom Gesetzgeber zitierte Entscheidung die maßgebliche Grundlage der BGH-Rechtsprechung darstellt(e), können die vom Gesetzgeber monierten schwierigen Unterscheidungen nur aus der Anwendung der vom BGH in BGHSt 11, 199 ff. aufgeführten Fallgruppen resultieren. Dies bedeutet, dass lediglich die zur einzelfallabhängigen schematischen Einordnung in die jeweilige Fallgruppe verwendeten Abgrenzungsparameter im Anschluss an das Zweite Gesetz zur Sicherung des Straßenverkehrs als sachgerechte Differenzierungsmerkmale ausscheiden müssen. Denn würde man a) diese (hergebrachten) Abgrenzungsparameter auch weiterhin als maßgeblich erachten und b) – eventuell noch weitergehend – die für ihre Anwendung maßgeblichen Merkmale im Rahmen der Verwendung von anderen Differenzierungsparametern ebenfalls

1207 Vgl. dazu die Ausführungen unter D.IV.5.b.bb.(4)(b).

heranziehen,[1208] hätte dies zur Folge, dass die Intention des Reformgesetzgebers konterkariert würde und „durch die Hintertür" gerade der Zustand geschaffen würde, der eigentlich beseitigt werden sollte.

Daher muss der Blick noch einmal auf diejenigen vom BGH in BGHSt 11, 199 ff. aufgestellten Fallgruppen geworfen werden, bei denen eine Einbeziehung in den Schutzbereich ausscheiden sollte. Von Interesse ist vorliegend die Fallgruppe der „Mitnahme von dem Täter bekannten Personen": Der BGH führt dazu aus, dass eine Strafbarkeit aus dem konkreten Gefährdungsdelikt dann nicht in Betracht kommen soll, wenn der Fahrzeuglenker ihm bekannte Personen mitnehme, weil hier die persönlichen Beziehungen und die innere Einstellung zwischen den Personen im Vordergrund stünden. Diese innere Einstellung zwischen den betreffenden Personen soll sich aus Zuneigung, gleichen Interessen, Wunsch nach gemeinsamem Reiseerlebnis oder der Verabredung eines Ausfluges ergeben können. Die Personen, die die vorgenannten Merkmale aufweisen, sind – so der BGH weiter – vom Fahrer zur Erreichung des Zwecks besonders ausgewählte Personen.

Betrachtet man die vom BGH angeführten (soeben aufgezeigten) Beispiele im Zusammenhang mit der „inneren Einstellung" genauer, wird deutlich, dass eine Einbeziehung in den Schutzbereich immer schon dann und alleine aus dem Umstand ausscheiden soll, wenn zwischen den Fahrtteilnehmern eine (nach außen getretene) Übereinkunft dahin vorliegt, den Straßenverkehr zum Zwecke des gemeinsamen (verkehrsgemäßen) Fortkommens zu nutzen. Dass das hergebrachte Abgrenzungsmerkmal der „Übereinkunft hinsichtlich eines *verkehrsgemäßen* Nutzens" nach der Vorstellung des Gesetzgebers nicht mehr als *negatives* Kriterium dahin herangezogen werden darf, dass (bei Bejahung des Merkmals) der Schutzbereich für das Gefährdungsopfer nicht eröffnet sein soll, ist unzweifelhaft und bedarf auch keiner weiteren Erläuterung.

Aus dieser Erkenntnis heraus könnte man jedoch drei (weitere) Thesen aufstellen: Das Merkmal der Übereinkunft hinsichtlich eines *verkehrsgemäßen* Nutzens könnte (nach der Vorstellung des Gesetzgebers) a) auch als *positives* Kriterium dahin, dass bei Bejahung des Merkmals der Schutzbereich eröffnet sein soll, als taugliches Abgrenzungsmerkmal ausscheiden und damit als ungeeigneter Parameter qualifiziert werden. Spiegelbildlich zum Merkmal der Übereinkunft hinsichtlich eines verkehrsgemäßen Nutzens – und insoweit noch weitergehend – könnte man weiter schlussfolgern, dass bei einer Übereinkunft hinsichtlich eines *verkehrsfeindlichen* Nutzens (mithin also bei einer Art „Unrechtspakt") dieser Umstand weder b) *negativ* zu Gunsten einer Versagung des Schutzbereichs noch c) *positiv* zu Gunsten der Eröffnung des Schutzbereichs verwendet werden soll. Unabhängig davon, ob derartige – zugegebenermaßen sehr weitgehende – Schlussfolgerungen der Sache nach überzeugen würden (was insbesondere hinsichtlich der unter a) aufgestellten

1208 So dass die Schwierigkeiten im Zusammenhang mit einer sachgerechten Differenzierung im Ergebnis als hier sogenanntes „mittelbar-untaugliches Abgrenzungscharakteristikum" lediglich „weitergegeben" würden.

These stark bezweifelt werden muss), verbieten sie sich jedoch und waren auch vom historischen Gesetzgeber nicht intendiert. Denn die für die vorliegenden Überlegungen maßgebliche Intention des Gesetzgebers der Beseitigung von „schwierigen" Abgrenzungsfragen ist im Zusammenhang mit dem als zentrales Charakteristikum anzusehenden Merkmal der „Übereinkunft" zu sehen. Gerade an dieses Merkmal dürfte der Gesetzgeber gedacht haben, als er vom Problem der „schwierigen Unterscheidungen" sprach. Da eine Übereinkunft stets zwei korrespondierende Willenserklärungen (mithin eine „Einigung") voraussetzt, sind es Probleme aus diesem Bereich (wie der Umgang mit sich widersprechenden Willenserklärungen oder – mit Blick auf einen möglichen Prozess – die Frage nach der Feststellung bzw. Rekonstruktion der notwendigen Einigung), die es nach dem Willen des Gesetzgebers möglichst zu vermeiden galt. Insoweit bleibt an dieser Stelle festzuhalten, dass mit Blick auf die Entwicklung eines Lösungsansatzes eine Anknüpfung an solche Parameter, die ein Merkmal der Übereinkunft bzw. einen Unrechtspakt zum Gegenstand haben und als maßgeblich erachten, nach dem Willen des historischen Gesetzgebers wohl ausscheiden müssen und insoweit als mittelbar-untaugliches Abgrenzungscharakteristikum angesehen werden können.[1209]

Schließlich verbleibt das (ehemalige) Abgrenzungsmerkmal der „persönlichen Verhältnisse". Der Verwendung dieses Differenzierungsmerkmals wohnen keine Anwendungsschwierigkeiten dergestalt inne, dass aus solchen ein mittelbar-untaugliches Abgrenzungscharakteristikum geschlussfolgert werden könnte: Das Vorliegen eines persönlichen Verhältnisses ist in der Regel ohne Einlassung des Gefährdeten ermittelbar, da in den meisten Fällen entweder Dritten bekannt ist, ob sich der Fahrzeugführer und der Mitfahrer kennen oder dies schon aufgrund objektiver Umstände (z. B. Kollegenverhältnis) ersichtlich ist. Hier verbleibt allein die Erkenntnis, dass der Abgrenzungsparameter der „persönlichen Verhältnisse" deshalb nicht mehr als taugliches Differenzierungsmerkmal heranzuziehen sein könnte, weil es vom Gesetzgeber aus kriminalpolitischen Gründen und aus Gerechtigkeitserwägungen als ungeeignet klassifiziert wurde: Denn beim Abstellen auf persönliche Verhältnisse würde ein Strafrechtsschutz von reinen Zufälligkeiten abhängen. Auf der anderen Seite taugte dieses Abgrenzungsmerkmal auch schon vormals insoweit nicht, als in den meisten Fällen die Beziehung der Tatbeteiligten durch ein persönliches Verhältnis gekennzeichnet ist. Zu Ende gedacht hätte dies zur Folge gehabt, dass eine Einbeziehung eines Tatbeteiligten in den Anwendungsbereich der Vorschriften in aller Regelmäßigkeit hätte ausscheiden müssen.

1209 Siehe dazu die Ausführungen unter F.III.5.a. am Ende.

III. Parameter der Differenzierung unter besonderer Beachtung des Schutzguts – Der eigene Lösungsansatz

1. Notwendigkeit eines spezifischen Bezuges zwischen dem Gefährdungsopfer und dem Straßenverkehr

Unter Einbeziehung der soeben unter II. gewonnenen Erkenntnisse ist nunmehr zu fragen, nach welchen Parametern die Ermittlung der Tauglichkeit von Tatbeteiligten als Gefährdungsopfer im Sinne der §§ 315 b, 315 c StGB zu erfolgen hat:

Da strafrechtliche Tatbestände gerade dem Schutz eines bestimmten Rechtsguts dienen, ist für eine sinngemäße Auslegung von Tatbestandsmerkmalen die Berücksichtigung des Schutzobjekts unabdingbar.[1210] Im Laufe dieser Arbeit wurde herausgearbeitet, dass der Schutz des Subsystems Straßenverkehr den vorliegend untersuchten Delikten ihren Normzweck gibt. Dadurch wird gleichsam beschrieben, *was* geschützt wird. Aus dieser Erkenntnis heraus muss gleichzeitig der Kreis der Personen bestimmt werden, die als taugliche Gefährdungsopfer in den Anwendungsbereich einzubeziehen sind, um ein Auseinanderfallen zwischen sachlicher und dem persönlicher Ebene zu vermeiden. Es ist daher ein spezifischer Bezug zwischen dem Gefährdungsopfer und dem Straßenverkehr notwendig, um das geschützte Rechtsgut bei der Bestimmung der Tauglichkeit des Gefährdungsopfers ausreichend widerzuspiegeln.

Ausgehend davon, dass der Strafgrund der §§ 315 b, 315 c StGB die Schaffung einer abstrakten Gefahr für eine unbestimmte Vielzahl von Menschen oder Sachen durch den Täter ist und diese abstrakte Gefahr für eine Vielzahl von Personen als Synonym für Sicherheit des Straßenverkehrs zu Gunsten der Allgemeinheit steht, bleibt festzuhalten, dass es – um der abstrakten Vielgefahr Ausdruck zu verleihen – einer Gefahr für ein konkretes Gefährdungsopfer bedarf, in welcher sich die abstrakte Verkehrsgefahr manifestiert. Dies bedingt aber gleichzeitig, dass eine derartige Manifestation einer zunächst nur vermuteten (abstrakten) Gefahr diesem Symbolgedanken nur dann ausreichend Rechnung tragen kann, wenn das konkrete Gefährdungsopfer eine besondere Tauglichkeit aufweist, deren Bestimmung *verkehrsspezifischen* Parametern Rechnung trägt. Nur dann kann davon gesprochen werden, dass die konkrete Individualgefahr den notwendigen Indikator für die besondere Gefährlichkeit der Tathandlung für die Sicherheit des Straßenverkehrs bildet.

Das vorliegend geschützte Rechtsgut und der Aspekt der gemeinen Gefahr schlagen also in mehrfacher Hinsicht auf die Bestimmung der Tauglichkeit des Gefährdungsopfers durch: a) Aus dem Umstand, dass die Straßenverkehrsgefährdungsdelikte dazu dienen, das Funktionieren des Massenverkehrs aufrecht zu halten, folgt, dass das Gefährdungsopfer auch am Straßenverkehr und dessen originärer Funktion „interessiert" sein muss. Denn es gilt das, was der BGH schon

1210 Sch/Sch-*Eser/Hecker*, § 1 Rn. 48.

ausführte: Die Straßenverkehrsgefährdungsdelikte wollen nur verkehrsbezogene Verhaltensweisen schützen.[1211] Darüber hinaus wäre es b) auf der anderen Seite wenig stichhaltig, gerade die Bestimmung des personalen Anwendungsbereichs in Bezug auf das Gefährdungsopfer vom sachlichen Rechtsgutsbereich abzukoppeln. Im Rahmen der §§ 315 b, 315 c StGB findet es sich durchgängig, dass einzelne Merkmale an diesen Normzweck anknüpfen: bei § 315 c Abs. 1 Nr. 1 StGB exemplarisch der Fahrzeugführer, bei § 315 b StGB die Beeinträchtigung der abstrakten Verkehrssicherheit. Es ist deshalb nicht einzusehen, warum sich gerade die Bestimmung des Gefährdungsopfers davon abweichend nicht nach dem Normzweck richten soll. Insoweit ist auch *Geilen* zuzustimmen, wenn er ausführt: „Wie schon aus der einleitenden Formulierung des Tatbestandes [des § 315 b StGB] hervorgeht, ist der maßgebende Richtpunkt der Auslegung die Beeinträchtigung der Sicherheit des Straßenverkehrs."[1212] Nach diesem Maßstab muss die Frage beantwortet werden, wann der Tatbeteiligte ein tauglicher „anderer" ist.[1213]

Aus den vorgenannten Ausführungen ergibt sich, dass sich eine Einbeziehung von Tatbeteiligten in den Anwendungsbereich mit den aufgezeigten rechtsdogmatischen Gründen rechtfertigen lässt, freilich nur dann wenn – wie sogleich aufgezeigt wird – bestimmte Parameter zum Tragen kommen. Maßgeblich und entscheidend ist vorliegend die Herleitung der Tauglichkeit aus dem maßgeblichen Rechtsgutsverständnis und dem Credo der Sicherstellung einer Kongruenz zwischen sachlichen und dem persönlichen Anwendungsbereich, so dass es wenig stringent ist, das Erfordernis einer Einbeziehung mit dem Aspekt und der Existenz einer Schutzwürdigkeit (der tatbeteiligten Gefährdungsopfer) zu begründen. Im Übrigen suggeriert der Begriff der Schutzwürdigkeit nach seinem allgemeinen Verständnis, dass sich das Gefährdungsopfer eine Einbeziehung in den Schutzbereich durch ein gewisses nicht rechtsuntreues (mithin redliches) Wohlverhalten „verdient" habe und sich damit als für eine Schutzbereichserstreckung würdig erwiesen hat. Basierend auf diesem Begriffsverständnis wäre unter diesem Blickwinkel eine Einbeziehung von Tatbeteiligten in den Kreis der tauglichen Gefährdungsopfer wenig stichhaltig und eigentlich nicht zu rechtfertigen, denn von einem redlichen Wohlverhalten der Beteiligten kann insoweit wahrlich nicht gesprochen werden.[1214]

2. Inanspruchnahme des Straßenverkehrs als Rechtsfriedensbereich

Nunmehr gilt es zu klären, welches Merkmal herangezogen werden muss, um den oben aufgezeigten spezifischen Bezug in sachgerechter Art und Weise herstellen zu können. Wie gezeigt, folgt gerade aus dem Umstand, dass die

1211 BGHSt 27, 40 und unter B.I.2.b.
1212 In Jura 1979, 201, 206, dort aber mit einer unzureichenden Schlussfolgerung.
1213 Vgl. zur Entscheidungserheblichkeit auch: *Hillenkamp*, JuS 1977, 166, 169.
1214 Siehe zu diesem Themenkreis auch ergänzend die Ausführungen unter F.IV.1.

Straßenverkehrsgefährdungsdelikte dazu dienen, das Funktionieren des Massenverkehrs aufrecht zu halten, dass die geschützte Person auch am Straßenverkehr und dessen originärer Widmung „interessiert" sein muss. Insoweit hat sich die Frage nach den für die Bestimmung der persönlichen Erstreckungswirkung maßgeblichen Merkmalen an den vorgenannten Kriterien zu orientieren.

Da der Straßenverkehr als eine Institution definiert wurde, die zur Ausübung der individuellen Mobilität notwendig ist, stellt der Straßenverkehr im Ergebnis einen Rechtsfriedensbereich dar, den es zu schützen gilt. Dieser geschützte Rechtsfriedensbereich fordert aufgrund des soeben dargelegten notwendigen Bezuges zwischen der Sicherheit des Straßenverkehrs einerseits und dem Gefährdungsopfer andererseits, dass sich die Tauglichkeit eines (tatbeteiligten) Gefährdungsopfers danach bestimmt, ob die Person, die gefährdet wird, als Indikator für die Sicherheit des Straßenverkehrs taugt. Diese Tauglichkeit als Indikator kann sich aber wiederum nur nach dem bestimmen, für was der Indikator (stellvertretend) steht: den Schutz der Verkehrsgemeinschaft. Daraus ergibt sich Folgendes: Da es um den Schutz der Verkehrsgemeinschaft geht, muss auch der „andere" dieser Verkehrsgemeinschaft, die ja gerade geschützt werden soll, angehören. Nur wer diese Verkehrsgemeinschaft verkörpert, kann von der Schutz umfasst sein. Kann dem Gefährdungsopfer zu dem Zeitpunkt, zu welchen es von der konkreten Gefahr getroffen wird, der Status eines Verkehrsbetroffenen zuerkannt werden, ist die Indikatorenwirkung zu bejahen und eine Tauglichkeit anzunehmen.[1215] Auf eine einfache Formel heruntergebrochen, ist mithin zu fragen, ob eine Inanspruchnahme des Straßenverkehrs als Rechtsfriedensbereich durch das Gefährdungsopfer vorliegt. Dies kann z. B. dann angenommen werden, wenn das Gefährdungsopfer den Straßenverkehr zum Zwecke der Fortbewegung, der Ortsveränderung oder ganz allgemein zu einem gefahrlosen Aufenthalt (als Wartender an einer Bushaltestelle) nutzt. Wenn derartige Verhaltensweisen im

---

1215 Damit kann schon an dieser Stelle der Arbeit Folgendes festgehalten werden: Die vertretene Ansicht, wonach eine generelle Einbeziehung von Tatbeteiligten in die Gruppe der tauglichen Gefährdungsopfer deshalb gefordert wird, weil ein gegenteiliger Standpunkt zur Folge hätte, dass bereits bei Zweifeln darüber, ob der Gefährdete Tatbeteiligter ist, eine Bestrafung nach den §§ 315 b, 315 c StGB ausscheiden müsste (vgl. OLG Stuttgart NJW 1976, 1904; *Saal*, NZV 1998, 49, 50; *Ellbogen/Richter*, JuS 2002, 1192, 1196) ist abzulehnen. Das von dieser Ansicht maßgeblich vorgebrachte Argument, dass es gerade aufgrund der „konturarmen Schwelle zwischen (bloßer) Einwilligung und psychischer Beihilfe" (vgl. *Hillenkamp*, JuS 1977, 166, 169) vom Zufall abhängt, ob der Mitfahrer den Fahrer zur Fahrt auffordert oder ob er bloß das Angebot des Fahrers hierzu annimmt (vgl. *Langrock*, MDR 1970, 982, 983) vermag unter Geltung des entwickelten Lösungsansatzes nicht zu überzeugen. Bedingt durch den Umstand, dass die Beurteilung der Tauglichkeit des Gefährdungsopfers danach zu erfolgen hat, ob der Rechtsfriedensbereich des Straßenverkehrs in Anspruch genommen wird, ist der Umstand der Tatbeteiligung für die Frage der Eröffnung des Anwendungsbereichs überhaupt nicht relevant.

Raum stehen, liegt eine Verkehrsbetroffenheit vor. Tatsächlich ist im Ergebnis also zu differenzieren: Ist das Gefährdungsopfer als Verkehrsbetroffener zu qualifizieren, ist eine andere Bewertung der Tauglichkeit vorzunehmen als für die Fälle, in denen das Gefährdungsopfer als Verkehrsfremder anzusehen ist.

Da es demnach einer nach der vorgenannten Formel zu beurteilenden Differenzierung bedarf, ist auch von dem Versuch Abstand zu nehmen, für die Bestimmung der Tauglichkeit der konkret gefährdeten Person die Grundsätze des BGH im Zusammenhang mit dem Erfordernis einer verkehrsspezifischen konkreten Gefährdung heranzuziehen. Zur Erinnerung: Nach dem BGH – und auch nach der (wohl) herrschenden Ansicht in der Literatur – ist es im Rahmen des § 315 b StGB notwendig, dass die abstrakte Gefährdung der Verkehrssicherheit und die konkrete Gefährdung eines der genannten Rechtsgüter derart miteinander verknüpft sind, dass die konkrete Gefahr in einer inneren Verbindung mit der Dynamik des Straßenverkehrs steht und sich in der konkreten Gefahr insoweit ein Risikoelement – welches durch die im Verkehr herrschenden Geschwindigkeiten und den damit verbundenen möglichen destruktiven Wirkungen gekennzeichnet ist – realisiert.[1216] Darauf abstellend, hätte man durchaus die Ansicht vertreten können, dass eine Tauglichkeit der konkret gefährdeten Person immer schon dann zu bejahen ist, wenn sie dem Risikoelement der aus der Dynamik des Straßenverkehrs resultierenden potentiell zerstörerischen Energie ausgesetzt ist. Weil jedoch – wie aufgezeigt – aufgrund des Aspekts der Gemeinschädlichkeit und des von den §§ 315 b, 315 c StGB verfolgten Universalrechtsgüterschutz der Aspekt der Inanspruchnahme des Straßenverkehrs als Rechtsfriedensbereich als Abgrenzungsmerkmal heranzuziehen ist, ist ein Abstellen auf das Charakteristikum des (bloßen) Ausgesetztseins nicht tunlich und im Übrigen auch als Differenzierungsmerkmal wenig geeignet, da grundsätzlich jeder Verkehrsteilnehmer einem derartigen Risiko ausgesetzt ist.

Es bleibt allerdings zu klären, in welchen Fällen von einer Inanspruchnahme des Straßenverkehrs als Rechtsfriedensbereich durch das Gefährdungsopfer gesprochen werden kann (dazu unter 4.) und nach welchem Maßstab (dazu unter 3.) dies zu beurteilen ist:

3. Maßstab zur Beurteilung der Verkehrsbetroffenheit

Für die Frage, ob eine *Inanspruchnahme* des Rechtsfriedensbereichs des Straßenverkehrs vorliegt, sind objektive und subjektive Elemente in ein sinnvolles Verhältnis zu bringen, und es ist insoweit ein zu kombinierender Lösungsansatz zu verfolgen. Insbesondere ist vorliegend eine Heranziehung der inneren Einstellung der konkret gefährdeten Person notwendig und geboten und lässt sich – ausgehend von der Täterperspektive – wie folgt auch auf die Ebene des Gefährdungsopfers übertragen:

1216 Siehe dazu die Ausführungen unter A.II.2.b.bb.(2)(b).

Eine Berücksichtigung von subjektiven Beziehungen ist von der heute herrschenden Verbrechenslehre generell anerkannt.[1217] In einer Vielzahl von strafrechtlich zu würdigenden Konstellationen sind subjektabhängige Momente des Geschehens für die Tatbestandsverwirklichung entscheidend, ohne dass es etwa um das Erfordernis des vorsätzlichen Handelns oder um andere spezielle subjektive Deliktsmerkmale ginge. Vielmehr werden – wie z.B. im Rahmen der mittäterschaftlichen Tatbegehung (bei der Prüfung des Merkmals der gemeinschaftlichen Begehung) oder im Kontext der Fahrlässigkeitsdelikte (bei der Beurteilung hinsichtlich der Fahrlässigkeit eines Fehlverhaltens) – subjektive Elemente selbst dann herangezogen, wenn die maßgeblichen Tatbestände derartige Kriterien nicht ausdrücklich verlangen.[1218] Auch und gerade im Rahmen des Anwendungsbereichs des § 315 b StGB kann die Würdigung einer inneren Einstellung eine Rolle spielen: Der BGH und die wohl herrschende Meinung in der Literatur bejahen eine Anwendung des § 315 b StGB im Falle von äußerlich verkehrsgerechten Verhaltensweisen bei gleichzeitiger Schädigungsabsicht.[1219] Dabei wird maßgeblich auf die subjektive Tatseite insoweit abgestellt, als die innere Einstellung dazu führt, einen verkehrsgerechten Vorgang als einen mit verkehrsfeindlicher Absicht durchgeführten Eingriff anzusehen. Nunmehr stellt sich die Frage, ob auch im Rahmen der Bestimmung des Maßstabs hinsichtlich des Vorliegens des Merkmals der *Inanspruchnahme* die innere Einstellung – freilich die des Gefährdungsopfers – Berücksichtigung finden muss und – wenn ja, wie eine adäquate Berücksichtigung rechtstechnisch zu erfolgen hat.

Dass eine Heranziehung der inneren Einstellung des Gefährdungsopfers bei der Bewertung des Vorliegens einer Verkehrsbetroffenheit notwendig und geboten ist, wird deutlich, wenn richtigerweise das Rechtsgut der Sicherheit des Straßenverkehr und der Aspekt der gemeinen Gefahr als Maßstab für die Bestimmung herangezogen werden.[1220] Ausgehend davon, dass der Strafgrund der §§ 315 b, 315 c StGB die Schaffung einer abstrakten Gefahr für eine unbestimmte Vielzahl von Menschen oder Sachen durch den Täter ist und diese abstrakte Gefahr für eine Vielzahl von Personen als Synonym für die Sicherheit des Straßenverkehrs zu Gunsten der Allgemeinheit steht, bleibt festzuhalten, dass es – um der abstrakten Vielgefahr Ausdruck zu verleihen – einer Gefahr für ein konkretes Gefährdungsopfers bedarf, in welcher sich die abstrakte Verkehrsgefahr manifestiert. Aus dieser Notwendigkeit eines spezifischen Bezuges zwischen Gefährdungsopfer und dem Straßenverkehr folgt, dass die geschützte Person als tauglicher Indikator auch am Straßenverkehr und dessen originärer Widmung „interessiert" sein muss. Ein derartiges Interesse setzt aber stets und notwendigerweise voraus, dass das Gefährdungsopfer die *Einstellung*

1217 Vgl. dazu OK-StGB-*Kudlich*, § 315 b Rn. 20.1.

1218 Vgl. *Freund*, JuS 2000, 754, 756 f.

1219 Vgl. BGH NStZ 1992, 182 und BGH NJW 1999, 3132 sowie – für die Literatur exemplarisch – Sch/Sch-*Sternberg-Lieben/Hecker*, § 315 b Rn. 8, dort mit weiteren Nachweisen sowie Nachweisen zur Gegenansicht.

1220 Vgl. zur maßgeblichen Heranziehung des Rechtsguts auch: *Fleischer*, NJW 1976, 878, 880.

bzw. den *Willen* hat, den Straßenverkehrs als geschützten Rechtsfriedensbereich zu nutzen, um den vorgenannten Symbolgedanken ausreichend Rechnung zu tragen.

Im Anschluss stellt sich die Frage, wie dem Erfordernis der Berücksichtigung der inneren Einstellung des Gefährdungsopfers Rechnung zu tragen ist. Unabhängig davon, ob der Ansatz des BGH richtig ist, in den Konstellationen des äußerlich verkehrsgerechten Verhaltens bei gleichzeitiger Schädigungsabsicht alleine – und insoweit isoliert – den bösen Willen als entscheidendes Element für das Eingreifen des Straftatbestandes anzusehen, ist vorliegend ein anderer Weg einzuschlagen: Bei der Beantwortung der Frage, ob der Straßenverkehr als Rechtsfriedensbereich in Anspruch genommen wird, muss das subjektive Element (mithin also die Einstellung bzw. der Wille) prägend mit einfließen. Es ist nämlich richtigerweise davon auszugehen, dass es sich insoweit um einen subjektabhängigen Bewertungsgegenstand[1221] handelt, der (lediglich) eine Individualisierung des Bewertungsgegenstandes – und gerade nicht die Implementierung eines eigenständigen subjektiven Merkmals – zur Folge hat. Denn gerade aufgrund der oben gezeigten und begründeten Notwendigkeit der Heranziehung der inneren Einstellung des Gefährdungsopfers[1222] lässt sich eine Bewertung ohne Rückgriff auf subjektive Momente nicht angemessen bewerkstelligen, da der Gegenstand des maßgeblichen (Missbilligungs-) Urteils durch das handelnde Subjekt und die Sachlage, die der Betreffende vor Auge hat, geformt wird.[1223] Insoweit ist auf eine ex-ante Beurteilung der Sachlage unter Zugrundelegung der Perspektive und „Sonderinformationen" des Gefährdungsopfers abzustellen.[1224]

4. Konkretisierung des subjektabhängigen Bewertungsgegenstandes der Inanspruchnahme des Rechtsfriedensbereichs

a. Missbrauch des Straßenverkehrs zu verkehrsfremden Zwecken

Basierend auf dem Erfordernis einer subjektabhängigen Bewertung ist für eine sachgerechte Abgrenzung zur Feststellung der maßgeblichen Verkehrsbetroffenheit eine Zwei-Stufen-Prüfung durchzuführen. Auf der ersten Stufe ist negativ danach zu fragen, ob das Gefährdungsopfer objektiv den Straßenverkehr entgegen

---

1221 Begriff von *Freund*, JuS 2000, 754, 756.

1222 Da vorliegend die Notwendigkeit der Berücksichtigung der inneren Einstellung deliktsspezifisch hergeleitet wurde, kann dahingestellt bleiben, ob der Anwendung des StGB der materielle Verbrechensbegriff der personalen Straftatlehre zu Grunde zu legen ist und insoweit eine Berücksichtigung subjektiver Momente ohnehin geboten wäre.

1223 Vgl. *Freund*, JuS 2000, 754, 756.

1224 Vgl. dazu und zum Ganzen: *Freund*, JuS 2000, 754 ff und *ders.* in MüKo, Vorbemerkungen zu den §§ 13 ff. Rn. 24 ff., dort allerdings ganz allgemein im Zusammenhang mit der personalen Straftatlehre.

seines Wesens zweckwidrig zu verkehrsfremden Zwecken missbraucht und damit schon – für einen (unbeteiligten) Dritten – ersichtlich zum Ausdruck bringt, dass er den Rechtsfriedensbereich nicht nutzen möchte. Dies kann dadurch geschehen, dass durch das Gefährdungsopfer entweder ein unmittelbar wirkendes verkehrsfeindliches bzw. verkehrsfremdes Verhalten an den Tag gelegt wird oder dass das Gefährdungsopfer mit seiner Inanspruchnahme des Verkehrsraums ein verkehrsfeindliches bzw. verkehrsfremdes Verhalten des (Haupt-) Täters herbeiführt, fördert oder unterstützt bzw. versucht (= erste Stufe).[1225]

In derartigen Fällen wird äußerlich bereits deutlich, dass das Gefährdungsopfer für sein Verhalten nicht den Rechtsfriedensbereich bzw. den Schutzraum des (sicheren) Straßenverkehrs benötigt. Daher kann diese Person nicht die Sicherheit des Straßenverkehrs verkörpern. Denn derjenige, der eine verkehrsfremde Gefahr setzt, kann sich nicht auf den Schutz desjenigen Systems berufen, das er selbst (unmittelbar) gefährdet. Durch das (unmittelbare) Hineintragen einer derartigen Gefahr bringt der Beteiligte objektiv gerade zum Ausdruck, dass er den Rechtsfriedensbereich nicht benötigt, sondern ihn vielmehr „unfriedlich" macht. Daher ist dem Gefährdungsopfer in diesen Fällen der Status als tauglicher Rezipient des von den §§ 315 b, 315 c StGB verfolgten Rechtsgüterschutzes und dessen persönlichen Erstreckungswirkung zu versagen.

Immer dann, wenn die verkehrsfeindliche Einstellung des Gefährdungsopfers bereits objektiv erkennbar in seiner Inanspruchnahme des Verkehrsraums (die zugleich als Tatbeteiligung zu bewerten ist) nach außen tritt und nicht in der Sphäre des Gefährdungsopfers verbleibt, wäre es widersinnig, als Schutzgut die Sicherheit des Straßenverkehrs auszurufen, gleichzeitig aber Personen zu schützen, die diesen Schutz gar nicht benötigen, ihn sogar zu beeinträchtigen versuchen. Denn derjenige, der eine verkehrsfremde Gefahr setzt, kann sich nicht auf den Schutz desjenigen Systems berufen, das er selbst (unmittelbar) gefährdet.

b. Objektiv verkehrsgemäße Verhaltensweisen – Berücksichtigung der inneren Einstellung

aa. Verkehrsfeindlicher oder verkehrsfremder Wille als Ausschlusskriterium

Wenn dagegen kein Missbrauch des Straßenverkehrs zu verkehrsfremden Zwecken durch das Gefährdungsopfer zu erkennen ist, mithin also aus dem Blickwinkel eines objektiven Dritten ein verkehrsgerechtes oder lediglich verkehrswidriges Verhalten vorliegt, ist auf einer zweiten Stufe zu ermitteln, ob das Verhalten des Gefährdungsopfers trotz einer scheinbar verkehrsgemäßen Verhaltensweise in Wahrheit nicht doch eine verkehrsfeindliche bzw. verkehrsfremde Einstellung mit sich bringt, die nur (noch) nicht nach außen getreten ist. Es ist mithin zu fragen, ob das vermeintliche Gefährdungsopfer mit seiner (intendierten) Handlung verkehrsfeindliche oder verkehrsfremde Zwecke des (Haupt-) Täters zum Zeitpunkt des Eintritts der

1225 Zur zweiten Stufe vgl. nachfolgend unter b.

konkreten Gefährdung[1226] unterstützt bzw. ein solches Tatbeteiligungsverhalten unmittelbar bevorsteht. Zeigt sich, dass eine solche Einstellung nicht vorliegt, ist daraus zu schlussfolgern, dass das Gefährdungsopfer den Willen hat, als Verkehrsbetroffener zu agieren bzw. eine verkehrsgerechte Nutzung des Straßenverkehrs avisiert. Immer dann ist der Status eines Verkehrsbeteiligten anzuerkennen, so dass die Indikatorenwirkung und eine entsprechende Verkehrsbetroffenheit zu bejahen ist. In diesen Fällen wird das Gefährdungsopfer – um es in den Worten des Reichsgerichts[1227] auszudrücken – zum „integrierenden" Element des Straßenverkehrs, das auf den Rechtsfriedensbereich des Straßenverkehrs angewiesen ist. Da es zur sachgerechten Abgrenzung maßgeblich darauf ankommt, dass mit der (intendierten) Handlung eine verkehrsfeindliche bzw. verkehrsfremde Einstellung einhergeht, gilt es zu beachten, dass eine Verkehrsbetroffenheit nicht notwendig und stets eine Fortbewegungsintention voraussetzt.

Das heißt, immer dann, wenn das Gefährdungsopfer bei der (unmittelbar bevorstehenden) Inanspruchnahme des Verkehrsraums die Intention hat, verkehrsfeindlich oder verkehrsfremd zu agieren oder am verkehrsfeindlichen bzw. verkehrsfremden Verhalten des Täters mitzuwirken, kann er der maßgeblichen Verkehrsgemeinschaft nicht angehören und ist somit nicht als integrierendes Element des Rechtsfriedensbereichs „Straßenverkehr" anzusehen und zwar unabhängig davon, wie sich das Geschehen nach objektiven Gesichtspunkten darstellt.[1228]

Wenn als Kritikpunkt eingewendet werden sollte, es bestehe aufgrund der Anknüpfung an ein subjektives Moment deshalb eine Manipulationsgefahr, weil das Gefährdungsopfer eine prozessuale Zweifelssituation dann herbeiführen könnte, wenn es ihm letztlich gelingen würde, seine als verkehrsgemäß zu wertende innere Einstellung und damit seine Verkehrsbetroffenheit zu negieren (z.B. dadurch, dass der Anstifter im sogleich dargestellten Beispielsfall 11[1229] behauptet, er sei gar nicht auf dem Weg nach Hause, sondern er wolle sich vergewissern, was sein „Schützling" macht), ist dem entgegenzutreten. Denn eine derartige Manipulationsgefahr ist dem geltenden Straf(prozess)recht stets immanent, weil eben auch die Einlassung des Angeklagten zu berücksichtigen ist. Es ist gerade die Aufgabe des Tatrichters, die Wahrheitsfindung zu betreiben, Beweise gemäß § 261 StPO frei zu würdigen und insbesondere die Glaubhaftigkeit der Einlassung der Angeklagten zu überprüfen. Damit ist die Manipulationsgefahr keine „Besonderheit" des entwickelten Lösungsansatzes. In den Fällen, in denen es tatsächlich mal entscheidend für die Frage der Verkehrsbetroffenheit auf die innere Einstellung ankommen sollte, wird sich darüber hinaus in aller Regel schon durch entsprechende Beweisführung objektiv

1226 Siehe dazu die Ausführungen unter F.III.5.a.

1227 RGSt 42, 301 zu einem Fall der Transportgefährdung. Siehe dazu auch die Ausführungen unter C.III.2.b.bb.(1).

1228 Als Beispiel kann der (von allen Beteiligten) absichtlich herbeigeführte Unfall herangezogen werden. Siehe dazu die Ausführungen unter F.III.6.b.

1229 Vgl. unter F.III.5.a.

klären lassen, ob eine verkehrsgemäße oder verkehrsfeindliche Einstellung vorlag, so dass es in den wenigsten Fällen alleine auf die Einlassung des Angeklagten ankommen wird, was die Gefahr von Manipulation (durch Schutzbehauptungen) deutlich reduziert. Wenn z.B. bei einer konkret gefährdeten Person, die sich auf einer Autobahnbrücke befindet, handgroße Steine in der Jackentasche gefunden werden, dürfte die objektive Beweislage eindeutig sein.

bb. Inanspruchnahme des Straßenverkehrs als Rechtsfriedensbereich unter Begehung von Verkehrsverstößen

Für die Bejahung einer Verkehrsbetroffenheit und eine daraus folgende Einbeziehung in den Kreis der tauglichen Gefährdungsopfer ist es unerheblich, ob geahnt oder billigend in Kauf genommen wird, dass die avisierte Inanspruchnahme des Straßenverkehrs als Rechtsfriedensbereich unter Begehung von Verkehrsverstößen erfolgt. Denn die von den §§ 315 b, 315 c StGB verfolgte Schutzrichtung umfasst auch die Verursachung solcher fehlerhaften Verkehrsvorgänge, die verkehrstypisch sind, so dass – nur konsequent – aufgrund der herausgearbeiteten Notwendigkeit eines spezifischen Bezuges zwischen Gefährdungsopfer und dem Straßenverkehr[1230] auch der Verursacher als taugliches Gefährdungsopfer angesehen werden muss. Diese Sicht lässt sich wie folgt begründen:

Ausgehend vom oben dargestellten Rechtsgutsverständnis ist der Schutzzweck der §§ 315 b, 315 c StGB auch dahingehend zu definieren, dass die vorgenannten Delikte die vom Erfassungsbereich umfassten Verkehrsbeteiligten insbesondere vor solchen Gefahren schützen sollen, die aus der Dynamik des (Straßen-) Verkehrs resultieren.[1231] In Anlehnung an die Rechtsprechung des BGH[1232] ist gerade auf solche verkehrsspezifischen Gefahren zu fokussieren, die auf für Verkehrsvorgänge typische Fortbewegungskräfte zurückzuführen sind.[1233] Da – wie gezeigt[1234] – ein Auseinanderfallen zwischen der sachlichen und persönlichen Ebene vermieden werden muss, ist es spiegelbildlich nur konsequent, den Anwendungsbereich auch auf diejenigen zu erstrecken, von denen fehlerhafte Verkehrsvorgänge herrühren, solange sie den Rechtsfriedensbereich des Straßenverkehrs in seiner ihm zugedachten Weise zu nutzen beabsichtigen. Gerade in diesen Fällen ist ein Zusammenhang zwischen dem fehlerhaften Verkehrsvorgang und der Dynamik des Straßenverkehrs nicht zu verkennen, so dass der Schutzzweck der §§ 315 b, 315 c StGB (auch) in diesen Konstellationen angesprochen wird.

Auch die im Rahmen des § 142 StGB vorherrschende Ansicht zur Auslegung des Merkmals „Unfall“ kann für die dargestellten Erwägungen herangezogen werden.

1230 Vgl. dazu die Ausführungen unter F.III.1.

1231 Vgl. dazu auch MüKo-*Pegel*, § 315 Rn. 12.

1232 BGH NJW 2003, 838, 838, BGH NStZ 2009, 100, 101.

1233 Vgl. vertiefend zur verkehrstypischen Gefahr die Ausführungen unter A.II.2.b.(bb) und dort unter (b) sowie unter F.III.2.

1234 Vgl. dazu die Ausführungen unter F.III.1.

Demnach ist für das Vorliegen eines Unfalls im Straßenverkehr darauf abzustellen, ob das schädigende Verhalten noch als typisch für eine Fortbewegung im Straßenverkehr bezeichnet werden kann[1235] und insoweit ein straßenverkehrstypischer Gefahrzusammenhang[1236] besteht. Basierend auf einem solchen weiten Verständnis fehlt es daran nur, wenn die Vorgehensweise erkennbar allein verkehrsfremden Zwecken dient, so dass sich keine typischen Verkehrsgefahren realisieren. Dient § 142 StGB dem Schutz der Verwirklichung von verkehrstypischen Unfallrisiken, so müssen – über die §§ 315 b, 315 c StGB – auch solche avisierten Verhaltensweisen geschützt werden, aus denen verkehrstypische Unfallrisiko herrühren können.

Betrachtet man den Normgehalt des § 1 StVO, lässt sich ebenfalls zeigen, dass verkehrswidrige bzw. fehlerhafte Verhaltensweisen, die die Verkehrssicherheit beeinträchtigen, der Tauglichkeit als Gefährdungsopfer nicht entgegenstehen. Das (allgemeine) Vorsicht- und Rücksichtnahmegebot des § 1 Abs. 1 StVO normiert, dass mit verkehrswidrigen Verhaltensweisen Dritter gerechnet werden muss. Insoweit ist nach dem Vertrauensgrundsatz mit solchen Fehlern von Dritten zu rechnen, die bei verständiger Würdigung als möglich zu erwarten sind.[1237] Wer daher am Straßenverkehr teilnimmt, macht dies dementsprechend in dem Wissen um einen reduzierten bzw. limitierten Rechtsfriedens- bzw. Schutzbereich. Da der Schutz des Verkehrsteilnehmers um diesen Teil „reduziert" wird, geht damit – quasi spiegelbildlich – eine „Anerkennung" von verkehrswidrigen Verhaltensweisen einher. Diese verkehrswidrigen Verhaltensweisen sind dabei zumindest als so „schützenswert" anzusehen, dass sie es rechtfertigen, einen (nur) beschränkten Rechtsfriedensraum und keinen unbedingten Schutz der Straßenverkehrssicherheit zu statuieren.

Für die Abgrenzung zwischen einer verkehrstypischen bzw. verkehrsbezogenen Einstellung einerseits und einem verkehrsfremden Zweck andererseits bietet sich aus Gründen der Praktikabilität im Grundsatz ein Rückgriff auf die Unterscheidung zwischen einem gefährlicher Eingriff in den Straßenverkehr (gemäß § 315 b StGB) und der Gefährdung des Straßenverkehrs (gemäß § 315 c StGB) an. Sobald sich das intendierte Verhalten (des Gefährdungsopfers) als gefährlicher Eingriff in den Straßenverkehr darstellt bzw. einen gefährlichen Eingriff in den Straßenverkehr durch den (Haupt-) Täter herbeiführt, fördert oder unterstützt, wird man auch nicht von einer Realisierung der typischen Gefahren des Straßenverkehrs sprechen können.[1238] In allen anderen Fälle wird man in aller Regelmäßigkeit von einer Verkehrstypizität sprechen könne, wenn und soweit der eine Inanspruchnahme des Straßenverkehrs zur Nutzung als Verkehrsraum bezweckt ist.

1235 Vgl. statt aller: MüKo-*Zopfs*, § 142 Rn. 35.
1236 Sch/Sch-*Sternberg-Lieben*, § 142 Rn. 19.
1237 Vgl. Burmann/*Heß*/Hühnermann/Jahnke/Janker, § 1 StVO Rn. 24.
1238 So wie hier auch: *Müller/Kraus*, NZV 2003, 559.

5. Maßgeblicher Zeitpunkt für die Beurteilung der Verkehrsbetroffenheit

a. Eintritt der konkreten Gefahr als zeitlicher Anknüpfungspunkt

Wendet man sich nochmals Beispielsfall 4[1239] zu und wandelt diesen in den folgenden Beispielsfall 11 ab, wird deutlich, dass abschließend noch zu klären bleibt, ob im Zusammenhang mit der Gefährdung von Tatbeteiligten für die Frage nach einer Verkehrsbetroffenheit a) auf den Zeitpunkt der Tatbeteiligungshandlung oder b) auf den Zeitpunkt des Eintritts der konkreten Gefahr abzustellen ist:

> B stiftet A an, nachts von einer Brücke Wackersteine auf die Landstraße zu werfen. Als A Stunden später dann tatsächlich Wackersteine auf die Landstraße wirft, fährt zufällig nur B unter der Brücke durch. B, der das Vorgehen des A vergessen hatte und auf dem Weg nach Hause ist, kann den Steinen gerade noch ausweichen.

Man könnte vorliegend daran denken, auf den Zeitpunkt der Tatbeteiligungshandlung abzustellen, da sich zu diesem Zeitpunkt der verfolgte verkehrsfeindliche subjektive Zweck manifestiert und (objektiv) zum Ausdruck gebracht wird. Legt man also demnach den unter a) beschriebenen Anknüpfungspunkt zur Differenzierung zu Grunde, ist zu konstatieren, dass B zum Zeitpunkt seiner Anstifterhandlung einen verkehrsfremden Zweck verfolgt: Er forderte A dazu auf, durch das Werfen der Wackersteine eine Gefahr in den Straßenverkehr hineinzutragen. Da B damit einen verkehrsfremden Zweck verfolgte, für den er den Rechtsfriedensbereich Straßenverkehr nicht benötigte und seine Intention vielmehr verkehrsfeindlicher Absicht war, kann er die Sicherheit des Straßenverkehrs nicht verkörpern. Denn es wäre widersinnig, als Schutzgut die Sicherheit des Straßenverkehrs auszurufen, gleichzeitig aber Personen zu schützen, die diesen Schutz gar nicht benötigen, ihn sogar zu beeinträchtigen versuchen. Beurteilt man den Fall dagegen nach dem unter b) aufgerufenen Maßstab, zeigt sich ein anderes Ergebnis: In dem Moment, in dem B die durch die Handlung des A – Werfen der Wackersteine – verursachte Gefahr erreicht, ist B als Verkehrsteilnehmer zu qualifizieren. Denn der Grund dafür, dass sich B im Straßenverkehr bewegt, liegt hier einzig und alleine darin begründet, dass er ihn zur Ortsveränderung nutzen möchte und auch nutzt. Da der Straßenverkehr damit ohne verkehrsfeindliche oder verkehrsfremde Absichten entsprechend seiner zugedachten Funktion benutzt wird, benötigt B den Rechtsfriedensbereich des sicheren Straßenverkehrs, um seine individuelle Mobilität auszuleben.

Es lässt sich zeigen, dass in zeitlicher Dimension auf den Zeitpunkt der Wirkung der Tat für das Gefährdungsopfer abzustellen und zu fragen ist, ob ihm zu diesem Zeitpunkt der Status eines Verkehrsteilnehmers zugebilligt werden kann. Denn basierend auf der aus dem Aspekt der Gemeingefahr resultierenden Erkenntnis, dass der Strafgrund der §§ 315 b, 315 c StGB die Schaffung einer abstrakten Gefahr

---

1239 Vgl. unter D.I.1.b.

für eine unbestimmte Vielzahl von Menschen oder Sachen durch den Täter ist, wird deutlich, dass in zeitlicher Dimension an den Zeitpunkt der Manifestation der zunächst nur vermuteten Gefahr anzuknüpfen ist.

Dass auf diesen Zeitpunkt zu rekurrieren ist, lässt sich auch durch folgende Kontrollüberlegung bestätigen: Da der Ursprung der Bestimmung der Tauglichkeit des Tatbeteiligten die Sicherung des Straßenverkehrs ist und es demnach um die Sicherung des Rechtsfriedensbereichs geht, ist zu konstatieren, dass – um bei Beispielsfall 11 zu bleiben – B bei seiner Heimreise *den Rechtsfriedensbereich benötigt.* Dies, weil er ihn als Fußgänger bzw. als Verkehrsteilnehmer ohne verkehrsfremde Tendenzen benutzt. Dass er als Anstifter ursprünglich an einem verkehrsfremden Verhalten mitgewirkt, sich insoweit also nicht als tauglicher Repräsentant der Verkehrsgemeinschaft gezeigt hat, ist unerheblich, denn zu diesem Zeitpunkt wurde die Sicherheit des Straßenverkehrs durch sein Verhalten überhaupt noch gar nicht beeinträchtigt.

Da es zur Beurteilung der Tauglichkeit ausschließlich auf die Person des Gefährdungsopfers zum Zeitpunkt des Eintritts der konkreten Gefährdung ankommt, ist es konsequenterweise erheblich, wenn ein zwischen den Tatbeteiligten ursprünglich bestehende verkehrsfeindliche Übereinkunft im Sinne eines Unrechtspaktes durch einen der Tatbeteiligten einseitig – sei es bewusst oder unbewusst – „aufgekündigt" wird. Die Anerkennung einer „nachträglichen" Tauglichkeit ist damit (unabhängig von irgendwelchen ursprünglichen Verabredungen) durchaus möglich und – aus den soeben genannten Gründen – anzuerkennen. Dadurch, dass ein derartiger Wechsel der inneren Einstellung des Gefährdungsopfers zu berücksichtigen ist, wird deutlich, dass es – wie vor dem historischen Kontext erforderlich[1240] – bei dem hier aufgezeigten Lösungsansatz für die Frage nach der Tauglichkeit des Gefährdungsopfers unerheblich ist, ob und inwieweit eine zeitlich vorher getroffene Übereinkunft weiter fortbesteht, sondern eine Aufkündigung als erheblich anzuerkennen ist.

b. Der Gedanke der Inkompatibilität im Rahmen der Mittäterschaft

Schon an dieser Stelle ist ein Blick auf die im Rahmen der Mittäterschaft auftretenden Konstellationen zu werfen. Bevor jedoch eine Würdigung der im Rahmen der Mittäterschaft virulenten Konstellationen erfolgt,[1241] soll noch einmal die Wirkungsweise des § 25 Abs. 2 StGB in Erinnerung gerufen werden. Danach bekommen Mittäter die partielle Tathandlung des jeweils anderen so zugerechnet, als wäre sie – die partielle Tathandlung – in Person des Zurechnungsempfängers selbst verwirklicht worden. Gerade aufgrund dieser durch § 25 Abs. 2 StGB gesetzlich angeordneten Zurechnung verhält es sich also so, dass jeder der Mittäter den vollständigen (objektiven) Tatbestand in seiner Person erfüllt und damit als „Volltäter" anzusehen ist.

1240 Siehe dazu die Ausführungen unter F.II.2.

1241 Beispielsfall 10 zum verabredeten Zusammenstoß wird unter 6.b. behandelt.

Unter Umbildung von Beispielsfall 7[1242] in Anlehnung an Beispielsfall 11[1243] soll folgender Beispielsfall 12[1244] zu Veranschaulichung dienen:

> A und B planen, aus Zeitvertreib und Langeweile Steine von einer Autobahnbrücke auf die Autobahn zu schleudern. Dazu schmieden sie einen gemeinsamen Tatplan. Im Vorfeld ihrer „Aktion" leistet „Bandenchef" A einen prägenden und gewichtigen Beitrag zur avisierten Tatausführung, u. a. koordiniert er die Aktion wesentlich, sucht eine geeignete Brücke aus und besorgt die Steine. Weiterhin ist geplant, dass sich A mit einem Sprechfunkgerät in einer gewissen Entfernung zum geplanten Tatort auf den Seitenstreifen der Autobahn begeben soll, um B mitteilen zu können, ob Fahrzeuge kommen, die es sich lohnt, zu bewerfen. Zudem verabreden die beiden, dass B die Steine auch ohne Startsignal werfen soll, wenn eine gewisse Zeitdauer überschritten ist. In der Tatnacht stellt sich das Szenario wie folgt dar: Aufgrund eines Anrufs, gibt A plötzlich seine ursprüngliche Position auf und macht sich mit seinem Fahrzeug auf den Weg nach Hause. Obwohl B kein Startsignal von A bekommen hat, wirft er – nachdem er eine gewisse Zeit zugewartet hat – Steine auf das herannahende Fahrzeug von A. Da B kein guter Schütze ist, verfehlt er das Fahrzeug des A knapp.

Es stellt sich die Frage, inwieweit A als ein taugliches Gefährdungsopfer anzusehen ist. Auf den ersten Blick könnte man vorliegend eine Verkehrsbetroffenheit deshalb bejahen, weil A den Straßenverkehr zum Zeitpunkt des Eintritts der konkreten Gefahr als Rechtsfriedensbereich in Anspruch nimmt. Jedoch – und dies ist vorliegend entscheidend – sind § 25 Abs. 2 StGB und die aus seiner Anwendung resultierenden Konsequenzen zu beachten. Aufgrund der in § 25 Abs. 2 StGB angeordneten Zurechnung bekommt A die Handlung des B zugerechnet. Da B vorliegend zweifelsohne den Straßenverkehr zu verkehrsfremden Zwecken missbraucht und A dies so zugerechnet wird, als würde er in eigener Person verkehrsfeindlich handeln, ist der dem A zum Zeitpunkt des Eintritts der konkreten Gefahr für die Bewertung der Rechtslage eigentlich zuzuschreibende Status als Verkehrsbetroffener unerheblich. Der aus dem Wechsel der inneren Einstellung des A resultierende Widerspruch des zeitgleichen Vorliegens einer (zugerechneten) vorliegenden Verkehrsfeindlichkeit einerseits und einer (tatsächlichen) Verkehrsbetroffenheit andererseits in einer Person ist aufgrund des Gedankens der Inkompatibilität zu Gunsten des Merkmals aufzulösen, das sich aus der Anwendung des § 25 Abs. 2 StGB herrührt. Durch die Zurechnung wird A in den Status eines (Voll-) Täters erhoben, der – rechtlich – zum Zeitpunkt des Eintritts der konkreten Gefahr als unmittelbarer Gefahrenverursacher anzusehen ist. Ein Zusammentreffen von a) (einer derart begründeten) unmittelbarer Gefahrenverursachung durch eine Person und b) eine Gefahrverwirklichung in derselben Person verbietet, diese Person als Indikator für eine Gefährdung der

1242 Vgl. D.I.2.a.aa.

1243 Vgl. F.III.5.a.

1244 Zur Frage der Bejahung einer Mittäterschaft bei ausschließlicher Mitwirkung im Vorbereitungsstadium siehe auch die Ausführungen in Fußnote 604.

geschützten institutionellen Verkehrssicherheit anzuerkennen. Denn derjenige, der unmittelbar eine als verkehrsfeindliche einzustufende Gefahr „setzt“, kann sich nicht auf den Schutz desjenigen Systems berufen, das er selbst unmittelbar gefährdet. Durch das – aufgrund der Zurechnung gegebene – unmittelbare Hineintragen einer Gefahr bringt der Beteiligte gerade zum Ausdruck, dass er den Rechtsfriedensbereich nicht benötigt, sondern ihn vielmehr „unfriedlich“ machen möchte.

Der aufgezeigte Aspekt des Widerspruchs zwischen zugerechnetem und tatsächlichem Verhalten spielt dagegen keine Rolle, wenn es um die Bewertung des ursprünglich in Beispielsfall 7[1245] dargestellten Sachverhalts geht. Im Moment des Eintritts der konkreten Gefahr wird A zwar das von B verfolgte Verhalten des verkehrswidrigen Missbrauch des Straßenverkehrs und somit die Schaffung einer verkehrsfremden Gefahr über § 25 Abs. 2 StGB zugerechnet, dieses Ansinnen deckt sich aber mit der inneren Einstellung des A (zweckwidrigen Missbrauch des Straßenverkehrs). Daher muss eine Tauglichkeit von A ausscheiden. Wenn auch mit einem anderen Ergebnis (hier: Bejahung der Tauglichkeit), jedoch nach identischen Parametern ist der ursprüngliche Sachverhalt in Beispielsfall 6[1246] zu beurteilen: Durch die – jeweils wechselseitig zuzurechnenden – Tathandlungen wird keine *verkehrsfremde* Gefahr in den Straßenverkehr hineingetragen. Vielmehr resultiert die Gefahr aus einem verkehrstypischen Anlass des eigenen Fortkommens unter Nutzung des Straßenverkehrs. Dieses Ansinnen besteht auch noch zum Zeitpunkt des Eintritts der konkreten Gefahr fort, da die Gefährdungsopfer wechselseitig den Rechtsfriedensbereich des Straßenverkehrs benötigen, da eine Inanspruchnahme des Straßenverkehrs zur Nutzung als Verkehrsraum avisiert ist. Dies ist in diesem Fall zweifelsohne deshalb zu bejahen, da es sich zwar um ein verkehrswidriges, aber immer noch vom Schutzzweck erfasstes verkehrstypisches Verhalten handelt. Da insoweit eine Kongruenz besteht, spielt der Gedanke der Inkompatibilität vorliegend keine Rolle.

6. Betrachtung der im Rahmen des § 315 b StGB diskutierten Konstellationen unter Heranziehung des eigenen Lösungsansatzes

a. *§ 315 b StGB und mittelbare Täterschaft – Beispielsfall 5*

An dieser Stelle soll noch einmal ein Blick auf den für die mittelbare Täterschaft konzipierten Beispielsfall 5[1247] geworfen werden. Da im Rahmen der mittelbaren Täterschaft nur der Hintermann Tatherrschaft hat und damit strafrechtlich (allein-) verantwortlich für die Setzung der Gefahr ist und es an einer Zurechnungsvorschrift fehlt, greift der Gedanke der Inkompatibilität vorliegend nicht ein. Es stellt

1245 Vgl. D.I.2.a.aa.
1246 Vgl. D.I.2.a.aa.
1247 Vgl. D.I.1.b.

sich die Frage, ob der Tatmittler nach der allgemeinen Formel von der Wirkung der Tat als Verkehrsbeteiligter betroffen wird. Dies hängt wiederum davon ab, ob eine Inanspruchnahme des Straßenverkehrs als Rechtsfriedensbereich durch den Tatmittler vorliegt. Da A in Beispielsfall 5 den Straßenverkehr schon objektiv zu verkehrsfeindlichen Zwecken missbraucht, kann er vorliegend nicht als tauglicher Indikator und damit nicht als verkehrsbetroffen angesehen werden.

Dieses Ergebnis ist auch nicht deshalb zu korrigieren, weil A schuldunfähig ist und er als menschliches Tatwerkzeug – eventuell entgegen seiner ursprünglichen als verkehrsgemäß einzuordnender Einstellung – missbraucht wird. Denn unabhängig davon ist durch die objektiv erkennbare Verkehrsfeindlichkeit eine Erschütterungswirkung eingetreten. Dadurch ist das Vertrauen anderer Verkehrsteilnehmer unwiederherstellbar zerstört, in einem von verkehrsfeindlichen Verhaltensweisen befreiten Rechtsfriedensraum als Verkehrsteilnehmer agieren zu können. Oder anders herum ausgedrückt: Dem potentiellen Verkehrsteilnehmer ist es gleichgültig, ob die Person, die die Manifestation der abstrakten Gefahr erkennbar herbeiführt bzw. in den Straßenverkehr hineinträgt (und gleichzeitig von dieser Gefahr konkret getroffen wird), bewusst oder wissentlich handelt oder lediglich aufgrund seiner Schuldunfähigkeit (oder eines anderen Defizits) als Gefahrenverursacher ausgenutzt wird. Entscheidend für eine derartige – objektive – Einschätzung ist alleine, dass der Straßenverkehr mit verkehrsfeindlichen Verhaltensweisen „durchzogen" wird.

b. „Auto-Surfen" und der (von allen Beteiligten) absichtlich herbeigeführte Unfall

Betrachtet man nun die anderen von der Rechtsprechung entschiedenen Fälle zu § 315 b StGB im Zusammenhang mit der Gefährdung von Tatbeteiligten – mithin das „Auto-Surfen" und der absichtlich herbeigeführte Unfall – unter Heranziehung der oben dargestellten Parameter, ergibt sich folgendes Bild:

Soweit man das „Auto-Surfen" im Einzelfall nicht schon wegen der fehlenden verkehrsfeindlichen Absicht und dem daraus resultierenden Nicht-Vorliegen eines Eingriffs unter § 315 b Abs. 1 Nr. 3 StGB fassen will, sondern annimmt, dass es sich bei den gefährdeten „Auto-Surfern" um Tatbeteiligte handelt (so wie – zumindest ergänzend – das OLG Düsseldorf dies tut) und deshalb diesen Personen eine Eignung als taugliche Gefährdungsopfer abspricht, ist dieser Meinung beizupflichten. Denn beim „Auto-Surfer" liegt eine Betroffenheit als Verkehrsfremder vor, da der Straßenverkehr nicht als Rechtsfriedensraum in Anspruch genommen, sondern entgegen seiner Bestimmung – schon rein objektiv – zweckwidrig zu verkehrsfremden Zwecken als „Vergnügungsstätte" missbraucht wird. Dies ist für die Fälle der vorliegenden Art der Grund, warum Tatbeteiligte nicht als taugliche Gefährdungsopfer anzusehen sind. Es zeigt sich somit, dass das vom OLG Düsseldorf zur Verneinung des Tatbestandsmerkmals „Eingriff" herangezogene Merkmal der verkehrsfeindlichen Absicht vorliegend in ähnlicher Weise von Bedeutung ist; richtigerweise allerdings für die Bestimmung der Tauglichkeit der Gefährdungsopfer: Während das OLG Düsseldorf alleine aufgrund einer verkehrsfeindlichen Absicht die Einschlägigkeit des § 315 b StGB – freilich als rechtsdogmatischen Anknüpfungspunkt das Merkmal des „Eingriffs“ heranziehend – verneint und insoweit diesem subjektiven Element entscheidende Bedeutung beimisst, führt das Vorliegen des Merkmals der Verkehrsfeindlichkeit nach der hier vertretenen Ansicht dazu, dem (potentiellen) Gefährdungsopfer eine Tauglichkeit – unabhängig von ihrer inneren Einstellung – zu versagen, weil der „Auto-Surfer“ den Straßenverkehr schon objektiv nicht im Sinne eines auf das Fortkommen gerichtetes System nutzt, und dies – wie oben erläutert – nach dem hiesigen Verständnis ausreichend ist, um eine Betroffenheit als Verkehrsbeteiligter abzulehnen.[1248]

Auch die Fallgruppe der von allen Beteiligten absichtlich herbeigeführten Unfälle lässt sich mit dem entwickelten Lösungsansatz sachgerecht lösen.[1249] Unter Heranziehung des erforderlichen zweistufigen Prüfungsansatzes ist in einem ersten Schritt zu fragen, ob sich aus dem Blickwinkel eines objektiven Dritten das Verhalten als Missbrauch des Straßenverkehrs zu verkehrsfremden Zwecken darstellt. Insoweit ist zu konstatieren, dass sich das maßgebliche Geschehen rein äußerlich nicht als verkehrsfremd, sondern vielmehr als Resultat eines „normalen“ Verkehrsvorgangs (mit einem als verkehrstypisch zu wertenden „unglücklichen“ Ausgang – einem

---

1248 Auf die im Rahmen der Zwei-Stufen-Prüfung bei entweder objektiv verkehrsgerechtem oder verkehrsfremdenVerhalten notwendige Ermittlung hinsichtlich des Vorliegens einer verkehrsfeindlichen oder verkehrsfremden Einstellung kommt es demnach nicht mehr an, vgl. dazu die Ausführungen unter F.III.4.a. und F.III.4.b.

1249 Mit Blick auf die absichtlich herbeigeführten Unfälle ist zu beachten, dass es umstritten ist, ob in solchen Konstellationen die Sicherheit des Straßenverkehrs im Sinne des § 315 b StGB gefährdet wird. Der BGH verneint dies (vgl. BGH NJW 1991, 1120 f. und die Ausführungen unter B.II.2.a.). Für diese Ansicht spricht, dass eine für die Erfüllung des Merkmals notwendige Verwirklichung der spezifischen Gefahren des öffentlichen Straßenverkehrs dann nicht vorliegt, wenn ein Schadensereignis – selbst wenn es äußerlich als Verkehrsvorgang erscheint – nicht auf den Gefahren beruht, die die Teilnahme am öffentlichen Straßenverkehr bereit hält, sondern diese – wie eben im Rahmen von absichtlich herbeigeführten Unfällen – nur vortäuscht (vgl. *Fischer*, § 315 b Rn. 5). Andere wiederum gehen davon aus, dass auch bei solch einer Konstellation die Sicherheit des Straßenverkehrs beeinträchtigt wird, da dafür ausreichend sei, dass die Verkehrssicherheit bei fingierten Unfällen abstrakt beeinträchtigt werde und dies in der Regel gegeben sei, da es im Rahmen solcher Vorgänge immer wieder zur Gefährdung oder Verletzung von Dritten teils mit folgenschweren Ausgang komme (vgl. exemplarisch LK-*König*, § 315 b Rn. 74). Soweit der BGH bei der Anwendung des § 315 b StGB ganz allgemein der Ansicht sein sollte, dass das Tatbestandsmerkmal der Beeinträchtigung des Sicherheit des Straßenverkehrs stets dann zu verneinen ist, wenn es um die Gefährdung eines Tatbeteiligten geht, ist dem entgegenzutreten: Denn ein genereller Ausschluss lässt sich aus dem Umstand einer Tatbeteiligung nicht herleiten, da die fehlende Beeinträchtigung der Sicherheit des Straßenverkehrs, wenn überhaupt, nur eine fallspezifische Ausnahme darstellen kann, die unabhängig davon festzustellen wäre, ob ein kollusives Zusammenwirken vorliegt.

Unfall) anzusehen ist. Da also objektiv kein Missbrauch des Straßenverkehrs zu verkehrsfremden Zwecken zu erkennen ist, ist auf der zweiten Stufe zu ermitteln, ob in Wahrheit nicht doch eine verkehrsfeindliche bzw. verkehrsfremde Einstellung vorherrscht. Danach ist vorliegend festzustellen, dass die gefährdeten Personen gerade nicht die Einstellung haben, den Straßenverkehr als Rechtsfriedensbereich in Anspruch zu nehmen, sondern diesen zu verkehrsfremden Zwecken – hier: zur Erlangung (unberechtigter) Versicherungsleistungen – zu missbrauchen. Oder, um es mit *Fleischer*[1250] auszudrücken: „Wer gewollt auffährt, kann teilnehmen, will es aber nicht." Daher ist vorliegend eine Verkehrsbetroffenheit und eine Tauglichkeit als Gefährdungsopfer im Sinne des § 315 b StGB abzulehnen.

7. Betrachtung der im Rahmen des § 315 c StGB diskutierten Konstellationen unter Heranziehung des eigenen Lösungsansatzes

Betrachtet man die Fallgestaltungen im Zusammenhang mit § 315 c StGB, dürfte in aller Regelmäßigkeit eine Tauglichkeit der Tatbeteiligten als Gefährdungsopfer gegeben sein. Denn vor allem in den praxisrelevanten Fällen der Mitnahme ist signifikant, dass das Gefährdungsopfer den Straßenverkehr als Rechtsfriedensbereich benötigt. Gerade der Zweck „nach Hause zu kommen", wird in den allermeisten Fällen die Antriebsfeder des Tatbeteiligten sein. Dies wird insbesondere bei Heranziehung von Beispielsfall 1[1251] deutlich: Die mitfahrende Ehefrau wird von der Wirkung der Tat, an der sie beteiligt war, unzweifelhaft als Verkehrsteilnehmerin betroffen, da sie den Rechtsfriedensbereich des Straßenverkehrs für den von ihr verfolgten Zweck des Heimkommens in Anspruch nimmt.

Auch der von *Hillenkamp*[1252] gebildete Fall, wonach jemand im Verlauf eines Zechabends in einer anderen Person den Entschluss hervorruft, volltrunken nach Hause zu fahren, der Anstifter sich aber zu Fuß auf den Heimweg macht und dann vom Angestifteten angefahren wird, lässt sich sachgerecht lösen. Auf den ersten Blick erscheint problematisch, dass es an einer Verknüpfung zwischen dem Verhalten des Anstifters und dem Verhalten des Angestifteten in dem Sinne fehlt, dass der Anstifter bei der Verwirklichung der Ausführungshandlung, die die Sicherheit des Straßenverkehrs beeinträchtigt, gar nicht (mehr) anwesend ist, weil er sich nicht im Fahrzeug befindet. Dies ist jedoch unerheblich, denn der Anstifter ist zu dem Zeitpunkt als ihn die Gefahr trifft, als tauglicher Indikator der Verkehrsgemeinschaft anzusehen, da er – äußerlich betrachtet – den Straßenverkehr als Fußgänger unter Inanspruchnahme des gesicherten Rechtsfriedensbereichs nutzt und – ergänzend dazu – seine innere Einstellung ebenfalls verkehrsgerechter Natur ist: Der Zweck der Heimkehr nach Hause bedingt zum Zeitpunkt des Eintritts der konkreten Gefahr

1250 Siehe dazu und zum vorherigen: *Fleischer*, NJW 1976, 878, 880.
1251 Siehe unter A.I.
1252 In JuS 1977, 166, 169 f. Zugleich Beispielsfall 2 unter B.I.1.d.bb.

seine Verhaltensweise. Dass der Anstifter auch schon ursprünglich (d.h. zum Zeitpunkt seiner Anstifterhandlung) keine verkehrsfeindlichen Zwecke verfolgte und demnach – im Vergleich zum Zeitpunkt des Eintritts der konkreten Gefahr – kein Zweckwechsel vorliegt, der eine Versagung der Tauglichkeit zur Folge gehabt hätte, mag sein, ist aber nach der hier entwickelten Lösung insoweit unerheblich, als es ausschließlich auf den Zeitpunkt des Eintritts der konkreten Gefahr zur Beurteilung der Verkehrsbetroffenheit ankommt.

Jedoch gibt es im Anwendungsbereich des § 315 c StGB auch Konstellationen, in denen Tatbeteiligte nicht als taugliches Gefährdungsopfer angesehen werden können. Namentlich bei den sogenannten „Beschleunigungsrennen“[1253] kann nicht davon gesprochen werden, dass von den Beteiligten der Rechtsfriedensbereich des Straßenverkehrs in Anspruch genommen wird. Vielmehr wird der Straßenverkehr zu verkehrsfremden Zwecken missbraucht und als „Vergnügungsstätte“ pervertiert. Dabei wird die Verkehrsfremdheit einer solchen „Veranstaltung“ in aller Regelmäßigkeit schon rein objektiv nicht in Zweifel zu ziehen sein. Dies gilt zumindest für solche Sachverhalte, die der vom BGH in NJW 2009, 1155 entschiedenen Konstellation ähnlich sind: Bei einem „Beschleunigungsrennen“ auf einer mit einer auf 120 km/h begrenzten Höchstgeschwindigkeit versehenen (ausgebauten) Landstraße wird die verkehrsfeindliche Einstellung aus dem Blickwinkel eines objektiven Dritten schon immer dann offensichtlich nach außen hervortreten, wenn die (hier: drei) beteiligten Fahrzeuge bei einer Geschwindigkeit von knapp 240 km/h mit einem Abstand von jeweils 30 cm nebeneinander fahren. Da durch die aufgrund der objektiv erkennbaren Verkehrsfeindlichkeit eingetretene Erschütterungswirkung das Vertrauen anderer Verkehrsteilnehmer dahin, in einem von verkehrsfeindlichen Verhaltensweisen freien Rechtsfriedensraum als Verkehrsteilnehmer agieren zu können, unwiederherstellbar zerstört ist, spielt die innere Einstellung der Beteiligten für die Bewertung der Verkehrsbetroffenheit keine Rolle (mehr).

IV. Dem eigenen Ansatz widerstreitende Überlegungen?

Abschließend soll in der gebotenen Kürze aufgezeigt werden, dass dem entwickelten Lösungsansatz der Differenzierung nach dem Aspekt der Inanspruchnahme des Rechtsfriedensbereich des Straßenverkehrs keine in der Literatur und Rechtsprechung vorgebrachten – freilich nicht im Zusammenhang mit dem vorgenannten Lösungsansatz vorgetragenen und daher als allgemein anzusehenden – (rechtsdogmatischen) Bedenken entgegenstehen. Versucht man die – neben den bereits im Laufe dieser Arbeit behandelten und insoweit als nicht überzeugend qualifizierten Anknüpfungspunkte zu Gunsten oder zu Ungunsten einer möglichen Einbeziehung von Tatbeteiligten als taugliche Gefährdungsopfer der §§ 315 b, 315 c StGB – vorgebrachten Bedenken handhabbar zu machen, zeigt sich folgendes Bild:

1253 Vgl. dazu BGH NJW 2009, 1155 und unter B.I.2.f.

Die durch den entwickelten Lösungsansatz geschaffene Möglichkeit der Erfassung von Tatbeteiligten durch den objektiven Tatbestand der §§ 315 b, 315 c StGB könnte man deshalb in Zweifel ziehen, weil sie 1) als Adressaten der Verbotsnorm nicht gleichzeitig deren Schutzobjekte sein können, so dass sich die Frage stellt, ob es gerade Zweck des Gesetzes sein kann, Personen gleichzeitig durch eine Norm zu „schützen", aus der sie letztendlich bestraft werden sollen.[1254] Genauso erscheint es 2) widersprüchlich, gerade bei verkehrsfeindlichen Verhaltensweisen – mangels Tauglichkeit des Gefährdungsopfers – eine Strafbarkeit für den Täter wie auch für das tatbeteiligte Gefährdungsopfer entfallen zu lassen, obwohl gerade diese Verhaltensweisen die Sicherheit des Straßenverkehrs besonders stark beeinträchtigen, also besonders schädigend sind.[1255] Und schließlich könnte vorgebracht werden, dass eine Anknüpfung an die Verkehrsbetroffenheit zwangsläufig dazu führt, dass – da das Gefährdungsopfer seine Art der Betroffenheit beeinflussen und steuern kann – 3) diesem – entgegen des Grundsatzes der Indisponibilität – die Rechtsmacht gegeben wird, die Geltung der §§ 315 b, 315 c StGB auszuhebeln und den den vorgenannten Delikten innewohnenden Allgemeinrechtsgüterschutz zu negieren.

Um die vorgenannten Bedenken ausräumen zu können, soll noch einmal daran erinnert werden, welche Parameter für die Entwicklung des eigenen Lösungsansatzes herangezogen wurden: Es waren ausschließlich solche verkehrsspezifischen Parameter, die einen (un-) mittelbaren Bezug zu den §§ 315 b, 315 c StGB deshalb aufweisen, weil sie sich aus der Historie, der Struktur und dem Wesen der vorgenannten Delikte ableiten lassen, namentlich insbesondere der Aspekt der Gemeinschädlichkeit, den sich aus dem Aspekt der abstrakten Gefahr ergebenden Manifestationsgedanken sowie der von den §§ 315 b, 315 c StGB verfolgte Kollektivrechtsgüterschutz der Sicherheit des Straßenverkehrs. Insoweit wurde aus diesen Parametern hergeleitet, dass es zum einen eines spezifischen Bezuges zwischen dem konkret Gefährdeten und dem Straßenverkehr bedarf, um dem Symbolgedanken der Manifestation einer zunächst nur vermuteten Gefahr ausreichend Rechnung zu tragen. Zum anderen wurde geschlussfolgert, dass die konkret gefährdete Person eine besondere Qualität aufweisen muss, um als tauglicher Indikator herangezogen werden zu können: die Inanspruchnahme des Rechtsfriedensbereichs des Straßenverkehrs.

1254 *Ellbogen/Richter*, JuS 2002, 1192, 1196; vgl. dazu auch *Schmidt/Priebe*, BT 1, Rn. 624.

1255 Vgl. LK-*König*, § 315 b Rn. 74 b: „[Es] ist nicht einzusehen, weswegen die hierdurch verwirklichte Pervertierung des Straßenverkehrs sowie die darin liegende erhebliche kriminelle Energie und (abstrakte) Gefährlichkeit *gerade in Bezug auf die Verkehrssicherheit* [...] schlechthin nicht durch § 315 b StGB erfaßt werden sollten."

1. Schutz des Tatbeteiligten durch die §§ 315 b, 315 c StGB bei gleichzeitiger Bestrafung aus diesen Delikten

Da zur sachgerechten Bestimmung der Tauglichkeit der gefährdeten Person (lediglich) danach gefragt wurde, ob sie als Indikator für die Sicherheit des Straßenverkehrs angesehen werden kann, ist es bereits verfehlt, davon auszugehen, die durch die konkrete Gefahr getroffenen Personen sollen durch §§ 315 b, 315 c StGB insoweit geschützt werden, als sie als klassische Schutzobjekte anzusehen sind. Eine derartige Sicht ist schon deshalb abzulehnen, weil die vorgenannten Delikte einen Universalrechtsgüterschutz und gerade keinen Individualrechtsgüterschutz verfolgen. Auch der entwickelte Lösungsansatz trägt diesem Gedanken Rechnung: Eine entsprechende Einbeziehung einer konkret gefährdeten Person hängt aus den genannten deliktsspezifischen Gründen davon ab, ob sie als tauglicher Indikator anzusehen ist bzw. ob in ihrer Person die erforderliche Indizwirkung hervorgerufen werden kann. Diese Konstruktion hat aber nicht gleichzeitig zur Folge, dass der konkret gefährdeten Person der Status eines klassisch originären Schutzobjekts zuzusprechen ist.[1256] Insoweit ist alleine die Frage nach der (Schutz-) Tauglichkeit maßgeblich, ohne dass es darauf ankäme, ob und inwieweit eine Schutzbedürftigkeit bzw. Schutzwürdigkeit vorliegt oder das Gefährdungsopfer den Willen hat, in den Schutzbereich mit einbezogen zu werden.

2. Fehlende Berücksichtigung von den Straßenverkehr besonders beeinträchtigenden Verhaltensweisen

Die Tauglichkeitsbestimmung der gefährdeten Person danach, ob sie als Indikator für die Sicherheit des Straßenverkehrs angesehen werden kann, führt bei stringenter Anwendung zu einer weiteren Konsequenz: Wenn nämlich die (notwendige) Indizwirkung fehlt, dann ist der Straßenverkehr gerade deshalb nicht gefährdet worden, weil eine Person, die den Straßenverkehr zu verkehrsfremden Zwecken missbraucht, den Rechtsfriedensbereich des Straßenverkehrs nicht beansprucht. Insoweit bleibt es – trotz einer den Straßenverkehr rein tatsächlich besonders beeinträchtigenden Verhaltensweise, die ein gewisses Strafbedürfnis suggeriert – bei einer abstrakten Gefahr, da der Straßenverkehr aufgrund der fehlenden Manifestation der zunächst nur vermuteten Gefahr (aus – aufgrund der genannten Parameter zwingender – rechtlicher Sicht) nicht erschüttert worden ist, so dass es an einer nachhaltigen Betroffenheit des Straßenverkehrs fehlt. Ein Eingreifen der §§ 315 b, 315 c StGB muss in derartigen Fällen damit ausscheiden.

1256 Vgl. dazu die Ausführungen unter C.III.3.f.a. sowie unter D.IV.5.b.aa.(2) und D.IV.5.b.bb.(2).

3. Grundsatz der Indisponibilität?

Da bei der fehlenden nachhaltigen Betroffenheit des Straßenverkehrs in den Fällen der konkreten Gefährdung einer nicht verkehrsbetroffenen Person eine Anwendung der §§ 315 b, 315 c StGB ausgeschlossen ist, wird der Schutzgedanke des Allgemeininteresses an der Sicherheit des Straßenverkehrs eingeschränkt, wenn die vorgenannten Normen nicht zur Anwendung gelangen. Diese reduzierte Normgeltung ist letztlich aber nur konsequent und vor dem Hintergrund der zur Entwicklung des Lösungsansatzes herangezogenen Gesichtspunkte zwingend, so dass im Rahmen der §§ 315 b, 315 c StGB schon gar keine „in jedem Fall garantierte" Indisponibilität des Rechtsguts existiert. Daher lässt sich vorliegend feststellen, dass (aus den soeben genannten Gründen) die reduzierte Normgeltung gerade nicht das Ergebnis einer von der konkret gefährdeten Person ausgeübten (aktiven) Rechtsmacht ist, so dass es daher schon wenig überzeugend ist, im Ansatz davon auszugehen, dass dem Gefährdungsopfer eine Rechtsmacht eingeräumt wird, die Geltung der durch die §§ 315 b, 315 c StGB geschützte Sicherheit des Straßenverkehrs auszuhebeln. Im Übrigen ist zu bedenken, dass derjenige, der als Verkehrsteilnehmer betroffen wird, sich regelmäßig der angestoßenen geforderten Gefährdung gar nicht bewusst sein wird, so dass ein für die Ausübung einer Rechtsmacht erforderliches Bewusstsein einer irgendwie gearteten Macht der Beeinflussung und Steuerung schon nicht gegeben wäre.

G. Resümee

Die zu Beginn dieser Arbeit gestellte Frage danach, ob Tatbeteiligte der §§ 315 b, 315 c StGB als taugliche Gefährdungsopfer anzusehen sind, richtet sich danach, ob die gefährdete Person im Zeitpunkt des Eintritts der konkreten Gefahr den Straßenverkehr als Rechtsfriedensbereich in Anspruch nimmt. Kann dies im Ergebnis bejaht werden, ist eine Eignung gegeben, da das Gefährdungsopfer aufgrund seiner aus der verkehrsgemäßen Inanspruchnahme resultierenden Verkehrsbetroffenheit als ein tauglicher Indikator für die Sicherheit des Straßenverkehrs angesehen werden kann. Entsprechend ist immer dann, wenn eine Verkehrsfeindlichkeit bzw. Verkehrsfremdheit festzustellen ist, jene Eignung abzulehnen und dementsprechend eine Tauglichkeit als Indikator zur Feststellung der Manifestation der zunächst nur vermuteten Gefahr zu verneinen.

Für eine sachgerechte Abgrenzung zur Feststellung der insoweit maßgeblichen Verkehrsbetroffenheit ist eine Zwei-Stufen-Prüfung durchzuführen. Auf der ersten Stufe ist negativ danach zu fragen, ob das Gefährdungsopfer objektiv den Straßenverkehr entgegen seines Wesens zweckwidrig zu verkehrsfremden Zwecken missbraucht und damit schon – für einen (unbeteiligten) Dritten – ersichtlich zum Ausdruck bringt, dass er den Rechtsfriedensbereich nicht nutzen möchte. Wenn dagegen kein Missbrauch des Straßenverkehrs zu verkehrsfremden Zwecken durch das Gefährdungsopfer zu erkennen ist, mithin ein objektiv verkehrsgerechtes oder lediglich verkehrswidriges Verhalten vorliegt, ist auf einer zweiten Stufe zu fragen, ob das vermeintliche Gefährdungsopfer mit seiner (intendierten) Handlung verkehrsfeindliche oder verkehrsfremde Zwecke des (Haupt-) Täters zum Zeitpunkt des Eintritts der konkreten Gefährdung unterstützt bzw. ein Tatbeteiligungsverhalten unmittelbar bevorsteht.

Bei konsequenter Anwendung des entwickelten Lösungsansatzes können die im Rahmen der §§ 315 b, 315 c StGB diskutierten und im Rahmen dieser Arbeit dargestellten Konstellationen sachgerecht gelöst werden. Dies gilt auch für im Zusammenhang mit der Mittäterschaft stehende Sachverhalte, wenn dort auch stets der Grundsatz der Inkompatibilität zu beachten ist, wonach es das Zusammentreffen einer Gefahrverursachung durch eine Person und eine Gefahrverwirklichung in derselben Person verbietet, diese Person als Indikator für eine Gefährdung der geschützten institutionellen Verkehrssicherheit anzuerkennen.

Zur Entwicklung des eigenen Lösungsansatzes wurden ausschließlich solche verkehrsspezifischen Parameter herangezogen, die einen (un-) mittelbaren Bezug zu den §§ 315 b, 315 c StGB deshalb aufweisen, weil sie sich aus der Historie, der Struktur und dem Wesen der vorgenannten Delikte ableiten lassen, namentlich insbesondere der Aspekt der Gemeinschädlichkeit, den sich aus dem Aspekt der abstrakten Gefahr ergebenden Manifestationsgedanken sowie – maßgeblich – der von den §§ 315 b, 315 c StGB verfolgte Kollektivrechtsgüterschutz der Sicherheit des Straßenverkehrs. Insoweit wurde aus diesen Parametern hergeleitet, dass es

a) eines spezifischen Bezuges zwischen dem konkret Gefährdeten und dem Straßenverkehr bedarf, um dem Symbolgedanken der Manifestation einer zunächst nur vermuteten Gefahr ausreichend Rechnung zu tragen, und dass b) die konkret gefährdete Person eine besondere Verkehrsbetroffenheit aufweisen muss, um als tauglicher Indikator angesehen werden zu können.

Die Relevanz des Schutzguts für die Sicherstellung der korrekten Auslegung ergibt sich nicht zuletzt daraus, dass die Auslegung nach dem Wortlaut, der Historie und der Systematik für die Frage nach der Tauglichkeit des tatbeteiligten Gefährdungsopfers wenig aussagekräftig ist: Hinsichtlich der *Wortlautauslegung* konnte zwar aufgezeigt werden, dass es im Rahmen der mittelbaren Täterschaft durchaus Konstellationen geben kann, in welchen die Gefährdung eines „anderen" nicht ausreichend ist, um die Tatbestände der §§ 315 b und § 315 c StGB objektiv zu bejahen. Dies resultiert jedoch aus dem Wesen der mittelbaren Täterschaft und besitzt damit keine Allgemeingültigkeit. In allen anderen Fällen der Tatbeteiligung aber ergibt sich aus dem Wortlaut nicht, dass der Tatbeteiligte kein taugliches Gefährdungsopfer sein kann. Weder die grammatikalische Auslegung noch die Auslegung im Lichte eines juristischen Verständnisses unter Heranziehung der von *Lampe* geprägten Idee eines Unrechtssystems oder einer Verantwortungseinheit konnten ein anderes Ergebnis rechtfertigen. Zudem können weder aus den Regeln über die notwendige Teilnahme noch aus dem Strafgrund der Teilnahme Erkenntnisse zu Gunsten oder zu Ungunsten eines Ausschlusses der Tatteilnehmer aus dem Anwendungsbereich hergeleitet werden.

Die *historische Auslegung* bringt hinsichtlich der Frage nach der Eignung von Tatbeteiligten als taugliche Gefährdungsopfer kein eindeutiges Ergebnis. Aus der Entstehungsgeschichte der Vorschriften samt den dazugehörigen Ausführungen ist nicht zu entnehmen, ob und wenn ja, wie weit, der Gesetzgeber die Absicht hatte, Tatbeteiligte in den geschützten Personenkreis mit aufzunehmen. Nach Abschluss der Untersuchung bleibt festzuhalten, dass daher die Rechtsprechung des BGH einerseits historisch-genetisch keine Stütze findet, diese aber andererseits auch nicht im Widerspruch zum Willen des Gesetzgebers steht. Ganz allgemein und unabhängig von der Frage nach der Stichhaltigkeit der hergebrachten BGH-Rechtsprechung verbleibt nach der Intention des historischen Gesetzgebers die Möglichkeit einer restriktiven Auslegung im Zusammenhang mit der Bestimmung eines tauglichen Gefährdungsopfers.

In *systematischer* Hinsicht wurde aufgezeigt, dass eine einheitliche Feststellung der Tauglichkeit von tatbeteiligten Gefährdungsopfern bei allen gemeingefährlichen Straftaten nicht möglich ist. Grund für ein jeweils unterschiedliches Verständnis ist der bei jedem Delikt im Einzelfall festzustellende und insoweit variierende Rechtsgüterschutz. Hinsichtlich der systematisch-vergleichenden Betrachtung wurde dargelegt, dass aus dem Vergleich mit der Auslegung in anderen Strafvorschriften keine ergiebigen Erkenntnisse für das Verständnis im Rahmen der §§ 315 b, 315 c StGB gewonnen werden konnten. Denn der Normzweck lässt die Auslegung je nach Straftatbestand abweichen und eine Übertragung der Argumente und Ergebnisse insoweit nicht zu. Darüber hinaus werden im Rahmen der argumentativen

Auseinandersetzung bei den hier verglichenen Straftatbeständen vermehrt gerade die Argumente herangezogen, die auch bei den §§ 315 b, 315 c StGB Geltung beanspruchen, so dass die vorgenommene Analyse keinen Mehrgewinn bringen konnte. Weichen die Argumente mal ausnahmsweise von den klassischen ab, so passen die Argumentationsmuster wiederum nicht auf die Straßenverkehrsdelikte, weil es sich bei ihnen in aller Regel um deliktsspezifische Begründungsansätze handelt. Auch der von *Schroeder* verfolgte Ansatz[1257] dahin, dass eine Gefährdung von Tatbeteiligten deshalb ausreichend sein soll, weil gerade eine gesetzliche Anordnung der Straflosigkeit fehlt, ist aufgrund deliktsspezifischer Besonderheiten der §§ 315 b, 315 c StGB abzulehnen.

Es wurde weiter die Frage aufgeworfen, ob dem vom BGH verwendeten Merkmal des Zufalls- und Überraschungsmoments[1258] eine systematische Allgemeingültigkeit zugewiesen werden kann. Jedoch spricht vieles dafür, dass der Beschluss des BGH eine Leitentscheidung für die Fallgruppe des verabredeten Zusammenstoßes darstellt und eine darüber hinausgehende Allgemeingültigkeit nicht erblickt werden kann, insbesondere deshalb, weil bei konsequenter Heranziehung des Überraschungsmoments durch den BGH dieser seine eigene Rechtsprechung konterkarieren würde. Aber es konnte auch aufgezeigt werden, dass das Zufalls- und Überraschungsmoments inhaltlich nicht überzeugt, weil zum einen nicht deutlich wird, wo das Überraschungsmoment (dogmatisch) herrührt, und es zum anderen inhaltlich nicht widerspruchsfrei und ohne Schwächen ausgefüllt werden kann.

Im Zusammenhang mit der Frage nach dem Sinn und Zweck wurden verschiedene Ansatzpunkte genauer untersucht: die *Viktimodogmatik* sowie der *Verwirkungs- und Autonomiegedanke*. Jedoch konnte gezeigt werden, dass es keinem dieser Ansätze gelingt, die Tauglichkeit von Tatbeteiligten als Gefährdungsopfer der §§ 315 b, 315 c StGB zu negieren. Betreffend des viktimologischen Ansatzes wurde festgehalten, dass dieser schon von seiner Grundkonzeption her auf die vorliegend zu untersuchenden Fälle nicht passt: Denn für Konstellationen, die eine strafrechtlich relevante Mitwirkung zum Gegenstand haben, die über das Versäumnis eines unterlassenen Selbstschutzes hinausgeht, ist der viktimodogmatische Ansatz nicht konzipiert. Aber auch der *Gedanke der Verwirkung* schafft es nicht, in überzeugender Weise zu begründen, warum den Tatbeteiligten die Tauglichkeit als normrelevante Gefährdungsopfer zu versagen ist. Denn es existiert kein allgemeiner Grundsatz, wonach Tatbeteiligte aufgrund einer Verwirkung nicht selbst Opfer einer Straftat sein können. Weder ist der Verwirkungsgedanke dogmatisch herleitbar noch ist er aufgrund der Existenz des Instituts der Einwilligung notwendig. Im Zusammenhang mit den §§ 315 b, 315 c StGB kommt entscheidend dazu, dass aufgrund des von den vorgenannten Normen verfolgten Universalrechtsgüterschutzes das missbilligende Verhalten eines Einzelnen nicht zur Aufhebung des kollektiven Strafrechtsschutzes führen kann. Und: Soweit aus dem *Autonomiegedanken* in Form

1257 Vgl. dazu die Ausführungen unter D.III.1.c.
1258 Vgl. BGH NJW 1991, 1120 und unter B.II.2.a sowie unter D.III.2.b.

der *eigenverantwortlichen Selbst- und der einverständlichen Fremdgefährdung* die fehlende Tauglichkeit hergeleitet werden soll, ist auch dieser Ansatzpunkt abzulehnen. Denn aufgrund des verfolgten Allgemeinrechtsgüterschutzes kann weder eine Einwilligung noch eine Unterbrechung des Zurechnungszusammenhangs als beachtlich angesehen werden.

Im Hinblick auf den von den §§ 315 b, 315 c StGB verfolgten Rechtsgüterschutz konnte aufgezeigt und argumentativ belegt werden, dass die vorgenannten Delikte weder einen Individualrechtsgüterschutz verfolgen noch als janusköpfige Strafnormen anzusehen sind, sondern es vielmehr die Sicherheit des Straßenverkehrs (als Abwesenheit von chaotischen und Schaffung von unbedrohten Zuständen) ist, die als Kollektivrechtsgut geschützt wird. Obwohl die Sicherheit des Straßenverkehrs kein „klassisches" Kollektivrechtsgut darstellt, muss sie dennoch als eigenes Kollektivrechtsgut angesehen werden. Die Sicherheit des Straßenverkehrs taugt als eigenständiges Allgemeinrechtsgut genauso wie ein Bedürfnis nach einer Statuierung eines derartigen Universalrechtsgutes besteht. Dadurch, dass es aufgrund des öffentlichen Interesses eines allgemeinen Verkehrsschutzes und insoweit einer Großsteuerung bedarf, ist es notwendig, Individualrechtsgüter (partiell) zu einem kollektiven Rechtsgut zu bündeln. Der Verkehrsbetrieb (an sich) und dessen Sicherheit sind für die Rechtsgemeinschaft gerade deshalb ein wertvoller Zustand, weil die Wahrung und Verwirklichung von Individualinteressen vornehmlich in gesellschaftlichen Institutionen und/oder Systemen funktioniert. Diese Rechtfertigung kann durch die von der Rechtslehre vorgebrachten Argumente nicht erschüttert werden. Vielmehr sprechen die Aspekte der Gemeingefährlichkeit und der Gemeinschädlichkeit gerade für die Implementierung eines Kollektivrechtsguts der Sicherheit des Straßenverkehrs.

Der historische Abriss zeigt, dass die Aspekte Gemeingefährlichkeit und Gemeinschädlichkeit tragende Gründe darstellten und darstellen, gewisse Verhaltensweisen dem Geltungsbereich des Strafrechts zu unterstellen. Einzelne Delikte der damaligen Zeit dienten demnach dazu, die öffentliche Sicherheit und Ordnung (der Bürger) als „abstraktes System" zu gewährleisten. Aus dieser Funktion heraus entwickelte sich bereits damals rudimentär ein Schutz von eigenständigen Kollektivrechtsgütern, deren Hochphase sich im Strafgesetzbuch für die preußischen Staaten von 1851 wiederfindet. Wenn nämlich die Gefährdung der öffentliche Sicherheit und Ordnung strafbarkeitsbegründend oder -erhöhend wirkt, kann daraus nur die Anerkennung eines eigenen – freilich enger zu bestimmenden – Rechtsguts folgen. Nach der dezidierten Betrachtung der neueren rechtshistorischen Entwicklung der gemeingefährlichen Delikte und der Straßenverkehrsgefährdungsdelikte bleibt festzuhalten, dass die §§ 315 b, 315 c StGB auch historisch einen Universalrechtsgüterschutz verfolgen. Die gemeingefährlichen Delikte im allgemeinen und den Delikten wider den Verkehrsanstalten war und ist der Normzweck des Schutzes der Allgemeinheit immanent. Dies wurde unter Einbeziehung der Delikte zum Schutze der Eisenbahn ausführlich aufgezeigt.

Dies gilt umso mehr, als der Gesetzgeber diese Vorschriften zum Vorbild der Ausgestaltung der §§ 315 b, 315 c StGB genommen hat. Der Zweck des

Universalrechtsgüterschutzes wird zudem durch die Gesetzesbegründung zum Ersten Gesetz zur Sicherung des Straßenverkehrs bestätigt und hat sich, wie gezeigt, durch das Zweite Gesetz zur Sicherung des Straßenverkehrs nicht geändert. Nach dem Zweiten Gesetz zur Sicherung des Straßenverkehrs sind die Straßenverkehrsdelikte auch – entgegen vielfacher Behauptung – gemeingefährliche Delikte geblieben. Die ihnen zu Grunde liegenden Tathandlungen sind gemeingefährlicher Art. Dazu kommt ergänzend der Gemeinschädlichkeitsaspekt: Die Tatsache, dass die Ausübung der individuellen und mobilen Freiheit einen sicheren Straßenverkehr bedingt, macht den Straßenverkehr zu einer Gemeinschaftsinstitution, die zu Gunsten des Gemeinwohls und des gesicherten Zusammenlebens geschützt werden muss.

Da der entwickelte Lösungsansatz eine differenzierte Betrachtung hinsichtlich der Frage der Tauglichkeit von (tatbeteiligten) konkret gefährdeten Personen erfordert, geht damit einher, dass dem Ansinnen des BGH, Tatbeteiligte per se und ohne jegliche Unterscheidung als nicht taugliche Gefährdungsobjekte im Rahmen der §§ 315 b, 315 c StGB anzusehen, eine Absage zu erteilen ist. Die vom BGH im Laufe seiner Rechtsprechung vorgebrachten Theorien und Begründungsversuche, die der entwickelten Lösung mit ihrem differenzierenden Ansatz hätten entgegenstehen können, sind wenig überzeugend und daher abzulehnen. Neben dem (bereits im Rahmen dieses Resümees angesprochenen) Merkmal des Zufalls- und Überraschungsmoments gilt insoweit Folgendes:

- Da das Merkmal der Repräsentanz für den BGH für den Ausschluss von Tatteilnehmern nicht entscheidend[1259] war, ist es verfehlt, davon auszugehen, der BGH wolle seine rechtslogischen Erwägungen so verstanden wissen, dass eine Versagung der Erstreckung des Anwendungsbereichs für Tatbeteiligte aus ihrer fehlenden Eigenschaft als Repräsentant für die Verkehrsgemeinschaft herrührt.[1260]

- Wenn man die rechtslogischen Erwägungen so versteht, dass sich eine Herausnahme der Tatbeteiligten deshalb rechtfertigt, weil sie im Lager des Täters stehen, könnte der BGH damit entweder auf den Verwirkungsgedanken oder auf einen Ausschluss aufgrund einer Versagung des Anwendungsbereichs wegen der Lagerverbindung abstellen wollen.[1261] Neben den (auch im Rahmen dieses Resümees) aufgezeigten Schwächen[1262] spricht ein weiterer Aspekt dagegen, dass der BGH mit dem Gedanken der Verwirkung operieren wollte: Die durch die Anwendung des Verwirkungsgedankens entstehende strafrechtsfreie Exklave

1259 Vgl. dazu die Ausführungen unter C.III.3.g. und D.II.2.a.

1260 Vgl. BGHSt 11, 199 und unter B.I.1.d cc.

1261 Vgl. BGHSt 11, 199 und unter B.I.1.d.cc. Das Verständnis einer Versagung des Anwendungsbereichs aufgrund der Lagerverbindung basiert auf BGHSt 11, 148 (dargestellt unter B.I.1.c.).

1262 Siehe dazu auch die Ausführungen unter D.IV.3.

widerspricht dem Verständnis des BGH vom absoluten und vom Willen des Einzelnen unabhängigen Strafrechtsschutz.[1263]

- Wenn man die Aussage, dass der Tatbeteiligte mit dem Tatfahrzeug zu vergleichen und deshalb eine Art „Tatmittel" sei, woraus folge, dass er nicht zugleich geschütztes Gut sein könne,[1264] als einen über die Lagertheorie hinausgehenden Gesichtspunkt – den Instrumentalgedanken – sehen wollte, wäre die hinter dem Instrumentalgedanken stehende Figur der notwendigen Teilnahme (von vornherein) schon gar nicht geeignet, die Bestimmung der Tauglichkeit von Gefährdungsopfern zu beeinflussen.[1265]
- Soweit die Ausführungen des BGH, eine Gefährdung der Tatbeteiligten ist deshalb unerheblich, weil sie mit der Gefährdung einverstanden gewesen seien,[1266] als eigenständiger Begründungsansatz zu werten sein sollte, könnte der BGH dabei an den Autonomiegedanken in Form der eigenverantwortlichen Selbst- und der einverständlichen Fremdgefährdung gedacht haben. Dieser ist jedoch – wie dargelegt – aufgrund des von §§ 315 b, 315 c StGB verfolgten Universalrechtsgüterschutzes abzulehnen.[1267] Nicht richtig wäre es dagegen, in den Ausführungen des BGH die Zulassung einer Einwilligung zu sehen: Der BGH hat einer Einwilligungsmöglichkeit an anderer Stelle ausdrücklich und mehrfach widersprochen.[1268]
- Hinsichtlich des Erfordernis einer verkehrsbezogenen Beteiligung[1269] gilt Folgendes: Da das Merkmal der verkehrsbezogenen Beteiligung ein – im Übrigen auch vom BGH anerkanntes – Ziel des Reformgesetzgebers konterkariert, weil es die Formel nicht schafft, adäquate Ergebnisse hervorzubringen, ist das Erfordernis der verkehrsmäßigen bzw. verkehrstypischen Beteiligung Dritter – zumindest so, wie es der BGH verstanden haben könnte – abzulehnen.[1270]

1263 Vgl. dazu die Ausführungen unter D.IV.3.
1264 Vgl. BGHSt 11, 148 und unter B.I.1.c.
1265 Vgl. dazu die Ausführungen unter D.I.2.b.bb.(2).
1266 Vgl. BGH NJW 1991, 1120 und unter B.II.2.
1267 Vgl. dazu die Ausführungen unter D.IV.4.
1268 Exemplarisch: BGHSt 23, 261 und aktuell BGH NJW 2009, 1155, 1157.
1269 Vgl. BGHSt 27, 40 und unter B.I.2.b.
1270 Vgl. die Ausführungen unter E.II. und dort insbesondere unter 2.b.

www.ingramcontent.com/pod-product-compliance
Ingram Content Group UK Ltd.
Pitfield, Milton Keynes, MK11 3LW, UK
UKHW021835290926
8980IPUK00004B/475

9 783631 669952